政协文史“亲历、亲见、亲闻”文库

辛亥革命

·第四辑·

《“三亲”文库》编纂工作委员会　编

中国文史出版社

1911 年 11 月 11 日，清军的海容、海琛、海筹等军舰自汉口前线下驶九江，宣告起义。图为海军旗舰海容号。

海琛号军舰。

1911 年 10 月 22 日，湖南起义新军占领长沙城，成立湖南都督府。图为起义者与缴获的清军城防炮合影。

湖南“光复”后特别议会合影。

1911年10月22日，陕西西安同盟会、会党联合新军发动起义。27日，秦陇复汉军政府成立。图为绥德“光复”后成立的民国武装。

清甘军在陕西乾州城外向革命军诈降情形。

1911 年 10 月 31 日，江西南昌新军发动起义，“光复”南昌城。11 月 1 日，江西军政府成立。

南昌各界人士庆祝“光复”时合影。

目　录

第四辑　各方响应

（海军、湖南、陕西、江西）

辛亥海军起义的前前后后

汤芗铭*

辛亥革命海军起义，我曾亲身参与其事，光阴易逝，兹就回忆，记述如次。

一

晚清海军，有大小舰艇40余只，分为巡洋、长江两个舰队。巡洋舰队以海圻、海容、海琛、海筹、建威、通济、飞鹰、联鲸、舞凤等舰及湖鹗、湖鹏等四鱼雷艇组成。海圻最大，有4300余吨，英国船厂制造，有21生的大炮。其次是海容、海琛、海筹3只姊妹舰，

* 汤芗铭：时任清政府海军参谋长，后任南京临时政府海军部次长，北洋政府湖南军务督理兼巡按使。

都是2900余吨，德国船厂制造，有15生的大炮，射程极远，火力甚强。巡洋舰队的统制（当时以司令称为统制）是程璧光，驻在海圻舰上，舰长（当时称为管带）是汤廷光。长江舰队以楚豫、楚泰、楚观、楚谦、楚同、楚有、江元、江亨、江利、江贞等舰组成，都是日本船厂制造的炮舰，其形状类似大型装甲舰。六“楚”都是700吨，四“江”都是500吨。长江舰队的统制是沈寿堃，随时移驻各舰，无一定的旗舰。这两舰队之上，设一巡洋、长江两舰队统制。

宣统三年（1910年），萨镇冰卸海军大臣职，出任巡洋、长江两舰队统制，其统制部设在上海高昌庙一座大楼里面。当时一等参谋郑权，和萨同学，只支工资不办事，因此萨先生呈请北京海军部调我代理郑权的职务。我于清宣统三年（1910年）二月到高昌庙任职。

辛亥八月二十一日（农历）早晨6点，萨到我寝室，给我看一件北京海军部发来的急电，上面写着“亲译”二字，已由萨先生用密码本亲自译出，大意是说八月十九日武昌兵变，两湖总督瑞澂已出城到楚豫兵舰，除已派陆军进剿外，望即亲率军舰前往武汉，海陆夹攻云云。当时停泊在上海黄浦江的军舰不多，有一些正在船坞修理，不能立即航行，只有楚有一舰能够立即出发。萨先生命我一面拟电告知在山东附近海面作夏季演习的海容、海琛两舰星夜开赴武汉，一面通知楚有速准备开船。我同萨先生于二十一日下午到了楚有舰上，所有参谋、副官、秘书的事务都由我一人担任。长江夜航不易，找得汉口领江公司中的一个姓冯的领航。八月二十六日早晨，到达汉口刘家庙附近江面，长江舰队统制沈寿堃已先从九江到了汉口指挥舰队。沈和各舰长都来楚有向萨报告情况。他说，军舰上有军官郑礼庆、朱孝先两人同情革命，投入黎元洪那方面去了。

在汉口刘家庙附近江面上停泊有楚豫等数只军舰，我们楚有停泊在楚豫相近的地方。萨下令全部舰队处于戒严状态，不许任何外来船只靠近军舰，不许官兵离舰上岸，舰上人员非因公务不许彼此往来。他每天命我到各舰上传达命令，视察情况。

隔了几天，有一人假装西洋人，带一副假胡子乘一只小火轮，驶近楚有舰旁。舰长朱声岗命士兵开枪，我赶上前去阻止，让他们靠近本船。那人站在船头用英语说要见萨统制。朱声岗告诉我这个假洋人就是朱孝先。我问他来干什么，他用英语说，有一封信给萨上将。我把信接到手，叫他开船离开了。这封信是黎元洪具名的，信中称萨为老师（因为黎本是海军学生），大意是说清廷无道，武昌军民万众一心，立誓推倒君主、建立共和，请老师共举义旗云云。萨先生阅后默无一言，只告诉我黎原是海军中人，甲午中日之战时因军舰被击沉，浮水得以生还。又过了几天，一个名叫轲斯的瑞典人，是红十字会会员，乘悬有红十字会旗帜的小火轮来楚有舰见萨先生，所说的都是宣传武昌革命军怎样好，清朝一定会推倒等话，最后拿出一封黎元洪的信交给萨先生，信中与朱孝先送来的信大意相同。萨先生看了信以后，轲斯要求复信，被拒绝了。

二

我同楚有舰上一个轮机士兵刘伦发交谈了几次，知道他的家眷住在武昌城内，熟悉武昌情形，并且同情革命。我就向萨先生建议，派他去武昌调查革命军的情况，萨应允了，我便写好一封给我的哥哥汤化龙的信交刘带去（我的哥哥当时任武昌革命政府的政事部长）。

过了两天，刘伦发带回我哥哥的一封信，用很小的一张信纸写了几句话，大意说：武昌举义，各地响应，革命必成；望策动海军早日反正，以立殊勋，云云。刘伦发向萨先生报告说，武昌革命军秩序良好，人民亦同心协力要推倒清朝，建立共和，青年学生纷纷投入军队，准备作战，都督黎元洪的司令部设在阅马厂谘议局里面，革命政府的职员都能吃苦耐劳，每月只支 20 元的生活费；他从汉阳门进城住了两天，仍从汉阳门出城，进出都有人搜查。萨先生听了未发一言，只是听到革命政府每人每月支 20 元的生活费时连连点头。

农历九月初旬，海容、海琛两巡洋舰来到了刘家庙江岸附近停泊。海容舰长喜昌（别字其五）、海琛舰长荣续都是满族。我同这两舰上的人员谈话，知道舰上的官兵对他们的印象不太好。

在海容停泊的附近江岸一带，都布满了清廷派来的陆军，和我们取得联系，知道指挥陆军作战的是冯国璋。过了几天，冯派陶某（安徽人，后来在北京统率办事处任职）和另一军官来到海容舰，请求海军炮击武昌，协助陆军进攻。萨先生命我传达海容、海琛等舰，定于九月初七日（这个日期可能不正确）向武昌炮击。当时武昌武胜门外凤凰山炮台时时发炮，向汉口方面射击，从武昌到青山 20 里长的江岸堤边，都安设有汉阳兵工厂造的七生的半野炮，曾向停泊在离刘家庙江岸不远的楚豫舰开了数十发炮，打死了一个水兵。因为瑞澂住在楚豫舰，该舰每天遭到攻击，因此萨先生把楚豫调开，驶赴长江下游。我们于九月初七日下午 3 点，从谌家矶附近江面整理舰队出发。驶至纱麻局附近江面，海容向堤岸开了几炮，革命军设在江堤的数十门野炮，纷纷开炮还击。我们的炮射程很远，炮弹都越过江堤，打到后面陆地上去了，而他们的炮却都打中我们的军舰。海容舰上有两人受伤，一个是水兵，一个是舰长喜昌的侍从（北京人）。凤凰山的炮台也发了炮，没有打中我们的舰只。下午4点，萨先生叫我传令把舰队驶回刘家庙附近江面。这次只和江岸炮兵互击，并未向武昌城内发射一炮。

当时最大的军舰海圻已由程璧光乘赴英国庆贺英皇加冕，一时不能回国，海筹不在此间。我认为只要同海容、海琛两舰官兵的关系搞好了，我们起义就有把握。我和江贞舰舰长杜锡珪商量，分途进行活动。各舰士官均深明大义，同情革命。这时长江舰队统制沈寿堃已离舰到上海去了。

袁世凯被清廷起用以后，某日到湖北萧家港车站慰劳前方军士，派人来约萨先生前往一谈。我同萨于夜间9点钟到达车站，同去见了袁。他们两人谈话时，我候在第四镇统制办公的一节车上，当时我看到卸任第四镇统制王遇甲，我和他谈过几句话，并看见王把移交册子交给新任统制（可能是杨善德）。萨先生和袁谈了1点钟的话后，我们仍坐火车到刘家庙回海容舰。

我和杜锡珪见舰上官兵都同情革命，就不断劝说萨先生率领海军起义，顺应潮流，为革命建立功劳。经我们多次劝告，最后萨先生允许把全部舰队调赴九江。我立即向各舰传达命令，于农历九月初（时间记不甚清）全部舰队驶往九江。将要开船时，萨先生向我说应当去通知冯国璋，不然岸上陆军不知戒备，革命军可能渡江攻击。我说事已至此，无通知冯的必要。

全部舰队开到九江以后，经我们督促，喜、荣两满籍舰长离船乘商轮到上海去了。萨先生自以年老不能担任非常举动，亦乘英国太古公司的商船赴沪。

三

我们在海容舰上开会，大家推我为海军司令。我以革命政府尚未成立，大家公推的司令只能作为临时的，应当上面加上“临时”二字，大家均同意。我立即着手整理内部人事，指定杜锡珪任海容舰长，提升海琛副舰长林耐庵（这是他的别名，我记不起正名）为舰长，其余各舰人事亦略有更动，大部分仍各留原位。我还叫人画了青天白日的海军旗帜图样，命各舰自己用布制成。

一切布置完毕以后，即于某日（日期回忆不起）悬起新的海军旗帜，宣布起义，并立即派人与九江陆上军政机关联系。当时九江业已独立，主持九江军务的是马毓宝，在江岸设有办事处，处长系李烈钧，和我们联络的是吴铁城（吴原是九江关监督的人员）。我写了一张电报稿托他们拍到武昌都督府，大意是说我即日率舰到武汉帮同作战。两天以后，黎元洪都督派徐明达、李作栋两人乘轮船来到九江，持一份慰劳海军的信并款数千元，登舰慰劳（信是我哥哥汤化龙亲笔写的字，文章也是他做的）。

我把舰队的给养预备好了以后，把全部舰队开到青山附近江面停泊。黎元洪都督派李国镛携带若干银币来舰作为暂发一部分军饷之用。我们第一步是炮打二道桥和三道桥，阻断清军的铁道联络，同时由徐明达向青山岸上驻军司令成某（名字记不起）促其组织军队攻打二道桥，截断汉口清军的归路。我们接连好几天炮击二道桥和三道桥，我又亲到青山成某的司令部内，帮同计划利用海军大炮掩护，组织陆军乘船攻占二道桥。某日早晨天未明时，岸上驻军集合许多轮船和民船，从青山江边出发，运送了一营多人到二道桥不远处登陆。这些军队多数是训练不久的，登陆以后，人声嘈杂，秩序不好。到了天明，清军从二道桥附近的炮位开炮射击，革命军虽然以一部分民房作掩护，但仍受到清军发射的子母弹的杀伤，颇有伤亡。我命舰队开炮 100 余发，把清军的火力压住。但是革命军所占的地形不利，到了中午仍乘原船运回青山江岸登陆。有一天，黎都督派人来告诉我，清军攻打甚猛，企图越渡汉水，攻占汉阳，要求舰队开到汉水入江的口外，炮击清军，阻其渡过汉水。我即率领海容、海琛两舰溯江直上，命其余军舰防守江面，并命湖鹗鱼雷艇随行，便于上下逡巡，兼传达命令。当海容、海琛到达汉江口外，正在侦察地形时，清军在江岸设的大炮一齐发炮，形势甚急。我把海容、海琛两舰驶回，发炮射击江岸清军的炮台及其驻在江岸附近的陆军。彼此炮击约有两点钟之久，海容中了数十炮，舰上有 3 人受伤死亡，清军炮火终于被我们的炮火压倒。后来听到第四镇的人们说，当时驻在江岸附近的第四镇士兵，被我军炮火打死了 400 多人。我曾亲到汉江口侦察一次，看到临扬子江附近的汉江江岸，数十里都是民房，看不见清军所在，并且清军以蔡甸为据点，准备渡汉，而蔡甸离江面较远，海军炮火不能达。只有每天率海容等舰上下逡巡，不断炮击二道桥、三道桥和清军设在江岸的炮垒。

秋冬交令，武汉附近江面水浅，海容、海琛等舰吃水较深，得黎都督的允许开往上海。我们的舰艇迭次遭到岸上炮击，船身都受了炮伤，尤其海容舰头被清军炮火打了数十处的伤痕，亟待进高昌庙修理。我们到上海后，红十字会的轲斯请我同杜锡珪到他家晚餐。他向我说：“你们致力革命甚为热心，但如果清廷一旦打倒，你们革命党人中没有一个能统一中国。”我说：“革命党的人才甚多，一定能够组织政府，统一全国。”他说：“据我看来，只有袁世凯能做中国统一的事业。”

南京临时政府成立，我被任为北伐海军总司令，又率海容、海琛等舰到了烟台，帮同革命军“光复”了登州及沿海各地。

我到烟台的时候，该处的临时都督王传炯登舰向我陈述“光复”烟台的经过（详细经过我现在已不能记忆）。原来王传炯为舞凤舰舰长（此舰是清朝向英国订购的，舰身极为美观，设备极其舒适，但其排水量仅数百吨，专供海军大臣乘坐游览沿海海口，与“联鲸”舰为姊妹舰，当时联鲸的舰长是陈绍宽）。烟台“光复”时当地只有很少的武装部队，而舞凤舰适停泊在烟台港内，于是公举王传炯为临时都督。我到烟台不过数日，南京政府任命的烟台都督胡瑛也到达了。蓝天蔚被任为关东都督，也到了烟台，和我们取得联系。蓝说，他已派了许多革命同志到了东三省做“光复”关外的工作，要求我派军舰到营口等处巡弋，以壮声势。我即派海容等舰轮流前往。蓝任商震为关东军司令，商在山东各处招募了一些兵在烟台口外大小钦岛上训练，预备在东北海岸登陆。

当时刘艺舟等革命同志“光复”了山东登州等地，我曾派兵舰到登州海面，与他们相呼应。

我们很重视蓝天蔚“光复”东三省的企图。我同杜锡珪坐海容在大沽口停泊，连续派兵舰到秦皇岛、营口等海口地方去示威。后来袁世凯派刘冠雄坐火轮到海容舰，欢迎我们到北京一行。我电告南京政府后，遂和杜锡珪偕刘冠雄乘坐火车到了北京，由段祺瑞招待我们和袁见了一面。刘冠雄在南北议和成功后，就当了南北统一政府的海军部长。刘冠雄在清末原任海天军舰舰长。海天与海圻同为4300吨，都是当时最大的军舰。某次刘为其妻在上海寓所做寿，命令海天从山东开回上海，并一定要在寿期的前一晚上赶到。海天不得不加快行驶，于夜间驶至吴淞口外时触在茶山岛上沉没，官兵乘坐舢板逃命。刘冠雄本应处重刑，经袁世凯从中关说，竟得无事。

（华觉明　记录）

（选自全国政协文史资料研究委员会编《辛亥革命回忆录》第6集，中国文史出版社2012年6月第2版）

海军起义响应辛亥革命的回忆

严寿华　杨廷纲　林舜藩 *

辛亥年八月（1911 年 10 月），武昌新军起义后，“光复”了武汉，震动了上海、南京，长江上下游各省都岌岌可危，清政府急要镇压革命，除倚靠南下的北洋陆军进攻武汉以及在宁的张勋江防营镇守南京以外，还要利用海军。所以，就把大部分的海军，如巡洋舰队（清海军编为巡洋、长江两舰队）中的三巡洋舰、五炮舰和五鱼雷艇分布在武汉，协助南下陆军作战。同时，又把其余的海军，如长江舰队中的十炮舰和三鱼雷艇，集中在南京待命。

---

* 严寿华：时为巡洋舰队海容舰军需副，后任南京国民政府海军司令部接舰处处长。新中国成立后，任福州市政协委员，福建省文史研究馆馆员。
杨廷纲：时为驻宁军舰见习生。
林舜藩：时为长江舰队策电号炮舰大副，后任国民革命军第二舰队司令部参谋主任。新中国成立后，任福建省政协委员。

清政府以为这样的布置，就可以把革命军打败。但是，革命声势一天天壮大起来，其结果和他们所希望的恰恰相反，不到一个月，武汉、南京的海军都先后易帜起义，给清政府以极大的打击，以下是我们当时亲身经历的片段回忆。

一　海容、海琛两舰在武汉的起义

（一）起义的酝酿

农历辛亥年八月十九日（1911 年 10 月 10 日），武昌新军起义，10 月 11 日，武汉三镇全部“光复”。清朝总督瑞澂在 10 日晚上逃到楚豫兵舰，第二天，电告北京。清政府得到这个消息后，大吃一惊，即派陆军大臣荫昌（满人）统率陆军两镇（师），由京汉铁路南下，驻节武胜关，前线在汉口刘家庙与民军激战十几天，相持不下，民军多潜伏在汉口前后牌楼和闹市一带（有的在空房击敌，有的爬上屋顶抵抗）袭击清军，使清军无法立足。11 月 2 日，清军军统冯国璋下令放火焚烧，并以炮弹轰击江边亚细亚煤油屯仓，发火燃烧三昼夜，迫使民军无法藏身，不得不退出汉口，据守汉阳。

海军方面，清政府派荫昌率陆军南下，同时也命令海军统制萨镇冰统率海容、海琛两巡洋舰和炮舰、鱼雷艇等，溯江西上与荫昌的陆军会师武汉。10 月 18 日，各舰艇先后开到汉口下游，因秋深水涸，我舰没有再行上驶，就和海琛同泊在汉口 10 里外的阳逻，担任防止民军渡江的任务。

当我们军舰开到汉口的时候，清军将领就约同我们海军炮击民军在长江往来的船只，有时还要求我们开炮协助他们进攻。因为我们各舰人员多是同情革命，不甘开炮帮凶，即使有不得已而开炮者，也多不瞄准，所以，武汉民军的水上交通，还能够畅行无阻，后来，清军也看出海军的态度，不要我们再开炮了。

记得约在武汉起义前一年的时候，清政府因为害怕汉人靠不住，老早就想把海军中握有权力的汉人都换为满人，但是，满人中学过海军的寥寥无几，由颐和园昆明湖的贵胄学堂培养出来的没有几个，不能够普遍地换到一干二净，只得先换最大的三海（海容、海琛、海筹）中的容、琛两舰。海容管带（即舰长）换为喜昌、帮带（即副长）换为吉升，海琛管带换为荣续。

虽然清政府换了这些满人管带、帮带到舰防止我们革命，但是因为武昌起义后，南方各省群起响应，革命声势日益浩大，绝不是南下两镇陆军和几个满人管带、帮带等所能压服的。我们各舰艇的青年舰员们看透了这一点，感到海军被他们拖在一起当帮凶，是违反潮流，是很不甘心的。况且当时将届冬季，长江水位下降，容、琛两舰吃水较深，不能在武汉过冬。因此，约在11月初旬，由海容的几个青年舰员秘密聚议，要找出一个具体办法，使大家都愿意顺着潮流而响应起义，但是谁也不敢公开地冒杀头危险首先发动。最后，有人倡议召集全体舰员会议来讨论决定，要砍头，大家一齐砍，杀光了，也没有人开船，船身总是不会自己走动的。因此，就由青年船员饶涵昌（鱼雷大副）、陈世英（枪炮大副，后来改名陈季良）、饶秉钧（轮机正）、严寿华（军需副）和三副郑畴纲、蒋斌等出来召集舰员开会讨论，全体舰员同意改变方向，适应潮流，即日在武汉起义，然后开往九江与革命军联系。会议完了后，就征求海琛舰员意见，他们也表示同意。于是便推汤芗铭（萨镇冰的副官）向萨镇冰提出举义的要求，并陈述：

“九江已经独立，我们舰队关在武汉，长江海军大势已去，而且江水渐涸，容、琛两舰断不能留在九江以上过冬。”经过几次密商，萨决定自动下野，附搭怡和商船赴沪。喜昌、吉升、荣续方面，就由舰员中推举代表 3 人对他们进行说服，劝告他们要悬崖勒马，俯顺舆情，改变方针，随舰下驶九江。最初没有什么结果，经过几天接触，才有一些眉目。有一天早上，喜昌忽然对我说：“我虽然是满洲人，但是我的祖先是汉人，我的老姓是姓何。”因为从前我在海圻巡洋舰当见习生的时候，他是海圻的帮带，所以，他一到海容当舰长，就和我特别亲密，经常拉我和他一起玩。这一天，他对我谈这些话后，我就把他的话传给大家听，并对大家说：“喜昌这话是具有重大意义的，这是他转变态度的表示。”果然，最后三个满人的管带、帮带都愿意跟我们走，起义酝酿更趋成熟。

（二）易帜起义

11 月 11 日拂晓，容、琛两舰自动离开阳逻下驶，开往九江（九江已于前几天宣布独立），航行至距离阳逻十几里的地方，两舰都挂上白旗，宣告起义。这时候，武汉民军军事失利，冯国璋的清军正在攻取汉口。我们海军因为在起义前与武汉民军是敌对地位，没有暗地里取得联系，所以，起义后也只有下驶九江，与九江革命军发生关系了。

当日上午，两舰到达九江，岸上军民列队，夹道欢迎。船一抛锚，九江军政分府都督马毓宝和参谋龚少甫（福州人）等数人上船欢迎，慰问我们。马都督说：“我们这次革命，是政治革命，不是种族革命，你们既然参加革命，无论满人、汉人，都请放心，好好地为革命服务，我们是无限欢迎的。请各舰首长和全体舰员今天晚上上岸，参加欢迎会。”马都督讲话完毕，他们都离舰走了。随后又送来许多猪、羊、鱼和酒等犒赏士兵。那一天晚上，我们都到岸上参加盛会。在会上遇见了从前在海容当过轮机员的戈克安，这时候，他刚刚到九江来当要塞司令，所以，也参加了这次欢迎会。这一晚上，宾主尽欢而散，半夜我们才回到船上来。

（三）调整人事

容、琛两舰起义后的第二天（11 月 12 日），容舰管带喜昌便突然下令改换锚位，当起锚后，又默令司舵转头下驶，似乎有企图逃往南京与张勋结合模样。正在转舵的时候，九江金圭坡要塞开炮向容舰打来。喜昌就令司舵转回原向，立刻抛锚。喜昌脸上忽然失色。此事发生后，马都督对他们 3 个满人严加防范，就派人来舰告知他们自动回家，每人各发旅费 3000 元。容舰二人可领 6000 元，本来是应该喜昌与吉升平分，而喜昌硬要按薪水高低来分配，使低薪的吉升领到很少。吉升又是负债累累，所领的还不够还债，和喜昌商量平分，又不得许可。刺激之下，就于某夜从右舷梯盘投江自杀。

喜昌等离舰后，经过两舰员的会议，公推江贞炮舰（当我舰开到九江时，见江贞已泊在江上）舰长杜锡奎暂代容舰管带、容舰鱼雷大副饶涵昌暂代容舰帮带、琛舰帮带林永谟暂代琛舰管带。又因萨统制下野，各舰统率无人，公推萨的副官汤芗铭（汤日前劝萨下野是很得力的）为临时司令，并征得了九江军政分府的同意。同时因为湖北都督黎元洪知道海军各舰起义，泊在九江，曾电请马都督转请海军派船西上，赴援武汉。11 月 18 日，就由临时司令汤芗铭率领容、琛两舰和湖鹗雷艇离开九江赴援武汉了。

（四）截击清军

11 月 ×× 日，舰队到达汉口后，仍泊在阳逻、谌家矶一带，担任两大任务：一是截击清军增运援兵到武汉地区，所以，每天炮击京汉铁路谌家矶一段的桥梁或车辆，使清军无法增援。当11月24日，我舰炮击清军运输的火车时，曾打毁了火车5列，对清军后方起了很大的扰乱作用。二是控制武汉江面交通，所以，我舰时有巡行江面，时届冬季，上游水涸，稍感困难。有一次我舰冒险上驶，经过刘家庙，边航边发小炮。那时候，刘家庙清军没有回击。航行快到武昌黄鹤楼时候，我们只见武昌岸上人山人海，挥手欢呼，列队迎接。湖鹗雷艇艇长林耐庵见形势很好，也率艇上驶。经过刘家庙的时候，清军发炮射击，弹如雨下，湖鹗艇中弹起火，冒烟四溢。我舰看见这种情况，就转舵前往救护，也和清军开火。因水浅船低，我舰正是清军射击的好目标，与清军激战一小时以上，湖鹗艇才乘机溜走武昌。这次战役中，我舰死了二等兵1名，重伤水兵11名。当时已经天黑，重伤的由红十字会驶来的救护船接到岸上医疗，轻伤的留舰自医。同时，民军方面又派来首先投效革命起义军的建威舰帮带朱孝先随救护船前来慰问。我们舰上弹痕累累，密如蜂窝。湖鹗艇就在第二天早晨浓雾中下驶归队，我舰也驶回阳逻。

（五）参加北伐

这一次容、琛两舰来汉，仅十几天，到了11月底，江水下降日益严重，两舰关在长江上游既不能发挥什么作用，且不合规则，而又有危险。汤司令等正在计划研究的时候，听说海筹舰长黄钟瑛因该舰易帜起义后，曾由九江东下，进攻南京很为出力，被公推为海军临时总司令，在上海设立司令部，凡舰队的分布和军事的进行，都应由他命令指挥。同时，我们容、琛两舰也接到黄总司令的命令：“开往上海准备参加北伐。”我们两舰就在11月底离汉赴沪。在我们走后两三天（12 月 2 日），武汉民军也和清军停战议和。

容、琛在上海准备北伐的时候，海军方面，在容、琛两舰外，还编入有南琛炮舰一艘。陆军方面，就有前在东北当过高级将领、具有声望的蓝天蔚将军的军队一旅，由新铭商船装载，海军掩护北上。湖北军政府还派来参谋 12 人，分驻各舰，似有监视之意。蓝将军是以关外大都督名义，亲率海陆军北上，他计划先由海军护送陆军至山东烟台登陆，打开北洋门户，使革命军可以随时随地利用海军输送军队前往北方，援助直隶和东北各省起义。

辛亥年底，新铭和容、琛、南 3 舰同时北航，先到烟台。我队到时，烟台已经独立，由舞凤舰长王传炯在那边主持。北伐军队到达后，就委任了石英为烟台临时行政长官。

烟台独立后，济南也相继“光复”，我们各舰奉命分赴登州、鸭绿江一带巡弋，截击由海外运来接济清军的军火。这时候，南京临时政府已经成立，南北停战议和，蓝将军接到南京陆军部电说：此次又复续展停战期限，北伐舰队亦须在芝罘（烟台）停泊，静候和议如何了结。因此，我们就在这里度过了冬天，直到 1912 年 2 月，清政府宣诏，清帝退位，我们海容等 3 舰才南返，杜锡奎、林永谟被中央政府任命为海容、海琛管带，汤芗铭调任为海军部次长，我们响应辛亥革命起义的历史告一段落。

（本节撰稿人　严寿华）

二　驻宁舰艇的起义

武昌起义时，集中在南京的舰艇，有由岳阳下驶的联鲸和由汕头驶回的楚观，以及原驻在南京的镜清、保民、建安、南琛、楚谦、江元、江亨、登瀛洲各炮舰，列字、张字、湖鹏各雷艇，共13艘。武汉起义后，革命形势日益扩展，南京下关一带，传说纷纷，有说：“新军第九镇将与武昌八镇同样起事。”有说：“江南提督张勋已向总督张人骏请领开花弹预备打革命党。”人心浮动，一夕数惊。尤其是草鞋峡附近，更为纷乱。

这时候，我们驻宁各舰艇的舰艇长，如联鲸的许建廷、楚观的吴振南、镜清的宋文翙、保民的甘联璈、建安的饶怀文、南琛的林建章、楚谦的王光熊、江元的沈继芳等，都是年龄较大、当了十几年的军官，得到了清朝的都司（中少校）等官衔，受封建官僚的影响较深，甘为清政府利用，且各舰中如许建廷系汉军旗籍，对革命更是敌视。至于舰长以下的青年中下级军官，虽然思想上多数同情革命，但是都还不敢有什么实际的行动，能够起来革命的只有我们见习生。

我们这一批见习生，是刚由海校毕业，经舰队统制分配在驻宁各舰见习，如联鲸、楚观、楚谦、江元、江亨、建安等较大的军舰，每舰多则七八人，少则三四人，共有20余人。如杨砥中、吴应辉、常光球、张汉、严祖荫、雷日楠、刘瑞祺、杨廷纲、刘樾、齐兆霖、戴文骏、冯涛、刘勋铭、黄硕藩、万绍先等，大家都是由烟台海军学校同期毕业，年少气豪，思想纯洁，倾向于革命。又因为当时在南京目睹张勋军队和铁良旗营等的残杀横行，又听见了冯国璋于11月2日放火焚烧汉口3日迫民军退出的情况，大家都气愤异常，认为我们海军要迅速易帜响应，给清政府以打击，以挽回战局。因此，就三三五五地相约上岸，开秘密会议于草鞋峡附近的鲜鱼巷茶店，推举杨砥中、吴应辉、常光球、张汉等四人为代表，潜行去镇江联系。

代表们到镇江后，由都督府的幕僚郑权（闽人）引见林述庆（镇军都督），详陈驻宁海军舰艇计有 13 艘，除舰长、艇长以外都可能加入革命，并表达易帜起义、以孤立打击张勋的决心，求林都督支持。林都督表示赞同，并面告我们可相机行动，他当尽力给予援助与支持。

越数日，风声越来越紧，南京战事将有一触即发之势。11 月 9 日，各舰同学又在茶店秘密会议，认为时机已经成熟，要立即行动起来。但对于怎样具体行动，缺乏办法，打不定主意。于是决定再请 4 代表前往镇江与林都督再度商议起事。林决定派出镇军的敢死队 11 人，每人各带炸弹两三枚，在 11 月 10 日乘沪宁铁路客车潜赴南京下关，连夜由各同学带同他们分登各舰艇，并对各舰艇官兵宣布革命宗旨谓："此次革命，是在推翻清朝政府，现本军秩序仍应保持，不要争权夺利。镇军林都督已与我们合作，我们应速将各舰艇开离南京，免受狮子山炮台的威胁，即日驶往镇江，参加革命。如有拒绝者，即施放炸弹，同归于尽。"言毕，环顾各舰艇中，除舰长、艇长还有留恋的以外，其余自副长以下至于士兵，都现出欣然神态，默表赞成。各舰长、艇长听到见习生们宣布仍保持本军秩序，知道自己的地位仍可不动，又看到革命已是众志所归，也不得不顺从众意。因此，各舰长、艇长就相率下令生火，连夜起锚，灭灯下驶。

11 月 11 日黎明，各舰艇到达镇江。下锚后，由驻宁的舰队队长即镜清舰长宋文翙率同楚观舰长吴振南往见林都督，报告各舰艇已到镇江等情况，并经林都督派员到舰艇欢迎。各舰艇虽经易帜起义，而人事照旧。集中停泊镇江没有多久，由革命军海军临时总司令黄钟瑛命令，派往北伐或派往南京支援革命军江浙联军进攻张勋。

（本节撰稿人　杨廷纲）

三　策电炮舰在吴淞口的起义

辛亥春，我供职长江舰队策电炮舰大副，因奉海军统领萨镇冰的命令，准我带薪前往南京鱼雷学校，专习鱼雷。在校数个月，全国各地革命潮流风起云涌。我在南京学校中读到《自由钟》《扬州十日记》《嘉定三屠》等书，感到清廷的残暴，怒不可遏。即有同学萨福昌背地约我同往北方，运送军火，从事革命。当时我以有职在身，可以回舰分头行事未应邀约。在学不久，该校在革命冲击之下，被迫解体。秋间，我仍回本舰原岗位工作，舰长叶大俊（即幼芗）、二副阮纬之、大伻庄金旺、炮首林应时等，都是年近耳顺的老人。策电炮舰原是长江老舰，舰上官兵多是老人。当时因洵贝勒要振兴海军，故萨统领特派年轻大副在舰供职，冀望消除旧习气。他们对于反清革命，尚无反对，所顾虑的，只是地位和生活问题，我就针对这一点向他们暗中进行革命宣传。

辛亥 10 月，我已回舰月余，当时策电炮舰把守吴淞口，岸上则有陆军把守炮台。突于农历九月十二日（即 11 月 3 日）夜半，有人来访叶舰长，舰长即唤我起床，与其接洽，决定次早 6 时与吴淞炮台同挂白布义旗为号。我感到非常振奋，到了第二天清早，我就用大餐桌上的白布一幅，升上旗杆，远望炮台，亦已升起义旗。

不意舰上有老水手头目高宝剑等数人，跪在龙旗边哭，劝我勿将龙旗拉下。我告以革命的意义，他亦无异言。叶舰长随即向我告别回家，一面说，去请示长江舰队沈统领，全舰事务，交我管理。7时半，我上岸开会，报告策电炮舰起义情况，革命军负责人指示：水兵如要回去，可给饷3个月，煤饷等负责供给。会开未了，舰上水兵来报，港北有挂龙旗的大军舰四五艘南下，似是3海（海筹、海容、海琛）模样，尚有保民、建安等舰齐来，问我要否开炮轰击？我即离开会场赶回炮舰。炮首林应时估计，我舰有6英寸口径大炮，不亚于建安、保民两舰，尚可对付。随后旗手看清形势后，又对我报告说："三海和保民军舰，直驶长江，只有建安一艘进口。"并建议我舰应即做好战斗准备，但炮身可以盖上炮衣，佯装没有动作模样，我亦同意。同时我取望远镜看到建安舰上枪炮副陈志站在炮台边不动，彼此都不动手，而建安舰已驶我船边过来了，不仅没有敌视，而且吹起号来，向我舰下旗行礼而过。该舰开到上海杨树浦后，抛锚落下龙旗，舰长饶怀文回租界家里去了。

吴淞口"光复"，成立军政府分府，由光复会派李燮和为都督。上海市"光复"后，设立军政府，陈其美为都督。那时海军已经组织北伐，我即请求海军总司令黄钟瑛批准离开策电炮舰，派到海琛军舰，随同陆军蓝天蔚、海军杜锡奎带同海容、南琛和海琛等舰北上，仅一个月多，南北统一，我被调为江犀军舰大副兼摄舰长。

（本节撰稿人　林舜藩）

（选自全国政协文史资料研究委员会编《辛亥革命回忆录》第7集，中国文史出版社2012年6月第2版）

海容、海筹、海琛三舰参与“光复”经过

杨庆贞*

辛亥年，我在海琛巡洋舰任驾驶副。农历八月中旬，海琛由大沽口开到烟台，停未数日，即得海军部八月十八日急电，嘱火速南下，救援武昌。我舰于接电之翌日开往上海，耽搁两天，添煤及购买料件等，一切准备就绪。在开赴武昌之前，海军长江舰队统领沈寿堃亦奉令来舰，督率前往。沿途经过镇江、南京、芜湖、安庆，岸上毫无动静。到了九江时，听见岸上人声嘈杂，旋放鞭炮，继以枪声数响，我舰径行上驶，未加过问。迨至阳逻，海容、海筹、江贞、楚豫等舰均先在此停泊，我舰因亦下锚。当时海军二等提督、舰队统制萨镇冰在海容统率指挥，湖广总督瑞澂逃登楚豫军舰上已有一星期之

* 杨庆贞：时为巡洋舰队海琛舰驾驶大副，后任南京国民政府海军部总务司司长。

久。沈寿堃率我舰舰长荣续前往海容拜会萨镇冰，并请指示机宜。

革命军在武昌起义后，闻在青山附近地方安装车炮，截击由汉口开来的小火轮，以断我等与汉口方面的联系。翌晨8时，萨镇冰率海容、海琛、海筹3舰开往青山侦察究竟。到青山时，江面空无所有，停泊至下午6时，未见岸上有何动静，遂折返阳逻。次日上午8时，萨镇冰仍率原舰3艘开至青山下锚，并嘱各舰注视岸上敌情。当天下午4时左右，有小火轮一艘由汉口开来，甫过青山，即遭革命军的炮击。萨镇冰用旗号指挥各舰开炮，向岸上出烟处射击。起先岸上出烟不过一两处，后来越打越多，竟至八九处。岸上所有的炮都集中向我们3舰发射，互射约一个小时之久，才渐行停止。当晚，我们3舰即留在青山，不再驶回阳逻，并派3舰的小火轮轮流值夜。第三天早晨5时半左右，革命军方面首先开炮向海容射击，萨镇冰令各舰回击，历时一个多小时即告停止。萨镇冰以战事不是短时间内所能解决，即令江贞军舰驻在阳逻，代收各舰邮件并购办菜蔬，每日由各舰小火轮轮流往返青山、阳逻之间一趟。第四天下午2时，海容先开炮射击，革命军亦以炮还击，各舰均先后发炮，不及一小时，又复停止。两日之后，得楚豫报告，已送瑞澂到上海。

数日之后，有小火轮一艘由汉口开来，靠在海容舰边甚久始去。小轮去后，萨镇冰立即召集各舰长会议，说明汉口方面北军预备攻打汉阳，要我们海军协同作战。他又说，现在江水日退，汉阳方面水深几何，尚不知道，并出示英国海军三等提督来信，似有不欲我攻打汉阳之意。萨意甚犹豫，因此会议亦无结果。翌日下午1时，萨镇冰令各舰各派舢板一艘，由海容小火轮拖带向汉阳方向上驶，并派其副官余振兴在轮上指挥。驶近汉阳时，由小火轮先向汉阳开炮，然后解绳转舵，驶回本舰。各舢板亦向汉阳开排枪之后，各行转舵下驶。所谓帮助陆军作战，情况不过如此。

连日青山方面，革命军并无动静。我们寄锚于此既已有日，又不能上岸打听消息，舰上官兵的心情颇觉沉闷。忽闻看更兵报告，又有一艘小轮驶靠海容，不久由海容通知各舰，派员前往抄取号令，内容是清政府授袁世凯为内阁总理，组织内阁。我们舰长荣续即令书记将全文公布，大家情绪较为安定。此为农历九月中旬之事。

农历九月下旬某日，萨镇冰邀各舰舰长至海容谈话，略谓：“本人有病，必须赴沪就医，统领沈寿堃亦同去沪，此间各舰舰长以海筹舰长黄钟瑛资格最深，堪为队长。从明日起即将我之提督旗落下，由海筹升队长旗行之。”次日即由海筹升队长旗，并预备小火轮一艘恭送萨、沈二人离舰赴沪。

萨镇冰离开舰队的原因，我以地位关系，无从得悉。但根据当时目击的事实，也可以略知大概情况。我们海军在青山炮击只有 3 次，每次不过一小时左右。陆军要求帮助反攻汉阳，亦只派去一只小轮和几艘舢板略助声势，即解绳转舵驶回原舰。后来读英国政府刊布中国革命蓝皮书，才知道英使朱尔典致英外部葛垒电文中有云：“水师提督萨镇冰所统之舰队，自始至今，对于清军行为殊为淡漠。”所述确是事实。

当萨镇冰离舰时，曾出示英国海军三等提督来信，谓外交团方面似有不欲我们攻打汉阳之语。英使朱尔典有电致英国水师提督温思乐云：“各公使以汉口各领事之请，致紧急陈词于清政府，以期转饬奉命前往图复武昌之萨提督于进攻时，免致毁及租界。……吾等在汉口之利益，自应竭力保护。且本大臣深信除贵提督外，无人能使萨提督易于悦服，一因萨提督早年与英之水师有密切关系；一因萨提督对贵提督素深敬爱。因此之故，拟请贵提督移驻适宜之处，以期于租界危急之时，得以进言于萨提督。”

根据上面事实，可以印证，首先萨镇冰自始对清政府令其救援武昌，即采取敷衍态度。其次，他对于外交团的要求，不能不有所顾忌；英水师提督温思乐的私人关系，亦不无影响。萨镇冰向来不走极端，既不肯为清廷效力，又不肯公然易帜参加革命，故只有称病赴沪就医，率沈寿堃同行。实际上他亦明知人心倾向革命，大势所迫，不能不自引退。

萨、沈离舰后，我们海琛先行集中意见，以备队长参考：

（一）决定将龙旗先行拉下，等待国徽；

（二）我们荣续舰长是旗人，但平日为人和蔼可亲，大家相处关系很好，仍旧令其供职。

两日之后，队长黄钟瑛以此间联络不便，遂率舰队开赴九江。九江都督马毓宝派人前来欢迎，并设宴款待。黄队长将来意说明，并请代电武昌黎都督请示行止及颁发国徽，以便悬挂。翌晨5时左右，九江炮台以海容形迹可疑，先发两炮以示警戒。马都督旋派参谋长李烈钧到海筹晤黄队长，商量将各舰炮闩暂行脱下，以免意外。黄队长当告以：“舰队来意是参加革命，卸去炮闩还有什么作用？”最后黄队长以两位舰长和一位副舰长都是满人（海容管带喜昌、帮带吉升，海琛管带荣续），不免予人以可疑之处，亟应劝其暂行告退，以免引起误会，要求给予护照，以保途中安全，并送一些川资，以壮行色。李烈钧去后，黄队长即以此意向大家说明，荣续慨然从命，即日离舰。忽闻看更兵报告海容有人跳水，随即查明是海容副长吉升。

荣续既去，海琛舰长一缺以副舰长林永谟推升，枪炮副郑石兰升充副舰长。

旋得武昌革命军方面来电，令舰队仍须上驶，帮助陆军收复汉口。黄队长即率舰队开赴青山下锚，观察汉口北军行动。到青山之次日，武昌方面即派参谋一人随带军用地图，乘小火轮靠海筹传达命令，命令内容大意是：北军南下，必须经过第一、第二两道铁桥，进驻汉口美国洋油厂，黎都督要我们把这些东西毁掉等语。黄队长将命令通告全军，并指定由海容、海筹、海琛3舰每日轮流前往轰击。历时一星期之久，第一道铁桥已经破坏，洋油厂亦火光熊熊，正在燃烧；第二道铁桥因距离较远，情况不明。

数日之后，小火轮又来报告，称南北各派代表在上海议和，前线暂行停战。黄队长以此时江水急退，急欲下驶，除派江贞军舰开往武昌，以备黎都督遣用外，即率海容、海筹、海琛东下，在高昌庙下锚，以便进坞稍加修理，听候北伐。不久南京临时政府成立，任命黄队长钟瑛为海军部长，汤芗铭为次长。海筹舰长一缺由飞鹰舰长林颂庄升任。农历十二月中旬，黄部长以袁世凯诡计多端，和议前途未可乐观，由次长汤芗铭率海容、海筹、海琛及南琛4舰北上。这时烟台已经独立，驻防烟台之海军舞凤舰舰长王传炯为烟台都督，我们开赴烟台，亦可壮其声势。嗣后停泊烟台，直到南北和议告成。

（选自全国政协文史资料研究委员会编《辛亥革命回忆录》第6集，中国文史出版社2012年6月第2版）

北洋海军“光复”记

陈弘毅*

辛亥夏，广东黄埔水师鱼雷学堂（海军学校之旧称）第十二届毕业生12人被派往北洋舰队实习，先由南北洋海军统制萨镇冰甄选，以6人派在镜清练习舰，4人派建威炮舰，余2人则以有近视病退回。其时海军的当权者已开始有将海军垄断为一派系所专有之意，故事前坚不接纳粤校生加入北洋舰队。后终以海军大臣谭学衡力持正议，才让粤生前去（谭系粤人，粤校第四期毕业，时清廷预备立宪，以谭任海军大臣）。

在镜清舰之见习生是何瀚澜、陈弘毅、伍自立、何绰玻、李继珩、李孟亮6人。同时派来镜清任教练官的陈复是留东海军第一期归国

---

* 陈弘毅：时为南洋舰队主力舰镜清舰见习生，后任北洋政府海军少将。

生，亦粤籍，羁人海客，风雨同舟，异地乡音，倍觉亲密，课余叙谈，由日常生活至国家大事，由入学初衷至终身愿望。及武汉事发，我辈论题渐由清廷失败，回溯到入关以后之暴虐，青年意气，相与激昂，咸同情于孙中山先生之民族革命，以为当前时势，正宜乘机发动，可由一舰扩展到全军，从而攻占一地，以及全国，达到推翻清室，还我山河。于是互相信赖，密谋响应革命，此系在开辟象山军港时边学习边测量中谋及时事之情况。及革命声势风起云涌，长江下游一带情势浮动，镜清遂被调驻南京任防卫。镜清舰长宋文翙，中山人，系早期的留美生，时年已50余，以资深为沿江驻舰队长，于我们密谋进行，更为有利。陈复在东京已加入同盟会，与沪宁各地已反正的军政人物取得联系，且得驻宁日领掩护，行动上尤为方便。时军中承平久，同人相处之间，对我们未尝有所怀疑，虽有满人胜琳为帮带，亦了无猜忌。至于未反正地方之军政人物，则以前年通济舰驻防安庆时曾协助平弭徐锡麟革命活动，故对海军人士尤为另眼看待。既而陈复在苏州都督程德全处取得招纳文告，面交宋，旨在要求和平反正，宋受之。翌日，宋遽集全体员兵表示不能负义背清，并勉各人尽忠职守，将来文撕毁，而不言文之所从来。陈知宋厚重，无魄力，不可与有为，不有行动绝不能成事，因与同人重坚前约，即日移居日领署。嗣此之后，水陆两方日有交结，陈托日人运到手枪炸弹，由我们接运至舰上，各密藏卧榻待用。我们学生舱之下是热烘烘的车房，当时并未顾虑到意外也。舰上值更（勤）之责全由同学6人轮值，海军通例，值更官无论平时战时代表舰长执行法令，有高度权威，关于交通来往的检查，概由值更所掌握；以故我们来往及携回之武器，得以顺利无阻。正在这时日里，革命消息一般有进展。时袁世凯任清廷内阁，独负军政大权，已在沪举行解决时局会议，而故为玩弄权术，另以重兵循京汉路南下，义军方面颇受威胁，稍有挫损。同时有些已表示反正的疆吏，复阴持两端。正在此时，宋以队长名义召开会议应付时局。我们即时飞报陈，会议甫开，陈已携敢死队二人登舰，我们亦即各出武器加入，径闯议所，力陈大势，必须利用时机，造福汉族。各舰长对突如其来的变故，相顾无言。久之，有楚观舰长吴义南起言，表示绝对赞同，余皆无异议。于是我们紧急部署一应必要的措施，先将各舰长留住，要求各手令本舰升火待发，交由我们转送。各舰原有练习生，多少不等，大都以烟台校生为多。当传达时，我们略告以首义经过，并以今后舰上诸事，请分负其责，共同戮力。青年同学一致表示热烈同情，而在镜清本舰则对集体宣布一切，相与狂欢庆幸。约经过 3 小时，各舰准备已妥，即以武装护送各舰长归本舰，交代既讫，星夜由镜清发号施令，掩蔽舰上灯火，领队联下镇江，同队 9 舰，自下关拔锚起行。其上则为狮子要塞，刁斗森严中，竟能兵不血刃，顺利完成首难，疑有天助。军舰在长江夜航，可以说非遇金革不为，以是对水道不无生疏，镜清吃水 10 余尺，至乌江搁浅，同时有舰二艘，火焰冲天，自远远而来，各舰皆准备应战。稍近，各通报舰号，问所由来，知是由安庆到南京归队，不遇，故兼程下驶，至是归队共同行动。越早，至镇江，都督林述庆对全队慰劳称颂有加，随介绍船员正式加入同盟。帮带胜琳即日解职，交都督府发落，资遣北回，其余概无更动。越数日，复由镜清率舰数艘夜袭南京城，轰发共百余弹。城中兵民怵于海炮之声威，人心大大浮动。这一轰击起了很大的作用，不数日，南京遂告“光复”。

南京临时政府成立，以黄钟英为海军总长。黄原是海琛巡洋舰舰长，四川路潮作，海琛即派驻武昌防卫，革命军兴，黄以陆上要塞林立，江上又无用武余地，且秋汛已近，吃水不深，不能退出，不得已支吾其间，至此得附于武汉首义之列，近水楼台，有由然矣。陈复得叙海部上校参事。政府成立之日，曾派故海军提督邓世昌之子来舰慰劳，称为"光复"海军第一功。民元春，和议成，孙中山先生让位于袁世凯，由镜清护送至津转京。至袁氏盗国以后，北京政权所及之地，纷纷起用旧人，时移世变，新旧两方，诸多龃龉，为第二次革命布下了种子，这是后话不提。而我们亦自此与党脱节，当日同事诸人又皆分散，海上游弋少所联络，无复相与再谈"光复"事者。其实当日之事，不过顺应大势所趋，义所当为，同人间绝无贪天之功以为己有，故社交上从不一道其事。至若旧人，于革命后仍能保持禄位，回想当日曾受小伙子威胁，自愧不如，说出来转增惭赧，故亦守口如瓶。因此这些史实，世人竟无有知之者。

参与其事者，今日除我外，尚有李继珩一人，新中国成立后仍健在。陈绍宽在"光复"后由联鲸炮舰航海副调升镜清航海正，我副之。他虽未躬与其事，但他同属一队，且时间相距不及一月，来镜清后，于我们首难经过，当有所闻也。

（选自全国政协文史资料研究委员会编《辛亥革命回忆录》第6集，中国文史出版社2012年6月第2版）

记辛亥海军起义与闽籍海军人物

朱天森 *

一　辛亥海军起义略述

清宣统三年（1911 年）四月初一日，我奉筹办海军大臣载洵令，由海军部军学司科长兼三等参谋官调任海军第二舰队江利兵船的管带官（“光复”后，兵船改称军舰，管带改称舰长）。我径赴大通接任（旧管带官郑纶，福建人，改调南京海军军官学校任校长），仍驻防大通内港。未及半年，武昌陆军起义，协统黎元洪被推为鄂军政府都督（黎本亦海军中人，为北洋天津海军学校轮机毕业生，因学轮机者，将来不得升司令指挥作战，只能升为造船所所长或船政

* 朱天森：时任长江舰队江利炮舰管带，后任南京国民政府海军总司令部少将候补员。新中国成立后，任中国人民解放军海军研究委员会委员。

局局长等职，一般视为前程不大，所以他就弃海就陆了）。时两湖总督瑞澂惊骇万状，携爱妾逃登停泊在武昌城外的楚豫兵船，令该舰即开汉口英租界江面暂避，希求外国人的庇护；旬日后，他又搭太古商轮逃往上海当寓公去了。此后，第二舰队司令（协统）就移驻到楚豫兵船上来了。

清廷得武昌起义消息后，除调遣陆军劲旅乘京汉火车南下外，又急电海军统制萨镇冰星夜赴武汉，协同陆军攻击民军。十一日上午，萨统制乘江贞兵船赴武汉，经大通内港时，打旗语给江利兵船，令立刻升火，急驶武汉。十二日上午，江利赶到汉口，奉令在阳逻（距武昌 10 余海里）一带江面巡弋。我当时谒见了萨统制，他向我指示了军机。我又见协统沈寿堃，他对我只说些官僚话，对军事策划则毫未涉及。

那时，清海军所有能用的兵船 20 余只，都已集中在汉口火车站至阳逻一带江面。清陆军北方劲旅作战无果，又调冯国璋至汉口统一指挥陆军。因民军以汉口建筑物和市街房屋为掩护以抗清军，冯国璋竟公然发出恶毒命令，火烧汉口、汉阳两地市房，使民军无所凭借。于是商贾居民，扶老携幼，纷纷逃避。武昌的居民也多乘小船顺流而下，以避兵灾，三镇人民大受苦楚。

海军协同陆军攻击汉阳、武昌数次，耗费了炮弹 500 余发，但并无进展。海军员兵目睹陆军的残暴行为，不愿与之合作，而同情于革命军；且闻各省军民响应革命者日众，遂毅然有反正之心。萨统制在此情形下乃决然辞职，用灯语示知停泊在阳逻的江贞、楚豫、江利、湖鹏等各兵船及雷艇云：“我去矣，以后军事，尔等各船艇好自为之。”江贞又用灯语告知正在航行的太古商轮，暂泊候令，即派该轮的舢板接萨统制上太古轮。萨即去上海，不复与闻军政各事。此为萨离舰队实情，国民党史书中谓萨系乘渔船潜逃，实为妄说。

萨统制离舰队后，江贞兵船管带杜锡珪、楚豫兵船管带方佑生（方佑生，南京人，与我同在南京江南水师学堂驾驶科毕业。后又被选派前往英国远东舰队，为航海科见习士官）、江利兵船管带朱天森、湖鹏雷艇管带杨树庄，即聚集会议，议决“各行所愿”。于是江贞仍留武汉，楚豫、江利与湖鹏则回沪加入反正海军，且便修理。协统沈寿堃当时驻节楚豫，他不发表意见，什么也不加可否，对海军起义，视若局外。当夜，楚豫、江利、湖鹏即展轮下驶，经过九江、安庆、芜湖等城，望见满城白旗，知皆已起义；唯南京仍悬龙旗，传闻何海鸣尚欲顽抗革命军。

当时，清驻镇江陆军营长林述庆（闽人）已起义，称都督。楚观兵船管带吴振南（吴振南，扬州人，江南水师学堂驾驶科毕业，被派至英国远东舰队为航海见习士官，毕业回国，在海军中服务一年后，又与我同被选派往伦敦海军大学肄业）。由沪奉调开武汉经过镇江时，林述庆加以挽留，请即留镇江，共抗清军，吴振南赞成此举。于是以吴为驻镇江的海军队长，代替司令职，所有驻镇的兵船员兵的薪饷、煤、炭等，则由林都督供给。至楚豫、江利、湖鹏兵舰经过镇江时，吴振南遂要求合作，且拟举沈寿堃仍为司令，指挥一切。沈寿堃胆小无能，决定不干，他当晚就离船，乘火车到上海去了。后各船艇管带官协商，仍公举吴振南为队长，照旧指挥驻镇的海军，以资熟手。各兵船协同陆军，先攻克龙潭，后克复南京。

江贞兵船回到武昌防地后，也加入该地各船艇共同反正。其中海容巡洋舰帮带官吉升（旗人）见清廷将亡，投江自杀，杜锡珪因即擢升为海容管带官（一升两级）。旋因秋季江水日落，海容等舰吃水较深，恐久延水涸，不克行驶，遂开往下游。海容等舰经过九江时，林森、李烈钧要求该舰等协商合作，共抗清兵，得到杜锡珪和该舰员兵的同意。国民党史书中谓海容等系由李烈钧诱降，是完全歪曲史实的。

当时，驻防各港埠的兵船，都先后反正，加入了革命军。南京临时政府成立，海军同人公举海筹巡洋舰管带官黄钟瑛（闽人）为海军部长。

二　关于若干闽籍海军人物

清海军中福建人任高级将官者甚众，有闽人握海军权柄之说。海军中有粤籍与闽籍之争。清末海军部成立后，清廷为暗削闽人之权，乃增粤人之势，以便左右操纵之。于是把海军副大臣闽人萨镇冰出调为舰队统制,而以粤人谭学衡由该部参赞升为海军部副大臣，又派粤人程璧光为第一舰队司令（协统）。但闽人把持海军，至辛亥革命后仍然。兹据个人所忆，杂记若干闽籍海军人物于下。

萨镇冰，名鼎铭，字镇冰，以字行，福建闽侯人。其先为蒙古人，明末随清兵入关，驻福建，遂入闽籍。萨是清政府第一届派往英国学海军者，与严复同学。回国后，按资历、学识，逐级升为提督，补广东南澳镇实缺提督。后调任海军提督（其遗缺未开，系派员代理），指挥舰队一切事宜。嗣又任海军部副大臣、海军总司令、海军舰队统制等职。在总司令及统制任内，常驻节巡洋舰上，往沿海港湾巡弋，视察形势，并亲自指导官兵练习航海技术，以及演放鱼雷、打炮靶、备战操演等战斗操作。萨海上经验极为丰富，又喜阅有关海军的外文新书籍，并日读中英文报纸，以明了国际情形。他精通英文，英文函件均自己撰书，不用秘书代笔。萨待人谦和，对下无骄傲暴躁之态。

民国元年（1912 年）12 月 8 日，袁世凯政府特任萨镇冰为海军上将，海军部聘他为高级顾问，并送月薪 500 元。萨所得薪俸仅留一小部分为生活费，所余则补助亲友中的困苦者。他热心善举，犹忆闽南饥荒时，他不辞劳瘁，亲至灾地，筹办赈济。

萨老轶事，据我所闻，有下述二则。

萨老有一儿一女。儿子成人出外就事时，他特办宴请客。秘书问欲请何客，以备安排席位，他笑而不答。及开席，他嘱儿子坐首座，秘书等人均以为奇。宴时与儿子谈话，略谓今后各做各事，经济独立，不相依赖，娶亲分住，听儿自由。

萨老某日午后在旗舰小睡，管旗兵送旗语呈阅，见其正睡，不敢惊醒他，并将椅上毡毯轻覆他的身上，以免着凉。他醒后问何人覆的毡毯，经勤务兵告知后，他即召该管旗下士，对他说：你心田很好。他当时把女儿许与为妻，并给学费、零用等费，荐到上海梵王渡英人所办学校读书；数年后毕业，又荐至上海江海关投考，录取后，即使女儿与此管旗下士结婚单住。一般人见萨一品大员把亲生女嫁与一个管旗下士，均惊讶不已。

沈寿堃：清海军第二舰队司令（协统），福建人，歧视非闽籍的官兵最甚，既无学识，又嗜鸦片，滥竽充数而已。海军起义后，在镇江离舰队到上海当寓公去了。

杜锡珪：闽人，南京江南水师学堂驾驶科毕业，宣统三年六月间接任江贞兵船管带官，辛亥起义后擢为海容巡洋舰舰长。北洋军阀时代，他因逢迎吴佩孚，升为海军第二舰队司令，又升海军总司令。后又捧了曹锟，曹为贿选大总统时升任杜为海军总长。杜为海军总司令时，以南京江南水师学堂旧址为司令部。他终日卧在鸦片铺上，并未在海上巡弋一日。所以萨镇冰曾讥笑他为陆军司令，只能交结江苏督军齐燮元而已。

饶怀文：福建闽侯人，曾任舰队司令、总司令。他嗜烟好色，因驻军舰上不方便，常驻岸上（下关）办公，不出海巡弋。至春末夏初之际，他即以秦淮河的船为消遣之所，狎妓饮乐；所属舰艇长大半陪游，以买其欢。他的学问和经验均极平庸，唯逢迎南京最高长官以保己之权位。后因溺于烟色，殁于下关私宅。其平时行为颇与杜锡珪相伯仲云。

刘冠雄：字资颖，福建闽侯人，留英海军学生，历升至海天巡洋舰管带官。海天与海圻巡洋舰（管带为粤人汤廷光）为姊妹舰，同为清海军中最大的兵船，排水量4300吨，时速17海里。因遇雾触礁，海天沉没，照例应处死刑。时袁世凯为直隶总督、北洋大臣，力为援救，刘得不死，因此对袁世凯极为感恩。其人学识尚可，宣统三年，在海军部为署理军学司科长。孙中山让总统位于袁世凯，南京临时政府各部部长派代表欢迎袁来南京就职，时海军部长黄钟瑛胆小不敢去，刘冠雄就毛遂自荐，愿为代表前往北京。袁接任后，即特擢刘为海军总长，又授为海军上将。刘虽闽人，其部下也稍用非闽籍者。刘对人接物，常用敷衍手段，为一投机之官僚。

杨树庄：福建闽侯人，辛亥革命时为湖鹏雷艇管带官，上尉阶级，后升为楚观、应瑞等舰长，又升为舰队司令。民国16年蒋介石到南京，杨率舰队迎蒋。蒋介石南京政府成立后，杨历任和授予海军总司令、海军部长、国民政府委员、福建省主席、海军上将等职衔。杨学识平常，但对有学问的人颇能敬重，又能容忍，传闻某次国民政府委员会议时，被人当面侮辱，他并未计较，此为其做官的一个“特长”。杨50余岁病殁于福建主席任内。

蒋拯：闽人，海军学生出身，历升至司令、总司令，学识平平，死时60余岁。

李鼎新：宣统三年春为海军部军学司署理科长，与刘冠雄同事，袁世凯当上总统，特擢刘冠雄为海军总长，刘即任李为该部参事、海军总司令等职。袁世凯失败，黎元洪为总统时，特任李为海军总长。李学识平常，庸碌无能，死时年70。

蓝建枢：字季伯，福建闽侯人，宣统三年春为海军部二等参谋官。刘冠雄为袁世凯政府海军总长时曾提拔蓝为海军总司令。蓝学识平常，行为放荡，有“嫖赌大王”之称。

杨敬修、周兆瑞、陈训泳、陈世英：辛亥革命前，周为江贞兵船副长，上尉阶级；陈训泳为通济练习船管带官，中校阶级；陈世英为雷艇管带官，上尉阶级。此四人昔为闽人，为其同乡长官所提拔，虽庸才无能，皆升至司令。当时有非闽籍不得为司令等要职的说法，由此可见一斑。

（选自全国政协文史资料研究委员会编《辛亥革命回忆录》第6集，中国文史出版社2012年6月第2版）

海军辛亥革命纪实

张怿伯*

余所见记载海军辛亥革命之文章，计有3篇。其一为何海鸣著《辛亥海军举义记略》，1944年双十节伪中央社发布，各地报纸刊登。此文以“记略”为篇名，系以余所写之《辛亥海军举义记》为蓝本，但又掺以己见，致与事实多不符。其二为邹鲁著《海军反正》，不知是否因系采自传闻，致多舛误。其三为《李烈钧自传·辛亥革命及督赣时期》一文中之“招致海军”，其不符事实之处尤多。兹分述之：

关于何海鸣《举义记略》文：

原文　其事由各舰下级干部密谋策动。

---

*　张怿伯：时任巡洋舰队海琛舰正电官。

辨言 按：此语与事实不符。当时举义之舰，以海筹、海容、海琛为主动，其他炮舰、驱逐舰、雷艇等系附和。所谓下级干部，按当时军舰官职，当指正副炮首、正副总头及鱼雷、电灯、军事长等而言，即准尉一类军官。当时海筹、海容、海琛及他舰之准尉军官，并未有何密谋策动之事；有之，则为海筹、海容、海琛与义军战时，炮不瞄准，但此乃出于枪炮副之授意，非彼等自己密谋策动。当时海筹、海容、海琛之枪炮副及教练官，大率中少校职。至海琛签名举义之各人，除阳明为见习士官外，他如林永谟、王齐辰、杨庆贞、高幼钦等，多为中少校、上中尉等。照当时事实，密谋策动之中坚分子，实以中级干部为多，准尉官无有。故“下级干部密谋策动”一语，与事实不符。

原文 镇江张怿伯同志，当时充海琛兵舰下级士官，兼司电务。

辨言 按：余所任之职，照当时军制，名正电官，专司无线电事，中尉阶级，除司电务外，不兼其他职务。

原文 张旋即加入同盟会。

辨言 按：余始终未加入同盟会，事后亦未入党。

原文 誓以组织海军干部秘密团体自任。

辨言 按：当时同舰之人，如杨庆贞、高幼钦、阳明等，平常谈论，无不愤慨清朝政治之腐败，列强之欺凌，同具政治革命思想和民族革命的意识，一见有可为之机，各人均淬砺奋发，勇往直前，彼此心心相印，完全是精神上的结合，并无秘密团体之组织。

原文 舰中同志不欲战，拟先暗杀荣。

原文 旋奉命将海琛移泊汉口下游京汉铁路之江岸边，遥见南下清军，已与义军交战于汉口东北方，迫于舰长严令，忍痛开炮27发。

辨言　按：九月初七早晨，海琛将开往汉口下游造纸厂一带，助清军与义军作战。当时除荣舰长外，各人都不愿意，但亦无表示。及天明，海琛将启碇，高幼钦忽入余卧室，欲暗杀荣。余认为不可操切。旋海琛已行近江岸边，遥见南下清军与义军战，因向之开炮27发。此时司号令者，为沈帮统寿堃，并非“迫于舰长严令”。海琛驶向汉口下游京汉铁路江岸边，非移泊该处，因战时船当行驶，不能碇泊而战也。

原文　乃借口于炮击激烈，即下驶。

辨言　按：九月初七早晨，战事并不激烈，时间亦极短暂。海琛所放者非大炮，而义军还击海琛落于舱面之炮弹，竟不能洞穿甲板，其力小可知。当时海筹、海容两舰，尚未抵汉，未曾预备大战；原在汉口之外商各趸船，多移泊造纸厂一带，诚恐流弹所至，损及外商财产；此为当时彼此互击未久，海琛即行下驶之原因。

原文　张、杨、高、阳等，日从事于游说同人，加入革命。

辨言　按：军舰分前后舱，水兵及准尉一类军官住前舱，其他官员住后舱。余住后舱，平常与前舱官兵等除公务外，罕有接洽，如果突然至前舱，向士兵等游说，可能引起反感。因是余之游说，每乘李春清、刘文才在后舱值更时，不断与之长谈，使他们明白大势，以达倒清复汉之目的，并随时报告时局消息，以便李、刘转达前舱，此为当时游说之最重要者。舰上无秘密团体之组织（已见上述）。当时游说目的，只启发其革命思想，使之赞成而已。

原文　适有水手头目鲁人李春清，资格甚老，曾参加甲午战役，富有国家思想，得其加盟，并约一等水手刘文才与俱，鲁籍水兵，便都秘密说服。司号兵皖人王春山亦另约数人来合作。

辨言　按：余对李春清游说情形，已见上述。李，山东荣成人，当时在海琛充正头目。甲午中日战役，李已在舰当水兵，资格固老，人亦公正，在前舱为诸水兵所推重。刘与李同乡，当时充一等水兵，亦有相当资格，彼亦常在后舱值更。余对彼游说情形，与对李同。刘、李为山东水手帮翘楚，隐然居领导地位。号手王春山，当时亦系头目阶级，彼等在前舱都有相当地位。福建水手中管旗头目（惜已忘其名），亦为向义之人，总而言之，当时情形，实为各人心心相印，共趋赞成革命之途，纯是精神上的结合，非某一个人邀约某一个人加入何种党会也。

原文　长官如帮带林永谟、轮机长王齐辰，亦允可。

辨言　按：军舰官制，分舱面、轮机两大部分。除舰长外，舱面首席官员为帮带（即副舰长）。轮机首席官员为总车（后改称轮机长）。林、王饮食休息处所，及王之卧室，均在二官厅。余之卧室，亦在二官厅。彼此时时晤见，对于时局的解决，早已默契于心。制圆形签名单，实行签名，并未事先商得林、王之许可，而届时林、王亦欣然乐从，毫无异议。此当时实在情形也。

原文　顾其时忽生变化，冯国璋军竟攻占汉口，日以重炮轰汉阳，海军中人又渐存观望。

辨言　按：当冯军攻占汉口之后，正海军举义运动积极进行之时。犹忆当余工作紧张之际，昼夜间大炮声不绝。及各舰挂白旗到九江，其时汉阳已失。故在浔宴会之夕，余代表黄钟瑛演说，有“武汉战事，势正危急”之语。当时海军急切发难，对于义军方面，志在增加实力，挽回颓势，正抱着“赴义恐后”的热情。汉口被占，炮轰汉阳，逡行观望不前，是乃投机者所为。岂有历经险阻艰难，热心向义，忽变为投机思想。上文所述，系属臆度之词，绝非当时真相。

原文 一日，萨镇冰召海琛杨庆贞往江贞听训，出示袁世凯电，谓黎元洪有就抚之意，前请舰攻武昌，着从缓。实则袁故施狡狯，而萨另得黎书，以昔曾出身海军，师礼事萨，有函劝萨反正。旋南京亦为义军攻入，足抵补汉阳之失，大势渐定，中山先生即返国组临时政府，号召天下，声威益著。海字三大舰及江贞等，发难之心愈切，皆自动离阳逻而下驶九江。

辨言 按：一日萨镇冰令知各舰，派员往江贞听训，海琛派鱼雷副杨庆贞往。是日召集目的，为出示袁电，借以安慰人心。记得原电首数语，为"顷据刘道面称，元洪有就抚之意，前请舰攻某地，改从缓……"，某地已记不清，但非武昌。杨庆贞自江贞回，甫登舰，余等即就舱面，争相问讯。杨取出蓝铅笔抄来袁致萨电文，传观后，各人早已成竹在胸，岂有挽回余地。时适日落，阳明即落下龙旗掷于甲板而践踏之，旋弃于江（龙旗本悬挂于舰尾，因当作战时候，改悬在后桅之支桅上，故能顺手落下）。在此一刹那间，海军龙旗，便成历史陈迹。当时黎元洪有无致函劝萨反正，各舰未知其事，如果有此，固未发生效力。龙旗落下之越日，海琛等舰改悬白旗，下驶九江之经过情形，具如余之原文所述。关于时局，当时只知汉口已失，汉阳继之，至海军得知中山先生已回国组织政府，发难之心愈切，此则情节不符。因当时各舰在阳逻与外间声气隔绝，南京情况，似只闻黄兴留守，余无所知。只以各舰运动已届成熟，而武汉情势正在危急，举义一事，已至不容或缓之阶段。挂白旗日期已不可考，当在杨庆贞到江贞听训之第二日。

原文 余舰见海琛舰尾易帜，相率仿行，萨知之，亦不阻。两旗籍舰长隐然有弃职意，匿处舱室，不司号令。……飞鹰帮带旗人吉升，愤而投水死。

辨言 按：各舰开行，当听命于萨，今忽自动下驶，萨已号令不行，舰艇星散，虽欲阻，亦无从阻。本当在阳逻启碇之时，即悬白旗，而必待至下驶10余里后始易帜者，乃因将士对萨颇有敬重之心，不欲使其过受刺激。在挂白旗下驶九江途中，海琛荣舰长藏身于大官厅，不问行船事，忽召余至大官厅，问余如何过马当。驾驶非余职司，何忽向余突发此问。其意盖谓你们闹要挂白旗，马当炮台炮击我舰将如何。他故意提出此难题，实隐含对余责怨之意。抵浔之夕，投水死者为海容帮带吉升，不是飞鹰帮带。《举义记》原文有误，特此更正。

原文 林、吴亦了解，为制止炮击，邀张速送举义文卷至招商局林处公阅，又以示李烈钧，严令斥戈。

辨言 按：当时海军军佐士兵无一曾入同盟会之人，与陆军方面虽同从事革命，但彼此不相为谋，及至行抵九江，林森，吴铁城等人登舰，始有接洽。抵浔翌晨，发生炮击。当时海容本非私逃，及见发炮之后，亦未还击。旋移锚已定，炮台亦停止射击。当时余即偕同舰长林永谟乘小轮登岸，至招商局晤林森。当先一日林等登舰来见时，已将举义经过备述梗概，至是复将携带登岸之举义文卷交其阅看。因当晚在招商局将有海陆军宴会，余与林舰长即暂不回船，在彼处作竟日长谈。旋李烈钧来，林即将举义文卷转交他阅，至是林、李对海军举义经过及早晨发生炮击海容情况，已尽情了解。开宴前戈克安至，高谈阔论早晨炮击海容之事，当因戈故作淆乱事实、蒙蔽真相之谈，不惜败坏大局。余愤甚，面折其非。当时林、李心中有数，不以戈为然，劝余不必与争，李烈钧及其副官龚永将余拖开。经过情形如此。原文所叙情节，与事实不相符。

原文 南北议和消息传出，各舰以冬季江水日涸，三大舰吃水深，战时船身移动，时虞搁浅，便皆驶沪。

辨言 按：自从海字三舰挂白旗重回汉口，时冯国璋援军络绎南下。海容抵汉，清军犹误为他们的兵船来了，不料海容鼓轮疾驶，溯江而上，冲过汉口后转舵下驶，舷侧大炮齐发，清军不知所措。海容奋战杀敌，海筹与之并肩作战。两舰炮火威力极大，使敌受创甚重。当时军中盛传作战经过，人心为之大快。时海琛舰担任专从江边炮击冯国璋援军经过三道桥南下兵车之任务。当时因江水渐涸，航路狭窄，闪避敌弹，船只能倒退，不能转向，时虞搁浅。某日上午，海琛射击兵车，敌还炮击中船头右首大炮，因护甲铁板厚，炮身仅小有损伤，但因中炮地位紧靠前望台，炸裂弹片飞散，伤 11 人。是日下午炮击兵车时，敌还炮几击中鱼雷舱，幸差数寸，否则船身将爆炸。此皆水道狭窄，战时船身回旋不能自如，目标过于显露所致。以船身长、吃水深之大型巡洋舰，当冬令水涸益甚之时，在长江上游作战，极不适合，因即离汉下驶，时日已不可考，约在农历十月中下旬。其时战事方殷，议和尚无确息，三海所以下驶，实为上述原因。海琛舰回沪后，旋偕海容、南琛开烟台北伐，于十一月二十八日抵烟。旋往来烟台、登州、龙口间者历两旬，腊月二十五日至辽宁盖平口外，因冰冻坚固，不能前进，回至烟台碇泊。

关于邹鲁《海军反正》一文（原文载《辛亥革命》七册 469—470 页）：

原文 九月十八日，林述庆在镇江宣布独立，有南洋海军军舰十二艘，由上游开驶来镇，恐受象山、焦山等处炮台轰击，不敢前进，停泊江心。海军将领多粤闽籍，统领宋文翙为广东香山人，与党人许崇灏有戚谊。崇灏衔述庆命，亲自登舰，说以利害，晓以大义。文翙首先表示服从。其余闽籍将领，因与述庆为同乡，且多林姓，亦一致赞同归服。于是革命未费一弹，竟得军舰十余，计兵舰镜清、保民、楚观（原书误作芝观）、联鲸（原书误作飞鲸）、江元、江亨、建安（原书误作建弢）、通济、楚同、楚泰、楚谦、飞鹰等十二艘，鱼雷艇张字号一艘。遂以宋文翙为海军司令，吴振南为都督府海军处长。

辨言　“光复”时之海军，依其驻泊所在地，大体可分为两部分。其在上游的，多属北洋舰队，驻泊阳逻。其在下游的，多属南洋舰队，驻泊南京、镇江。余所写《辛亥海军举义记》，全属在上游之海军行动。而对于在下游的，因声气不通，情形隔膜，略知邹文所述镇江海军反正经过，与事实多不相符，但余非当事人，难以细述。为求史料翔实起见，先访问原江利舰长朱天森。他所知以上游海军为多；镇江反正的经过，他介绍问吴振南（“光复”时江苏都督府海军处长）。嗣得吴振南追述当时海军在镇江反正情形如下：

起初由陈复及张汉二人与海军接洽，并作了海军与镇江陆军联系工作（陈粤人，第一期海军留日毕业生；张江阴人，烟台海军学校毕业；陈、张二人在海军中尚未授职）。以后即继续由海军中有私人关系者，互通声气，秘密接洽，如宋文翙与镇军中参谋处长许崇灏的同乡关系，吴振南与都督府秘书郑权的同学关系，甘联璈等与镇军中许多福建同乡的关系。经过这些酝酿，海军中人员皆赞成革命，时常开会讨论起义办法。但所以迟迟不决者，因大家还在考虑起义后的煤粮接济问题、下游各炮台态度问题以及与镇军磋商中一些悬而未决的小问题。至九月下旬，在南京的海军于某日晚间九十时许，在镜清舰上开紧急会议，拟作出决定办法时，忽由陈复率领镇军总务处长李某，携有自卫手枪来镜清舰接洽。来人当即了解大家正在为此事开会，并知海军人员之倾向革命，乃即收起手枪，声明他此来因鉴于大家迟迟不决，是否另生枝节，故奉命来了解，所以不得不带手枪防身自卫。当时大家即将所考虑的几点向陈说明。他说：煤粮接济无问题，下游各炮台已悬挂白旗，其他小问题均可从长计议。于是大家一致决定，立时行动起来。各舰乃陆续熄灭灯火，作黑夜航行，驶抵镇江时已将天明。至镇江后，镇军都督林述庆派人登舰欢迎，并随即到都督府开海陆军联席会议，公推宋文翙为海军总司令，吴振南为海军处长，并由林述庆发给委任状。

镇江反正兵舰 12 艘，是镜清、保民、建安、江亨、江贞、楚同、楚观、楚谦、楚泰、联鲸、登瀛洲运输舰、张字鱼雷艇。飞鹰舰系后至，故连飞鹰计，应为 13 艘。

宋文翙是广东人，留美海军学生，资格甚老，与唐绍仪、伍廷芳同时回国者。他任镜清舰长。因他是当时驻泊南京舰队各舰长中之资格最老者，照海军规例，他是当时的队长，并于他所在地之镜清舰悬挂队长旗，并非统领。

原文 九月下旬，因秋深水涸，萨镇冰统率三舰及湖鹰、湖鹗等鱼雷艇，离武汉下驶。二十五日至九江，原思驶往上海，嗣见金鸡坡炮台有备，且马当三台尤难飞越，乃夜泊九江。而萨镇冰匿于渔船，过浔先遁。九江军政府闻讯，欲说之反正，乃派林森、吴铁城、蒋群、龚永等为代表，在招商局开欢迎会，请各舰艇官员上岸联欢。

独海容舰长某旗人不至，夜半投江死。欢迎会中，林森等力说各舰艇官员合作，一面又由军政府派兵赴各舰卸下炮闩。黎明会散，始送各舰艇官员回船，并犒水手以羊酒。翌晨，忽发觉各舰启碇移动，我炮台发炮击其船尾，始止。是役，党人叶匡奉黎元洪命运动海军反正，亦与有力焉。

辨言 关于驻泊阳逻一部分舰队之反正经过，具详于余所写之《辛亥海军举义记》。此一部分舰队，以3个海字号巡洋舰即海筹、海容、海琛为主，经运动成熟，即离开阳逻，挂白旗下驶九江。同时随从下驶者，有江元、飞鹰暨湖字号等舰艇，唯一目的地即是九江，安有“原思驰往上海”之事？当船还在阳逻时，即已得萨电告“淞沪已失”，此尚在挂白旗前约一星期。驰往上海，意欲何为，殊堪怪异。至说“金鸡坡炮台有备，马当三台尤难飞越”，夫以三海巡洋舰威力之大，岂这些炮台所能敌？以此为言，亦徒见其昧于当时实况。挂白旗到九江之舰艇，早晨从阳逻开，上午10时许已抵浔，随即有林森、吴铁城等人乘小轮分向海琛、海筹两舰谒见，洽谈举义经过及计划组织海陆军联合委员会。不料次日早晨，忽闻炮声，旋知系金鸡坡炮台炮击海容，因当时海容起锚，诬为私逃，遽向炮击，打坏海容厨房。事情是这样的：九江江面并不宽大，一时间忽碇泊不少兵舰，而3个海字号均系3000多吨的大型巡洋舰，船身长，吃水深，刚抵埠，水道不熟，三海行驶长江，例有领港带水，锚位由领港择定，不由船主，领港一时找不到好锚位，乃先权为下锚，看潮水变迁后再移锚。那天早晨海容移锚，也正是这种情形。头一日本系暂且下锚，等第二天寻觅较为适当的锚位，再行移锚，此即当时海容移锚之实在情形。当时金鸡坡炮台分台司令为戈克安，戈原在海容当三车（即三管轮），嗣转入陆军任炮台司令。因其素与同舰福建人有积怨，恰巧冤家路儿狭，戈自恃一朝权在手，乃无端发生炮击海容之事，诬海容为私逃，更显得自己有功。先一天到埠，不及择定最好锚位，权先下锚，后再移动，此为舰船惯常之事。戈既在过海军，断无不知此等事者；知之，却有心借此题目来做他的文章。当时九江党政巨子林森、李烈钧、吴铁城对海军举义到浔，无不深表欢迎。海军到浔之日，系在早晨10时左右。海琛鱼雷副杨庆贞旋应邀至金鸡坡炮台司令官徐世发家聚餐，同去者有海筹驾驶副沙训龄。这几个人，原来都是南京水师学堂同学。海陆军本甚融洽，第二天早晨闹出开炮乱子，乃出于戈个人之狂妄举动。海陆军协力同心，携手合作，而戈乃鲁莽灭裂，无故炮击，一时军心大愤，各舰士卒哗噪，海琛尤甚，群集矢于挂白旗之主谋者，余几遭遇生命危险。苟非林、李、吴诸人了解内情，不直戈之所为，制止彼之横暴，几酿大祸，海军向义之举，或竟功败垂成，此犹为不幸中之大幸。其经过确系如此。所谓“金鸡坡炮台有备，马当三台尤难飞越，乃夜泊九江”，与事实相去悬远。

至萨镇冰“匿于渔船，过浔先遁”之说，尤为无稽之谈。当三海等舰离阳逻挂白旗到九江时，仍有楚豫、江贞、江利及湖字号雷艇等在阳逻，萨驻江贞。据江利舰长朱天森追忆当时情形，在三海等下驶九江之后，萨座舰江贞从阳逻附近开来阳逻。某日晚7时许，江贞打灯号给停泊阳逻附近各舰艇，其灯语云：“我去矣，你们各自行动可也。”当时有一太古商轮下驶，经过阳逻，江贞打灯号给该商轮，令其停轮候令。旋江贞放舢板将萨送登商轮往上海去，此为当时萨统制离去海军之实在情形。萨离去后，楚豫、江贞、江利及湖字号雷艇等亦曾相继易帜。

各舰艇从阳逻挂白旗至九江，原出于自动反正，何待“九江军政府闻讯，欲说之反正”？当舰艇抵浔不过一刻钟，林森、吴铁城等人，即乘小轮分向海筹、海琛谒见，洽谈举义经过。海军举义，与陆军方面事前毫无联络，一旦忽见舰艇挂白旗联翩而至，喜出望外，相见之下，纵谈甚欢。林、吴等人登舰，既非“说之反正”，亦非“请各舰艇官员上岸联欢”。登舰人中，以林森发言最多，重要决定为组织陆海军联合委员会，各选派委员五人，假招商局客厅为会所，此乃当时实况。炮击海容之事，发生在舰艇抵浔第二天早晨，招商局宴会则系第二天晚上。早晨炮击，晚间开宴，是在同一天。当宴会时，林森因见早晨发生炮击海容之事，足以破坏合作，贻误大局，力言海陆军应协力同心，勿滋疑贰，言次痛哭失声。余奉命代表黄钟瑛演说，谓历经多少险阻艰难，始能到达今之实行举义，武汉战事方在危急，海军亟须开赴前线应敌，岂容发生不融洽现象。在座诸海军将士聆余言，悲愤填膺，泣不可抑，此为当晚宴会时之实在情形。

至所说“一面开欢迎会，一面又由军政府派兵赴各舰卸下炮闩”云云，亦属臆说。原夫金鸡坡炮台炮击海容，全由戈克安之假公济私，借图泄愤。当炮击后，海琛舰长林永谟偕余至招商局晤林森畅谈，同时并将余随身携带之举义文卷交其阅看，并由他转给李烈钧同阅。林、李对举义经过，已深明了。开宴后即见林森痛哭陈词，力言消除疑贰之重要。当时不闻有陆军派兵登舰拆卸炮闩之事；如有其事，无非戈克安所引起，与炮击海容同是意气用事。炮击海容发生在舰艇抵浔第二天早晨，招商局宴会则系第二天晚间。所说欢迎会之翌晨，“忽发觉各舰启碇移动”，此处的翌晨，应是指舰艇抵浔后的第三天早晨。而炮击海容，确在抵浔后第二天早晨。是晚宴会联欢，风波已息，如何第三天早晨又有“忽发觉各舰启碇移动，经炮击终止”之事，实系任意捏造。且到埠第二天早晨重行起锚者，也只是海容一船，乃被说成“各舰启碇移动”，一舰变为“各舰”，绝非事实。信如戈说，海容私逃，而非出自诬蔑，以海容首尾及两舷侧大炮 11 尊威力之大，及其向下游行驶之速（走下水船），岂金鸡坡炮台数发小炮所能阻止？徒见其好大喜功，形同儿戏，成事不足，败事有余而已。根本无“各舰启碇移动”之事，所谓“炮击船尾始止”，又从何而来？

又投江死者为海容帮带吉升（即副舰长），死之日为早一天，即舰艇抵浔的当天夜晚。当时海容舰长为旗人喜昌，挂白旗后，已弃职，改换杜锡珪（原江元舰长）。当晚招商局宴会，海容舰长是到场的，只不过来人是杜而不是某旗人。既不知舰长已换人，又张冠李戴，强行附会，谓投江死者，即不赴宴会之旗人舰长，全把事实搞错了。按喜昌于挂白旗后表示服从，大家已允保障他的安宁。海琛舰长旗人荣续在挂白旗后也已不问开船事。后九江军政府对此两人各送盘缠 1000 元，俾其搭轮回上海。吉苟不死，当亦可得同样之待遇。

又所谓“党人叶匡奉黎命运动海军反正，亦与有力焉”云云，亦属子虚乌有。在九江反正之舰艇系出自动，绝无受人运动之事。彼时军中戒严，与外间鲜通往来，在阳逻时固如此；在镇江反正之舰艇，亦全出自动。据吴振南说：叶匡系广东人，留日海军学生，初不知有其人，直至南京组织临时政府时始见之。在阳逻时毫不知有叶姓其人，更不必谈有运动反正之事矣。

原文 鄂军政府委任吴应科为海军总司令官。

辨言 吴系粤人，资格甚老。程璧光任北洋舰队统领率海圻往英国时，由吴代理程职。至率领舰队赴武汉者，为统制萨镇冰及帮统沈寿堃，吴不与焉。唯当时有教练官汤芗铭者，驻在海琛。当海琛挂白旗到九江之次日晚间，正在招商局宴会时，接到武昌电报，系汤化龙发来。武昌已得海军到浔反正之讯，芗铭为化龙之弟，来电与其联系。席间得此电讯，当即推举芗铭协助筹备北伐。此即后来汤为北伐司令之由来。所说要吴为总司令，恐有误，当时在前线者，固未闻有吴应科其人也。

在李烈钧《辛亥革命及督赣时期》文内"招致海军"一段（原文载《辛亥革命》六册 386 页）：

原文 （二）招致海军——是时海军总司令黄钟瑛统率海筹、海琛、楚同、楚有、楚谦、楚豫、江元、江亨、江利、江贞等兵舰，湖鹏、湖鹗两鱼雷艇，驶近九江金鸡坡。炮台司令见兵舰停泊不定，恐其有异，连发炮击之，兵舰遂用旗语表示合作。余即令停止攻击，并派员往洽，设宴于商会欢迎之。马都督复密使炮台司令戈克安将其兵舰炮闩拆下。正欢宴时，黄钟瑛闻讯变色，即令其同人回船准备作战，余揣我方战斗力不能与抗，幸是时林森及龚少甫、魏子浩诸人在座，即请以福建同乡关系登台演讲，和缓空气。海军气稍平，复入座。时戈克安盛气而来谓余曰：倘有意外，我身藏有炸弹两枚，可应缓急，余笑慰之，并双方介绍，杯酒联欢。次日派人将炮闩归还，事遂寝。

辨言 溯自武汉倡义，大队海军赴鄂协助清军。当时海军主力，即在赴鄂舰艇中之3个海字号巡洋舰，系德国制，每舰均装克虏伯大炮11尊，口径10生半的至15生的，威力相当大，不仅是在武汉之海军以此为主力，即全国海军亦以此为主力。举义之先，与陆军方面毫无接洽，以至要求条件等事，概未曾有。正是一片血诚，与陆军共襄义举。各舰挂白旗到九江，自不明底蕴者视之，或觉海军突如其来。而别有用心之徒，更乘机施其挑拨。不知海军抱纯洁之思想，专心一志，唯倒清复汉是求，无一点权利思想杂于其间，此当时海军举义之实在情形。夷考种种事实，固足证余言之不谬。推算时期，林森将海军举义文卷交李烈钧阅看，当在李写招致海军这篇文章以前。李看过海军举义文卷，得知许多实况（犹忆在招商局海陆军宴会之夕，余与李烈钧接谈，确知他对海军举义实况已甚明了），照理，文章即应写得实在一些。恐李为夸耀己功，遂有“招致海军”之作。适又有戈克安炮击海容之事，致所叙距离事实更远。海容有克虏伯大炮11尊，火力猛烈，岂金鸡坡炮台小炮所能制止？其下文有“余揣我方战斗力不能与抗”之语，斯言也，确是真情。至谓马毓宝密使戈克安拆下各舰炮闩，据闻当时马都督已去南昌，九江军事由参谋部长李烈钧主持，戈克安有何力量往取舰上炮闩？且不言三海大舰之外，还有其他炮舰上之炮，亦非小炮；即单独以3个海字号巡洋舰而言，如饭碗口之大炮，计有30余尊，员兵不下千人，讵能任听一个小炮台为所欲为？信如所言，忽而拆卸，忽而归还，形同儿戏，偌大3个巡洋舰，在若辈心目中视同何物，读文至此，恐鲜有不以为怪者。“正宴会时，黄钟瑛闻讯变色，即令其同人回船准备作战”云云，纯属子虚乌有。犹忆余当时席上座位，与黄钟瑛紧靠，在席上固未听到拆炮闩事，亦绝未见有黄钟瑛变色令同人回船备战之事。要之，各舰挂白旗至九江，所为何来，是为共同革命。海军同人赴招商局宴会，系与陆军联欢，经林森痛哭流涕及余代表黄钟瑛相继演说，均以迅图挽救当时已呈危象之武汉战局为言。海军本为合作而来，顿起纠纷，全为戈一人之存心挑拨，炮击海容所引起。陆海军双方，本毫无嫌隙。海军举义，出自真诚。林森因掌握举义文卷，知之最稔，斡旋亦最力。戈有拆炮闩之提议，黄钟瑛虽气愤，为表示诚意，仍然接受，但绝无戈到舰上拆卸炮闩之事。海军是自动举义，既举义矣，先其所急，立开武汉，痛击清军，继则筹备北伐，至时真相大白，戈之狂妄举动，亦不攻自破矣。一场风波，卒告平息，以林森斡旋之力为多，所说"龚少甫、魏子浩登台演讲缓和空气，海军气稍平，复入座"，经余回忆，当时并未有此情事。开宴前一刻，戈克安至，得意洋洋地谈早晨炮击海容，制止其私逃之事。余以其蒙蔽事实，激动公愤，败坏大局，因出言与争，当经李烈钧及其副官龚永（即龚少甫）从中劝解，旋即入席。自阳逻挂白旗到九江的舰艇计若干艘，已无记录可考。就余记忆所及，约不过五六艘。而照李文所叙，计有四江、四楚、两海、两湖等共12艘之多，却又独无海容。所说这大队舰艇"驶近九江金鸡坡"云云，金鸡坡前江面，并不宽大，一时何能容纳此大队舰艇，显非事实。

附　记：

1958年5月，余收到史学会赠给之《辛亥革命》8册，见有邹鲁著《海军反正》一文，觉其舛误殊多，拟作文辨正。但因"光复"时之海军，大体可分为两部分。其在上游的，北洋舰队为多，聚集地点为阳逻。其在下游的，南洋舰队为多，聚集地点为南京、镇江。余所在之舰为海琛巡洋舰，因是只能知悉上游海军反正之事。故余所写的《辛亥海军举义记》，是局部的，非全部的。邹文所涉及者，则包括上下游海军，亦即海军之全部分。余不知镇江海军反正之经过，所以辨正文无从着笔。九江海军反正情形，余虽为当事人，知之较稔，但欲详尽指驳邹文，尚须博访周谘。故余于见邹文后，首先询问“光复”时之镇江县长张鹏，未得要领。继托扬州友人访海军旧人朱天昌、吴孔之，讵知朱已去世 8 年，吴亦去世 5 年。嗣辗转访到朱天森先生（朱天昌之兄），他原是江利舰长，由他解答了一些问题。其未能解答的，他嘱向上海问吴振南。我乃直接去函问吴。吴系“光复”时江苏都督府海军处长，为镇江海军反正时之唯一当事人。这篇《海军辛亥革命纪实》，资料由吴振南、朱天森、何渭生、杨庆贞 4 君供给。1959 年时，吴年 78 岁，朱年 80 岁，何年 74 岁，杨年 73 岁。杨昔与余同船（在海琛），何在海筹，朱为江利舰长，吴则任处长要职，均为海军反正时身历其境或躬与其事的重要当事人。今写此《纪实》，冀留下信史，承四君大力协助，具述往事，谨致谢忱。

（选自全国政协文史资料研究委员会编《辛亥革命回忆录》第 6 集，中国文史出版社 2012 年 6 月第 2 版）

接洽上海海军反正和组织海军陆战队会攻南京回忆

王时泽 *

一

1911 年，武昌起义的消息传至日本时，我正在横须贺海军炮术学校毕业试验完毕，等候发表成绩，举行毕业典礼后分派上军舰实习。在此期间，我与同学均留校补习，除星期日外，不能外出。我在报上看到此项消息，热血沸腾，见报载有法国商船于某日由神户开往上海，乃决定于星期日搭乘火车到东京潜往神户，乘该商船回国。届时同学中不约而同前往东京者计有李静（原名毓麟，湖南桂阳人）、叶匡（原名启芬，广东惠州人）、余际唐、张冲、朱华经、吴景英、

* 王时泽：时任沪军海军陆战队指挥官，后任南京国民政府东北航务局局长。新中国成立后，任湖南文史研究馆馆员。

陈云（以上5人均为四川人）和我共8人。我们共同商定，一面往同盟会联系，一面致电炮术学校，伪称我们8人在隅田川划船落水，衣履尽湿，当日不能返校，以免学校方面发电寻找。于是同往神户乘法国商船离日，于11月2日抵上海。

我们到上海的第二天，清晨起床，即欣闻上海县城及高昌庙江南制造局已于前一日晚间由革命军占领，旧军警均响应革命，上海已全部“光复”。我们即赶往制造局，至则见同志聚集者甚多，已公推李燮和（湖南安化人）为司令。李等见我们至，极表欢迎，公推我办理海军事务。我乃驰往海军办公处，至则空无一人。其时，停泊在上海的军舰计有建威、楚有两炮舰，湖鹏、宿字两鱼雷艇，其他3舰忘其名，均尚悬挂龙旗，无所表示。我往建威军舰两次（当时在上海各舰以该舰为首），劝其赞助革命，撤换龙旗。舰长姚怀文不在舰上，副舰长某对于革命，口头极表示赞成，但认为换旗事须俟上级决定。我又往见海军办事处负责人吴应科（广东人），吴谓他仅管军饷，俟新政府成立，即遵令移交，无权指挥各舰。盖因当时的海军主力如海容、海琛、海筹等大舰，由清水师提督萨镇冰率领在长江中游，尚未反正，以此，在上海的海军旧人仍不免心存观望。我因口头接洽无效，主张派军队同往各舰，迫其即时作最后答复。乃由李司令拨派巡防营一队，交由我临时指挥。我又与张冲商定：在制造局库房取出待修旧炮数门，移置江边，虚张声势，由张冲指挥。我乃率巡防队乘舢板先至离岸最近的湖鹏鱼雷艇，该艇即扬白手巾表示欢迎。我乃令同去的员兵均留在舢板上，独自登艇接洽。询知该艇艇长等均不在船，欢迎我们的为总炮弁（即军士长）周某（湖南湘乡人，忘其名）。周谓全体员兵均极赞成革命，请我派艇长上船指挥。我当即答称："君既首先赞助革命，我当即回报李司令，提升君为艇长，其余员兵依次递升，请即以旗语通知各舰速作最后答复，凡不愿参加革命的均可自由离舰，遗缺仍由本舰员兵依次升补，我们决不另派人；并请准备发射鱼雷，以防万一。"周某及全体员兵均欣然允诺。靠近海鹏的宿字号鱼雷艇首先表示与海鹏取一致行动，其余各舰于旗语发出后，经过一番接洽，均派代表携名册前来，表示赞助革命，即时卸下龙旗。

由日本回国的同学 7 人中，李静、叶匡决计赴武汉，不愿留沪；吴景英由江苏都督府派为海军处处长，四川各同学均加入该处。最初数日，上海海军事务仅我一人独力支持，除接洽关于在沪海军的各项问题外，并收容了各舰来沪销假及个人志愿投效的炮弁林学珊等 3 人和士兵约 50 人。

沪军都督府成立后，李燮和司令移驻吴淞，由陈其美接任都督，派毛仲芳（福建闽侯人）为海军课课长，我为副课长。我以本愿奔赴前方作战，不欲久留在后方，辞之。当时有广东国民军百余人（队长杜某）、潮州敢死队 50 余人（队长林某），均系由热心革命的学生、工人、小商贩等自行组织，曾参加进攻上海县和制造局之役。他们极愿得一有军事知识、能与沪军都督府接洽之人为其领导。经留日旧友潮州杜天一从中介绍，由他们推代表前来接洽。我以正合我愿，允之。于是我将这两部分队伍，加上我所收容的海军炮弁等，编为海军陆战队，并得沪军都督府同意，派我为指挥官，发给饷械。其后，又加入华侨 50 余人，合计 200 余人，在吴淞勤加训练。

是时，徐绍桢被推为江浙联军总司令，统率各路民军会攻南京。旧友史久光（江苏溧阳人，毕业日本陆军士官及炮兵学校）、刘国祥（湖南湘阴人，毕业日本陆军士官学校，革命后改名刘毅）均在其幕中，史任参谋长，刘任参谋，约我开往前线助战，并由徐绍桢派刘国祥来催促。我乃于11月某日率海军陆战队由上海乘火车出发，至镇江下车，改为徒步前进。抵马群时，徐总司令亲出欢迎。

二

南京城外各据点此时已被联军占领，张勋闭城坚守。我军无攻城炮，相持不下，众议募敢死队援城进攻。我首告奋勇，陆战队全体员兵无不欣然乐从，争当先锋。正在准备之时，适遇到日前至前线视察、被敌俘去的联军参谋长史久光偕张勋所派的代表胡令宣前来议和。其所提的条件为：

（一）张勋退出南京，率所部军队渡江北上；

（二）对于南京城内的驻防旗人应妥为保护。

正在商议之时，张勋即于是晚乘我方不备，率兵经下关退往江北。次日拂晓，联军陆续入城，人民焚香夹道欢迎。南京即于12月2日“光复”。

南京“光复”后，江浙联军总司令部重新发表编制，加委人员，现在所能记忆的，有参谋长史久光、副参谋长翁之麟（江苏人），参议沈同午（江苏人），副官长谭道南（湖南长沙人），参谋刘国祥、钟骏德（湖南人）、龚维疆（江苏人）、陈复（海军，广州人）、王统（浙江温州人）、王时泽，大队长杨言昌（广州人）等；海军陆战队人员为：指挥官王时泽，秘书杨端六，军需长廖燮勋，督战员李克明（以上均为湖南长沙人），大队长尹祚乾（湖南芷江人），副官李北海（广州人），教练官林学珊，队长杜某、林某等。

参加进攻南京的军队计有：苏军（司令朱熙，湖南人）、浙军（司令朱瑞，浙江人）、镇军（镇江都督林述庆）、光复军（司令李燮和、旅长李刚）、广东军黎天才军、沪军（司令洪承点）、海军陆战队和第九镇余部等。

镇江都督林述庆率队最先入城，满张“江宁都督林”的安民告示，不受联军总司令部指挥。徐总司令迭派钟骏德等疏通及各方面调停均无效，直至临时政府成立后，徐、林纠纷始告解决。

关于徐、林冲突的问题，兹就当时各方面的评论略记于次：

（一）据钟骏德云：他与林同是徐任福建武备学堂监督时的学生。徐任第九镇统制时，派林为管带（即营长），现在林反以怨报德，确是负义。

（二）又据徐的旧部某某等云：当武昌起义的消息传至南京时，总督张人骏曾问徐云：第八镇已叛变，第九镇是否靠得住？徐答以靠得住。当时徐无参加革命之意，对于林颇为怀疑，曾派员接替林的职务。林拒不移交，即在镇江宣布独立，与徐脱离关系。其后，徐在南京反正失败，退至镇江，林拒不见面。徐被推为江浙联军总司令后，林始终不与合作。

（三）黄克强先生任大元帅时，曾问我徐、林孰优？我答以林未见过，不知其详，只觉得他的举动有碍联军的团结；与徐共处多日，见其每餐饮酒时，必举杯呼“大总统、大元帅万岁”，其尊敬领袖之忱胜于我辈。克强先生当时对我说：徐的这种举动是官僚作风，他的参加革命是被迫的；林虽性躁，欠含蓄，但是忠实的同志，等语。其后，林于民国元年在北京被袁世凯毒死，可见袁忌林之甚及克强先生知人之明。

某日，徐绍桢至陆军部，副官长某与之谈及办公室不敷，如能将邻右史参谋长的亲戚毛姓房屋租入，甚为合用。徐当即允为归告史久光转知其戚迁移。徐返部后，以此事告知史，并谓毛姓另租房屋的租金及迁移费等均由徐负责，在总司令部经费项下支付。史拒之，答以毛姓房屋能迁让与否，当由毛姓自己决定，别人不能为之代谋；且替大元帅府办差非总司令的职责，本部经费亦只能限于拨发所属各军军费，更不应移作别用。史并因此决然辞职，徐属我挽留不果。黄克强先生闻之，甚赞许史的刚直，特擢为参谋本部第一局局长（克强先生以陆军总长兼参谋总长），并饬副官处取消租用民房之议。

临时政府成立后，改派徐绍桢为南京卫戍总督，海军陆战队仍归徐节制。我以赴前敌之愿不能实现，心颇悒悒，适海军部次长汤芗铭被派兼北伐舰队司令，拟邀我同行，我当即表示同意。乃由汤向徐商调，徐允暂时借调，仍保留原职，陆战队指挥职务派大队长尹祚乾代理。

三

1912 年 1 月某日，我与汤芗铭等率海容等舰由南京出发，经上海向烟台航行。参加北伐的军舰为巡洋舰海容（舰长杜锡珪）、海琛（舰长林建章）、海筹（舰长林颂庄）、练习舰通济（舰长葛宝炎），以海容为旗舰。司令之下设参谋四人，即：李静、凌霄、姚葵常、王时泽。

北伐舰队到烟台时，烟台业已宣布“光复”，临时推海军舞凤军舰舰长王传炯为都督。舞凤系海军交通舰，无战斗力。当时，在烟台较有实力的为海军禁卫队一营，管带原为满族，于“光复”时离职，由队长虞克昌继任。王传炯任都督不久，即辞职，让位于虞克昌。此外，刘艺舟称登黄司令，连成基称民政长，彼此均不相联系。蓝天蔚的关东都督办事处也设在烟台，蓝本人则住在海容军舰，均无前进的实力。我见此情形，并探知胶东一带空虚，乃向南京方面请调海军陆战队来烟台，拟会同友军进攻济南。徐绍桢同意，转请黄克强先生核准，除留一中队在南京作卫戍司令部卫队外，全队经过补充约400人，均愿随新任烟台都督胡瑛一同北上，并由南京增派沪军刘基炎（河南人）部开到，进驻龙口。

陆战队开到烟台后，适值南北议和告成，清室宣布退位，北来的本意已失，而胡瑛正苦无兵，我乃将该队交胡瑛节制，决计辞去本兼各职，回长沙葬母。

到南京时，黄克强先生已改任留守，南京卫戍总司令部正在结束。徐绍桢留我负责解散留在南京的海甲陆战队。本队员兵对于南北统一后裁减军队的办法极为拥护，唯坚不接受3个月遣散费，谓“我们是为革命而来，非为金钱而来。现在清室已退位，革命之目的已达，只要有薪饷一个月，即足敷回家旅费之用”等语，经再三劝说，始勉强接受。以后，我遇见他们之中有在上海马路捶石子的，生活甚苦。回想他们当初辞不肯接受遣散费之高风，以与借革命争权夺利之徒相比，实有天壤之别。

（选自全国政协文史资料研究委员会编《辛亥革命回忆录》第4集，中国文史出版社2012年6月第2版）

辛亥湖南“光复”的回忆

阎幼甫*

一　革命党人的各种组织及其活动

辛亥革命以前，革命党人组织了许多团体，各自为战，汇合成流。除了华兴会这个众所周知的组织以外，单就笔者个人参加或联系过的，就有下列十几个单位：

体育社：是易宗羲、阎鸿翥、阎鸿飞（即作者——编者注）、文经纬、王猷、焦达峰、杨世杰、蒋名荪等所组织的，设在长沙太平街贾太傅祠。招收学生40多人，以培养体育人才为名，实际是革命党训练军事干部的一个组织。

* 阎幼甫：时任湘鄂义军总司令，后任南京国民政府浙江省政府委员兼民政厅厅长。新中国成立后，任中央文史研究馆馆员。

南薰社：是谭人凤、曾杰、李洽、阎鸿飞、文斐、何陶等所组织的，设在长沙浏阳门东门捷径。革命党人曾在此制造炸弹。

卷施社：是吴孔铎、谢介僧、刘崧衡、洪荣圻、王伯存、文经纬等所组织的，设在长沙水风井胡家花园，悬有富训商业学堂筹备处木牌以为掩护。

图强社：是文斐、洪荣圻、黄桐陔、李德纯等所组织的，设在长沙府围后。

观海学会：是龙璋、文斐、周震鳞、黄昌浚、吴作霖等所组织的，成员多数为留日学生，设在长沙北门西园。

积健社：是陈作新、易堂龄、李郭俦等所组织的，设在长沙培元桥。

嘤鸣社：是成邦杰、阎鸿翥、杨守箴、袁天锡、袁世铎、罗杰、洪兰生等所组织的，设在长沙路边井定中栈。

南社分社：是傅熊湘、阳兆鲲等所组织的，设在长沙西园。

日新社：是安定超、王鑫涛、李金山、朱先杰、杨玉生、刘芝德等所组织的，设在长沙小吴门外军路侧，悬挂日新成衣社招牌，备有缝纫机两架，集结了多位成衣工人，并且联络了部分军属妇女，力量充实，业务发达。湖南“光复”时所用十八星军旗和号召旗[①]都是由日新社日夜秘密赶制的。

四正社：是焦达峰、焦达人、彭友生等所组织的，设在长沙太平街孚嘉巷。

---

① 号召旗，亦称“标旗”，就是标语旗。是红地黄字，沿以黑边。旗上所标为：“兴汉灭满”“建立共和”“自由平等”。这些标语都是由同盟会的战时统筹部制订发到各地会员手中，由会员在发难时交给各革命团体应用。

兰芷书局：是杨任、王炎等所组织的，设在长沙玉泉街，为西路革命党人通讯的总机关。

义记灯铺：是李继芳、汤昆伯、黄昌浚等所组织的，设在长沙藩城堤。制造炸弹所需的弹壳，就是由义记承办，分配到四城各灯铺加工制作的。

集成矿务公司：是谢介僧、刘崧衡、刘观海、罗毅等所组织的，设在长沙织机巷。

辛亥革命前，同盟会盟员散布各地，长江流域各省并没有同盟会的支部组织。当时在湖南的同盟会盟员，多由三数个同志组织一个团体。如前述体育社、南薰社、卷施社、观海学会等组织中都有几个盟员在内。同盟会在辛亥革命酝酿时期，确曾起了核心作用。当然，其他革命组织也都起过大小不同的作用，只因他们"退藏于密"，不为外人所知；革命告成，民国建立时，那些志士仁人，不谈往事，既不居功，也不要名，更不做官，以致中华民国临时政府稽勋局局长冯自由在稽勋工作中，查得一些确有功勋事迹的人名而找不着受勋的人。

革命党人因准备发难，开过几次重要会议。会议的地点都是临时决定的，也没有固定的召集人，很少用书面的开会通知；间有书面通知，都是用的隐语。如："请于某时到某地赶道场"。那时的隐语，称开会为"赶道场"，称宣传为"上赌场"。个中人一看自然明白。从辛亥（1911 年）二月起，开过会的地方有：北门外开福寺、岳麓山云麓宫、杨家山启新小学、沙湖桥杨氏宗祠、紫荆街福寿楼等处。各次开会都因警戒严密，大都平安无事。只有一次在福寿楼开会，因地点在城市中心，外面风声又大，被当局侦得，比较危险。但当军警开到之时，会议已经结束，只有几个未散去的人在喝茶，军警侧目而视，不敢动手逮捕。

二　革命党人的宣传鼓动工作

自萍浏醴起事失败以后，革命党人的情绪更加激昂，宣传鼓动工作，也更积极。各地报纸杂志，由于官厅监督綦严，不能登载激烈言论。革命的宣传工作，就不能不采取灵活多样的方式方法。时值四川、湖南、湖北、广东等省反对铁路收归国有的群众运动汹涌澎湃，革命党人便紧密结合这一运动进行宣传。开演讲会、发传单是当时极普通的做法，但颇有一些动人的场面。记得有一张用“湖南保路同志会”的名义发布的传单（“保路同志会”是四川的一个组织，这份传单是卷施社的同志假借名义发的），内容只有几句话：“请问：你是不是中国人？你有无良心？你愿当亡国奴么？请加入救国运动。”寥寥二十几个字的白话文，是清末少见的新文体，简明扼要，很能打动人心。散发传单的人，有时遇到警察也发给他们几张。警察读了传单，也有受感动的。

当武昌起义的消息传到湖南，每天发传单的络绎不绝。有人说：看传单比看报好，因为传单的内容很多是报道武昌革命的消息，是报纸上所看不到的。湖南军警当局非常恐慌，他们出了许多维持治安的告示，对革命党人提出了严厉的警告：“倘有乱党敢于聚众煽惑，不服制止，准其格杀勿论。”可是革命党人并不怕这些恐吓，还是满街散发传单，随地讲演。每次讲演的时候，只要讲演的人一开口，不到一分钟就聚集了一大群听众。可怜那些岗警，忙着做驱散工作，东头的人驱散了，西头又聚集了许多人；赶走了北面的讲演者，南面又出现了散发传单的人，累得满头大汗，不知如何是好。那些宣传者听任警察指着“格杀勿论”的告示，向他们恫吓，也不理睬。我曾看见有一个警察对一位宣传者央求道：“老爷们！请你们走远一些，不要使我们为难。”当日警察的尴尬处境，于此可见。

较大规模的讲演，常常是在庙宇中的戏台坪举行。当演戏吆锣的时候，忽然走出一个人来对观众大声地说：“请慢走一步！现在有几句话向大家报告一下。”接着就看形势、看对象，趁机宣传一阵。记得辛亥年农历二月十七日的晚上，长沙自治公所举办一次讲演会，地点在玉泉山戏台坪。事前曾由自治公所发出通知，所以那晚到了好几百听众，加上到庙里看热闹的人，把整个戏台坪挤满了。在台上讲演的人有何雨农、阎鸿飞、文经纬、曹政典诸位。讲的内容是揭露清政府将筑路权收归国有、实际是准备出卖给外国人的阴谋和罪状。说到激昂沉痛处，台下掌声雷动，听众中有许多人泪如雨下。忽然群众中有一个人带着呜咽的声音跳起来高呼：“我们不当亡国奴，我们愿同你们去和卖国贼拼命。”接着又有许多群众自发地喊着：“我们决不当亡国奴！”当讲演正在进行的时候，巡警道和长沙县、长沙府的军警已经手持灯笼挤在玉泉山东、西两门，准备拿人。曹政典看到情况严重，便大声对正在讲演的阎鸿飞说：“伯外公病危，一舅派人来找我们说话。”老阎向东、西门一望，心中也已有数，急忙说几句收束的话，退到休息座上。曹政典向阎、文两位说：“东、西门不好走，我们往台下中门走试试看。”3 人一个接一个地走向中门。中门虽合闩，却没有上锁，也无人把守。大家喜出望外，出门往息息相关（即现在的息相街）急奔，回头不见追兵，不禁相视而笑，庆幸脱险。后来何雨农对姜咏洪说：“玉泉山向由东、西两门出入，每年只有二月十八九日、六月十八九日、九月十八九日才开中门。那天曾开中门打扫中门内外，不曾上锁，所以阎、曹诸人竟得因此脱险。”

三　革命党人的兵器来源和策反工作

革命党准备用于发难的兵器，只有手枪、炸弹、马刀、梭镖、短剑（即匕首，俗称“小宝”）和鸟枪，为数很少的步枪是向逃兵购得，埋藏在僻处，以待大举时，再起出应用。1906 年萍浏醴起事时，华兴会托日本人运过 3 批步枪，只有一批 60 支的平安到达，其余两批都在中途被军警查出没收，所以决定不再运进步枪。但是步枪为作战的主要兵器，是少不得的。战时统筹部指示：唯有运动军队反正，就连人带枪都有了。以后我们就是用这个方法来扩充革命的武装力量的。

手枪是日本造“六子连”，由宋教仁在上海购买，交日商轮船公司代运来长。辛亥五月运到的 200 支，是由谭人凤随船运到长沙，起存在南门外碧湘街日本人所设货栈内，直等到发难的前一夜，才由各同志持条取出。

炸弹是自造的。由李洽、黄昌浚、阎鸿飞、曾杰四人制造。所用药品，由谭人凤在上海购回一些，其余是阎鸿飞在长沙南门正街商务印书馆购得的。弹壳是黄昌浚在藩城堤义记灯铺定制，由义记分配到各灯铺在两天两夜内赶制出来的。制造的场所就在东门捷径李洽所住的房子里。制造炸弹是件很危险的事，在制造过程中，李洽伤了左掌，阎鸿飞伤了左眼，没有像湖北的孙武那样炸成血人，几乎送命，已算是幸事。

马刀、梭镖、短剑是革命党在黄花市、焦溪岭、嵩山寺等处设立铁铺，招收铁匠制作的。这些开铁铺的老板和伙计，都是四正社社员，所以没有走漏风声。

为了瓦解敌军，扩大革命武装，争取更多的同盟军，革命党人在新军和巡防营中，进行了许多工作。辛亥革命时，湖南新军只有二十五混成协一协（那时的协相当于现今的旅），混成协辖步兵两标（四十九标和五十标）、炮兵一营、骑兵一营、工兵一营（缺一队）、辎重兵一营（缺一队）。这些新军都是革命党联络的对象。新军中的上级和中级军官几乎都是些反革命和不革命的，他们脑海中充满了升官发财的念头。像蔡锷、朱瑞、吴禄贞、张绍曾、赵声、蓝天蔚等富有革命思想、又敢于斗争的人，在湖南新军的中上级将领中，可以说没有一个比得上的。下级军官和士兵中的前进分子很多。他们很想看一些革命书刊，可是无法获得。革命党人只好向上海订购《民呼日报》和《天铎报》，转送到各营队去，充作他们的精神食粮。负有联络新军任务的同志，想尽方法和新军联络。有几次得到教会里一位黄牧师的支援，由上海和汉口请来善于讲演的名人朱少屏、曹亚伯诸人，在史家巷讲演。所讲的多是外国新闻，影射中国的黑暗。许多言论是带有强烈刺激性的。讲演后有时放映幻灯片。在讲演会举行以前，由联络人员到新军中去进行联络，秘密赠给入场券。每次到会的十之七八为下级军官和弁目。在几次讲演会中，负有联络责任的同志，展开了交朋友的活动，结识的人，逐渐增多。从此，革命的引线和军队结上了头。在杨家山小学开联合会时，新军的下级军官仅到几个人，而正副目则到了三四十人。这些到会的弁目，后来都成了革命军中的标统或管带（就是团长、营长）。

巡防营是当时的一种旧式军队。可是他们的兵器多数已换得汉阳兵工厂制造的七九新式步枪，杂牌洋枪也有；虽然子弹口径不同，但每杆枪都是能够用于作战的。巡防营里的中、下级军官，多数是加入帮会的。焦达峰所领导的四正社，早在巡防营中扎下了根子。巡防营军官赵春霆、刘玉堂、袁国瑞、甘兴典都和焦达峰有关系。文斐也是爱和军人拉交情的，曾经几次请客为焦达峰介绍，更使革命党与巡防营中级军官之间获得一种默契。湖南“光复”那一天，革命党组织了联络队和慰劳队向巡防营送臂章。先由联络队（自己右臂戴有白布臂章）拿着白布臂章，见到巡防营的官兵，立即笑脸上前说一声：“总爷！辛苦了！”随将臂章替他们戴上。这些旧军人都喜笑颜开地接受了臂章的赠与。此时，联络队和军人互相鼓掌志庆，群众也鼓掌祝贺，有些店铺自发地燃放鞭炮，热烈庆祝。这样，长沙的巡防营就迅速转到革命方面来了。

四　湘鄂义军的进军和岳州的“光复”

辛亥年三月武昌会议召开，两湖革命党人原约定在是年八月，两湖同时发难；一旦确定了起事日期，则在3天以前用密电互相联系。当时商定了一套隐语和密码：以“指示机宜，莫久使故国衣冠沦于夷狄；挥戈举义，快团结中原豪杰还我河山”这30个字为初一至三十的代替字；以“祖父故”三字代“发难”；以“祖母故”代替“机关被破获”。如电报上说“祖父故，促义弟归”，同志们一看，就知道是“十九日发难”；若说“祖母故，促举弟归”，就是说“革命机关于十八日被破获”。此外还有一些隐语和密码，暂不多说。辛亥八月十九（10月10日），武昌提前发难，是因为彭楚藩、杨洪胜、刘尧澂（复基）3位同志被杀而激成的，这个日期并不是两湖事前商定的发难日期。焦达峰、阎鸿飞、杨任都是参加武昌会议的人，曾和孙武、蒋翊武约好：不管谁先发难，发难的省得到成功，则未及发难的省必须于10天之内发难，作为支援。湖南发难比湖北迟了12天，并不是湖南的革命党人失约，而是因为准备工作来不及。当时革命党人的焦急心情是可以想象得到的。八月二十七日夜，长沙的革命党人临时在西园吴作霖家中开会，决定由阎鸿飞去武昌和湖北方面联系，报告湖南发难准备的情况，并向湖北要求派兵支援。阎鸿飞乘日本商轮去武昌。湖北军政府即决定调派李树芝一协革命军为援湘义军，由湘鄂义军总司令阎鸿飞指挥（在武昌商谈时，对阎鸿飞的名义，初拟称“援湘义军总司令”，蒋翊武主张改为“湘鄂义军”，因为部队进入湖南作战，便成了两省的事，所以出发时改为湘鄂义军总司令）。并派高级参谋向海潜、王自民随军参赞。另调吉星、立中、翔鸥等四条小火轮为军运之用。九月初一，湘鄂义军在嘉鱼收编了两营湖北巡防营。初三“光复”岳州。岳州的“光复”，是传檄而定的。记得当日湘鄂义军总司令对岳州的檄文，是用一幅一丈二尺长的白竹布写的，叠成折式；上面有隶书“露布”二字，很像西藏的哈达。揭开“露布”，里面写的是：“中华民国军政府湘鄂义军总司令阎为传檄事：痛昔朱明坠绪，衣冠沦于犬羊；清寇入关，岭峤遭其蜂虿。浊乱华夏，钳制军民。满贼为灾，普天同病。凡所侵攻之地，必恣荼毒之威。须知天道好还，况复人心思汉。

本总司令率师伐罪，除暴吊民；岂觅尔公尔侯，只期保种保国。尔驻岳文武官员同是汉人，自应同申敌忾；只要易帜易心，即是同袍同泽。共襄此时之义举，以待他日之策勋。檄到如律令！”末署黄帝纪元四千六百零九年九月初二檄。檄文是墨笔楷书，字如碗大。在“露布”上盖有4寸见方的朱印。由李树芝统领随带执事官、马弁共10人向吴镇台、卓道台传檄。因为李统领曾在岳州驻防，对于岳州的军政各方人员都很熟悉，所以派他担负这个任务。先是，岳州在九月初一已经得到长沙“光复”的消息，官吏都很恐慌。忽接到阎总司令的檄文，卓道台和吴镇台、岳州府知府和巴陵县知县开会商量，决定欢迎革命军入城。九月初三日，岳州城头已高悬十八星革命军旗帜。岳州就这样和平“光复”了。

岳州“光复”后，地方新旧势力的代表人物都请求阎总司令以岳州军政分府名义就任岳州都督。阎说：“岳州无设立军政分府的规定，都督名义更不可随便使用。我可派陈标统暂驻岳州，和地方当局共同维持治安，静待焦都督的命令。”阎鸿飞部署完毕，随即乘吉星轮直驶长沙。

五　长沙“光复”

武昌起义后第三天，湖北派蓝综、庞光志到长沙，携有蒋翊武的介绍信。他们先到体育社找焦达峰、阎鸿飞两人。那天，焦不在长沙，即由阎鸿飞陪同去会南薰社、卷施社、图强社和积健社的同志；又介绍他们会见谘议局的左学谦和常治。左学谦请了一些谘议局的同事作陪，在他家为蓝、庞接风。席间谈了很多武昌起义的情况，这对谘议局的人们转向革命，起了促进作用。蓝、庞到长沙的第二天，由安定超、李金山、刘芝德诸同志约了些军队中日新社的积极分子在杨家山小学开会，听湖北代表的报告。蓝、庞两位是青年，把武昌起义时各方同志的慷慨激昂情形，说得淋漓尽致，使到会的同志们听了极其感动，个个摩拳擦掌，跃跃欲试。

九月初一长沙发难，是经过缜密的筹划和扎实的准备的。革命党人在发难的前一夜，都紧张兴奋得终夜不能合眼。初一天刚黎明，就有各部革命同志汇集在预先指定的地点，齐向总目标——抚台衙门前进。没有经过大的战斗，就占领了抚台衙门。

唯有占领军械局的任务比较艰巨。这个任务是由阎鸿翥、成邦杰、吴作霖、曾杰、常治、王猷、杨世杰、蒋名荪等50多位同志承担的。当革命党人由两路并进，到达军械局附近时，就有事先派好的手缠臂章的联络队队员，徒手走入局门，要会卫队官长，并将腋下所夹的白臂章赠送卫队，请他们反正。卫队长还在犹豫，忽听得局左局右有很多人在喊："快些缴械！"接着就发出了轰隆的炸弹声和哒哒的手枪声。顿时烟雾弥漫，人声鼎沸，接连喊着："缴枪！缴枪！"卫队长慌了，不敢抵抗，又无法逃生，只喊："莫再进攻，免得起火，我们投降。"联络员很镇静地说："你们把枪架好，退入卫兵室休息待命，我替你们保险。"随即将袖子一抖，扯出红白两镶的联络旗一挥，大喊一声"得"，只见进攻的手枪队应一声"胜"（"得胜"是当日的口令），就拥入军械局，先收下搭架的步枪，由手缠白臂章的革命党人换用步枪，接替守卫。这时，革命党已请出原来的卫兵队先在局前整队，随由联络员请他们到附近的馆子吃点心。这是出发先一夜就商议好了的做法，这时像演电影一样地一幕一幕顺次序演完了。占领军械局成功了。除负有警卫军械局责任的同志而外，阎鸿翥、成邦杰等又率队伍向抚台衙门去会师。

此时，由小吴门、浏阳门进城的队伍，已达到抚署的东辕门，由北门进城的队伍也同时达到西辕门，足见联系工作做得很好。预先拟定的常治等四位代表进入衙门，要见抚台余诚格。相见后，代表对余说："请抚台赞助革命。"余诚格说："我从不同你们为难，至于如何赞助革命，还得等我想一想。"随呼他的武巡捕拿出早已预备好的白布，亲笔书一"汉"字，命手下人悬挂在抚署前坪的桅杆上。又吩咐快预备点心，请四位代表用茶。他自己便先告退，进内宅去了。4代表随即出衙，走到"护国佑民"牌楼前面，和各革命同志相见。大家见抚署挂了顺风旗，知道已不必动武，可免流血，欢声雷动。老百姓原来担心糜烂地方，此时看到抚台衙门挂了降旗，就纷纷燃放鞭炮志庆。不多时，全市一片鞭炮声，大家都说："革命成功了。"

余诚格退入内室，即匆忙带着家眷在后墙打开一个窦口，逃往小西门外某洋行。革命党明知余已逃走，也未追赶。革命党原有命令：对于抚台衙门的人，只许出，不许进。余诚格的眷属还没走尽的当儿，革命党已有一队把守窦口，执行许出不许入的命令。起初，任其携走行李，后来见有些差人乱搬东西外出，才禁止随带物件。抚署卫兵多人都换便衣，陆续走出。抚署渐渐寂静得像座古庙一样。这就是清朝在湖南的最高统治者所演出的最终一幕。

巡防营统领黄忠浩，是起义时敌方高级人员中唯一被杀的一个人。湖南首义前夕，宪政派的人原想推举黄忠浩为总司令，以前龙璋同文斐、吴作霖等人去会过黄忠浩。文斐向黄进言，只要他反正，革命党愿推他为总司令。黄忠浩不独不接受文斐的好意，反而一本正经地教训了文斐一顿。吴作霖看到话不投机，就对黄忠浩说：“人各有志，不必相强，你不参加革命，是你的自由，还望莫和我们为难。我们告辞了。”第二天，湖南革命爆发了，革命军由小吴门进城，正遇黄忠浩亲自出外视察变动，调遣队伍。革命军并不认识黄忠浩，忽然黄的马弁胡某大呼：“黄统领在这里！”随即一刀枭了黄忠浩的头。原来杀黄忠浩的人，早已加入革命党的四正社。事后，谭延闿曾说过，黄忠浩的马弁杀他，是为哥哥报仇。因为胡某的哥哥是被黄忠浩杀掉的。某日，龙璋向友人追述往事，他说：黄忠浩和他来往甚密，因黄曾表示可以在湖南自由行动，他才同文斐和吴作霖去找黄谈话。结果黄却变了卦，弄得不欢而散。黄当晚曾亲到龙璋家对龙说：“我是会看相的，相人的有作为和没有作为，甚准；今天同你一路来找我的文、吴诸人，品貌平常、气色灰暗，我看出他们是决不能成大事的。”黄并对龙璋进忠告说：“您也要谨慎一点。”

六　推举都督的经过

起义前，大家讨论都督的人选。阎鸿飞说：“在武昌联席会议时，已经推定焦达峰为都督。”但焦自认年纪太轻，要推谭人凤担任。湖南各革命组织对于谭人凤多不认识，仍主张推焦达峰。九月初一在全城鞭炮大作，庆祝革命成功的时候，大家齐集在谘议局开会，讨论推举军政府的负责人。陈作新向焦达峰说：“你当都督，我来当副都督。”焦达峰说：“原议没有副都督的设置，我让你当都督就是。”这是在会场公开的言论。因焦达峰的人缘比陈作新好，当场就有人大喊："不能让，不能让。"黄锳和陈作新素来相好，就说："还是设正副两都督的好。"便向常治说："请你宣布一下。"常治的嗓音极高，就唱道："公推焦达峰为都督，陈作新为副都督。"大家一阵掌声，就算决定了。焦都督提议：推谭延闿为民政部长，阎鸿飞为军务部长。有人说："阎鸿飞现在不在湖南。"焦说："他很快就会回来，可先由阎鸿翥代理。"革命党人中认识阎氏兄弟的人多，又是一阵掌声，作为决定。当推参谋部长时，谭延闿推荐原湖南军事参议官刘邦骥担任，陈作新随说："很好，很好。"大家没有表示异议。会议至此告一段落。在欢声中，大家齐向抚台衙门集合，再商各司的组织。

抚台衙门变成了都督府。随后都督宣布李洽为秘书监。并设顾问厅、督勤处、主计处。有功人员一律安置在顾问厅和督勤处等候调派。又决定成立陆军四镇，以余钦翼为第一镇统制，赵春霆为第二镇统制，易堂龄为第三镇统制，阎鸿翥为第四镇统制。新政权的组织机构和人事安排大致如此。

中华民国军政府和都督府等名称，都是同盟会事先规定的，各省"光复"后，一律采用。湖南"光复"时，却闹过一个笑话。谭延闿当了民政部长，民政部所出的头一张布告，署衔为"中华国民军政府湖南民政部"。那时革命刚刚胜利，"中华民国"4个字在人们的脑子里，还是相当生疏的。一般老百姓搞不清楚，并不奇怪；而身任民政部长的谭延闿竟不懂得，几乎使人无法相信。民政部秘书拟稿时，原来写的是"中华民国"，谭延闿在画行时，用笔一勾，成了"中华国民"，交到总务司刻印，张贴全城。成邦杰发现后，对谭延闿说："中华民国错成'中华国民'，太笑话！"谭延闿说："你才是笑话！”成邦杰气愤极了，便去告知文斐。文斐上街看了布告后，再向谭延闿说明：“民国”是对“帝国”而言，就是说把帝国反正过来，成立民国。谭延闿听了老文的说明，说道：“我总以为我不错，竟错了！谢谢你的指教，并请转谢成先生。”随即借另一件事，印出一份加大的布告，加贴在那张布告上面，用以遮羞掩丑。

七　革命党和宪政派的一场尖锐斗争

湖南“光复”后，成立了一个临时参议院。这个机构的设立，是以湖南谘议局谭延闿为首的宪政派向焦达峰都督提出的。九月初一夜里，革命党人齐集在都督府开会，到会的人因为筹备发难，好几夜不曾合眼，一两天没有好好吃饭；眼见军政府的组织有了头绪，不免松了一口气，只想回家去休息一下。谭延闿不是革命党人，在起义成功后，才被邀到谘议局去开会。一些崇拜旧社会名人的先生们，抬出他来当民政领袖，而谭延闿野心未足，想把谘议局变成临时参议院，便利用大家精神疲乏的时候（他自己是向来吃得饱、睡得好的人），施展他的阴谋。谭延闿说：“革命告成，我们要建立的是民主制度。民主制度，应设议会，一则表示新邦的民主作风；二则可以聚集各方贤达，集思广益。”焦都督当即问大家意见怎样？曾杰和吴孔铎都说：“可以设一临时参议院。”只有文经纬认为：“议会是应该设立，但现在就设，未免为时过早；我们的一切设施，都处在草创时期，此刻设置议会，可能对于革命政府的工作，发生牵制。”大家在精神十分疲乏中，对于文经纬的发言，没有注意，就匆匆忙忙，随随便便地决定设立了。

第二天一早，谭延闿将参议员名单提交焦都督，请秘书监即发聘书。当天下午，谭延闿就召开第一次会议，选举议长，谘议局改名临时参议院。议员中多数是旧谘议局的议员，还有一些和谭延闿有勾结的士绅，其中也容纳了极少数的革命党人。选举结果，谭延闿当选为议长。文经纬（他也被聘为参议员）当时站起来说："已就民政部长的谭部长，以行政领袖不能当议长。"谭延闿说："我辞去部长就是。"这时，外面有人对陈作新说："美国的参议院议长是由副总统兼任。你可向参议会提议。"陈作新随即向参议院交涉。参议院的答复是："军人不能当议员。"谭延闿果然向都督辞部长职，经焦都督慰留。谭辞部长不脱，又不肯辞议长，就用浑水摸鱼的办法，来一个两全其美。

参议院要夺都督的权力，就提议制定一个《都督发令条例》，规定参议院有权规划军民全局、行政用人一切事宜，都督的命令必先送参议院审议同意，加盖院戳送还，才可发交各属执行；未经参议院盖印的，各机关得拒绝执行；又参议院认为应兴应革事宜，可先行议决送请都督发交各属执行；参议院的决议，都督不同意时，可以送还请求复议，经复议后，已盖院印文件，都督不能再持异议，应即执行。这个条例草案传到都督府，谭人凤就说："参议院要夺都督的权，不行，不行！他们胡作乱为，应即先行取消参议院。"于是一场尖锐的斗争展开了。参议院那些阴谋家就到处散布谣言，诋毁革命；并挑拨陈副都督和焦都督的关系，搞得满城风雨。九月初四，阎鸿飞由岳州赶回长沙，初五，就任湖南军务部长职。宪政派的人对阎说："参议院因为都督专权，正想法将都督的权力移到军务部。你可从中消除都督对《都督发令条例》的阻力。"阎鸿飞知道说话的人用意所在，只好回答：“我刚回省，还没有听到都督提及这事。”初六日，参议院开会讨论《都督发令条例》，他们请都督到参议院发表意见。焦都督要阎鸿飞代表出席。当时会场气氛很紧张。谭延闿首先简略说明本议案提议的经过和理由，宣布应对“条例”作详细的讨论。有一个姓彭的议员说：“这个条例，为的是保障民主，防止独裁。议会越有权，国民就越幸福。大家应该赞成通过这个条例。”接着又有一个议员作应声虫，说了一些议会的尊严，议会为国民谋幸福的废话。谭延闿说：“请都督的代表阎部长发表意见。”阎鸿飞说：“我是军政府的代表。军政府对于这件议案，觉得非常严重。现在是革命的开创时期，东、西、南三面都是敌人，我们要对敌作战，一切都应置于军政府之下。议会是明智的，不应干涉都督执行军政军令的大权。照文明各国的惯例，议会在战时对军事从不牵制。军政府一定尊重议会。将来有媾和订约等事，当先请议会通过，然后执行。至于将都督的军令先送参议院审议，实际上窒碍难行，应该撤销提议。”忽有一位议员说：“我们是‘临时参议院’。‘临时’就是表明革命性。革命的议会自有其革命作风。防止独裁，就是革命。”阎鸿飞说：“把独裁的头衔，加于军政府，只能说是笑话。”谭延闿只好说：“军政府既另有主张，本案暂且搁置。”

这件阴谋夺取都督权力的议案，闹了一阵子，结果虽然“搁置”了事，然而斗争接踵而来。革命党人都是胸怀磊落的，提到权力，便觉可耻，一言不合，即行引退，对于世路的险恶和敌人的阴谋，并无警惕。不久，便发生了焦、陈两都督被害的事，真是惨痛的教训！

八 焦、陈殉国

都督府的卫队是九月初二日组成的。由军械局拨来新步枪 120 支，又在被服厂领到全新的服装。初三，就被陈作新副都督将人枪分去一半，另组织卫队第二队，驻又一村训练，作为副都督的卫队。

都督府的门禁，因新成立的卫队肯负责任，盘查较严。那时一些对革命有功的人，居功自大，觉得太受拘束。好些人对都督说："现今清朝已被推翻，再无人敢于反抗革命。府门门禁太严，有点类似独夫的作风，而对宾客出入太不方便。最好训示卫队，凡佩有符号或由佩有符号的人陪同出入的，免予盘诘。"焦都督也认为民国时代，不应有旧衙署的官气，即时命令卫队长，以后只注意符号的有无，不要盘查过严，态度更应客气，以发扬自由平等的新作风。卫队奉令后，自然对警卫放松了。不过 10 天，就酿成匪入府门不曾阻止以至都督被戕的惨剧。

九月初十，都督府忽接报告，北门外和丰火柴公司有许多人挤兑（和丰火柴公司发有钞票，流通甚广，素著信用；这次发生挤兑，显系有人故意制造事端），陈副都督亲率卫队 20 人前往弹压，行至文昌阁附近，被预伏在那里的反革命匪徒所戕。

其时，另有反革命武装匪徒百余人，进至都督府，先缴去卫队的枪。其中有一个军官模样的匪徒指挥 10 多个武装士兵直入都督办公室，将焦都督拥出府门。焦都督问："你们要怎么办？"匪徒说："要杀你。"焦都督说："要杀就在这里！"说完，就在都督府前坪立着不动，昂头用两眼直望着高悬的自由幸福旗，任匪徒一阵乱刀砍死。这位实年 25 岁的少年革命英雄，就这样为国为民献出了自己的生命。

这段经过事实，是当日焦都督的一位差遣彭福生亲见亲闻，对我说的。曾见有某种记载说焦达峰临难前说了许多牢骚话，那是不真实的。

彭福生还亲眼看见匪徒用马刀在焦都督尸体上去掏他的口袋，并割下衣襟一块，蘸着血向照壁上写下：“焦达峰系匪首姜守旦冒充，应予处决。”这个匪徒手中还拿有一张纸条，看一个字，往墙上写一个字。写完，又向尸体看一看，踢几脚，才结队往东而去。老百姓从九月初一起，就对焦都督怀有好感，忽见被杀，又说是土匪冒充，一时弄糊涂了，不晓得革命究竟是搞些什么。

焦、陈被杀的事情传出后，立刻就有新闻记者到处采访新闻，打电报到汉口、上海。所以当时的报上都说：“焦达峰系匪首姜守旦冒充被杀。”听说长沙本地的报纸在九月十一日也登载了“焦达峰系姜守旦冒充”。还有些记载说：“杀焦、陈的人是黄忠浩的旧部，为黄忠浩报仇”，也是不确实的。

有个传说，军务部长阎鸿飞也是匪徒要杀的对象之一，被他见机逃脱了。实际上阎鸿飞当时由又一村一扇朝东的大门走出，经巡道巷（又一村东面一条东西小巷，是旧日贡院和抚署相通的巡查队的交通道）的时候，还从后面飞来一弹，击中裤裆，裆上打成两个小洞，皮肉毫未着伤。好险，好险！另一说，梅馨等原拟将阎鸿飞一起杀掉，因为阎鸿飞兼湘鄂义军总司令，知道他和湖北的关系密切，有所顾忌，不敢下手。这似乎颇近情理。但是飞弹何来？则是疑案。

焦、陈被戕害后，没过几天，街上就盛传都督被杀是梅馨干的事。梅馨原是混成协一个管带，军政府已任他为标统。梅不满意，向焦都督表示要当协统。焦都督毫不迟疑地答应了他的要求，说：“可以升协统，编入第三镇。”梅馨因第三镇镇统易堂龄从前地位比他低，不愿受易指挥。焦都督说：“那么，就编入第四镇。”梅又说他与阎鸿翥素昧平生，不愿共事。梅的希望是当独立协的协统。焦都督说：“独立协的名目，原议是没有的，等和大家商量再说。”梅馨很不高兴而退。第三天就搞出戕杀长官的乱子。

谭延闿做都督以后，梅馨一帆风顺，由旅长、师长，一直升到长宝镇守使，显然是谭延闿提拔的。据说，谭延闿曾将库银 1 万两赠梅馨作为游历欧美的旅费，湖南财政司有案可稽。后来梅馨并未出国，就在京沪一带将这笔杀人的酬劳费挥霍掉了。另有传说，梅馨杀焦、陈是事先得到某巨公赠送的 5000 两，由梅包办的；梅部执行杀人命令的官兵，官长每人得到犒赏 30 元，目兵每人得到 10 元。雪里不能埋尸，得到犒赏的有 100 多人，哪有瞒得住的事。又有一种传说，反动派起先只要杀焦都督一人。某有力者说：“连陈作新一起‘切了’，免得老陈不安分，又在搞‘扶正’（即做正都督）。”

某历史家有名句：“龙虎风云亦偶然，欺人青史话连篇。”曾看见有人所写的辛亥纪事的材料中说，焦达峰总不脱江湖绿林习气，革命时头上扎的是“包头”。其实扎包头的何止焦达峰一人，九月初一武装起义的革命党人都是扎的包头。陈作新在初二日才用二龙戏珠的旧帽徽，中间嵌一红珠。协统王隆中是新军编制，出发援鄂时，也是扎的包头。这位作者还抬出焦达峰有一个“四正”两字的图章，据说，“四正”就是把天罡星的“罡”拆开来的，焦达峰是自命为梁山泊的天罡。关于这点，笔者倒想找点历史证据，替焦达峰辩白一下。焦达峰在萍浏醴起事时，曾任铁血军总司令李金奇的参谋。

起事失败，和宁调元一路亡命日本，化名为"冈头樵"（这是因为孙文曾化名"中山樵"而仿效的）。从此，焦达峰署名只写一个"冈"字，草书的花押作""，这是在《草字汇》一书中模仿的。懂草书的人只能认为"冈"，却不能认作"罡"。同时，焦达峰是四正社的领导人。据焦达峰说，最初他曾和宁调元、何弼虞（何陶）、文公舒等在东京组织了"四正学会"，也是搞革命的。四正的用意是心正、身正、名正、旗正。后来在湖南也组织了"四正社"。由此看来，焦达峰用这个签章也可能是有意造作的。他何曾知道在他死后会有人拿着这个签章作材料来诽谤他。

（选自全国政协文史资料研究委员会编《辛亥革命回忆录》第2集，中国文史出版社2012年6月第2版）

湖南辛亥“光复”事略

熊光汉 *

一　革命之动机

辛亥春初，同盟会本部开会于东京，决议本年三月举义广州，孙中山先生在海外策动，以黄克强负实地指挥之责，而以胡汉民、赵伯先等佐之，先期派谭人凤、刘承烈、谢介僧、肖翼鲲等来湘联络同志，以谋响应。先后开秘密会议于路边井日人旅湘俱乐部及紫荆街福寿楼。与会者，军界有刘文锦、陈作新；学界有文斐、曾杰、龙铁源、彭庄仲、何陶、李洽、周歧、唐溶、龙璋、赵缭、龙养源、吴超徵等。当推刘文锦负组织军队之责，文斐等负学界鼓动之责。

---

* 熊光汉：时为湖南新军第九镇目兵。

并密函焦达峰、杨靖康来省共商大计，焦等以在汉工作不能来。未几，谭人凤赴汉，与居正、张百川、焦达峰、杨靖康等共图川鄂举义方略。刘承烈回益阳试造炸弹，谢介僧回宝庆与邹永成等联络地方洪门会党。其时湖南新军第二十五混成协有四十九标、五十标、炮兵一营、工兵两队、马兵模范队、辎重模范队，计 3836 人。由马队长官刘文锦、步队长官陈作新分途负责运动新军。

二　天心阁会议

刘文锦初向保定、湖南两陆军学校同学之下级军官及各同事着手，皆以任重力微时机未至力辞。不已，乃向本部目兵着手宣传，并派目兵熊光汉、汤执中、刘安邦分向步、炮、工、辎各种兵运动。其时混成协各目兵多深明民族大义，革命思想反较各军官为活跃。加以同盟会员熊光岳受黄克强、刘承烈之命，由日本回湘工作，加强宣传发动。故浃旬之间，辗转联络，得同志数十人。乃于三月二日开秘密会议于城南天心阁。计到会者步队为安定超、张海斌、徐金甲、徐鸿斌、刘清安、彭友胜、刘光莹、丁炳尧、陈林戟、丁惠黎、张建良、邓超、杨玉生，马队为刘安邦、苏德辅、熊光汉、凌幄筹、何致光、汤执中、秦子桂、赵鹤琴、严济宽、陈岑楼、何甠生、李振民、张虎臣、肖福林、黄遂荫、卓俊彬、徐昆、王同民、丁俊彦、郑亚兰、黄保清、陈主兴、曾传述、秦中卫，炮队为谢斌、李金山、邱长荫，工程队为欧阳钧、谈满芳、赖楚，辎重队为熊光南、张元春、李悦生、佘典仪、黄静邦、李金胜、胡奎枢、余云南、钟鑑屏、李孚素、苏彩章、袁浩然、黄起翰等，共 56 人。先由刘文锦讲明开会意义及革命宗旨，谓清政不纲，国土日削，我辈为救亡图存，“光复”祖国而革命，必须群策群力，方克有济，幸勿稍怀疑惧等语。随后即对江宣誓，共约死生，并由各人自约认定担任联络。由是湖南之革命武力基础，遂建筑于此天心阁之会议矣。

三　革命进程中之打击

在天心阁三楼同盟之际，不意抚院操目汪子林、探兵刘宏德和唐子英亦在二楼饮茶，观状心疑，待会散乘机刺探消息。诸同志中之年少气锐者罔知顾忌，又不识若辈为侦探，故言词之间不免流露，抚探竟以此情密报巡抚杨文鼎。杨据报，乃与混成协协统肖良臣计议，谓刘文锦为乱党之首，若在湖南杀之，恐激成兵变，拟明派刘赴北方购马，暗嘱湖北统制张彪于途中截杀之。适马队管带张翼鹏至，诘刘文锦不轨状。张力辩其无，且谓刘以酗酒滋事，早撤职他去。盖预为刘作逃脱计，归来即告刘。刘遂脱离部队，潜匿省会近郊，从事联络工作。迨广州起义失败，革命同志如在危舟巨浪中，刘文锦始离湘走汉。自是风声日紧，人人自危。一日，肖协统亲临各营房大肆搜捕，幸各目兵早已知悉，未露痕迹。奈杨抚坚欲破案，函召肖良臣、张翼鹏至院，拟杀马队头目数人以正乱。张进言反对，且无实据，枉杀恐激成变乱。杨乃责令张翼鹏出具切结，担保马队无事，案遂寝。同时，步队同志张海斌、徐鸿斌因在天心阁开会时，被抚探所识，且侦悉其姓名，亦难立足，当由其管带陈强助以川资，让其逃走。先是谭人凤、刘承烈自日本归国转湘时，宋教仁曾函致张翼鹏、陈强共谋革命，张、陈从中赞助。故清廷官吏虽穷极摧残，而张、陈始终维护，率使革命势力潜滋暗长。加之混成协各军人穷究刘文锦撤职原因，转相告语，风声传遍，其脑海中无不留有"革命"之印象。

四　川粤汉铁路收归国有之反响

保路运动兴起后，湘中士绅商学如龙璋、文斐、粟戡时、王猷、易宗羲、文经纬、吴作霖、左学谦、黄锳、姜济寰、罗良干、曾杰、常治、黄翼球、龙铁元、龙铁英、李达璋、曹耀材、彭国钧、殷泽龙、余鲲、仇毅、曹武、洪荣圻、洪兰生、吴孔铎、陈润霖、伍任钧、龚凤喈、皮宗浪、龚业强等发起组织铁路协赞会，假贾太傅祠为会址，以争路为名，实行革命工作，号召各界群众万余人在教育会开会，宣布清廷26条罪状，尤以文斐、常治、曹武、邹岱藩等言词为最激烈。人心大为愤慨，民气之激昂，固随时促有革命爆发之可能也。

五　清水塘会议

七月十日，刘文锦密函刘安邦转各同志嘱乘四川铁路风潮相机举事。次日，刘安邦于城东清水塘召开会议。到会人数约200余人。除已列席天心阁者不录外，计到会同志为张嘉勋、瞿惟诚、王鑫涛、洪骏、冷德冰、胡良臣、余毅兴、李裕全、徐栋臣、喻名胜、李彪堂、李香怡、邓廷献、余国栋、杨雨农、罗世杰、廖星魁、曾国钧、杨芳、谢毅伯、刘镇南、唐禹铭、刘锐、龚守仁、李鸿鄂、姚玉山、昌克骏、张琼霞、梁树勋、许克祥、王国钧、吴连斌、袁天锡、杨湘俊、郭镇湘、丁镜秋、昌伯华、成光耀、汤日强、王鸿钧、姚云贵、钟惟祥、凌金文、王奋武、李荣钧、李金钧、李盛苌、谭裕生、周声堂、彭福林、李海彪、杨振基、李人杰、屈友胜、张训清、耿竹秋、黄金榜、鲁莹、欧福堂、胡梅初、周业鹏、黄树南、杨超海、邹祺良、李汉乔、彭斌、李太平、李镇军、袁绍箕、袁运隆、袁培基、胡廷杰、钱占魁、李福生、张紫维、吕秉钧、王春和、蔡雪汀、李荣生、苏辅廷、文敞、易尚志、钟云丰、赵文彬、罗璧成、王舫秋、单振国、王祖谟、晏委纯、周继桢、邓炳辉、王荣升、黄德志、欧阳俊、欧阳福、刘少卿、周荣升、黎光煦、戚黼臣、赵橥、熊辉廷、罗鸿奎、王守仁、刘星棠、成值金、梁光怀、易敏树、方善禹、余轩廷、方楚雄、梁镇南、杨炯光、黄雪予、彭世清、钟威群等，其他则不复记忆。至于已加入革命而未到会者，更不止此数。当由刘安邦宣读刘文锦欧密函，并由各负联络责任之代表报告工作进展状况。经一致决议加紧宣传联络工作，务使全协目兵一律接受。自是各代表分途积极进行，所有混成协目兵不久已全部革命化，即驻省各防营，亦有半数表同情矣。

六　焦达峰回湘主持军事

焦达峰奉同盟会本部命奔走湘鄂。除与居正、张百川、谭人凤等在汉进行革命工作外，并与袁天锡、杨世杰、成邦杰、袁剑非、洪兰生等密组机关于长沙乐心巷定忠栈，策划革命运动。因在汉得晤刘文锦，刘以湖南运动军队情形相告，并密函介绍其来湘与安定超、刘安邦、熊光汉接洽。焦于八月下旬持刘氏密函复到湘。除与安、刘、熊等接洽外，并召陈作新、丁炳尧、刘光莹、熊光南、汤执中、李金铭、姚玉山、严济宽、王奋武、易尚志、李海彪、徐鸿斌、吴连斌、杨振基、曹星亮等往见于定忠栈，谓奉同盟会命特来湘联络同志，两湖并举，推翻清王朝。自是新军同志，向之听命于刘文锦者，转而瞻焦达峰之马首矣。焦以甫行到湘，初次接洽，对新军之能否任此重任，尚无把握，又言已于浏阳、平江方面联络洪门会党多人，并购有枪炮、炸弹，须俟人械到齐，再与新军联合发难等，大家首肯。

时湘抚余诚格深知新军之已革命化，因就商于巡防统领黄忠浩，黄进言调虎离山之计，可保治安无虞。如是余巡抚将新军炮弹一律缴藏军装局，每营只留步枪弹两箱，以供卫兵警戒之用，并将四十九标一、三两营开驻岳州、临湘，五十标二、三两营开驻宁乡、益阳、常德，一营前左两队开驻茶陵、攸县；同时，将原驻各县之巡防队及镇竿巡防队共 10 营一律调省，藉以威慑新军。时新军同志乃于八月二十五日午后，在玉皇殿坪陈作新住宅召开紧急会议，到会代表 30 余人。经决定负责指挥举义者，计四十九标为安定超、彭友胜、刘光莹、杨振基、黄伟，五十标为邓超、张建良，炮队为李金山、谢斌、邱长荫、杨超海、昌克骏、胡光燦，工程队为赖楚、谈满芳，辎重队为熊光南、王奋武、洪骏、袁浩然，马队为熊光汉、汤执中、苏德辅，并派徐鸿斌、单举、杨雨农、易绍云、易尚志、姚玉山等，向巡防队代表周福堂、王鑫涛、李东生、罗辅清、钟维祥、吴连滨、袁润生、田光炯、宾魁接洽响应事宜。另派刘文德刺探抚院卫队举动，派袁剑非、洪兰生、成邦杰通知在省洪门会，并约定发难时以小吴门外举火后炮响 3 声为号。翌日夜半，炮队代表邱长荫、谢斌用煤油浇淋稻草以硝磺引燃之，当其火势熊熊，拟鸣炮发难，不意持弹袋炮，膛口不合，只得悄然分赴其他各部告知原因，而枕戈待旦之武装同志被迫中止起义计划。

七　贾太傅祠会议

八月二十七日，焦达峰、陈作新、袁天锡、文经纬、易宗羲、安定超、吴作霖、袁剑非、徐鸿斌、汤执中、张嘉勋、谈满芳、刘之德、丁炳尧、左学谦、刘光莹、陈林戟、王鑫涛、曾国钧、熊光汉、熊光南、凌幄筹、王奋武、余国栋、苏德辅、杨守桢、阎鸿飞、易美堂、阎鸿翥、杨世杰、丁惠黎、邓超、柳大纯、洪荣圻、成邦述、粟戡时、王猷、黄石陔、黄锳、彭国钧、姚玉山、曹耀材、蒋名荪、洪兰生、李海彪、向尌臣、余鲲、陈振鹏、胡湘澄、鲁柱屏、文斐、常治、仇毅、姜济寰、伍任钧、李振锷、罗良干、吴超徵、李达璋、谢浴维、张显义、曹武、邹祺良、李汉乔、彭斌、李太平、李镇军、袁绍箕、杨振基、袁培基等百余人，先后开会议于贾太傅祠及体育学堂。时易秉钧由鄂运来手枪及子弹，密存城陵矶，当场报告武汉情况。经一致决定于二十八日晚发难，仍由炮兵营负举火为号责任。及时未见起义，各同志皆骇异，盖因该营防范甚严无隙发火之故也。

八　九月一日之举义

九月一日拂晓，炮队代表李金山得到所部本日开赴醴陵之讯，遂奔告步队四十九标代表安定超。安以事迫不可缓，因语李曰，汝速回营准备，听枪声轰动，当齐集发难也。李金山走后，安即跃出操坪，发紧急集合哨。目兵应声麇集，朝天鸣枪3响。继安而起者，则为工程队代表谈满芳。由是炮队五十标、辎重队、马队听到枪声同声策应，兵分两路扑城，一趋北门，一趋小吴门。由四十九标二营后队代表彭友胜率领全队越协操坪至五十标门首，向卫兵大呼曰：我等攻北门去，你们后来。如是五十标代表邓超、张建良、杨湘俊、姚玉山、汤日强、王运钧、刘星棠等率领一营，右后两队及前左两队之后方留守兵跟踪继进，唯右队队官易棠霖疑惧欲逃，经代表王运钧露刀威胁，始允随队同行；次则为马队，由代表刘安邦、熊光汉、汤执中、苏德辅等率领之，排长黄彦升、马骧随队同行；又次为辎重队，由代表熊光南、余云南率领之，排长曾佟随队同行。斯时守北门者为巡防营管带赵春霆，其部下早经徐鸿斌等联络成熟，故于义军入城时，列队举枪致敬。义军入城后，以一部占北门严稽出入，一部飞奔军装库，夺取子弹。守库者为巡防第八队，由已经联络妥当之王鑫涛、周福堂、易尚志开库取弹。是时小吴门城尚关闭未启，守城防营散开城上作射击式，而安定超等率领之四十九标二营，前、左、右3队，谈满芳、杨芳、潘辉率领之工程队前、左两队，李金山、邱长荫、谢斌、杨超海、昌克骏、胡光灿等率领炮兵营，均顿兵城下莫得而入。炮兵营且分一部至校场坪实弹瞄准，作攻城状，城下炮兵亦如之，无奈真弹皆不合膛口，其合膛口者，皆演习用之木头弹也。正在内外相持之际，适有先夕入城之工程队代表赖楚在城内听到枪声，拟从小吴门出城回营，突见城门虽闭，犹未加锁，一时壮心奋发，振臂格落门锁，门遂豁然洞开，城外义军一拥而入，至是混成协全部入城。

九　湖南“光复”后之状况

义军涌入城内，巡抚余诚格知大势已去，仓皇从抚院后墙而遁，莫知所向。巡防统领黄忠浩乘马出抚署转又一村，我军恐其调队抵抗，遂跟踪后捕获，毙之于小吴门城上。所有清廷官吏，非逃即降，皆无反异，遂一面电调前开驻各县之新军尅日回省，一面集合革命代表及省会士绅商警各界于谘议局开会商组军政府，并选举都督。文斐任临时主席。他报告了此次革命经过，略谓焦君达峰为都督；继谓陈君作新原系步队长官，兼特别学校教员，素抱革命主义，因授课语涉排满被撤去职事，前辅助焦君联络军队，论功当为第二，应推陈君作新为副都督。经表决后，即由文斐用红纸，大书粘于壁上。文曰：“公举焦达峰为都督，陈作新为副都督。”全场鼓掌，欢声雷动，“光复”之举，先厥成功。决议将巡抚部院改为湖南军政府。焦、陈两督赴府莅新，所有一省之军政、民政及外交司法诸事宜，均以军政府为发号施令之总枢焉。至于治安方面，则派五十标分驻各教会领馆，保护外侨，派谭泽瀛、王者师率陆军警队会同工程、辎、马各队负城厢内外巡逻之责。斯时猝经大变，时虞反侧，如藩署亲兵巡劫官钱局，幸为义军察觉，立予包围缴械，同志夏季佑及舒某死焉。藩司黄以霖固守藩署，不去不降，文斐因请焦、陈两督下令拘拿，一面派龙璋、陈文纬前往接收印信库册，迫该藩司离署，遣人护送出境。是役也，除戮挭命之黄忠浩、王毓江、申锡寿、沈瀛外，仅诛一乘风抢劫钱财之流氓以示敬。居民安乐，秩序井然，军书所至，全省各所、州、县，不数日间，相继反正，为中华民国革命写下了最光荣的一页。

十　援鄂之役

武昌举义后，袁世凯命冯国璋以重兵压汉阳，义军浴血苦战，风云变色，因众寡不敌退守武昌一隅，势已不支。我军以湘局既定，即派王隆中率领四十九标及马队、炮队之各一部，甘兴典率领新编之七、九两标，刘玉堂率领巡防队第二营会同先赴鄂之夏占魁营兼程赴援，与清军血战于汉口夏口之间，计十余旦夕，死伤约千人。刘玉堂以深入敌阵夺取机枪，因而殒命。是役也，革命军人无不奋勇争先，一以当百，率使中原底定，还我河山，其坚忍奋斗之精神，确有不可磨灭者也。

（选自湖南省政协文史委员会编《辛亥革命在湖南》，岳麓书社 2001 年 9 月第 1 版）

我在辛亥革命前后的一段经历

戴凤翔 *

辛亥前后，我曾在江苏与闻萍浏醴起义和安庆起义，在湖南参加长沙“光复”之役，继又在湖北督战，参加保卫汉阳的战役，往事历历在目，忆之倍觉亲切，兹记述如后。

萍浏醴和安庆起义

1906年初，我从江南骑兵学校毕业后，分配到新军第九镇任职，充马标队官（相当于连长），驻防南京仪凤门内淮军公所。其时，以“驱除鞑虏，恢复中华，建立民国，平均地权”为政治目标的资

* 戴凤翔：时任湖南新军第九镇管带（营长），后任黄埔军校教练部主任。

产阶级革命党人的势力发展很快，并深入到清王朝统治所赖以维持的支柱——新军之中，新军第九镇步兵、马队、工兵、辎重、炮队均为革命党人所掌握。该镇三十三标统带赵声（镇江人，号伯先）即是中国同盟会会员。赵声对我的影响很大。每逢星期天，赵声即邀我及同学袁奉明、谭礼秩等共 10 余人，经常在清凉山、莫愁湖等地以野炊、划船名义举行秘密会谈，纵谈天下形势，会商革命大计，认为只有选择一地首先发难，然后各地继起响应，才能将革命推向全国，走向胜利之途。

1906 年冬，同盟会员刘道一联络会党首领龚春台、姜守旦发动萍（乡）、浏（阳）、醴（陵）起义，南京新军步兵一营，马队、工兵、辎重、炮兵各一队，被清政府派去前往镇压。各部负责人柏文蔚、戴凤翔、袁奉明、孔昭光、范嗣泽均系赵声所联络的革命同志。临出发前，赵声把我们召集到清凉山寺庙内作了秘密交待和布置，他说此次同盟会在萍乡、浏阳、醴陵起义，安源矿工有 6000 多人参加，革命党领导人是龚春台、姜守旦，你们遇到他们两个，握手时用第四指勾紧，以示与他合作共抗清军。我们计划先攻下南昌作为根据地，再候各省响应。过万载、宜春、瑞州等地时，如果没有遇到抵抗，不可妄杀一人。听完吩咐后，我们即率队从南京出发，乘船到九江上岸后，走了 4 天路才到达南昌。在南昌驻了两天后又出发到袁州（宜春），这两地都有同盟会的人来和我们接洽。途经万载到萍乡时，萍浏醴起义已失败，龚春台、姜守旦等人不知去向，我们的起事计划无法实现，深为惋惜。第二年正月，我们只好率队回宁。

1907 年夏，光复会会员徐锡麟决定在安庆刺杀清政府安徽巡抚恩铭后发动起义，时我的同学薛哲充任安庆步兵营长，熊成基充步兵队官，他们已与徐锡麟相约一起发动安庆起义。薛哲派专人送信来与我联络，要我在他们刺杀恩铭成功后，在南京负责发动军队响应，说是马标三营的连排长都是我骑兵学校的同学，不应有什么问题。还要我约同谭礼秩、袁奉明分别负责三十三标和工兵营的起义发动工作。我当即回信表示一定按照所说办理。来人走后，我们一边做着响应起义的准备工作，一边等着安庆起义成功消息的到来，结果却是徐锡麟死难的噩耗。当时，徐锡麟对着恩铭连开7枪将其刺杀后，即率巡警学堂学生攻占了军械所，陈伯平扼守前门，马宗汉在后门堵截，急望薛哲、熊成基率新军前来应援。谁知城门已经关闭，送信人出不了城，而巡防营已将军械所包围，终以寡不敌众起义失败。徐锡麟、陈伯平、马宗汉、薛哲壮烈牺牲，熊成基逃到哈尔滨后亦被捉住杀害。噩耗传来，令人痛心疾首。起义失败，革命同志牺牲，真是可惜。同时也担心当日的信件被发觉而遭受生命之虞，于是谭礼秩、袁奉明和我便同时请假一月回湖南奔母丧。一个月后，看看无事，才回去任职。

萍浏醴起义和安庆起义虽然失败了，但它们和资产阶级革命派所领导其他武装起义一样，都不同程度地打击了清朝的腐败统治，清王朝不久便寿终正寝了。

长沙“光复”之役

1911年10月10日，四川的保路运动达到高潮的时候，湖北的文学社和共进会在武昌发动起义成功,其时我正在苏州马队任营长。消息传来，令人兴奋不已，革命党人多次起义都流产了，这胜利来得多么地不容易。激动兴奋之余，思谋湖南若能起义响应，则湖北方面便可解除后顾之忧，对全国的影响亦将是极为重大，乃以奔母丧为名（实为图谋湖南起义）请假星夜兼程回湘。

其时，湖南革命形势甚好，同盟会员焦达峰、陈作新等在会党和新军中的活动卓有成效，并与湖北党人商议好一方发难，另一方响应，所以武昌起义的消息传到湖南后，焦、陈等革命同志即加紧了进行起义的工作准备。我于农历八月二十五日抵达长沙；当晚寓大吉祥旅馆，第二天早上即往会在四十九标任职的同学同事，见到了林益简、朱昭、马骧、潘夫雄等人。他们见到我很高兴地说："你来得正好，明天星期日我们在天心阁有一个秘密会议，你也来参加。"

次日开会，参加者有四五十人，都是新军连排长，营长没有到一个（营长都是日本士官学生，他们此时还有做官的思想）。马骧在会上发言说，抚台（指余诚格）下令要我们开常德，这招很辣。一开常德，则大事去矣，我们应趁早动手。林益简接着说，黎元洪已通电各省响应，尤其希望湖南尽快举义旗。说清廷已派冯国璋率一师建制的部队攻汉阳甚急，要湖南即日响应增援。林也认为应早动手，这是千载一时的机会，如不抓住，稍纵即逝。会上也有人认为武昌独立已一星期还未见其他的省份响应，冯国璋正在攻打武昌，形势尚未明朗，主张再等等，俟有一两省响应，再行继起，以图万全。对此，我不以为然。我说湖南应首先响应，黎元洪担心湖南袭其后方，顾虑必多，不能专心前方作战，若是湖南响应，革命的声威益壮，我看不要十天，一定会有不少的省份继起响应，如此则大局可望稳定，我主张湖南尽早独立。举手表态时，反对者只有三四个人。我又说反正时，我建议四十九标派兵城厢内外，十字路口，遇有巡防营队伍即不准其通过，反抗就开枪镇压；五十标围攻抚署，不准有伤百姓及抚署僚属的事情发生。这一建议又得到全体到会者的赞同。

农历九月初一（10月22日）早晨8时左右，新军分别由北门和小吴门进城向抚署衙门发起进攻，进展极为顺利，巡抚余诚格在起义军进辕门时，急急忙忙在衙门后面围墙靠近四堆子处挖一个洞溜走了，其他文武官员也都学着抚台的样子开了小差。只有那姓沈的长沙知县不识时务，不降不走，自寻死路。巡防营统领黄忠浩在起义新军冲进抚台衙门后故示镇静，在花厅里踞坐床上一动不动，起义战士向他走近，他的随丁进行保护，双方发生冲突，起义士兵驱逐了他的随丁，将黄忠浩执住，黄厉声怒斥，起义士兵更加恼怒，人丛中有人大喊："杀满奴！把他拖到浏阳门（旧刑场）去。"但还只到小吴门，就被一阵乱刀砍死。起义军占领抚署后，即将抚署改为"中华民国湖南军政府"（次日又改为"中华民国军政府湖南都督府"），宣布湖南革命政权的建立。这就是辛亥长沙"光复"之役。

焦、陈二督被杀之内幕

湖南"光复"后，焦达峰、陈作新做了正副都督。都督府草创未定，一盘散沙。每日两都督室内拥挤不堪，谋事的、要钱的，杂乱无章，一般人都啧有烦言，授人以口实。当时湖南立宪派在社会上的声望较革命派为高，因革命党人的活动都是在一种秘密状态中进行的，不为外人所知。但是立宪派却没有揽到职权，心有不甘，于是暗中酝酿推翻焦、陈。谭延闿（谘议局议长）、陈炳焕（副议长）、左学谦、粟戡时等都是当时立宪派的头面人物。

农历九月初七（10 月 28 日），五十标营长梅馨、统带余钦翼等发一帖子给我，请我于29日午后5时到徐长兴饭馆吃饭。第二天，到时同坐的有梅馨（营长）、余钦翼（统带）、危道丰（营长）、李致良（营长）、陈维城（参谋）、蒋国经（营长）、向瑞琮（炮队营长）等人，除我是陆大学生之外，其他人都是留学日本士官学校的学生。当时的风气，留学生趾高气扬，看内地学生不起，故除我以外，无一内地学生在座。席间，李致良说焦、陈乱用人，乱用钱，湖南会糟踏在他们手里，要想个办法才好。梅馨脱口而出道："杀了这王八蛋不就得了。"其原因则是焦系会党，陈系排长，是他们的部下，根本就瞧焦、陈不起。如果这做都督的是个士官学生或者是我这样的陆大学生，他们不一定会反对，焦、陈就是资望不太够。当时我说，初一反正，祛逐余抚，一时没有预计，仓猝中推两个都督，这原是过渡的，也是个烂斗笠，可以叫他走，不必杀他。梅馨桌上拍一巴掌说："你真是妇人之仁，若叫他走反倒留个后患，以后枝节横生！"李致良说"杀了倒爽快"。我知道我是没有办法挽回的了，也就不再说话。只是暗暗忖度，报信给焦、陈，叫他们走算了。陈作新在罗汉庄教书时，我曾在他那里读过一年书，我们有师生之谊。

次日早饭后，我到都督府，陈作新已外出。只见焦都督室内围绕三四十人，喧闹不堪，我只好欷歔而返。

农历九月初十（10 月 31 日），梅馨指使部下，制造和丰公司纸币挤兑风潮，副都督陈作新"单骑巡视"，结果走至北门铁佛寺，便被梅馨伏兵乱刀砍死。接着，梅馨又指挥吴家铨所部军队冲进都督府将焦达峰杀了。随后，谭延闿被推为都督。焦、陈之被杀，以我揣度，事前立宪派必与新军各营长有所妥协，有所预定，乃假手于梅馨耳。听说梅馨在上海得病临死前有人问起焦、陈被杀事，梅馨说“当时直为人作猎狗耳”，可能就是指此事而言。

汉阳保卫战

湖南援鄂军，先有焦、陈派出的由王隆中、甘兴典率领的二批援鄂军抵汉，归黄兴指挥。甘兴典在汉阳作战失利后，擅自潜回湖南，被谭延闿派人将其拘拿正法。

第三批援鄂湘军是由刘玉堂统率，我为督战官，共约2000多人。当我们于11月23日到达时，汉阳战事极为激烈，于是立即投入了战斗。我们的攻击目标是美娘山，前面有一个大塅，宽约两里，塅这边一些矮沓沓的山，作炮兵阵地太矮，虽有两处陡峻高山，但炮兵不便出进，没有良好的炮兵阵地，我深以为虑。25日，刘玉堂指挥民军出磨子山，进击扁担山。刘玉堂极为英勇，我军冲至山腰，刘即呼上刺刀肉搏，立杀10余人，夺取了3尊大炮，扁担山被攻克。然后向美娘山进攻，双方先是互相炮击，顿时炮声隆隆，继而加上枪击，子弹声啸啸而过。刘蹲在矮山的一个石碑后，我隐在水港塅下，但不幸刘中弹阵亡了。刘是山东人，行伍出身，性勇猛，血洒疆场，令人起敬。

战友的牺牲更加激起我们对敌军的仇恨。刘玉堂阵亡后，我即下令火力集中美娘山，陆续加上预备队，双方激战，敌人开始还很猛，但渐渐枪声稀少，想是敌人没有预备队的缘故。当我在港内出来指挥军队时，身中两枪，一枪中腿缝旁，一枪中左手，伤痕现在犹在。当时年轻气盛，不当回事。鏖战至下午3时许，对方忽寂然无声，乃派营长过塅侦探。据报敌军向蔡甸方向退却，我下令跑步通过大塅，占领了美娘山。

我料想敌军必来反攻，便召来四十九标标统，对他授以机宜。过几天，敌军果然来反攻，俟其将近阵地，我下令山炮猛烈轰击，步兵在战壕内堵截，我军一部绕在敌军后面断其归路，敌军大溃，死尸遍地，敌军向河南边境退却。我们又在原阵地驻了一个星期，才拨队回汉阳。一个星期后，我便率队回湘了。

（选自湖南省政协文史委员会编《辛亥革命在湖南》，岳麓书社 2001 年 9 月第 1 版）

辛亥革命在湖南所见

邓介松*

辛亥年八月十九日武昌首义，消息传到湖南，人心大振。青年学生更加激动，学校自动停课，学生们终日鹄立长沙关码头上，守候从汉口开来的轮船，打听消息，抢购报纸。碰巧我遇见一个相识的乘客，他的网篮中有包裹用的报纸很多，而且新的居多，我们用好纸换取了做包裹用的报纸，跑步回校，集体传阅，并摘要抄下张贴。

当时大家极关心湖南几时反正，我们已无心读书，终日在外奔走，到处打听。我非同盟会会员，又非军人，而熟识的党人和军人却不少。从同盟会会员陈荆、曾杰，我弟绍温（民国元年夏病殁于汉口，时年 19 岁，因其在联络新军，策动起义及出师援鄂中，工作积极，

---

* 邓介松：时为湖南高等实业学堂学生，后任南京国民政府湖南省民政厅厅长、省政府秘书长。新中国成立后，任中南军政委员会委员，第二届全国政协委员，武汉市人民政府参事室副主任。

作战勇敢，得入烈士祠）及炮兵林毓泉等人口中，终于得知将于九月初一日起义的消息。

九月初一日黎明，我们跑到小吴门城墙上去看动静，守城门的是巡防队，凑巧哨官姓易的是熟人。他对我们说："今天这里不是好玩的地方，你们快些回去吧！"我们不听，他也就不管。等了很久还不见动静，正在流连踯躅之际，忽闻四十九标和五十标队伍出发了。凝神远瞩，果然有大队人马荷枪而来。城门关闭了，攻城的喊话："汉人不打汉人，快开门！"守城的不答话，也不反问，彼此相视而笑，毫无敌意。城门虚掩着，人多一拥，一下子就挤开了。起义部队入城，径向抚台衙门冲去，守卫的巡防队也毫无抵抗。起义军进入辕门，抚台余诚格急急忙忙从衙门后面围墙挖洞溜走了，其幕僚亲兵人等亦各自逃命。只有姓沈的长沙知县不识时务，不降不走，终被杀死。至于黄忠浩之死则是出人意外的。

黄忠浩（字泽生，黔阳人）本是书生，偏好谈兵，由文职转作武官，带兵多年，官至提镇。他在旧官僚中是比较开明的，曾掩护过革命党人。同盟会会员陈荆亡命江湖时，黄忠浩暗相结纳。那时陈荆与黄兴同案，同时被通缉。陈荆状貌不扬，又不修边幅，尤不善于辞令，与黄忠浩见面后，黄对左右亲信说："这个陈荆恐怕是冒名招摇的。"乃将陈放走。

辛亥革命前不久，黄因母丧休官回籍守制，闲居长沙。巡抚余诚格任黄忠浩为全省巡防营统带。武昌起义，长沙震动，余诚格束手无策，一切依靠黄忠浩，黄也以保卫湖南为己任，每日必到抚台衙门坐几小时，故示镇静。起义军冲进抚台衙门，抚台溜走了，乃将黄拖出辕门外，声称送到浏阳门（旧刑场）去。行过贡院西街时，我与禹之谟烈士诸弟正在湘利乾公司门前，瞥见此景，禹弟与黄有旧，大惊失色，飞奔营救不及，拖到小吴门，就被一阵乱刀砍死了。黄忠浩之死，焦达峰、陈作新亦深致惋惜。就任次日即发出布告，表扬黄忠浩为吾湘忠义之士，言明遇害是出于误会。事后并重用黄之胞弟堂斋。巡防营很受感动。

当日，我随起义队伍行至抚台衙门，未敢进去。义军进入后的一切情况，是后来听林毓泉（林在谭延闿继任都督后赴日留学，民国二年冬病故于东京）、刘庆藩等人告诉我的。

初一日下午，见抚台衙门挂出了“中华民国军政府湖南都督府”的牌子，张贴了都督焦达峰、副都督陈作新就职的告示。焦、陈两人都是同盟会会员，焦为浏阳人，早在日本东京加入同盟会，并曾于光绪三十二年（1906年）参加浏阳的武装起义。清吏诬他为“土匪”，说他穷凶极恶，面目狰狞。我在曾杰家遇见，印象完全不同。他面目端正，举止安详，说话细声细气，有条有理。陈作新为焦达峰密友，曾在四十九标二营当过排长。辛亥之前一年庚戌三月，长沙大闹米荒时，陈作新就要发难，为管带（营长）陈强制止。不久陈作新被开除了排长职务。陈在四十九标被开除后，潜居长沙，继续运动军队。

新军起义，陈作新联络策动之力最多。在革命队伍中，焦、陈两人是骨干，但在封建势力之下他们被认为资望不够，因此旧绅士和新军阀互相勾结，阴谋篡夺政权。

焦达峰、陈作新的政治经验不足，同盟会组织又很松懈，纲领很简单，分子很复杂，一旦负起拥有3000万人的大省的全部责任，自不能尽如人意。但其坦白无私、孳孳为善的精神，还是有目共睹、有耳共闻的。

清军南下，武汉告急，遣使求援于湖南。湖南新军只有一协（旅），辖四十九和五十两标（团）。反正之初，辰沅永靖道朱益浚负隅顽抗；各县亦间有跳梁小丑，地方秩序需要军队维持，势不能全部调出。而武汉情形紧急，湘军赴援心切，四十九标全部由王隆中（原系教练官，反正后升标统，后改编为第四师任师长）率领立即开赴湖北，并由甘兴典统带巡防营，随同出发。四十九标开赴武汉后，五十标留驻长沙，标统梅馨也是日本士官学校毕业的。他原在五十标任教练官，在新军酝酿起义期间，他并未参加，反正后坐升标统。他在同辈中年龄较长，性极阴险，诡计多端，争权夺利的野心很大，焦达峰、陈作新任正副都督，梅馨心里不服。

都督府成立之初，一切草创，没有什么规章制度，人事临时凑合，大群青年学生自动帮忙办事（我也去参加了几天工作），大家吃自己的饭，办大众的事。旧人员却借此冷嘲热讽，野心家更利用机会制造舆论，对都督府施加压力。当时《长沙日报》落在旧派手里，公然发表评论，反对“尽义务”，认为“尽义务”是玩把戏、打花鼓，要求“唱大戏”，“名角”出台，“内行”跑龙套。这种议论一占优势，蛰伏已久的绅士集团就重新抬头了。旧官吏弹冠相庆，青年则退出政府工作。都督高高在上，指挥不灵，形同孤家寡人了。

焦达峰原为帮会首领，结纳群众，联络面广。在浏阳武装起义时，得帮会之力最多，帮会中人牺牲的亦复不少。焦一旦做了都督，弟兄们闻风而来，麇集长沙，自由出入都督府，喧嚷叫嚣，在所不免。都督府堂皇壮丽，气魄不小，但焦本人一点架子也没有，起居行动都很随便，这样一个平民都督，上下之间关系搞得很好，但在绅士们看起来却认为太不像样，于是散布流言，把都督府说成“梁山泊”

和“瓦岗寨”，把焦达峰、陈作新说成“陈涉”“吴广”，煽惑人心，策划政变。梅馨暗令所部坏分子纠合一些地痞流氓至北门外和丰火柴公司滋事，趁势纵火打劫，一面指使党徒危言耸听，谓非都督亲自出马弹压不住。副都督陈作新勇于任事，立即驰往弹压，行至和丰公司门口被冷枪打死。为首的挟持群众，蜂拥冲入都督府。焦达峰不知陈作新已经遇害，还从容出来向乱兵讲话，冷不防饮弹毙命。

正副都督同时遇害，省会骤呈紧张混乱的局面，绅士们趁机出来说话，倡言非谭三爷不能收拾残局。军界学界都随声附和拥戴谭延闿为都督，纷纷至戥子桥谭宅劝驾，大有“斯人不出如苍生何”之慨。谭延闿却让再让三,终于演了一幕崔子弑齐君晏婴枕股哭尸的把戏。谭跪倒在焦达峰灵前大哭一阵，哀痛动人，然后走马上任。第一任谘议局议长，摇身一变而为第二任都督了。

谭延闿少年科第，官僚世家，一生纵口腹之欲，食不厌精，脍不厌细，长沙好些名厨如宋厨、柳厨等都是在他家培养出来的。他继焦达峰为都督之后，忽然改变生活习惯，“食不兼味”，终日戚戚，愁眉苦脸，“食旨不甘，闻乐不乐”。有人说他居文勤公（其父谭钟麟谥号）之丧还没有这样哀毁过。谭延闿这样做，果然博得称赞。

党人在政变之后，愤激之极，要同梅馨算这笔账，如曾杰在病中几乎发狂。我在曾的病榻之侧听他说：“起义之前，原先要我做都督。我自顾年轻又不懂军事，所以极力推举达峰担任，他被人暗杀了，是我害了他。这是谭延闿、梅馨的阴谋。”

梅馨为拥谭健将，谭延闿 3 次督湘，拥谭的梅馨竟不得志。在军人跋扈、政局动摇、风声紧急之时，谭宁可求助于力量不大而名誉颇好的曾继梧（谭给曾信内有“入而不出，公之志也，急而相求，弟之罪也”几句话，哄得曾继梧甘为冯妇）；对于梅馨则始终采取敬而远之的办法，不予重用。一则力避谭、梅合谋之嫌，以免党人报复；更重要的是怕梅馨挟拥戴之功，行废立之事，再演一次政变。谭的老谋深算，表现于用人行政方面都不外一个“我”字。反正后的几个高级军官都跳不出谭的手心。其后裁抑陈复初，培养赵恒惕，想不到赵恒惕羽毛丰满，立即取谭而代之。“谨厚者亦复如是”，这是谭的遗憾。唐生智反赵，何键反唐，谭说：“屋檐水，点点滴。”（周鳌山亲闻谭言如此）第一滴是什么时候掉下的，他比别人当然更清楚了。

谭延闿对付军人的手段甚高明，对付党人的手段尤为巧妙，分化拉拢，妙用如神。表面上他对党人卑躬折节，逢迎敷衍；骨子里鄙夷玩弄，舟中敌国。黄兴初次回湘，谭延闿多方讨好，改德润门为黄兴门，坡子街为黄兴街（二次革命失败后，改回旧名），凡与黄有关系的人，谭悉捧为伟人。社会上形成一种风气，凡是西装革履高谈阔论的，都在伟人之列。谭延闿对于这班“伟人”，目笑腹诽，而又极尽敷衍之能事。当时最爱出风头的“伟人”莫过于陈家鼎。他赴北京途中自发专电说：“船过岳州，观者如堵。”有人偷看过谭的日记，曾记有“看杀癞子”（陈癞痢头，秃发），又记某日与陈谈话，末有“此子必以吹死”一语。陈在长沙时，谭待之为上宾，礼貌周到，语言尤为亲昵，陈则认为谭为知己，对人称道不止，遇有批评谭延闿的，陈必为之辩护。

革命党人在谭延闿的权术中软化了的不少，但硬骨头也大有人在。陈荆被聘为都督府顾问，月俸 100 元（按当时生活程度，这是很高的待遇），陈荆虽穷困，而竟坚拒不受。后来陈荆讨了一个收花捐（妓女分等纳捐）的小差事，人问他何以不做顾问而收花捐，他说：“你以为都督比妓女高贵些吗？”

谭延闿的故旧中深知他的品行，不直其所为，或与割席绝交，或以语言文字讽之者，我所熟知的有胡熙寿、王运长、张冥飞3人。

胡熙寿，字谔丞，宁乡人，17岁中举，与谭为乡试同年，诗词造诣在谭上。胡出身大地主家庭，生活优裕，本性又极懒散，不慕浮名。谭刻意拉拢，胡避之若浼。胡做《国民日报》社长时，我为编辑员之一，日与周鳌山、陈翼郎、王运长诸人沉饮纵谈，他对谭的批评最为深刻。上述谭对党人手法及日记中语，都是他所谈的。

王运长是书法家，谭聘他为顾问，他撕毁聘书，投痰盂中，当众解衣溺之。

张冥飞为张有熙族子，谭任行政院长时，张流寓上海，一日袖出所作《茶陵谭先生五十寿序》骈文一篇示我，读之忍俊不禁。他把谭生平假仁假义，自私自利，一切阴柔虚伪的言行写得绘影绘声，淋漓尽致。最后几句是：“堂亦钤山，写几笔严嵩之字；老宜长乐，做一世冯道之官。”这是谭延闿历史的总结，谭见此文，不仅不生气，反而写信给孙科为张求一差事，张以此得任铁道部专员，饱食暖衣了几年以终。为此，谭党称颂“畏公风度”，说是：“宰相肚里好撑船。”多少艨艟巨舰，沉没在那无浪无底的深渊中！刚愎狭隘的胡汉民，对谭从无好感，晚年却说：“太傅谦冲是我师。”谭借谦冲以行其权术，一时确曾迷惑了不少人。

（选自全国政协文史资料研究委员会编《辛亥革命回忆录》第2集，中国文史出版社2012年6月第2版）

湖南会党与辛亥革命

陈浴新*

我在光绪二十八、二十九年（1902—1903 年）之交，得同乡李燮和的介绍，阅读了许多革命书刊。爱国思想，逐渐滋长，对于救国自强之道，初步有所认识，遂摆脱馆课文字的束缚，渐与社会进步人士接触。光绪二十九年（1903 年）暑假期间，我住在长沙黎家坡遐龄庵补习外文、数学。谭人凤时常到这里来，呼我为"小友"，为我讲述明末抗清斗争史实，并告以洪门秘密结社的内容。某次，谭对我说："革命就是造反，要把现在坐在皇帝宝座上的清鞑子翻下台去，只有洪门兄弟有这个力量。他们本来不喜欢读书人，认为戴顶子、穿官服的都是汉奸和满奴，是他们的死对头。现在他们的

* 陈浴新：时任湖南都督府参谋，后任第三战区副司令长官部办公厅主任。
新中国成立后，任湖南省人大代表，湖南省人民委员会委员兼省文物管理委员会副主任。

眼界扩大了，成见化除了，认为凡属汉族爱国的人，都应在团结之列，希望大家一同负起救亡保种的责任来。但这是绝对秘密的事情，如果泄露出去，便将招致杀身夷族之祸，不可不慎。”谭说这话，一方面是告诫我不可泄密，一方面也有试探我是否有意加入他们的组织的意思。我当时表示甚愿追随他从事革命活动。此后他又和我交谈过几次，知许渐深。我遂以“东方望”的化名，履行拜会加盟仪式。不久，谭人凤发起的岳麓山游山会，我亦得有机会参加，并领得山堂凭证。我自加入洪门以后，即在谭人凤领导下，担任对省城学生界的联络工作；到光绪三十二年（1906 年），又被付以联络军队的任务。

一　清末湖南会党活动的一般情况

湖南会党，多属洪门。洪门的组织，是在反清斗争进入秘密活动时期开始形成的；到清朝中叶和末叶，逐渐有所发展。

人民在清政府的残酷压迫、剥削下，无法生活下去，迫不得已，就拜会结盟，进行反抗。仅湘乡一县的农民，“至道光末年，纠众积六七万”①；且趁太平军势力日炽而潜与之通，“将借口钱漕，以发大难”②。这种日益兴起的农民起义，便成了会党发展的主要社会基础。

同治年间，湘军撤营以后，被撤的官兵，除一小部分由于历年在军中进行克扣和掠夺，成了官僚地主，情愿回乡享受外，大多数

①② 见彭洋中：《湘勇原流记》。

变成了游民无产者。于是相约拜盟，结为兄弟，并纷纷加入会党，把个人的生活前途寄托在“兄弟急难，亲逾骨肉”的团结互助的基础上。这些人散走各方，其中有投往西北左宗棠部继续“吃粮”的；有依附兵营、炮台、官衙、税局以及各水陆码头的湖南会馆食力糊口的；有从事肩挑负贩，小本营生的；有开设客栈、饭店及鸦片烟馆的；有包庇赌博和走私的；有集体从事垦殖和畜牧生产的；也有受雇于人为佣工以自给的。因此，会党的组织和势力就逐渐渗入中下层社会的各个方面，而且陆续扩展，远及于甘肃、新疆、西藏和东北等地。

光绪二十八年（1902 年），鄂督张之洞奏请裁撤绿营。湖南的永州镇、衡州协、长沙协先后裁撤。被裁的官兵，加入会党的不少。湘军的水师，在辛亥前后，还有选锋、飞翰、长胜、澄湘、岳沅等 16 个营，分泊湘、资、沅、澧四大水系及洞庭湖滨，其官兵也多数与会党有联系。

会党成员都是些亡命之徒，只有“义气”二字，可与之生，可与之死。他们欢喜赌博，敢于劫掠，称赌博为“文差事”，劫掠为“武差事”，劫掠的对象多为不义的豪家和贪污的官吏，严禁扰害良民。他们类皆“无文之辈”，其所口诵心维者，如会党的历史、规章、联络方法、行语等，都是靠口头秘密传授的。

会党是家长式的领导。洪门习性，尊敬大哥，唯命是从。故联络会党，只要把会首的关系拉好，问题就可迎刃而解；对于下层成员，很少有深入进行工作的。因此会首如果动摇、投机，就把会众带上了歪路，毕永年愤而削发为僧之事，即是一例。

光绪年间，湖南与长江南北各地一样，发生“仇教”事件。庚子年（1900年），全省各地的洋教士几乎全被驱逐出境，所有在衡州、湘潭、岳阳、常德、石门等处开设的教堂，悉被拆毁。同时并发生反对与外国通商的斗争；由澧州通往鄂西的电线，遭到破坏，清政府堆放于长沙水陆洲的电信器材，一夜之内，被潜运一空，不知去向。这些活动，都有会党成员积极参加。至是，湖南会党的活动，就在“仇洋排外”的共同的政治基础上逐渐与人民各阶层结合起来了。到光绪末年华兴会、同盟会相继成立后，即进而与革命党相结合，致力于革命“排满”的斗争。

二　湖南会党与革命党取得联系后的活动

光绪二十五年（1899年）冬，孙中山先生派史坚如、毕永年潜回内地，访问会党各首领。次年，哥老会首毕永年、李云彪等，三合会首黄明堂等，兴中会首郑士良等会于香港，歃血为盟组织兴汉会，推中山先生为总会长。从此海内外洪门沟通一气。但是湖南地区的会党，还是山堂林立，各树一帜，行动既不协同，力量亦不集中。当时对于联络会党最积极的无过于谭人凤。谭字石屏，新化县人，13岁作秀才，爱读船山遗书，16岁参加洪门组织，开始致力于种族革命事业，在乡有“托塔天王”之称。他每年附宝庆煤船往返武汉、长沙、宝庆一带，联络、组织会党。采煤、运煤的工人就成了他发展会党的对象，并逐渐成了他所拥有的基本力量。长江流域的会党无不知有“谭胡子”其人的。谭认为湖南会党要紧密联系，统一行动，才能配合海内外洪门共图大举，乃于光绪三十年（1904年）邀约湖南会党各山堂的负责人于重九节齐集长沙举行游山会，以期通过会议，把名义、规章和行动统一起来。届期派代表出席的有浏阳的征义、树义、忠义、普兴各堂，湘阴的公义、仁义、先胜、豪杰、复明各堂，宁乡的复祖堂，醴陵的富国、四海、文星、忠义各堂，邵阳的运会、报国各堂及义和军，安化的黄汉会，新化的乌龙会、百旗山，巴陵的兰谱会，宜章、蓝山的三合会，常德的至孝、治国、替天、忠义各堂，永顺彭盖南部，桑植李晖部，石门陈绪儒部，沅陵、溆浦、辰溪袁高连部，益阳刘道美部，武冈罗玉堂、任北海部，衡山贺见教部和刘集厚部，宁远杨得清部，郴州李能通部，资兴黄蒲宰部，湘乡曾广八部等；在省城的革命人士邹代藩、李燮和等也应邀参加了。这天，大家在长沙河西岳麓山的后山云盖寺集合后，直上山巅，席地而坐。登山途径，由会党层层设哨警戒，任何“玲珑马子”（间谍之类）不易闯入。谭人凤喟然叹曰：“黄冠草履之民，谁无尊亲之血气；四海九州之内，何非故国之山河！”与会者莫不同仇敌忾，意气激昂。旋由邹代藩讲演朱元璋反元斗争和明朝被清灭亡的史实以及现代中国的民族危机,并举出民族英雄的可歌可泣的革命事例，最后勖勉所有洪门兄弟，把兴汉灭满的事业担当起来。李燮和把他在杭州参加龙华会的经过向大家作了报告。至此，谭人凤手提扑满，内装制钱，激昂慷慨地说：“现在我们的山堂名义太多了，若不把名称、规章、行动统一起来，必然会被敌人如同吃肉一般一块一块地吞咽下去。我们现在规定湖南所有的会党，统一称为岳麓山道义堂（后改为联合山堂）。我今提出八个字的口号，请各位牢牢记住；并请转告所有龙兄虎弟，一齐记住。这八个字就是：‘同心扑满，当面算清’。”说毕，将扑满往地上一掷，砰然一声，扑满粉碎，钱散满地。与会者皆起立欢呼，齐声喊道：“谨遵帅令！”最后谭人凤对大家说：“各自珍重，以后另有‘上福’（即书信）。”随即发给山堂凭证，散会。至是，湖南的会党才形成一个统一的组织。山堂凭证，质用白布，如下图：

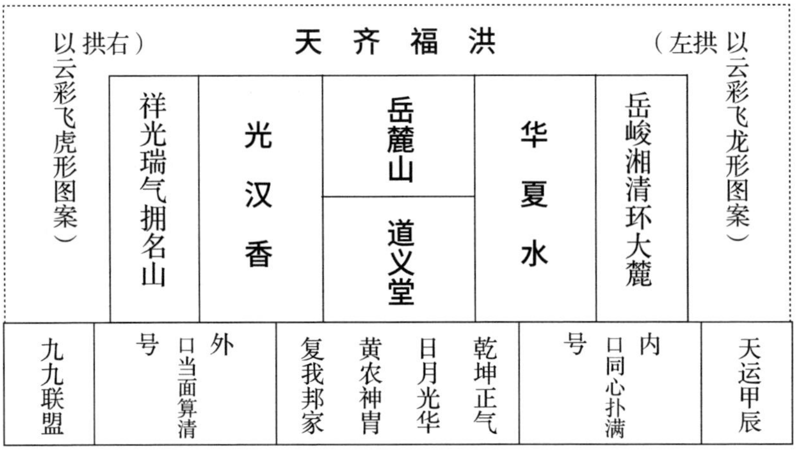

就在岳麓山游山会举行之后几天，黄兴、谭人凤、刘揆一等30余人在长沙组织华兴会。为了避免当局的注意，成立会于九月十六日借庆祝黄兴30岁生日举行。当推黄兴为会长；决定团结全湘革命志士，并进一步联络会党，统一革命“排满”的行动；最重要的是发动青年有为的同志，积极投军，不问新军、旧军，都要渗入。当讨论这个问题的时候，陈天华认为会党只能利用作为偏师，起义的主力军应该有一支堂堂正正的武装，可在中等社会中筹资金、购军械，成立这样一支武装。谭人凤认为对会党加以改进，就其原有组织因势利导，未尝不可成为劲旅；况且会党兄弟投军的已不在少数，于会党规条之外，又加上了军队纪律，是一支很好的革命力量。黄兴则认为应当深入会党基层进行工作，一方面坚强其领导，使之化畸为正；另一方面发动会党青年踊跃投军。最后大家同意黄兴的意见，以之作为决策。以后就照这个决策实行。

华兴会成立后，外与光复会、兴中会等革命组织，内与湖南的会党，都取得了进一步的联系。华兴会的负责人如谭人凤、刘揆一等，本来就是会党领袖或同会党有密切联系的人物，他们在革命党和会党之间，起了重要的桥梁作用。当时负责联络长沙、湘潭、醴陵、浏阳、萍乡一带会党的是刘揆一。刘的父亲和同族刘大贵、刘大满在湘潭县衙当差,平日对会党首领马福益的活动暗中颇多关照，刘本人又当了醴陵渌江高等小学堂的监督，这就为他联络会党的工作提供了许多便利。由于刘揆一的介绍，黄兴与马福益曾会于湘潭县之茶园铺，共商起义大事。这是会党与革命党发生进一步联系的一个重要标志。

光绪三十一年（1905 年）8 月，华兴会与兴中会、光复会合并，成立同盟会于日本东京。从此湖南的会党便又与同盟会挂上了钩，在革命的行动中接受同盟会的统一领导。

光绪三十三年（1907 年）秋，国内的一部分同盟会员联合起来，并吸收一些非同盟会员，组织共进会。焦达峰、杨任、刘崧衡、陈作新等为湖南地区的负责人。湖南的会党和各种革命力量，便在共进会的旗帜下冶为一炉了。

湖南会党与革命党的关系的沟通和发展过程，大致就是如此。

会党与革命党结合以后，活动就更积极，组织也得到进一步的发展，其中最重大的事件，就是萍浏醴的起义。

先是华兴会计划于光绪三十年（1904 年）十月西太后那拉氏 70 生日那天，在长沙发动起义；并已约定马福益等会党首领在长沙附近及岳州、衡州、宝庆、常德等地同时行动。事泄，华兴会员和会党成员被捕者甚多，黄兴脱险，离湘赴沪，马福益逃往广西。翌年，马又回到湖南，图谋再举，在醴陵、萍乡交界处之江口被清吏捕获，三月在长沙就义，时年40岁。

马福益死后，萍浏醴一带的会众就一直酝酿着为马复仇。光绪三十二年（1906年）全国各地遭受水旱灾害，民食艰难，人心惶惶。春夏之交，萍浏醴地区洪水成灾，人民疾苦；安源煤矿工人又因米贵减工，生活无着；而官绅依然横征暴敛，榨取无餍。当时三县接壤地区，已喊出了“杀鞑子”“官逼民反”、“挖富济贫”等口号。至是酝酿已久的起义就爆发了。

这次起义是部分革命党人和会党共同策划和组织的，主要的领导人是会党首领龚春台。在起义发动以前，三县会党已经积聚了相当的力量，以龚春台、萧克昌（马福益死后，所部奉萧为领袖）、李金奇（也是会党首领）为核心，并有参加过富有票的姜守旦的一部加入，都用联合山堂所制发的山堂凭证为标帜。因凭证的上方横写有“洪福齐天”4字，故亦有称他们为“洪福齐天党”的。萍乡县属的安源、青山峰、峡山口、风峤等处合官办、民办共有18个采矿公司，矿工人数众多，大半已加入会党。自萍乡上栗市至浏阳金刚头以及醴陵的富里、白兔潭、潼塘、仙石、麻石一带的人民多以制造鞭炮为业，制造黑色火药用的硝、磺、杉炭等原料丰富，不论男女老少，都娴于配制火药的技术。这些条件，也为起义提供了许多便利。

会党各首领原来计划在农历年底官衙封印后起事，以萍乡安源矿区为根据地，一路经浏阳往西进窥长沙，一路经万载东出瑞州、南昌直达长江；并推张桓、焦达峰分向巡防营、新军及各地革命组织进行联络；同时报告同盟会总部请求接济械弹。（会党当时所掌握的兵器仅为旧式火炮和刀枪之类及龚春台在上栗市所缴获的团防局的快枪 18 支）。讵料三县联防团队得到消息，先发制人，直捣麻石，总指挥部被抄，李金奇被追至白兔潭跳河而死。会众大愤，迫不及待。醴陵会首廖淑保首率所部 2000 多人于十月十九日攻占麻石，竖大汉白旗，宣布起义。各路会首公推龚春台为都督，蔡绍南、魏宗铨分负补给及文书责任，传檄远近，一同举兵。当地煤矿工人和农民及手工业者，纷纷响应。参加起义的人共计约在 3 万上下。清廷倾江苏、湖北、江西、湖南等省兵力分进合击，经过两个多月，才把这次起义暂时镇压下去。这次起义中，群众纪律严明，清朝两江总督端方在奏折中也承认“当匪盘踞各地，并未肆行劫掠，所至只索军械、粮食、白布等项”。

在战斗中，清军卤获了不少起义群众所发布的义正词严的檄文和公告。有一个公告简明有力地写着：“特为祖宗雪耻，总期一德一心，今日天心属我，体天伐罪吊民。大军堂堂正正，同胞不必震惊。江山一统归汉，共保黄帝子孙。”这些文告，对清军和当地群众，起了很大的宣传作用。

这次起义虽被暂时镇压下去，人民对清朝政府的仇恨却更加强烈；会党则化整为零，待机再起。

三　会党在辛亥革命中所起的作用

会党在辛亥首义当中，没有独树旗帜，另组军队，而是在同盟会的统一领导下参与首义的。当时革命党人把起义准备工作的重点放在策动军队（包括新军和巡防营）上面。会党直接参加了这方面的工作，起了相当大的作用。革命党把联络军队的主要责任交给了焦达峰。焦达峰究竟是怎样一个人？我想就自己所知道的简单地介绍一下：

焦达峰出生于浏阳，光绪二十九年（1903 年）才 18 岁，在长沙东文讲习所肄业，受了革命的熏陶，开始倾向革命，为黄兴所物色，团结在华兴会的外围。东文讲习所停办后，到新军第一标当备补兵。不久，去日本入东亚铁道学校，学习铁道管理业务的爆破技术。其时，同在日本学铁路的湖南人，包括在东亚铁道学校和岩仓铁道学校的共有 70 人左右。焦达峰发起组织“湘路警钟社”，出刊《湘路警钟》杂志，发表了许多保路救亡的文章，如《敬告湘父老书》《敬告吾湘同胞拒债集股书》《问张相（张之洞）》《湘路纪实》等，与湖南会党及革命组织的行动遥相呼应，颇受清廷注意。达峰早先已加入会党，并且在会党中有相当的地位。他的原籍出产有名的浏阳爆竹，畅销于国内外，承销客商，经常往来各地。这就给焦达峰联络会党和筹措活动经费以许多的方便。

当萍浏醴地区会党起义时，焦达峰已由日本回国，遵照黄兴的指示，在于做“重整会党、联络新军”的工作，不在于急于发动，曾赶往参加会议，随又东行请示。

焦达峰在宣统年间，曾组织会党成员，分段承包由长沙至易家湾段铁路的接轨工程，利用这个公开的组合，在杨任等人的帮助下，对成员进行了革命训练和组织工作。焦为掩护其身份，经常赤足草鞋，青衣短裤，手持雨伞，出入于体育社所在地的贾太傅祠。权绅们以为他是一个乡巴佬或修筑铁路的工头，对他未加注意。这些修筑铁路的工人（多为会党成员）受了焦的教育，有了一些政治觉悟，后来很多人投入了革命军队。

焦达峰为人勇敢，但非常谨慎，绝不鲁莽，从他领导会党和联络新军的工作中都可以看得出来。突出的例子如宣统二年（1910年）三月初三日，长沙因米价高涨，湘抚岑春煊和巡警道赖承裕包庇米商、镇压贫民所激起的抢米风潮，焦达峰在处理这件事情上表现出极其慎重和高度的策略性。事变之初，焦达峰和杨任认为可以发动会党参加，以图大举；嗣经详细研究，决定以不轻于插手为宜。所以在这次风潮中，会党并无行动表现；否则将反为权绅提供借口，必受“焚毁学堂”“破坏教育”的诬蔑和唾骂了。当风潮将起时，我因目疾由武昌陆军第三中学休学回湘，住在思贤讲舍东边曾国藩祠的一所房屋里。上边住有两个政客式的和尚——光明和尚和宝生和尚。他们经常与权绅往来，洞悉官绅的情况。焦、杨也时常和他们来往，借以了解官绅的动向。风潮发生后，焦、杨等研究会党应否参加就是在这里进行的。所以我知道得很清楚。

我从光绪三十二年（1906年）冬天起，被派担任联络军队的任务，与焦达峰一起工作过一段时间。亲见焦达峰对这一工作按照会党的传统方式去做，极尽秘密之能事，达到了“相喻无言”的境地。我们采用多方渗透和个别联系的方法，很少集体开会，使敌人无从察觉。因此，这一工作在新军和巡防营中进行得比较顺利，而且成效显著。

由于革命党人进行工作的结果，到辛亥革命前夕，在新军和巡防营内部，已经积聚了相当强大的革命力量。现在把我所知道的当时军队中的一些情况叙述如下：

新军第四十九标第三营管带卿汉藩，新化人，受了谭人凤的熏陶，倾向革命。该营督队官梁宪屏，安化人，与我有乡谊，我时常在该营往来联络，结识了不少的人，其中以新化、安化、桃源、沅陵、湘乡等县籍的为多，皆许为“自家人”。第二营管带杨策（号秉书）醴陵人，光绪三十一年（1905 年）春在醴陵加入华兴会，并曾在湘赣粤边区扩大组织。该营官兵后来加入同盟会的不少，如左队正目安定超就是其中的一个。宣统二年（1910 年）冬，杨策病故后，继任二营管带之王正宇（王以前，曾由陈强继任了一个短时期）也是同盟会会员。该营倾向革命的人数多，辛亥起义有首先发动之功，是与杨策生前在该营所作的一些革命工作分不开的。

马队排长刘文锦于宣统二年（1910 年）冬受谭人凤之命，负有对新军联络的责任，做了许多工作，建立了不少的关系。次年夏天刘因在天心阁召集开会被清方发觉去职。

驻省城的巡防营统带赵春霆、刘玉堂、李生盛、李培芝，哨官陈振鹏、周梅忠，副哨徐鸿宾等和抚标卫队，也都策动好了，可望在起义时响应。赵春霆部曾驻醴陵达五六年之久，已与会党互通声气，赵本人受了革命党人的感召，曾表示其倾向革命的诚意。徐鸿宾系会党成员，早已与革命党发生关系，并负有联络巡防营的任务。徐后来率部随王隆中援鄂，编为敢死队，壮烈牺牲。

当时革命党人在新军和巡防营中散发的宣传刊物甚多，以《猛回头》《警世钟》两种流传最广，有些人把它当作湘剧的南路、北路来唱。弟兄们还自己编写了一些仇满保种、歌颂岳飞抗金、史可法抗清之类的弹词唱本。

新军每队有号兵二名，多数是会党成员，会党给了他们“红旗老六”的位次，使担任通讯联络的任务。不久，巡防营也取消了传统的号筒、更鼓和醒炮，而代之以新军所用的军号。这就给会党开辟了一条打入巡防营的路线。号兵在每天清晨天未亮时，照例应在营地附近高地练习号音。会党和革命党人事先与号兵及新军中的同志们约好，到了将要起义的时候，号兵在练习号音时连续吹奏号谱中的预备号，不夹杂其他号音，新军中的同志即迅速进入准备状态，等候紧急集合，发动起义。

新军中的炊事兵，几乎全是湘乡人，有许多人加入了会党，有的人在会党中的地位甚高。他们在军营中的历练已非一日，既熟悉军营中的一套制度和作风，又能广泛联系营外的会党成员。他们和号兵平日出入营门都不受限制，是会党与新军之间的一条重要的联络线索。

巡防营的旧制，哨官只带兵而无教练之责，教习只教操而无带兵之权。后来忽然改变制度，合而为一。原来的哨官，多半都是同统领、管带有亲属或乡谊关系的人，不懂操法的居多，必须在新军中物色一批技术熟练的弁目，充当"靠把"（靠把是湘剧中文武老生的称号），月给饷银8—10两，使之担任教操。这样一来，巡防营与新军之间的畛域之见遂得化除，关系渐臻密切。这也为革命工作提供了一个有利的条件。

当时，长沙的城防綦严，军火很难运进。革命党人想了些办法，陆续运进了相当数量的军火。有一次，革命党人丁洪海，穿着翎顶官服，乘四人轿，乔装清吏，抵城门时，随从出手版，以出差公竣回省告，城尉向丁折足为礼，恭恭敬敬请他进城，丁就夹带着一批军火平安地进了城。又一次，革命党人向德商购得大批曲尺手枪，除分给党人藏于长衫之内带进几支外，在福音堂购办了一批洋装的《新旧约全书》挖空书心，把手枪装在里面，也就安然地整批运进城了。

武昌首义的消息传到湖南，湖南的革命党人就积极准备发难。会闻湖南巡防营统领黄忠浩有候巡防营调集，即大捕党人而尽杀之的计划，革命党人以时机迫不及待，便争取先发制人。九月一日拂晓，在号兵连续吹奏预备号之后，新军第四十九标正目安定超在营地操场发紧急集合哨，全体兵员立即武装集合。安定超大呼："弟兄们！今日之事，我不动手，人必杀我。现在我们就分兵两路进城，树立大汉旗帜；有进无退，逆我者死。大家都要听领队指挥。"于是陈作新率第四十九标第二营后队、第五十标之一部及马队、辎重队由北门入城，毫无阻碍地占领了荷花池军械局；焦达峰率第四十九标第二营前、左、右三队及炮兵营、工程营由小吴门入城，直趋抚院。当起义部队达到小吴门的时候，城门已经关闭，但城上的守兵没有抗拒的表现；守城的副哨徐鸿宾在城楼望见焦达峰领先，立即开城迎入，并亲自向导向抚院前进。至又一村，恰遇黄忠浩自营务处出门，新军并不认识黄忠浩，徐鸿宾就趋前向黄屈膝请安，这乃是向新军暗示：这是一位巡防营的大员。黄的护弁杨 诠松（会党成员）则大呼："黄军门在此，休得无礼！"这乃是对新军暗示：这就是黄忠浩。炮兵营正目李金山立即将黄揪住，军士吆喝拥上，将他扭至小吴门城上杀了。由此可见革命党和会党的力量已经打入了黄忠浩的心脏。新军既入城，湘抚余诚格闻讯即从后垣穴墙而逃；湘臬（台）周儒臣、巡警道桂龄也都先跑掉了；其他官吏或逃或降，未发一弹，事乃大定。满街汉帜飘扬，市民欢欣鼓舞。各方面的代表齐集谘议局开会，公推焦达峰为湖南都督，陈作新为副都督。焦达峰在谘议局就职时，宣布以新军第五十标标统余钦翼为第一镇统制，巡防营统带赵春霆为第二镇统制，借以加强新军与巡防营之间的团结（谘议局开会，首先由文斐报告起义经过，我当时在座。关于新军的发动、进城、杀黄等事实，人言言殊。这里所述，主要是根据文斐的报告）。

从上述事实中，不难看出会党对于辛亥革命确曾贡献过一份力量和起了一定的作用。谭人凤在《社团改进会意见书》中写道："革命（辛亥革命）之成，实种因于200余年前之洪门会党""在运动之初，惟洪门兄弟能守秘密；发动之后，亦惟洪门兄弟能听指挥""人无论远近，事不计险夷，人人奋勇，个个当先，卒有武昌起义，各省响应，不数月而共和告成；军队之功，实亦洪门兄弟之力也。"这些赞许，并不是什么过分夸张之词。

四 革命党和会党同立宪派及权绅的斗争和焦、陈的被害

光绪末年，湖南的权绅和立宪派的势力相当强大；他们一贯勾结清朝官吏死硬地与革命党人及会党为敌；到宣统年间，更为嚣张。宣统三年（1911年），湖南的立宪派和权绅们组织了辛亥俱乐部湖南支部、宪友会湖南支部、湖南地方自治进行会和湘路协赞会等团体，以团结扩大他们的力量。

辛亥首义前夕，湖南的权绅们眼见清朝大势已去，无可挽回，不得不筹划应变之策。他们看中了立宪派首领、谘议局局长谭延闿，把希望寄托在谭的身上，一切行动，唯谭的马首是瞻。谭延闿就和他的党徒散布"文明革命与草窃异，当与巨家世族、军界长官同心协力而后可"的论调，企图使革命党人按照他们的意志行事，并以这种左右逢源的姿态来提高自己的声望和地位。权绅们对于谭的这

个主张和计谋，甚为欣赏，咸表赞同。只有一个曹典球（时任实业学堂监督兼湖南教育会常务干事），因揣摩黄忠浩想做曾国藩第二（黄忠浩兼湖南教育会长），他自己就窃比于罗泽南，上书湘抚余诚格，“请率湖湘子弟以平鄂乱”。全文披露于《长沙日报》。仅隔两天，省城“光复”，他只得暂时避开。不久，因见其伙伴仍多在台上，又投机而起，投入谭延闿门下。还有一个曾经反对公葬陈、姚二烈士于岳麓山的权绅俞诰庆，日夜为谭延闿划策，谭倚之如左右手。

谭延闿当时既拥有一定的政治资本，同时在军事上还暗藏有一笔本钱，即后路巡防营统领张其锽驻湘南的 13 个营。这支部队是提督张庆云的旧部，其下设两个分统，一个分统是聂磊，系前任苏抚聂缉槼之子，他的部队装备全系德造步枪，并有机枪 8 挺、山炮 6 门；另一个分统任定元，久任广西边防，其锽盛称其能，士兵湘桂籍参半。张其闿号子武，桂林人，与谭延闿为同榜进士，友谊极厚，故谭倚为支柱。

湖南“光复”后，以谭延闿为首的立宪派和权绅们即阴谋从革命党人手中夺取政权。第一步是将谘议局改为临时参议院，谭延闿取得了参议院院长的地位，制订出一个别开生面的参议院规则，企图把一切军政大权都掌握在参议院手里，使都督成为一个毫无实权的傀儡。由于革命党人的反对，这个阴谋没有能够全部实现。

谭延闿又与权绅们紧密结合，形成一个有力的集团，自称“朔党”（以其成员皆为“参加”九月初一日起义之人，故用此名），采取偷天换日的手段，积极安排人事，以图进一步篡夺革命的果实。首先安排黄锳为盐政处长，黄忠绩为矿政局长，陈炳焕为财政司长（黄锳是曾国藩所辖东征饷捐局总办黄冕的孙子，祖传父教，长于搜刮；

黄忠绩是黄忠浩之弟；陈炳焕与谭关系更深，炳焕60岁生日，谭寿之以联，尝自称通家子。）军事方面，则以危道丰组设参谋本部，掌握全省的军事指挥权；复派唐继藩与张其锽秘密联络。张曾微服至长沙与谭密谈，随即返防，有所部署。焦达峰关心这些人的动态，拟派刘崧衡赴湘南联络、了解情况，谭延闿力阻其行。这时驻在益阳、宁乡的梅馨所部挥师回省，梅与谭晤谈甚密，盖已准备实行军事政变，夺取革命政权。焦达峰对此微有警觉，但没有能够采取坚决的态度，而企图以退让、抚慰来稳定局势，乃于初四日先后发出公告两道：

其一：

照得此次收复省城，增光汉族，全仗我军人血诚仗义，不惮艰辛，成此义举。所有出力人员，自应从优奖励。无如草创伊始，诸事多未摒挡，深恐升赏未周，不无遗漏。合行通知各官长迅即通传本部士兵，当众缮具清册，将功绩详细载明，即行呈报，以便按名升赏。各军连日分驻城厢内外，淋雨泥泞，艰苦异常，本都督实深抱歉！仰暂各归本部，听候行赏，以严纪律，而重军情。

其二：

湖南仓卒独立，军国大事未定。本都督虽经推定，现各部组织已成，应行正式投票，选举贤能，以重民权，而符共和国体制。已交参议院通过，拟定办法，即日举行。为此通谕军民人等知之。

第一道公告发出后，军心顿安，皆大欢喜。第二道公告，不啻对谭延闿当头一棒，弄得他反而忸怩作态，向焦达峰说了很多好听的话。

初五日深夜，谭人凤由鄂抵湘，住宿都督府。他听了焦达峰的汇报之后，指着在座的文斐、曾杰说："你们得了一个参议员，就受宠若惊，把革命廉价出卖了。"接着又对大家说："现在立宪派又要搞假民主借尸还魂了，你们必须注意。"随问援鄂部队何日出发。焦告以已经编成两协，王隆中任第一协协统，刘玉堂任第二协协统，部队大部已集中岳州，明日举行誓师典礼，后日出发。谭人凤说："我这次带回陆军第三中学湘籍学生多人，枪支、弹药若干，拟编练一支有力的革命部队，作为后劲。"焦等闻之，喜形于色。后来谭人凤带回的械弹，竟为谭延闿夺去；陆军同学亦多愤然离湘。

初六日，我随同谭人凤参加誓师典礼，人凤当场写了4句韵语，作为阵前军歌："湖南子弟善攻取，手执钢刀九十九，电扫中原定北京，杀尽胡人方罢手。"他还作了解释说："革字九笔，党字十九笔，这句话，本来是谶讳家的预言，却应在我们革命党身上。"

初七、初八两日，王、刘两协后续部队陆续出发。满街燃放鞭炮，市民夹道欢呼，谭人凤和焦、陈两督一直送到轮船码头。旋即会商续派第二批援鄂军队，拟由焦、陈两都督亲自统率出征，以践初四日公告的诺言。并决定从初九日起点验新募的部队。因为立宪派曾散布谰言，说什么"城中庙宇、公所、客栈，无不高悬招兵旗帜，车轿担役、流氓乞丐率皆投营当兵"。以此对焦达峰都督大肆攻讦，革命党人也应该查个究竟，以塞其口。点验组由都督府、参议院、参谋本部遴员组成。我和周震鳞同组，第一日点验了驻在顺星桥、曾子庙的龚春台部，花名箕斗册一应俱全，士兵体质强健，人数不过千余。我所看到的龚春台，是一个恂恂书生，语言朴素，对这位当年萍浏醴起义的会党首领，至今留有深刻印象。该部后来由黄兴给予义勇队的名义，调往南京，编为陆军部及以后留守府的警卫部队。次日（初十），再往金盆岭点验部队。这支部队，是从修筑铁路的工人中招募来的，其中会党成员居多，曾受过焦达峰的革命教育，是一支可靠的革命力量，人数约有 3000 左右；后来也由黄兴调赴南京担任卫戍任务。

援鄂军刚刚出发，谭延闿竟于初十日嗾使新军第五十标二营管带梅馨，派其队官吴家铨以索饷为名，率队到都督府，将都督焦达峰刺杀；另派队官袁富荣率队趋北门，截杀副都督陈作新于古吊桥。焦、陈既死，谭延闿遂篡夺了都督的位置。事后，谭延闿像猫哭老鼠般地为焦、陈举行追悼会。谭人凤挽以联云：“生为革命，死为革命，旬日感沧桑，古之良史今何在！？成亦英雄，败亦英雄，垂老嗟麟凤，人皆欲杀我怜才。”

到了这时，谭人凤才把他保留的小辫子剪掉，很伤感地对我说：“我之留此，原为再往北方作些工作。现在事情搞到这个样子，决定明天就走，死到援鄂前线去。”由于谭延闿看中了谭石老的作用，意欲仰仗他的力量，和缓革命党人的情绪，对他敬礼有加，恳切挽留，以致耽搁行程，直到汉阳战事进入紧张阶段，才离湘赴鄂。此时谭延闿的都督交椅已经坐稳，也就乐得让他走了。

五 辛亥革命以后会党变化情况

会党在辛亥以前的反清斗争中和辛亥首义的过程中，表现了坚贞不屈的爱国精神和英勇顽强的斗争意志，对革命起了积极的作用。

但是会党进行反清“排满”活动，是从单纯的种族革命观念和狭隘的复仇情绪出发的，没有正确的政治方向和完整的政治纲领（当时也没有一个坚强的、正确的革命政党来领导他们）。他们的思想很不健康，行动相当幼稚。如萍浏醴地区起义时，在会党的心目中，只有一个“烂”字，烂得越大越好；至于烂了以后怎么办，他们是没有考虑的；对于他们个人来说，烂到最后，不过杀掉脑袋，也只是碗大一个疤而已。由于缺乏正确的思想指导，所以到了辛亥革命胜利以后，他们中间就有很多的人走上了歪路，逐渐蜕化变质。在长沙起义以后的一个短时间内，进出都督府（焦达峰任内）的人，车水马龙，熙熙攘攘，吃大锅饭，要求安置，都督忙于应接，几至无暇治事。他们以为起义成功，就百事大吉了，根本没有想到如何巩固革命成果和进行建设的问题。衡阳以南各属会党更是风起云涌，得意洋洋，认为“焦大哥作了都督，今天是我们洪门的天下了”。他们就是这样庸俗地看待革命的。因此各地的流氓、痞棍就乘机假冒会党之名，破坏社会秩序，为人诟病。原来洪门规例，禁止衙门皂快捕班的子弟参加会党，因为他们身家不清，恐其泄漏机密，招致祸殃，警惕性不为不高，对发展对象的选择不为不慎。但后来，会众“品流混杂，教育阙如，驯至大背初旨，作汉奸、卖同党者有之，甚有揭‘扶清’之旗号者，而自降于‘安清帮’之列”（谭人凤《社团改进会意见书》）。

会党中多数的上中层人物，在辛亥革命后，变成了官僚地主，压迫剥削人民，独霸一方；并且擅立山堂，招收党众，借神道和会规之约束，使供其驱役，以此来维持他们个人的非法利益。

另一方面，由于辛亥革命后，谭延闿篡夺了湖南都督，与权绅、军阀勾结，对新军起义人员和会党成员大肆屠杀，会党成员迫不得已，就从事于“拖枪”活动（“拖枪”亦称“拖杆子”，就是携枪上山当匪，在湘西习称为“队伍客”）。在会党成员看来，只要有枪杆子作资本，不怕官府不给我们送上“支队长”或“司令”的名义来；至于饷项，有给固然很好，没有也不要紧，世界上总饿不死一个拖枪杆子的人的。官府虽然给了他们名义，他们还是受编不受调的。“队伍客”既多起来，权绅地主方面，也就相应地建立或加强自己的武装，与之作对。久之，地主权绅的武装渐与“队伍客”暗通声气，于是他们又改变策略，和“队伍客”妥协，互相勾结，融为一体。从此匪就是绅，绅就是匪，危害人民，更加严重。从辛亥革命后至新中国成立前，湘西一带，土匪如麻，长期不能肃清，追溯其源，这笔账不能不写在谭延闿头上。

上述会党本身存在的缺点和在辛亥革命以后开始走上歪路，逐步变质的事实，谭人凤当时已经看到。在长沙“光复”后不久，他就草拟了《社团改进会意见书》和《章程》及《会员守则》等几个文件，企图首先在湖南实行。刚刚在理问街挂上一块筹备会的牌子，革命党人柳聘农家中便挨了一颗炸弹。立宪派和权绅们大起其哄，说：“会匪闹进城来了！”准备大举清乡，实行屠杀。谭人凤只好宣布作罢。此后湖南会党就如脱缰之马，狂奔乱窜，与军阀、权绅的命运联在一起，同其终始。

（选自全国政协文史资料委员会编《中华文史资料文库》第1卷，中国文史出版社1996年4月第1版）

湖南反正追记

粟戡时*

弁　言

予性鲁钝，不善作文，又懒甚，不好做文章。故朋友之间，除数句口信外，殆无见予笔墨者；佛家所谓文字障，庶几免焉。近日偶与人谈辛亥湖南反正经过，听者惊异，觉其津津有味，请予纪录成文，以备后贤酒后茶余谈资。予以事体重大，头绪纷繁，口谈则易，笔记则难；且老眼昏花，不能作字，婉辞却之。第四孙翼礽在旁，自告奋勇，请予详细说明，代为笔录，完毕，再由予校阅，予笑允之。然当日事情复杂，各自秘密，不相闻问，予所知者，仅一小部

* 粟戡时：时任湖南都督府外交司司长，后任湖南督军府特派交涉员兼长沙关监督，长沙群治大学校长。

分而已。今事隔30余年，当时纵合之迹，鲜有能言者。盖力行者不愿多言，而贪冒者自以为是。袁世凯设稽勋局，派人来湘征求事实，在事诸人，无肯执笔。谭都督谓左学谦：尔辈既为之，而不能言之，何以故？左谓功罪未明，是非未定，言之恐增嫌怨。今则时过境迁，特就经历者信口述其大概，使人知我辈无所希冀、爱憎于其间，聊备关心文献者之采择而已。至于触犯忌讳，或与时贤记载冲突与否，均不暇计及。其有记忆不清，或名字籍贯遗忘者，均付阙如，阅者见谅。爰于校阅之时，删繁补漏，俾克成篇，亦未分立章节，盖口述之时，无暇次第也。属草既定，乃请当日都督府秘书长吾师黄俊（字黄山，长沙人）先生鉴订，又请当日同事左学谦、黄翼球两君校阅，谬承多所补正，实所感谢。其他同志，未及遍请校阅，遗漏良多，心甚歉悚。惟叙事但求真实，下笔不敢违心，与雌黄信口欺世盗名者，当然有别。爰弁数言于首以志颠末。

湘人性素好动，尤饶侠气，平时毫无异人之处，一遇压抑，则图抵抗，每以生命为孤注。数人相聚，好谈故实。忆予幼时，闻父老闲谈满人入关杀戮之惨，与对洪承畴之诱降，及金之俊之十不降条件（即男降女不降，生降死不降，儒降而僧道不降，官降而皂隶不降，城市降而乡村不降）等等，心极赞佩，而恶满人之心，不禁油然而起，然为古人忠君爱国之说所囿，又不敢存反对之心。及读书识字后，阅《扬州十日记》《嘉定屠城记》等，于是报仇之念，渐不可遏。自甲午中日战争，清军为日本所败，国势日蹙，国人密谋改革。

戊戌春，梁启超、皮鹿门、熊希龄等，在长沙设南学会，提倡新学。未几，发生政变，清光绪帝被慈禧太后所囚，酿成庚子拳匪之乱，而有八国联军入京之祸。湘人鉴于亡国灭种之惨祸即在目前，群思起而救国。于是留学日本者颇多，受孙总理之领导，及欧美民主潮流之影响，从事革命者甚众。而国内复得章炳麟（字太炎，浙江余杭人）、黄兴（字克强，长沙人）、陈天华（新化人）之宣扬，《黄帝魂》及《警世钟》等书之传播激励，同盟会之《民报》《复报》，及梁启超所编《清议报》等杂志之鼓吹，社会图谋革命之潮流，乃与日俱盛。

清帝宣统即位，川汉、粤汉铁路借款问题重起，更促进川、鄂、湘人积极从事，实为全国革命之最新导火线。盖粤汉路经粤、鄂两省极短，均不过二三百华里，独直贯湘境自南至北达 900 余里，故湘境路线最长。4 省之中，粤省最富，川鄂次之，独湘省最贫。粤人在朝权贵，较 3 省为多，政府与有默契，遂允粤路民办，粤人无言。而将湘、鄂、川 3 省铁路，名义上收归国有，实则仍以抵借外债，故 3 省人民，群起反对。先是庚子拳匪之乱，围攻各国使馆，杀毙德国公使，及日本书记官，而招八国联军入京之辱。《辛丑和约》成立，除赔偿各国兵费本息银 900 万两外，又派遣首相李鸿章（字少荃，安徽合肥人）赴日本及欧美各国道歉。各国均以普通使节待之，独比利时国王待遇特别优渥，李甚高兴，遂以粤汉铁路建筑权让与比国承修。比因财力关系，向美募款，而建筑权利，遂暗移美人之手。期满，而美亦仅修成粤境三水至佛山支线 90 里，其余均未动工，国人遂倡收回自办之议。其后路虽收回，然已付代价银 700 余万两。唯是 3 省财政及社会经济，均不发达；粤虽富庶，然只闻集会筹款，不闻开工，川亦相同。鄂则既须修粤汉，又须修川汉，而川汉工程艰巨，需款尤多，更无动工消息。独最称贫瘠之湘省，因人民之热忱，绅商之努力，不独已修成长沙至株洲一段之 120 余里，可与萍株支线接轨，且已筹得盐斤加价股，田租累进股，及三佛支线余利等的款，年约 500 余万元。

以当年造路价格估计，约须 4 年乃至 5 年可成。时清廷邮传部尚书为徐世昌（东海人），嫌其缓慢，其左右遂力主借款修筑。湘人鉴于昔年美人贷款之覆辙，及金价日涨，借金还金，将来偿还损失必极重大，主张借银还银，以求减少损失。然决不能为金本位国家所认许，于是极力反对借款，认为借款即是卖路，群请湖南谘议局力争。其时谘议局议长为谭延闿（字组庵，茶陵人），副议长陈炳焕（字树藩，湘阴人）及予二人，比由谘议局推陈炳焕、曾继辉（字月川，新化人）、石秉钧（字公溥，邵阳人）及予 4 人进京请愿，与徐世昌及侍郎汪大燮（字伯庚，浙江人）等接洽停止借款。然口头表示虽甚圆满，结果仅得一油滑之批，湘人大为不满，时宣统二年夏月也。及盛宣怀（字荇生，苏州人）继任邮传部尚书，渠向以善借外款著名，主张借款尤力。

宣统三年夏月，湘谘议局复推议员左学谦（字益斋，长沙人）、周广询（湘乡人）为代表，再往请愿。适遇四川请愿代表谘议局议长蒲殿俊等，因拒款请愿，被押解回籍。左搭车送之，蒲告以“国内政治，已无可为，政府已彰明较著不要人民了，吾人欲救中国，舍革命无他法，我川人已有相当准备，望联络各省，共策进行”。周因留京而左返湘，以目击情形，详告同人。于是遂各各暗中增组机关，而谋进行革命愈力。予所知者，有下列各处：

时因粤汉路而起之暗潮极大。湘省士绅以维护主权名义，早已组织湘路协赞会，会址设在太平街贾公祠内，由易宗羲（字佑循，善化人）及予任驻会干事。

左学谦、黄锳（字同皆）、黄用楫（字敦之）、阎鸿飞（即阎延年）、阎鸿翥、黄翼球（字湘澄）、常治（字省吾）、曹耀材（字济辉）（均长沙人）等，借长沙筹备地方自治名义，以长沙自治公所为革命机关。

吴作霖（字仲云，湘潭人）等欲暗中训练革命党干部人才，组织湖南体育社，其办法以日本振武学校为模范，亦借贾公祠为社址。

罗杰（字峙云，长沙人）等组织辛亥俱乐部湖南分部，以之暗中策动革命，亦设贾公祠，推王汝楫（澧县人）及予任驻部干事。

文经纬（字晋藩，善化人）、王犹（字亨五，常宁人）、吴孔铎（江西人）等，组识富训商业学校，暗中鼓吹革命，吸收党员，租胡家花园民屋为校址。

文斐（字牧希，醴陵人）、李九（亦名庶黄，衡山人）、曾杰（字伯欣，新化人）等于鸡公坡佃赁民屋，组织机关，并制造炸弹。

又有刘大禧（字芝德，长沙人）设成衣店于北门正街，与陈作新及新军官兵来往，亦暗中鼓吹革命。

陆军小学诸生，皆血气正盛，排满革命思想，与日俱增，粟显扬等暗中联络鼓吹，另成一学生团体机构。盖自戊戌政变以后，湘人革命思想，遍及学界全体，如明德、修业、广益、唯一等中学及高等学堂、中路师范各校，均以提倡革命著称，以其内容不详，不能叙述。

又有向瑞琮（字厚甫，宁乡人）时任常备新军第二十五混成协炮兵管带（清军营长之称），易堂龄（字致中、湘阴人，时于四十九标任队长）及李金山、易文彬（后改名易克骏）、安定超、姚运钧、喻义（浏阳人）等，均为新军代表，于四十九标、五十标中活动，鼓励新军，参加革命。徐鸿斌等则在巡防队中活动（总计常备军巡防队共代表32人）。

当湘人谋革命日亟，革命机关风起云涌之时，忽有川省代表潘江等3人至。盖蒲殿俊等返川后，即极力策动颠覆清廷，并于六月间遣潘江等分赴湘、鄂、粤各省接洽。据彼等云："四川准备已甚充足，以袍哥（约同于湖南之红帮）、棒客（约同于湖南之黑帮）为基础，人数众多，遍布全川，将来举义时，尚求各省协助，以祈早日成功。"（按四川士绅，多通袍入棒，闻当时谘议局副议长罗伦，即与袍哥有密切关系，庞光志少年游戏伙伴，此时均为袍哥、棒客之首领，故易策动之。）

于是湘人遂密谋策动驻省城之新军巡防队，并谋联络会党，方能行事，而苦于皆不同道，无法与之接洽。有陈作新（字振民，长沙人）者，曾充新军排长，嗜饮酒，以好谈革命被黜，乃在李藩国家教书，藉以安身。黄锳、曹惠（字孟其，长沙人）识之，乃邀至长沙自治公所与谋。陈力任联络新军之责。

又有言留日本铁道学生焦达峰（浏阳人），乃湖南会党之渠魁者，于是文经纬、易宗羲（均善化人）等设法约至贾公祠三楼会晤。焦亦慨然担任联络会党之责，唯以清室铁桶江山，不易破毁，仍主张采庚戌饥变之手段（即烧教堂洋行，捣毁学校等行为）。文、易力劝其勿扰乱秩序，至于垂涕，焦乃承认，定期召集党徒会议，共策进行。

八月某日，陈作新到长沙自治公所复信，称新军方面均联络成熟。黄、左等以事体重大，若仅恃陈一人接洽，未能坚信，乃托陈直接间接转知新军士兵，派代表出席会议，同时接头，以便互相认识，利于进行。又因人众，碍人眼目，苦无会议地点，欲于乘人不防之中，以紫荆街福寿楼茶馆生意冷淡，乃假其楼上集会。共到 40 余人，衣服品类，至不齐一，由黄锳、左学谦、焦达峰、吴作霖等接谈片刻，焦之言动，俨以首领自居。忽闻为政府密探侦悉，乃匆匆散去，或云茶馆主人即暗探之一，故是日极为危险。后又改在岳麓山屈子祠集议，以为该处偏僻，可无妨碍，亦被密探侦知而散。于是由吴作霖等商议，约定三更时，选定义冢山丛葬处开会，军界代表于发寝号后越墙子赴会，始告圆满。当会议时，巡防队代表，以杀其统领黄忠浩（字泽生，黔阳人）为交换条件，否则巡防队不加入。左、吴等以黄知兵事，平日声望甚好，原拟推为湖南都督，及闻巡防队代表之条件，心虽不欲，亦不得不勉予承认。

先是焦达峰、吴作霖等，拟乘十月初十清西太后生日万寿之期（其时慈禧去世数年，早废庆祝，并此不知，粗卤可笑），由焦命其徒众，以看万寿为名，暗集省城，以免张扬，而避侦探耳目，然后相机起事，较易成功。及八月十九日，武汉起义，事机日迫，群谋提前举事，俾为后援。湘抚余诚格（字寿丞，江浙人）手绾全省兵权，而认新军有革命嫌疑，拟将新军调至各县，分散驻扎，则力小而易制服，势散而难联络；又认巡防队均年老持重之人，反对革命之心理必深，再以老成人率之，必容易就范，遂委黄忠浩为右路巡防队统领，使加扩充，驻守长沙，倚为长城。党人致函黄忠浩，请其率兵反正，数日之间，约七八百件，黄不为动。及八月底，常备新军之在省区者，仅一营有奇，且受九月初一日开往株洲之命，其余皆早调往他处矣。

武昌起义之后，余抚命刘玉堂率队援鄂。刘至，以所部归顺革命军。后刘在鄂战死，时人惜之。

其时谣言既盛，群思革命，苦无机会。二十五混成协马队营之革命党，欲借失火时，群众往救，当有军队弹压，俟火灭，群众退入城中时，即以兵随其后，长沙可望袖手而得。乃于八月二十七日夜，于营内马草上自行纵火。俄而群众推救火机、担水桶而至，不见军队。乃自闭营门，谢绝群众，声称恐革命党混入其中，难分皂白为解，而自行扑灭。

外面忽传抚署大堂已陈列机关枪炮，拟与革命党决战。于是人心惶惶，公请谘议局设法，请其撤去，以免长沙毁灭等语。谭议长等不得已，同议员及副议长数人往晤余抚。余言："外面谣言，切不可信；适来诸君见大堂上有机关枪炮否？等一会诸君还可过细查看，甚望以目睹实在情形转告湘中父老，不要轻听谣言，自相惊扰。"

吴作霖因党人力量薄弱，饷械缺乏，而政府方面，则饷械充足，各处军队林立，一旦举事失败，深恐革命未成，而湘省先成齑粉，负罪实深，辗转思维，彻夜不寐，欲求一避免流血之法，只有恐吓、劝诱，同时并用。

乃于八月三十日晨，到湖南谘议局。号房刚起床，吴厉声问议长来否？答以未来。又问副议长来否？又答未来。吴大怒，因大骂曰："我是革命党人，不怕死的，我姓名叫吴作霖，我手下已来3000多人，分驻满城旅馆商店等处，除各有炸弹、短刀外，人备火柴一盒。将来举事，只要各将火柴刮燃，就可将长沙全城烧为平地。他们这班议员，号称人民代表，现已死到眉毛颠，这时还不到局，要他们干什么！"忿忿而去。及谭议长接电话驰至，则已不知去向。遣人遍觅，毫无踪迹。盖吴已到长沙自治公所，与同志诸人共商，遂定于当日午后4时，放火为号，同时举义。

当时予虽辞湖南谘议局副议长，然社会上之资格信用尚在，又无何种不法行为之显著事实，湘政府虽认为有革命之重大嫌疑，然处置为难。欲以利禄笼络，而为调虎离山之计，乃托予师曹耔谷先生先容（名典球，长沙人）委予视察三路学务。予以任务在身，无论何等穷困，义不与政府合作，尤恐遭其暗算，如禹之谟在靖州被难故事，不允。又拟赠予以巨款，俾游西湖，予亦拒之。及武汉起义，予思昔在日本肄习法政时，闻中村进午博士讲授国际公法，而知红十字会之起源，及所处中立地位，因思此次革命战争，为时必久，伤亡必重；在清军方面，人力、财力、物力，均易凑办，而革命党方面，一无所有，将来病伤兵士，断手折足，纵哀呼惨厉，谁与诊救者？一时悲从中来，即思组织红十字会，以资救济，亦吾侪提倡人道主义之一途，且为救护病伤同志必不可缺乏之要举。然办理红十字会，必须得交战双方之允许。在革命军方面，立案不成问题。而在清政府方面，必须立案，得其承认，方能依据国际公法，享中立权利，会中执事，乃有保障。予以有革命嫌疑之人，办理红十字会，请求湘政府立案，必难邀准。乃与梁宗实（字以行，长沙人）、梁家驷（字荫湘，长沙人，均挪威国信义会教友）商议，联络挪威国信义会福音堂牧师陶思德、医士尼尔生与之密商。因福音堂素称慈善，先由予等致函于彼，彼遂转函英领事翟比南（时挪威国在长沙领事职务，由英国领事代理），再由翟比南函湖南政府立案。而翟性素强横，颇为政府所畏惮，可望准案。予又假教育会开发起会，谭议长亦到会，见予即笑谓曰：“墨生，你又在这里骑墙吗？”予答曰：“并非我想骑墙，实因此会关系重大，无人办理。将来对于病伤同志，毫无救济办法，心何以安？”谭曰：“你这话道理是不错的，虽然……”自此以后，予即以筹办红十字会名义，到处拜会，兼探消息。湘政府尚未函复英领事，而长沙反正矣。当日尼尔生语予，谓英领事命令，长沙如有危险，则领事馆挂红旗，遇有重大危险，则悬黑球；凡遇悬黑球时，侨民必须渡河歇宿云。而予等与尼、陶会商，虽悬黑球，渠等均未渡河，亦可见西人热心慈善之一斑矣。反正后，梁宗实即以个人名义封东茅巷仕学馆房屋为湖南红十字会会址（建国三年又就其原址改红十字会为仁术医院），同时雅礼医院医生颜福庆（江苏人）、胡美（美国人）两博士，循道会之牧师任修本（英国人），内地会之牧师德慕敦（德国人），又某教会之牧师吴立德等，均自动集合，与予等合办湖南红十字会。予又请求湖南军政府筹拨巨款资助，于是一切人力、财力、物力之困难问题，均皆圆满解决矣。

先是武昌起事时，川人庞光志（字叔向，四川兴文人）、蓝琮（字铁生）奉黎大都督命令来联络。庞往访二十五混成协协统萧良臣，劝之响应。萧告以新军皆调赴各县，我系外籍人士，无能为力，此事宜与本地士绅联络或有办法。庞以绅士应以谘议局为总汇，乃往访谭议长等，亦不得要领。后与左学谦、吴作霖等相会，始深谈，因议湘省推阎鸿飞赴鄂清兵运械，以便乘机起事。其时，鄂实无兵可派，而湘已由黄锳、左学谦、吴作霖等会合各同志，召集新旧两军开紧急会议，隐奉焦达峰、陈作新为临时指挥，定期举事矣。

当日党人准备，实未充足，且距原拟之期甚远。因湖北事急，一再改期，以求提前举事，以为之助，免失时机，并计划用军队外攻，会党内应，俾出政府意外。嗣据焦达峰预计，会党诸人，必须九月初二日方能到达，遂订于九月初二日举义。及三十日清晨，吴作霖在谘议局大发狂言后，深恐激生意外事变，遂订于即日午后4时举义，推陈作新发布命令，四城放火为号，同时新军入城。届时陈方大醉，不能发布命令，遂改于次日清晨发动，乃推黄翼球出找陈作新洽商。黄至陈宅（在玉皇殿侧合源桥），随同徐鸿斌及徐友、杨玉生4人，同至府正街留名阁酒店，烹蟹沽酒，密告提前日期（即定妥九月初一）。杨玉生（系二十五混成协部正兵）取出协统萧良臣命彼侦缉革命党人之密令，交在座同志公阅，翼球谓杨曰：汝欲何为？杨答：我倾心协助诸公，特以表示归诚之意。翼球即将萧密令撕毁。此时陈、徐酒均过量，翼球劝曰："多事时应少饮。"又托徐鸿斌（巡防营兵目）至巡抚部院卫队部（即抚台衙门与营对照）劝卫队士兵协助，徐慨允诺，始出酒店，分途转知更定之期。是日傍晚，再集会于水风井胡家花园富训学堂，到会者有黄锳、左学谦、焦达峰、陈作新、黄用楫、易宗羲、文经纬、吴作霖、常治、黄翼球等，洽商率引军人入城方面，议决推定陈作新次晨引兵入城，并命翼球即时送作新出城布署，再推定黄锳次晨到富训学堂放火，推易宗羲到贾公祠放火，以为号召。

是日傍晚，新军代表姚运钧（字紫云，后任团长，癸丑二次独立之后，被汤芗铭部下所杀）至水陆洲与驻扎当地之巡防队联络，被捕，捆送新军办理。新军标统某（后任师长），询以往巡防队何事，姚直以接洽革命相告。标统微笑，姚以笑则意恶，自知命危，潸然泪下。命闭诸暗室，拟于次日请令杀之。

晚饭后，予方在贾公祠楼上沐浴，忽闻楼下革履声纷然，见号房汗流被面，急奔而至云："现在来了若干军队，询问某某在否，我均答以不在，后询问你老，答以在；我问有甚么事，他说特来保护，他们是扎在大西门城上甘大人的军队。”予甚泰然，告以：“即系来保护的，你拿我的名片去，给甘大人道谢，说我明日即来拜访。”号房如予言，军队即去。翌日（九月初一日）清晨，新军士兵四处传达命令，即时起义。其至贾祠者，眼见放火，匆匆而去，并携来之防身军器，亦忘记携走。其时城外新军，自动整队，长官自楼上见之，问：“你们整队，是谁的命令？”齐声答曰：“我们自家整队，要实行革命。”又问：“何人带队？”答以：“长官若来，则由长官带队；长官若不来，我们自有人带队。”长官知已兵变，缩首而入。乃推队长易堂龄（湘阴人）及另一人率之，分向小吴门及北门出发。其时，姚运钧亦为其同事释放，授以枪支，则两手拘挛，丧失知觉，乃挟枪于胁，跛行从去。

当新军集合时，原议城中数处放火，以为信号。唯党人举动，均极秘密，雇工均不知情；故贾公祠之火，则由予所用工人郭冬生见室中起火，极力扑灭；富训学校，则由工人受命买洋油，因大西门油店价廉，遂趋大西门购买，以路程较远，比返，新军已入城，故两处均未被焚；而北城外某姓民房独被焚烧，事定后，由军政府赔其损失。

易堂龄所率攻北门一部之新军，因恐驻扎城上之巡防队或有变动，而加射击，乃趋越护城河古云阳门（早已封闭，反正后，改为兴汉门）下，沿城脚西行。城上守兵见之，拍手欢呼曰：“同志快来！”新军闻之，愈放胆前进，及至北门，城亦未关，遂迳趋军装局。时新军身上，感叹王禾一排（计5颗），猝见大批枪弹，如获至宝，各各尽量饱装；又见拨壳枪支，知是利器，而未谙用法，则坏其壳而取其枪。带队者因不知攻小吴门一支军队入城与否，倘未能入城，深恐入城人数单薄，设被清政府军包围，则立可歼灭，急整队驰援。迨至水风井，已见攻小吴门军队在街上行走，始放心焉。

攻小吴门一支新军，途遇焦达峰，焦遂加入；至城下，则门已关闭，乃将所获之炮，撤退数十丈，示将开炮攻城。附近市民，见之大惊。其实所携之炮弹，乃木质者，并无攻城能力。然城门虽闭，而城上并无军队抵拒形势，乃遣一人自承平时夜间行人出入城门之窦入，拔关启门，因亦入城，两队会合，同赴谘议局。黄翼球遂与常治率一部军队赴抚署，时二人均补谘议局议员。至抚署时，有军队一连，持枪作少息立；亦并未上刺刀；至二门，有巡捕前阻之，黄、常示以名片曰："非见余抚台不可。"巡捕曰："请少待。"随入而出，谓大人尚未起床。肃入客室，正自谈论，而余抚小衣小帽行至，问甚么事？答云："今日之事，抚台岂不知耶！特请你到军政府去办事。"余抚云："军政府在哪里？"黄曰："在谘议局。"余抚曰："这又怎么对得起皇上呢！"常曰："甚么皇上，是一个这样长的小孩子，他晓得甚么！"以两手约作尺许长示之，因劝其反正，俯从民意，都督湘军，余抚力辞；逼之，则力陈平日遇事审慎，不敢乱动，深恐激成糜烂湖南之祸，我于保全湘省治安，不为无功，云云。最后则云："此事重大，当入内与家父商之。"兴辞而入。黄等略待，不见其出，入而搜人，则署内已阒无一人，至后院，则见院墙靠孝廉堂照壁，开一大窟窿，知其早已自窦中先逃矣，仅拾得所遗之虎纽湖南提督银印一颗（后改镌湖南都督府印）。翼球乃随手扯白色桌台布及卧单布两方，就案上墨盘，与常各书甚大汉字持出，悬于署前左右桅杆上，以当旗帜。无何，改巡抚部院为中华民国军政府，旋又改为中华民国军政府湖南都督府。

当时新军一部，随至抚署，至大堂，则见巡防队林立，有一着青布马褂者在焉，即闻有人呼曰："你们不要乱动，这是我们大人。"新军知是黄忠浩，随即有人自后反执其臂，但闻其人曰："我不是黄某，我不是黄某！"然终拥至小吴门城上杀之。是时革命同志，左臂上均缠白布一方，由曹炽昌（字作霖，长沙人）司其事，其后又于胸前斜挂一长白布条，若参谋带形式，上书职务，以资认识。

当时抚署卫队营管带陈春山，并未与闻反正之事，然见新军与巡防队合作，故亦未加抵抗。余抚既逃，新军分配队伍，四城弹压，沿途呼曰："你们不要怕，不要在街上乱走，巡抚已逃，革命成功！"人民闻之，喜形于色。是日革命党与新旧两军一部至谘议局宿舍，焦达峰自署为正都督，陈作新为副都督。如是革命同志及军民人等群至谘议局开军民大会，由文斐介绍正副都督姓名，并报告数语，常治登讲台大呼曰："都督是临时的！"即请谭议长延闿演说，略云：今日我湖南革命成功，是一桩大大的喜事；但革命是要打仗的，延闿是个文人，关于打仗的事，自愧不懂，但今日是要维持秩序，保全治安，云云。次陈副议长炳焕演说，略云：清政府腐败，贿赂公行，非亡不可！今日革命，我们还要大大的努力，才能希望真正的革命成功。次常治演说，略云：清自入关以来，屠戮汉人不知若干，压迫汉人，毫无止境，弄得今日民穷财尽，危机四伏，我们若再不革命，不独中华有亡国之惨，我们汉人必遭灭种之祸。今日湖南革命，是替我们祖宗报仇，替我们子孙留个站脚的地方；但是距全国革命成功之日，还很远很远，希望我们革命同志，不要心满意足，还要大家努力，莫以为革命的事，就做完了呀！散会，分途至谘议局宿舍楼上办公，即召集清政府官员之尚在省者，唯长沙县知事沈瀛（字仕登，江苏人），营务处申锡绶，劝业道王毓江等至，命其仍任原职，沈等支吾，乃命人看守于厅旁一室中。予仅识沈，每经其前，沈必起与予语。予劝其仍任原职，沈以无面目辞。又劝其解长沙县职，仍任湖南官钱局提调，沈亦不可，唯向予泣，予时因任务倥偬，前后力劝三次，均被拒绝。沈曾任安福县知事，悉军官蒋某（隐其名）家世，因与蒋谈世交，并举其家族要人名字，谓均系熟人，盖冀其救助也。不意某军官疑其居心叵测，意谓我今加入革命，倘若失败，即当授首；汝历举吾家族名氏，岂杀予一人，尚嫌不足耶！遂与申、王等同时被杀。沈死后，于其靴中得一名单，约30余人，首予名，阎鸿飞、文经纬次之，焦、陈均在十数名间。黄昏时，再迁抚署，设立办公处。次日即组织参议院，推谭延闿为院长，推黄锳、常治、左学谦、吴作霖、黄翼球、粟戡时、陈炳焕、刘善渥（字雨人，浏阳人）、易宗羲、阎鸿飞、阎鸿翥、陈文玮、刘人熙（字更生，浏阳人）、黄用楫、郑钧（字望之，长沙人）、仇毅（字棱生，湘阴人）、王犹、龙璋（字研仙，攸县人）、黎承福（字绶丞，湘潭人）、罗良干（字介夫，浏阳人）为参议员。其职责为议决湖南一切政治措施，所有都督发布之一切重要命令，并须征得参议院之同意，大致模仿英国立宪之精神，而防专制独裁之弊。其后焦督未经参议院之同意，而委用杨任、冯廉直为安抚使，卒召巨祸，洵可慨也！

事后，谭都督语予："当九月初一日晨，汪诒书（字颂年，清翰林，长沙人）至予家，寒暄后，即云外面谣言很重呀！答以诚然。汪问有无特别消息？答以有亦不过谣言。遂云何不同去看寿丞（余抚别号），探探消息。乃相与步行至又一村，入则见汪瑞闿（字撷荀，时任盐道兼长沙关道）、申锡绶、王毓江（均在营务处服务）、沈仕登（即长沙县知事沈瀛）等，俱立坪中，见我笑曰：‘新都督来了。’予以此类言语，足召巨祸，遂云：‘不要乱说！不要乱说！’汪等涎脸嘻笑，拍我肩曰：‘你还怕不黄袍加身吗！’予且行且答曰：‘你们不要乱说，这种话是关系别人身家性命的呀！’行至景桓楼下，余抚之仆人见之（系素认识），即请上楼坐，我去请大人来。遂入，及登楼，见室内陈列古玩书画甚多。桌上置一名单，约三四十人，汝列第一名，阎鸿飞第二名，文经纬第三名，若焦、陈二人名字，均在十数名之后；单上字迹不一，不是一人所书，似系数人集合，各举所知，仓猝所书者。无何，余抚至，寒暄毕，即指名单问予曰：‘这班人你有认识的吗？’我答以我认识一半多。又问：‘这班人到底何如？’答以都是一班好议论者。又曰：‘他们都要革命呀！’答以他们能干甚事！命是容易革的吗？余抚云：‘是啊！你见了他们，随时劝解，劝解要他们不要瞎闹生事呀！’忽一仆至，称报告大人，新军攻城！余云：‘没有的事，再打听罢。’我等恐其要发命令，布置战争，即兴辞云：‘今日中丞有事，改日再谈罢。’余抚亦起，又向我们解释云：‘今日新军开往株洲，他们误会了，所以说新军攻城。’我们刚欲下楼梯，又一仆至，云：‘报告大人，新军进了城！’余抚又云：‘没有的事，再打听罢。’我们刚下楼梯，又一仆至云：‘报告大人，新军已到贡院东街！’余抚云：‘没有的事！’随又云：‘要他们准备罢！’又向我说：‘回去拜上老太太，请她老人家放心，没有甚么事，不要紧的。’我们乃与点头而别，仍自又一村出。因思黄泽生系老军务，必有办法，他驻扎先锋厅，距抚署又近，遂与汪同往访之。至则号房一见，告我们：大人已上院去了。我们即知泽生是走正门进的，悔不该从又一村出来，所以错过，假使我们从正门出来，必与泽生相遇。遂与汪拟再往抚署，行至辕门，见辕门口大贴其告示，首行大书中华民国军政府都督谭示，映入眼中，其字我一见即识为常省吾（即常治别号，曾充谘议局书记）所书，乃相谓曰：还进去做甚么！赶快回去罢。抵家不久，即有一班兵士到我家里，请我赴谘议局去开会。”

余抚仓猝逃走，并无法知会满城文武官吏，而文武官吏有随即逃走者，有不敢逃走或徘徊观望者。藩司黄以霖，兼署提学使，藩署有卫队一营，兼守藩库，原未与闻革命事业，革命党军拟缴其械，卫队抗拒，势将发生冲突。王犹拟往劝其归顺，卫队开枪，中王犹腹，舁往雅礼医院治疗（民国元年，谭都督委予及朱廷利购地与之合办，改名湘雅）。医生谓弹在腹内，非取出不可；然施用手术，院制须由患者亲属填具请求书，以防意外而生纠纷也。并询患者有无必须嘱咐之言，以防不测。王之眷属均在常宁原籍，医生拒用手术，后王以有生死至交文经纬，可担负一切复医生，乃觅文履行一切手续。而施用大手术时，必先用麻醉剂，具禁止亲属在旁观看，故命文暂处手术室邻房。及实施手术，王虽麻醉，仍时呼哎哟，文唯在旁室暗泣不已。手术即毕，医云无碍，数日旋愈。

是日推黄翼球封点大清银行，黄命姚运钧组队守护，又推曹耀材封点湖南银行，以防损失。黄以霖见大势已去，将所有书籍捐赠湖南图书馆，请求保护出境，以礼遣之。是日乃通电各属民政机关、厘金局卡及军警等，照常服务，不得乱动。无何，驻扎大西门城上之巡防队，拥管带甘兴典至都督府，比置一室中。予偶见之，则满面横纹，似非善类，然思将来必有战争，彼系武人，不如留之，以备将来之用，劝焦释之。又有刘骥（北方人）在营务处任要职，另禁一室中，予亦请求释之。后癸丑二次独立失败，予于湖北遇之，呼予为救命恩人，且云“古人说，‘苟全性命于乱世’，今我们只求全狗性命于今世”，盖亦廓达滑稽之士也。

长沙杨宗实、浏阳雷预，组织《大汉报》，宣传革命意义，发表一切文电，初二日即行出版，时人称其敏捷。是时谣言特甚，因黄忠浩被杀，探报每言黄之部下或弟兄在某处集兵数百人，要为黄报仇；或云余抚纠集军队，图谋恢复省城；如此者不一而足。其后黄之弟诚斋函告谭公，以“黄被杀，家人星散，逃避不及，惨凄万状！谁能复仇？且又向谁人复甚么仇”云。谭公将函发表，谣言始息。当新军举事时，二十五混成协协统萧良臣，因其部下变叛，无法指挥，乃荷枪实弹持短铳跨马奔去；及暮，闻萧赁民船待于湖迹渡，与余抚同舟云。黄翼球乘舆踪迹之，道经萧之司令部，守卫者询何人，左右曰黄大人，亦不再问，及河，则河内并无一人。后闻余抚逃至安徽，请安徽巡抚冯汝骙代奏，大意谓：湖南为哥匪窝巢，革党产地，民俗强悍，素称难治；以臣愚陋，忝膺疆寄，本难胜任。

九月初一日，新军变叛，臣即飞调巡防以兜剿，而巡防队已悬白旗；乃往江干飞调水师，以图恢复城池，则见水师船上，亦遍悬白旗；臣无法，只得出外求援，则见湘江以下一带，白旗林立，无从措手。”云云。然萧并未与余抚同逃，后谭命之往都督府庶务处若干日而去。长沙既定，家家户户均于门首高悬白旗，或于旗上书一“汉”字，以志欢庆。革命同人，以都督虽定，然政治纷乱，至初四日，乃于都督之下，设军政、民政两部，推谭延闿为民政部长，民政部下设一院6司。

（一）民政司　司长龙璋，字研仙，攸县人。后龙辞，委刘人熙，字更生，浏阳人；均湖南绅耆。次长左学谦，后左辞，改仇鳌，字亦山，湘阴人；刘辞，仇任司长。左原谘议局议员，仇原留日学生。

（二）财政司　司长陈文玮，字佩蘅，长沙人，后改陈炳焕。前陈原谘议局议员，后陈原谘议局副议长。次长周可钧，字极寰，长沙人，原留日学生。

（三）教育司　司长陈润霖，字夙荒，新化人，原楚怡学校校长。次长何黴，字特循，湘潭人，原明德学校监学。

（四）司法司　司长洪荣圻，字春岩，宁乡人，原留日学生。次长刘武，湘潭人，原留日学生。

（五）交通司　司长仇毅，字棱生，湘阴人，原各学校几何学教员。

（六）外交司　兼长沙、岳州两关监督。司长粟戡时，字墨庵，长沙人，卸职谘议局副议长。次长陈安良，广东人，原各中学英文教员。

（七）会计检查院　院长易宗羲，字佑恂，善化人，原谘议局议员。次长曹耀材，原长沙士绅。宋增馨，原谘议局议员。

（八）盐政处　处长黄锳，字同皆，原谘议局议员。提调缪孔昭，字润泉，长沙人，原长沙士绅。

当时用人，以性之所近，才之所长，而又同情革命者为标准，毫无党派资格等等关系；而任职者每皆谦让未遑，亦无不以清廉忠勤为主旨云。

军政部部长以黄鸾鸣（字子高，平江人）任之，后改军务司，下设 4 处，辖五师。

（一）参谋处

（二）军需处　处长谢楚樵、殷泽龙，字怀安。

（三）军法处　处长李茇，字芾棠，平江人。

（四）副官处

第一师，师长余钦骥，字葵生，常德人。

第二师，师长赵春霆，字子云。

第三师，师长曾继梧，字凤冈，新化人。

第四师，师长王隆中，字怀宣，武冈人。

第五师，师长梅馨，字子根。

时武汉战争紧急，求援之电，日必数至，而湖南内部不宁，无法应付。盖焦达峰度量宽宏，虽部属向之发怒，亦微笑应之；间或被偏见所蒙，一闻谠言，立即改正。予闻九月初四日夜，焦之左右有主张对于参议院及在职人员大兴杀戮者，出一名单，约二三十人，予名亦在其内。先以言语激焦，果盛怒，大有必行之势；又有人言，我辈革命，必须网罗人才，共策进行，方可成就大事，今单上所列，皆为湖南知名之士，若被杀戮，何以收服人心，将来更有何人敢同我们革命者？此事决不可做。焦怒亦解。又忆某日，有以屠杀旗人以报满人入关惨杀之仇，藉没旗产，以充作军费为言者。焦极赞成，将予施行。予以昔日旗人，诚属有罪可杀，今日旗人，则属无罪，若杀之，于理论上殊欠文明；且于希望列国承认我们为交战团体上，恐有重大妨碍，非利益于革命前途之道，请再加斟酌。焦深然之，其议立寝。但因年少（时年25岁），初掌大权，识力经验，均有未足，会党既集，颇被包围。于是委杨任为西路安抚使，冯廉直为南路安抚使。新旧军人，以此种重大任务，既不用有功绩之人，又不用有才德之士，大不谓然；谓二人湘省素无功绩，非其所任，军心蠢动。于是谭院长乃偕同参议员黄翼球，及大汉报杨宗实（字华生，长沙人）等，往四城军队驻扎处演说，一时稍宁。陈作新则酷嗜饮酒，好大喜功，其始意但愿任一标统，率兵援鄂，与清兵战斗；及为副都督，并不争权。新军因不满于焦，九月初十日，遂造成北门外和丰火柴公司挤兑票据风潮。群议请陈率队前往弹压，予适至都督府，遇之，见陈身着新黄缎军服，问何往，陈以前往和丰弹压告，匆匆上马，率队而去，及返至北门城外铁佛寺前，为新军所弑，新军遂奔赴都督府。予方自都督府归，遇于清泰街口，见其呼曰："你们不要怕！我们替你们杀强盗，为湖南除害，与百姓无关系。"予不明所谓，归署，则众客围绕，忽闻枪声隆隆，弹落瓦上如雨，虽莫明其故，知必有变，不胜惊骇。正在派人探听，忽接曹耀材电话，请予速至都督府。比至府坪，见军队林立，谭议长正在旧仪门台上演说，但闻军队呼好之声。予因下杀其上，此例一开，乱将靡底，影响列国交战团体之承认，亦演说不可再有此类事项发生之理由。后闻新军至都督府，焦都督闻喧声，正出大堂巡视，遂被执，就抚坪照壁下弑之。死前兵士迭以刺刀乱戮其背，焦默无一言，殆真视死如归者矣！时谭延闿正在都督府，闻乱，窜至大厨房，拟由又一村遁归。而都督府内，人声鼎沸，众虑一时无主，亟商谭人凤（字石屏，邵阳人），速觅代人。谭以非组庵不可，急遣人追之。追者至司马桥，及之，拥赴军政府，推为都督。谭连揖告诸人："无论派我何事，均不敢辞，只不能做都督。"谭人凤拔刀掷案上，厉声曰："今日之事，你干就干；你不干，刀是现成的在这里！"谭无已，视拥登台演说，声泪俱下，人心始定。

陈作新能文章，善书法，所作小篆，笔力甚劲。凡求书者，但饮以酒，所求必得。尝与友人某同照一相，题曰"双侠图"，旁书一联云："幻想在九阊以上；荒唐绝万古之伦。"又外联云："君不见泗上亭长，歌大风兮思猛士；我所期信陵公子，饮醇酒而近妇人。"两联均出比雄伟气盛，对比软弱无力，不称其事功，卒无结果。未被难前，陈向参议院辞职，函中要求三事：一、厦屋一栋；二、白银 2 万两；三、美妾二名。其磊落如此！

冯廉直（字少春，湘潭人），以非法事件押于湘潭县狱中，及被委安抚使，道经湘潭，欲炫耀官民，以威势相慑，率队往见知事。时湘潭知事余屏垣（字价藩，四川人），胆识俱优之老吏也。冯左右均持大刀，露刃随侍。余出见之，即拊冯背云："冯先生是奉都督的命令，替国家做事；我亦奉都督的命令，替国家做事。不过我的职责，是维持地方治安，假如有人扰乱治安，就是违抗都督命令，我是要呈请都督严办，以尽我的职责。我请冯先生严饬部下，共同维持治安，大家尊重都督的命令。"冯面汗淋漓，不敢多言而去。其时焦、陈已被弑，随奉省电，遣人追于途而杀之。杨任在常德，亦同时奉电被杀。

湘省既定，以援鄂为唯一重大事务，乃派王隆中、甘兴典率部援鄂，在汉阳连战不利而归。甘复骄蹇无状，军务司请都督杀之。又派向瑞琮率部援鄂，时兵多械少，内多徒手，兵至河干，骄蹇不服命令，乃乘夜派兵包围；天明，士兵始知，遂被勒令缴械毕。向瑞琮呼首先倡议逆命之士兵至，飞刃斩之，余均解散，于是军队肃然。

清吏朱益浚（江西莲花厅人），为辰、沅、永、靖兵备道，认长沙为大乱，欲据湘西独立，设关守卡，戒备甚严。军政府恐为后患，有嘤鸣社等，请求相机刺杀，以报国家。后朱闻谭公督湘，乃函请致地而去。湘西既复，然恐苗瑶不服，乃令龙璋为巡按使，率队前往犒劳，苗瑶均极欢迎，湘西大定。

湘虽反正，可为鄂省后援，然恐桂军乘其后。时沈秉堃（善化人）为广西巡抚，王之祥（号铁珊，北方人，刘人熙之门生）为广西藩司，兼带新军，赵恒惕为新军旅长。乃由刘人熙直电沈秉堃沈复电云：“千里一堂，并照组庵。”无何，而桂亦反正，沈为都督，湘始无后顾之忧。

湖南反正之后，人心望治，尤望除弊，故军政府以剃发、放足、禁烟三事为首先推行之政治。先是自日本留学者归，类皆剪发，民众颇为惊异；然均以辫子为清廷制度，汉人之降满者，以辫子为标识，故群思去之。及反正，士兵持剪在街上拦剪途人之发，甚至波及女子，民心惶恐，乡人至不敢进城。予与左宗澍（字凌苍，长沙人）言于谭都督，请求明令剪发，都督允之。然不剪者，苦无制裁，予乃拟令曰：“凡军民人等，所有辫发，限三日内一律剪去；否则由警察干涉之。”贴于高脚牌上，乘夜派队赴四城鸣锣高唤，人心乃定。而被压迫 270 年满州装束之辫子，从此去矣。

鸦片流毒，人民恨甚，遂议凡吸鸦片者枪决。有沈某，药店之少主人也，嗜鸦片，被获当死。其家族街邻请求保释，都督以不教而杀为虐，命准保释；而执法者予以枪决。两批同时并悬。当日匆忙，政令之不统一，亦可概见。

至放足之事，先一年，曾由曾继辉在谘议局提案解放天足，虽经议决，实行者稀。至是不待命令，自然解放，风靡一时，自然不缠矣。

先是武昌起义之讯，传至北京，清廷震骇。时荫昌（满人）为兵部尚书，命之统兵南下，战既不胜。而各省各地独立之电，逐日纷至，清廷愈感无法应付，因拟于袁世凯、岑春煊两人中，起用一人，以图撑持残局。佥谓岑氏居心忠壹，然行事紊乱；袁则戡乱才长，而心不可测；乃召皇族开御前会议取决，卒乃起用袁氏为内阁总理。袁即派段祺瑞督师赴鄂，数日之间，克刘家庙，焚汉口镇。清廷方庆胜利，袁又调段回京长兵部，而以冯国璋继统其众，又克复汉阳。是时湖北军政府设于谘议局，冯遂自龟山炮轰谘议局，火起烬焉；军政府乃迁洪山。驻汉六国领事，出而调停，请双方停战若干日，俾克议和。期届而和议不成，又议延期。后得各方斡旋，而成南北议和之局，清廷派唐绍仪为代表，南方则派伍廷芳为代表，均粤人，且有戚谊，在沪开会。而和议不成立，袁撤唐回，改为电商。及十月十八日，清室撤销摄政，改由隆裕皇太后垂帘训政。和议既定，清帝宣统退位，南北统一；至次年二月初一日，全国革命，乃大告成功。

附录：

曹孟其记事一则

予检校既毕，送请左君益斋校正事实，有无遗漏错误。承以曹君孟其记事一则夹置稿中，详加披读，虽与当日事情间有出入，然详实无华，至为可喜，附录于后，以资参证。

辛亥八月十九，武昌起兵革命，湖南省首先应之，而大功告成，迄今15年。当时纵合之迹，已无复能言之者。顷与谢冠军、罗伯苍语，乃以为异闻，则谭国故所大惧矣。因录其乱，备史官削稿。

清邮传部尚书盛宣怀，主借外债，修粤汉铁路，遂有武昌黎元洪之师。湖南巡抚余诚格惧新军之不可恃也，则与黄总兵忠浩，谋所以节制之者，下令戒严，且密令监视。贾太傅祠内有铁路协赞会。李达璋为会长，左学谦、洪荣圻、易宗羲、文经纬、黄翼球、常治、凌奎耀、粟戡时、姜济寰、文斐、曹惠、吴炳麟等为干事。体育学校，是王犹、蒋宝三、吴作霖、吴孔铎等主之。城自治研究会，则杨宗实、阎毓藻、陈其昌、俞泽棠、李恒泽等主之。辛亥俱乐部，名以忠浩为会长，实罗杰等主之。时焦达峰已自海外归，居体育学校（达峰年才二十余，初至，不能备车赀，一衫、双履、一提篮外，别无长物），尝聚诸豪杰议曰（革命之初，凡与闻其事者，人目之为豪杰）："或召徒众（达峰固洪会首长），伪为朝香者，哀巡抚无设机关枪（武昌已起兵，长沙伪传巡抚设机关枪于抚署，备党人），因而纵火，巡抚已遁，大事不足忧也。"阎鸿飞自云能制炸弹，皆曰：如人执一炸弹，遂攻抚署，则巡抚必遁。议既定，颇从龙璋索钱备支用。长沙黄锳，固居清泰乡，方沐，闻信，即夕走省门，至长沙自治公所，问学谦所以为计。学谦具告之，锳叹曰："徒手搏巡抚，顾以为得耶！托有蹉跌，公等不足惜，如大局何？"于是各相顾久之。锳问竟成安在？竟成者，赠陆军左将军前副都督陈作新字也。惠告之曰："是居玉皇殿右。虽然，其人乐酒，假不任事，则吾侪真败矣。"锳笑曰："不然，非常之举，不求谨愿之才！"即遣其弟用楫往召作新。作新至，遍揖座客，翼球告作新："在座皆同志（时目同言革命者为同志），有事，正欲与公熟商。"作新拊膺谓："敦之先生已告我（敦之用楫字），同皆（锳字）先生，我旧主人（作新尝馆锳家），如有所托，何敢言谢！步马炮工辎，惟我是问；唯旧军则非我所能，奈何！"锳等皆曰："公但视力所能为者，旧军不相累矣。"于是翼球以酒食飨作新。作新且从学谦索刀马，学谦取之谘议局长谭延闿。而作新遂军衣刀马，从用楫出入新军。然作新不为新军所信。新军代表以锳、学谦曾为议员，指为士绅代表，故有事辄就长沙自治公所协商，贾太傅祠阒然空矣。又有李隽者，锳遣之往说巡防军，巡防军亦以代表至。学谦等谓长沙自治公所忽有军人往来，沈瀛（长沙县令）方疑我曹，脱有疏虞，何以自处？因约两军代表，会于福寿楼。达峰、作新、镆、学谦等咸在，约以九月初九，新军自小吴门入，以若干人据天心阁，发炮攻抚署，以若干人攻火药局，别以重兵屯岳麓山。议既定，各各散去。而新军多少年，尝夜惊，群露立，若有大事。或喧呼革命，长官剑履至，问若何为？则默默相对，俄罢去。或怼曰："此何等事，顾乃颠乱至是？作新误我。"明日，新军代表易克俊等诣学谦等言状，则再会于福寿楼。旧军议先杀统领官黄忠浩，新军围抚署，火药局，经纬纵火烧富训商业学堂，犹宗羲烧贾太傅祠，火发则两军并至，悉听作新指挥，期以次日。九月朔，日有食之；经纬等捆被投油，烧于室中，烟起而火不明，而时已迫。两军集城下，门已闭，则呼开城！开城！守城者匿不应，因破门入，奔抚署，旧军擒忠浩杀之（余已未日记及，《哀思录》曾载此事颇详）。翼球、治即谒巡抚言事，阍者问何人？持戟者答曰："此湖南绅士也！"巡抚衣冠出，谓今日固义举，我且从公至谘议局。治谓宜竖白旗，遂以绵渍墨中，涂被衣作"汉"字，火于栲栳，悬之桅墙。巡抚徐曰："我检点琐事，即从公等行矣。"治等信之，而巡抚因遁去。曹耀材、余化龙至藩署，布政使黄以霖亦遁去。初，作霖尝借谘议局印，作安民布告，司事者不可，用楫遂刻木印，文曰"湖南都督府印"。先期已书百数十通，及巡抚各官方遁，大都督府安民布告已往来街市，居民亦争裂白布或纸作小旗，书"汉"字竖门前，虽人烟稀落之地，招展飘扬，俄顷已遍。有人自抚署挟衣裳出，或曰："此可疑，非杀之，不足以示威！"即杀之。妇孺相对惊笑，谓革命党只杀抢犯一人！日未落而事已定，会于谘议局，达峰自为大都督，以作新副之，官吏非满人皆如旧。瀛在谘议局，或令且归县署视事，瀛不听，辄痛哭，其僚友申锡绶劝之，仍不听，皆曰："沈瀛敢反汉耶！"即拥之门外杀之，并及锡绶、劝业道王毓江。瀛既死，搜其身畔，得名单一，连署文经纬、粟戡时、易宗羲、杨宗实、曹惠、左学谦、黄锳、常治、黄翼球、曹典球。典球不乐革命，列名于末，冤也！

都督主军政，政务部主民政，延闿为之长。设参议院，任命都督，必得参议院同意。以璋为民政司长，陈文玮为财政司长，洪荣圻为司法司长，粟戡时为外交司长，陈润霖为教育司长，仇毅为交通司长，黄锳为盐政处长，部署稍定矣。先是达峰已召徒众，至是大集，皆欲乘时效用，内恃达峰，意颇骄。当事患之，颇持他议，皆曰："都督实如此！今日之事，唯都督辞职则解。"遂告都督，达峰无语；作新独曰："都督何为！给我银 2 万两，美妾一名。"皆曰："诺。"顷之，觅作新，则匹马出署久矣。或曰："易都督何其易也！今国家新立，大难方起，奈何即去之！必留都督。"于是复于作新，作新起立，谓："国家事，非推陈某。诸公是我，我不忍去；诸公非我，我不敢留。虽然，公等保无他邪？死而无济，则亦非陈某所乐为也。"皆曰："何至是？"作新遂复归。初十，和丰公司有事，作新往弹压，兵变遇害；同时杀达峰于都督府，举延闿为都督。主其谋者，闻为新军旧官梅馨等，军人杀长官，自此始。

论曰：与闻九月初一之事者，号朔党，当时以为荣，故多自承为朔党。以余所列，所遣党人，殆不知其救若干。要之，湖南革命，固凡人之所同也。志之所向，力不程功，道等昼墁，宁从盖阙。犹忆达峰谋炸抚署，曾杰、罗良干等，以为宜佐之以爆竹。杰乃从余借钱，谓事如不举，则以头偿我，此其心尚可没邪！其以钱共事者，有璋、延闿、孔铎及郑钧等。时桂龄为巡警道，颇疑余，干余侦党人踪迹，余阳诺之。及事起，桂龄乘间逸去，其母与妇，不能脱也，余乃力纵之。故湖南革命，未尝诛一满人。

（选自湖南省政协文史委员会编《辛亥革命在湖南》，岳麓书社 2001 年 9 月第 1 版）

湖南辛亥革命琐记

肖仲祁 *

湖南辛亥首义的回忆，事端复杂，究从何处说起。武昌起义时，我在沈阳，职务羁身。尔时，蓝天蔚、胡瑛等在烟台谋独立，声气相通。清室陆军部荫昌购日本大批军火，由朝鲜运京。吴禄贞在陆军部探悉，拟中途截止之，其幕僚汉川县周君密函告我，我促科员石润金参加，前往滦州，不日即将军械车在滦州炸毁。石润金事发，以明电嘱我为之续假，满城风雨，集于我身。正是张作霖带 5 营入沈阳防范革命党。两湖被戕者多人。我因此不能容身，走避旅顺、大连。然滦州之役，清室大震，又减少攻击武昌的战斗力。吴禄贞不久为袁世凯暗杀于石家庄，其功未可泯灭。我回忆之，犹昨日事也。

---

* 肖仲祁：时任湖南都督府内务司长。
新中国成立后，任湖南省文史研究馆副馆长。

我由大连南归，过南京时，黄克强先生留守南京，正值议和撤府，促我从辽返湘，佐助湘政。洪荣圻司法湖南，亦来电促归，遂到长沙。初佐法务，未久接替刘艮老（刘人熙，字艮生）、仇亦山（仇鳌，字亦山）内务司司长职务。湖南起义的情况，闻之颇熟。

起义在辛亥年九月初一。当时称为叛党，叛党系黄瑛、常治、黄翼球、左学谦、粟戡时、文经纬、易宗羲、王猷、焦达峰、陈作新、罗介夫、向瑞琮、曹耀材、吴作霖、文斐诸人，谘议局局员居多数，军界则王隆中、余钦翼、梅馨、赵春霆、肖良臣等各师。还有杨玉生，益阳人，在巡防营，营长派他侦查革命党者，他投诚，将名单交出为信，得力甚多。所以湖南起义本拟稍缓，待整备充足，竟迫而先期发动。巡抚余诚格恃黄忠浩为护符。党人初拟以黄为都督，巡防营一部分人反对，并要以戕黄忠浩为条件，党人不得已从之。湖北催湘起义，电来甚迫。焦达峰为会党首领，云：须初二日各会员方能到齐。八月三十日，吴作霖于天亮时到谘议局，大言呼召，遂以初一实行。常治、黄翼球到抚署，要余抚到谘议局办事，余抚力辞，谓恐糜烂地方，对不起皇上。常治云："什么皇上！不过是一尺多长的小孩。"余抚谓须入内与其父亲商量，遂于署后孝廉堂照壁挖一大孔，携眷逃走。黄忠浩旋被部下捕于抚署大堂，反搂两手，拉至小吴门城楼上戮之。常治、黄翼球久俟知余抚潜逃，遂扯桌上台布，大书"中华民国湖南都督府"悬诸署门外。新旧军既合作，各以白布缠臂，商民亦然，市肆无扰。常治在抚署内拾得虎纽湖南提督印一颗，即以之刻湖南都督府印。

朔日午后4时，起义发动。焦达峰自署为正都督，陈作新为副都督。文斐报告正、副都督姓名。常治登台呼曰："都督是临时封的。

即请谭议长（谭延闿）演说。”谭说：“今日湖南革命成功，是件大喜事；但革命是要打仗的，延闿是个文人，打仗的事全然不懂，要靠大家努力。目前维持秩序，保全治安，为第一要事云云”。次，陈炳焕副议长说：“清廷政治腐败，贿赂公行，非亡不可。我们还要大大地努力，又希望真正的革命成功。”次，常治说：“清入关以来，屠杀汉人不知若干！弄得今日民穷财尽，危机四伏。我们若不革命，不独有亡国之惨，我们汉人将有灭种之祸。今日革命是替我祖宗报仇，替我子孙留站脚的地方；但距大成功之日尚远，望我同志不要心满意足，还要大家努力呀！”

散会，即在谘议局宿舍办公，组织参议院。推谭延闿为院长，黄瑛、常治、左学谦、吴作霖、黄翼球、粟戡时、陈炳焕、刘善渥、易宗羲、文经伟、阎鸿飞、陈文玮、刘人熙、黄用楫、郑钧、仇毅、王猷、龙璋、黎承福、罗良干为参议员。职务系议决湖南一切政治措施，以防专制独裁之弊。陈作新坦率直快，不大问事，溺于酒色。自为联云：“幻想在九天以上，荒唐绝万古之伦。”

焦达峰颇受其会党包围，枪法错乱，于用财用人，本应与参议院商定而后行者，他孤行己意，遂滋疑谤。直接以湘潭冯廉直安抚南路，以杨任安抚西路，皆会党，不甚惬人心者，尤丛物议，竟于初十日被戕。陈作新其日往北门外调解和丰火柴公司票币挤兑风潮，亦于归途受害。一时无主。谭参议院长亦跑，于半途司马里被找回，推之充任。谭涕泣陈辞：“什么事都干，只不当都督。”新化谭人凤拔刀拍案曰：“干则无事，不干有刀在此。”谭强而受命。

今日或谓焦、陈之死，由谭主谋。我以当时情况揣之，事属可疑。组庵性极圆通，趋避亦熟，人以八面玲珑称之。武昌八月十九日起义，至九月十四日，仅山西、陕西、湖南3省响应，广西尚无表示。中间20余日，武汉激战，南北摇荡。黄忠浩死后，谣言谓西路驻军欲为报仇。组庵胆小，此时未必有此野心。几次督湘，未轻杀戮。为赵恒惕、林支宇攫取军政、民政，即戮易象、叶隆珂等10余人，组庵在上海闻之咋舌曰："我则不敢！"而谓起义冒险之时，即忍而出此？并无确实证据，颇难置信，事隔数十年，我亦难以辩护，述我所阅而已。

起义时，未多戕害，唯戮沈瀛、申锡绶、王毓江3人，抢救数人。沈、申诸人，劝降不从。沈为长沙知县，又侦察党人最严者。旗籍无人受害。巡警道桂龄亦携眷安全出境。计被杀者不到10人，真是文明革命。黄忠浩之死，由其巡防营部下发动。黄本愚忠，余抚倚任之。事后或云，若黄不死，长沙恐至糜烂，如南京张勋之惨烈。牺牲一人，保全大众，亦不幸中之幸事云云。此次湘城安然无惊，或者又云：自明季兵祸之后，越200年，太平军过省时，以张亮基、骆秉章、左宗棠等筹防，平安度过。辛亥如此，解放时亦极安全，长沙可云福地。独汤芗铭、张敬尧、张治中督湘时，皆遭过劫。

汤芗铭督湘事可连类及之。他留学法国，学习海军，旅法国时，加入同盟会，写有证书，既而悔心，乘中山先生他出时，将证书盗去，其品可想。癸丑年（1913年），苏、赣、皖、湘独立失败，袁世凯命之来湘查办，即接替谭，任为湘督。谭交卸时，吕苾筹匆匆将独立会议名册一并交出。其年十月初十日，汤芗铭以名片召我与杨德邻、唐联璧（教育司长）、湖南银行总理章克恭、协理陈光晋及吴作霖、易宗羲、文经纬、伍任钧（筹饷处会办）、黄瑛、黄翼球、曹耀材、李长才、赵恒惕、江隽、陈复初等，皆目为乱党，内中多辛亥起义的党人。袁世凯初电一律枪毙。即于十三日夜间，将杨德邻、伍任钧、易宗羲、文经纬毙于师范学校坪中。时熊秉三任内阁总理，见此名单，谓多是湘省正人，不全是乱党，袁乃电令汤芗铭依法讯办。盖杨德邻死后，省垣与京中物论哗然。其布告杨之罪案："乡里有长者之名，居官任财赋之重。"这两句岂是杀人的罪案？尤招物议。因其内中操持者有胡瑞麟，任财政司长，疑杨德邻与会计检查院勾通作弊，先杀之以灭口也。我于独立时，任内务司长，布告抗袁文内有："袁贼无道，叛国殃民"等句，咎有应得，自忖必死。汤芗铭所备的棺材，并写明我的姓名，乃竟移作文经纬用。越数日，叶世羲法官来，随便坐讲，取口供去，遂拘禁于司禁湾，逾年开释，偷生至今。这真是死生由命，有莫之为而为者。今诸人皆逝（赵恒惕在台湾，不知好否？），唯我独存，回首前事，了然心目间，以与辛亥起义事有关联，特慨然述之。

1961 年

（原稿由中国政协文史馆馆藏）

关于焦达峰二三事

阎幼甫*

辛亥革命湖南“光复”的第一任都督焦达峰，是革命党人中的一位青年英雄（焦被害时刚 26 岁），其兴也勃，其死也速，所以知道他的事迹的人不很多。现在就我所了解的有关他的情况简介如后。

一

焦达峰，字大鹏，笔名达峰樵子，1886 年生于湖南省浏阳县，为半自耕农焦闰生的长子。1906 年，因萍浏醴起事失败，亡命赴日本。旅日本东京时改名“冈头樵”。他是华兴会会员，又是同盟会盟员。

* 阎幼甫：时任湘鄂义军总司令，后任南京国民政府浙江省政府委员兼民政厅厅长。新中国成立后，任中央文史研究馆馆员。

他是四正学会的领袖之一，又是湖南四正社的领袖。

1906年，华兴会会员李金奇和姜守旦等在萍浏醴起事时，他在李金奇所组织的铁血军总司令部充联络参谋。1906年，李金奇总司令在作战中坠水而死，铁血军因而星散。焦达峰同宁调元逃往日本，投入私立东斌学堂学习军事。其时留学界小组织之风盛行，焦达峰在东京与宁调元、何弼虞、文公舒组织了一个四正学会。所谓“四正”，就是心正、身正、名正和旗正。焦达峰从此将“冈头樵”的冈字自书花押作“冈”，并将花押刻成一颗图章。冈字草书和“四正”二字相似，也可说是焦达峰故意为之。焦死后，湖南宪政派一些反焦的人，在报上诬焦自命为梁山泊的天罡，就是用焦的“冈”字图章作材料的。

二

1910年，湖南、湖北、四川、江西、安徽5省籍贯的革命党人在武昌开会，焦达峰参加了。因为蒋翊武、孙武、张振武（时称三武）都和他谈得来，焦便加入了文学社和共进会。在革命运动中这两个组织原来合作得很好，后来因争领导权，起些摩擦，焦达峰在两组织中曾起了不少调解作用。

焦达峰在湖南搞革命，为了要创建一种基本力量，就组织了一个“四正社”。四正社和四正学会并没有组织关系，但在革命事业上，四正社可称为四正学会的支流。四正社是洪江会（即哥弟会）的一种组织。焦达峰因为参加萍浏醴起事时，认识了一些洪江会中的“龙头大哥”。1909年秋间，在浏阳县的普集市开了一次“山堂”。当时参加开堂的，就有湘阴、平江、萍乡、万载、长沙、醴陵、浏阳等县“龙头大哥”30多人。焦达峰在这天，经许多“龙头”抬举之后，便成了一个“穿靴子上山”一步登天的“龙头大哥”（原来洪江会入会应从老五做起，一步一步地升到老二、老大，名之曰穿草鞋上山）。据说，焦达峰开堂时，所到的各位“大哥”的手下都有“拜弟”两三千人或四五千人。经过这次开堂以后，只要焦达峰对各位“龙头”去一个通知，便能得到10多万人的声援。

辛亥革命时，四正社的人是全部参加了革命的。新军中的易堂龄、杨玉生、朱先杰、刘玉堂等人，巡防营中甘兴典、袁国瑞、赵春霆等人都是列名四正社的。

当革命在秘密运动中，革命党人觉得非依靠4种力量不可：

1. 新军；

2. 巡防营；

3. 学生；

4. 农民（此处所指的农民，是指已加入四正社或共进会组织的农民）。

长沙“光复”时，新军积极参加，巡防营已有最大默契，四正社社员是起了一定作用的。湖南军政府成立，拟扩充陆军为四个镇（相当于后来的师），不到一星期，附近各县开到马刀队、梭镖队、来复枪队1.8万多人编入陆军各镇之中，这都是响应焦达峰号召而来的四正社社员。

三

湖南都督府成立后，焦都督的身旁有两个顾问，一是曾杰，一是李洽。一切大小事情，焦都督都和他们商量处理。焦都督的特点是肯接受别人的意见，善于联系群众，为人直爽，对于名利二字非常淡泊。起义时他原想推谭人凤为湖南省都督，因为谭人凤当时不在湖南，很多人对他不熟悉，大家一致要焦达峰负责；他要让给陈作新，大家也不同意，经过大家的敦促，他才出任湖南省都督。

焦达峰做了10天都督，他并未用过都督府一文钱。只有陈作新曾写条子向军需司支家用银200两，军需司签呈请示都督，焦批了“照付”二字。焦、陈被害后，谭延闿继任湖南省都督，传出焦、陈二都督私自提走公家几万两银子，用棺材运到浏阳家乡。这些谣言来自何人虽未得知,但其目的在毁坏革命党人名誉则是很显然的。谭延闿为了追查所谓焦、陈贪污案，曾成立一个委员会，细查焦都督任内的开支，结果查明了焦都督没有支过一文钱。

（选自全国政协文史资料研究委员会编《辛亥革命回忆录》第2集，中国文史出版社2012年6月第2版）

回忆陈作新

阎幼甫*

一　名号和籍贯

辛亥长沙“光复”后湖南副都督陈作新，是辛亥革命时所谓“三湘二杰，十日千秋”的历史人物（“三湘二杰，十日千秋”是辛亥年九月湖南省各界追悼焦陈两督殉难大会会场大门的联语。据说，这八字挽联，是革命党人成邦杰所作）。人们对于这位昙花一现的首义功勋人物，有种种不同的传说。笔者比陈的年龄小17岁，从1896年起，便不断和他会见，向来是以父执辈的礼貌去尊敬他的。今就记忆所及，追述我所知的几件事：

---

* 阎幼甫：时任湘鄂义军总司令，后任南京国民政府浙江省政府委员兼民政厅厅长。新中国成立后，任中央文史研究馆馆员。

陈作新原名辅廷，字敬臣。1895年，由彭梅生先生介绍他到长沙东乡洋石潭郎家坊李芳生先生家教书（彭梅生名钧，为长沙名士，据说曾做过陈辅廷的廪保。彭家住长沙东乡洋石潭廖家屋场，和李芳生家以及我家都是望衡对宇。彭很赏识陈的文笔雄健，所以举荐他到李家教书）。我曾见李家写的"关书"："敦聘陈敬臣夫子为小儿继芳业师，全年奉束脩叁拾串。此订。"陈到李家上学之后，有一次到我家拜客，大红名片上是陈辅廷3字。1897年，陈准备投考时务学堂，事先和王先谦谈话时，争辩了几句，被老气横秋的王先谦所呵斥，气愤离席，未去应考。随后报捐监生去观场（花几十两银子便可捐得监生。凡有监生执照的，就能和秀才一同应乡试。当日称应乡试去考举人的，名曰"观场"），并改名陈汝弼，字荩诚。

1899年，陈作新随唐才常在湖北搞自立军。据他自己后来谈及，那时没有用真姓名，化名为程秉铖，所以湖南人不知道湖北省所通缉的程秉铖就是他。壬寅年（1902年），改名陈竟存，字涤非，去投考湖南将弁学堂，不幸落选。后来才改名陈作新，字振民，谋入湖南兵目学堂。朋友们不习惯于叫振民，仍旧呼他为敬臣，所以改用敬臣的同音字"竟成"为号。在革命运动中，同志们因为"有志者事竟成"是一句成语，大家都戏呼他为"有志之士"。陈作新还有一个绰号叫作"陈梦天"（湖南有一句土话：浏阳梦天，一发3年。凡是性情直爽，一往无前，幻想甚多，随便发言的人，便呼之为"梦天"）。陈作新的一生事业，很受了这个绰号的影响。

陈作新的籍贯，有种种不同的说法：有人说他是浏阳人；也有人说他是萍乡人；他自称为长沙人，说话也完全是长沙口音。可惜笔者在少年时对于籍贯问题没有兴趣，不曾向他追问明白，所以至今也不敢断定。说他是浏阳人的，可能与“梦天”的绰号有关。说他是萍乡人的，据说曾看见他在萍乡县应小考（小考就是童子试考秀才）。陈作新自说充当过几次“枪手”（枪手，就是入场代考的顶替人），可能在替人“杀枪”时，被人所见，便误认他为萍乡人。自称为长沙人可能是陈作新像“龙阳才子”易顺鼎一样，以府名为籍（易顺鼎本为龙阳县籍，而自称为常德人，常德是府名也是县名，犹如长沙是府名也是县名）。

二　教读中的琐闻

1896年，陈作新在李芳生家教书，李芳生的儿子李继芳，从陈受业。其时，李继芳年仅12岁，从前士子必读的十三经除《仪礼》外，皆已读完，八股文章已经“完篇”。照习惯，文章已经完篇的学生，先生应把他当成年人看待，不再背诵诗书，即有过错，也不再予以体罚；而陈先生性情急躁，对学生期成心切，要求也甚高。一般年轻的孩子，都是爱玩的，陈先生以为对于学生的幼童时期，教读如果稍微放任，将会前功尽弃，所以对李继芳教读极严。背诵偶有遗忘，动辄施以体罚，打得头青眼肿；每天下学，还要给他一些额外负担，如要他默记《论语》上有几个“斯”字和“仁”字，《孟子》中有几个“此”字和“义”字，《国风》里有几个“麻”字和“河”字，《唐诗三百首》中有几个“烟”字和“桥”字，唐诗中你读过几个“阑干”等等，使学生在休息玩耍时，还要费脑筋去默书，有错就又得挨打。李继芳是一个天资聪颖的人，地方上一些教书先生常说，这个学生的颖悟和记忆，都超越寻常，不应挨打；而陈先生有他的成见，他说，我原来也是爱玩耍不肯念书的人，今天还能当教书先生，就是严师打出来的，因而认为“不打不成材”，“严师出高徒”，教书要严，严的好方法就是打。陈先生的馆中有两个附读学生罗某和汤某，他们挨打也不比李继芳为少。罗姓学生资质较笨，记忆力弱，更是乡下人所说：“捶糯草一样”，打得青红遍体，竟至中途辍学。

陈作新为了琢磨李继芳快些成材，夜深还罚他跪着读书。李继芳忍无可忍，侦知先生已经睡熟，便摸黑夜逃走了。陈作新发现学生由学堂里失踪，感觉自己责任重大，亲自同着李家派出寻访的人，四处寻找，寻了一整天，毫无消息。大家认为黑夜出外，可能失足落水，在附近塘坝中打捞，也无一点踪影。失踪的第三天傍晚，李继芳才被一个农民将他护送到他的外祖家中。原来李继芳逃往离他家八九里外一个农家的草礁（乡下在收割禾稻之后，将草堆积成山名曰“草礁”）中躲了两天，被农民发现了，要送他回家，李继芳说：“我是由学堂里逃出来的，回家必定会被先生打死，我宁肯在外面讨饭，决不回家。”农民再三劝他，他说：“我只能到外祖家去。”农民就把他护送到了他的外祖家中。陈作新经此次事故之后，对李继芳的管教大大放宽了；而且戒酒戒怒，因而平安地教完了这一年馆。

三　在考试中的波折和思想上的转变

陈作新在青少年时代，是专攻八股和词章的。他受了当时社会风尚的引诱，无例外地成了一个醉心于“日绕龙鳞识圣颜”的人。据他自己说：从 14 岁起就去赶考，应过 6 次小考，仅仅“挑了”（被挑选作为备取）一次；但在外县替人作枪手 5 次，有 3 次获售，曾先后得到300多两银子的报酬。后来，花了几十两银子捐得一个监生去观场，这一次的文章，自己觉得十分得意，朋友也为他预贺，满以为必定高中，榜发，不幸“名落孙山”。后来，知道他的文章曾经“出房”（阅卷的房师把他的卷子呈荐于主考），只得怨恨时运不济，命途多舛！被额满见遗，遂决定“弃文就武”。

当陈作新投考湖南将弁学堂的时候，总办俞明颐升坐公案点名，唱名人高唱：“陈竞存！”陈作新身穿一件酱色宁绸镶有青缎五云的得胜马褂（清末新军军官一种制服），左右袖各有金边（表示官阶的）三道，足登快靴，自提笔墨袋，走到公案前应一声“到”（笔者当年还是一个毛孩子，因送业师马剑辉先生去赴考，在旁亲眼看见，心中很羡慕他的英俊）。而俞总办却将眼睛扫视着老陈的全身，随将笔在陈的名上另加一点。等到出场，我将所见告诉马先生，马先生说：“你眼见总办看他时，是否带有笑容？”我说：“似乎很庄严。”马先生说：“这就吉凶莫测。”结果，陈又落选。据说后来陈进入兵目学堂，还是另凭八行书的效力。

陈作新青少年时代所读的书，大都是赶考用的诗文之类，如《各省魁元闱墨大全》《多宝船》等，总想在“摩元得元，摩魁得魁”的揣摩中，收得“青云得路”的效果。据说，辛丑年他在贺家教书时，看到贺家藏书中有袁子才的《小仓山房全集》《吴梅村全集》和《龚定庵全集》以后，诗文的意境才走入性灵奔放的大道。尤其是在李芳生家教书时，看到李家藏书中的王夫之的《船山遗书》、黄梨洲的《宋元学案》《明儒学案》、魏源的《海国图志》等书，开始对于世界的辽阔、文章的经世有所领悟。彭梅生为了在长沙东长街创立“国民教育阅书处”，邀约陈作新做助手，陈又趁此机会，看到了许多翻译的新书。陈很聪明，后来的思想转变，都是由于他所积新知的逐步发展。自《猛回头》《洞庭波》《黄帝魂》一类鼓吹革命的小册子在长沙秘密流行后，陈更欣喜若狂，到处宣传，变成了禁书的义务推销员。同盟会机关刊物《民报》传到湖南，陈从头至尾，读得滚瓜烂熟，见人就一段一篇地背诵，所以许多人都以为他必是同盟会的重要人物。

陈作新是一个"个人英雄主义"色彩最浓的人，在治学方面，读书庞杂，知识日新月异。他之由醉心科举转变到搞时务、参加自立军和民主革命，都是有线索可寻的。

四　艺术方面的造诣

陈作新是一个有艺术天才的人，能诗能文，会写会画，也会镌图章。他的诗是从学陶、学杜入手，有一个时期为应试之用，专搞试帖诗；后来，读诗渐多，力学吴梅村和龚定庵，因而能不为试帖所束缚，转入清新奔放一途。

陈作新的八股文章，最为彭梅生所赏识，可惜文章憎命，应试无功。清末改试策论，陈对于唐宋八大家的古文和桐城派的一些名作，又勤加揣摩。某科乡试，陈捐得监生去应试，出场向友人背诵闱中所作，都认为必有捷报；结果，徒叹一击不中！从此，他的文章出路，只能做些寿诗、寿序、墓志、挽联，谀人谀墓，去换取酒资，终不克冲破樊笼，为经世之用。

陈作新的正、草、篆、隶四体，都写得很好。小篆、大篆已擅小名，尤长于铁线文。他最爱写字，对于向他索书的人，总是有求必应。

他在副都督办公室所忙的，多是写对联和屏条。民国初元，湖南有许多人家的客堂中还悬挂有陈副都督的墨宝。

陈作新学画，自言并无名师指导，初学画兰、画石，后来在罗家教书，罗家藏有画谱和印谱很多，于是又学画梅、画竹。我曾看见他为任舜畴画的立石，突兀峥嵘。陈自言："你细看一下，可以看到立石的三面。"经他指示再看，果然玲珑剔透。在画的右下角另盖有图章一个，篆文："留与将军作虎看"。画竹则学郑板桥，颇自负。又说，他学郑板桥的行草，习之3年，仅得皮相，再练20年，或能有成。由此可见他平生对于艺术的爱好，也深知攀登艺术高峰的艰苦。

陈作新爱镌图章。他镌章是用"墨脸"（用墨涂在石章上，不用稿本，信手刻画）。常见他握着镌刀向空刻画几下，便在石上奏刀。不一刻钟，四字章的阴篆或阳篆已轮廓分明，只待修饰。他说，镌章在奏刀之前，要胸有成章，如画竹必须胸有成竹。当日长沙有些金石家也曾誉陈的篆刻为："刀锋自然，古朴可爱。"

光绪末期某年，陈作新因年近岁逼，债台高筑，乃在长沙犁头街翠筠轩刻竹铺对面，借得某轿子铺临街一席地，摆一个"代书春联"的摊子，想搞一点笔墨费去还账。他的临时招牌是用珊瑚冷金笺写的"鬼画桃符"4字隶书。翠筠轩刻竹铺，是长沙有名的手工业，柜台朝南角有"精刻竹器"四字隶书招牌，是用珊瑚冷金笺写的。陈作新的那块"鬼画桃符"的招牌，就竖在竹器铺的对面。当日长沙的街道很窄，由南往北去的行人触目就见到"精刻竹器"和"鬼画桃符"凑成的一副绝妙对联。因此，行人都要停下来欣赏片刻。其中一些有文才懂艺术的人，便在街上东张一张，西望一望，含笑谈论，个个都称赞：有趣有趣！行人问到这位卖字先生的姓名，陈就回答说：名叫“吴斗魁”，盖以“吴”字谐音作“无”，无斗之魁者鬼也。陈所取润笔费较高，8 个字的春联收费 100 文（普通代书春联的市价只二三十文），白宣纸对联加倍，四尺屏条和横披每条 200 文。从腊月十六至二十四过小年，只 10 天工夫，就收入了十六七串，相当于普通教书先生全年的束脩。陈后来常常自夸他在艺术生活中的出奇制胜。

五　参加自立军

陈作新谋入时务学堂，被王先谦所扼以后，愤恨不平，只要喝下几杯酒，就大发牢骚。常说：要去做“山大王”，并放言：一朝得势，定要杀尽这些老朽。其时，唐才常正蓄谋搞自立军，到处留心人才，见陈作新少年气盛，便争取陈作为臂助，时常予以接济。当陈去到汉口和唐相见时，唐即派他到安陆一带组织自立军。唐深知陈疏狂不羁，爱使酒骂座，怕他偾事。其所以指派他到安陆，正因为安陆先有一个名叫许行健的在那里工作。许是老于江湖的人，并且是会党的头目，和群众联系得很好，使陈去安陆后，可以有所依靠。陈到达安陆后，许行健劝陈加入会党，保证可由几位龙头大哥来抬举，使陈做一个“穿靴子上山”的大哥（会党中所谓“穿靴子上山”的大哥，就是不必由老幺按步提升，而是一步登天的大哥）。许行健曾对陈说：“圈子外的人和圈子里的人总不免隔阂，圈子里的人对圈子外的人虽是尊敬，还是不够亲切；一旦上山，都是自家人，事情就好办多了。我听到佛公（唐才常字佛尘，同事都称他‘佛公’）说：你想做山大王，今其时矣！”当被陈婉辞拒绝了。后来，陈作新谈到这段经历时，说：“那时我是书生之见，对于参加会党，思想上搞不通，我曾对许行健坦白地说：‘会党是江湖流派，生硬的做作太多，我不习惯；并且我们去运用他们起事，事成也应对他们有足够的酬庸，若我们自己卷入江湖，那将是终身卷入旋涡，不能自拔’。”从此，许行健再也不提“开山堂”（加入会党的一种仪式）的事了。陈作新感到在安陆和他们一起，虽礼貌上仍是一样，但许多事，自己像站在圈子外，越来越感到貌合神离，因此，索性借着去汉口接洽公务，离开了安陆。陈到汉口和唐才常会见，很率直地将许行健劝他加入会党，以及他不愿意卷入江湖的一番经过告知唐。唐说：“为事业而卷入江湖，不同于无目的耍江湖，谭壮飞（谭嗣同号）为了想考察会党的起源和作用，曾亲身投进过许多不同宗派的会党。关于参加会党的问题你再考虑考虑吧。”其时忽报崇（阳）通（通山、通城）主持人谢某病危，已离崇阳回家，唐才常认为正在紧急的时机，便又派陈作新去崇阳暂时接替。陈到崇阳后，便赶忙又到通山、通城一带与会党联系。原来崇通主持人谢大哥已经组织了好几千人。陈作新以一个新由汉口派去的人，大吹大擂，积极鼓动，使崇通自立军的进展加速。据陈言，设非武汉机关被破获，唐才常遇难，他将率领崇通8000子弟，会师三镇，痛饮黄鹤楼中；无如变起突然，群龙无首，自立军无形瓦解，他只好扮作游学先生沿途混饭吃，逃回家乡。

六　参加辛亥革命

陈作新由一个搞八股文章的书生，随着时代潮流的进展，搞维新、搞自立军，东奔西荡，受尽挫折，搞得一事无成，栖栖遑遑地长叹着“一身四海无安顿”，忽然在武昌遇到湖北新军教习辜天保（荞生）。陈辜两人性情相似，谈得十分投契。辜天保对陈作新说：“新军用的兵器，都是最新式的，战术也是崭新的一套。今后作战，若以新对旧，旧军绝非新军之敌，必不能在新军之前获胜。”这一席话使陈作新受到了新的启示。

陈作新自被龙大先生（砚仙）介绍进入兵目学堂毕业后，先后任二十五混成协炮队营排长及四十九标排长，对当日的新文化日益接近，于中国的积弱和世界形势的发展，有了进一步的了解。有一次在龙砚仙家看到同盟会出刊的《民报》，受到种族仇恨的刺激，便组织了一个“积健学会”（后来改称积健社），结合一些新军中的下级军官，以研究军事学为名，暗中搞革命运动。陈作新的书法，在当时湖南新军中是有名的，一些官长对于应酬场中的寿对、挽联，往往托陈包办。陈便趁机和他们接近，逞其雄辩，想说服一些中级军官一起搞革命。当日的中级军官，多数是热衷利禄，很少有革命大志的，对陈总是“敬而远之”。某次军队中因庆祝会聚餐，陈作新酒醉忘形，大发革命言论，被其直接上司某某密报上级，借故将其排长职务撤除。陈被撤差以后，听说东三省的陆军正需要人，便打算去黑龙江投效。他的一些旧同学和旧同事集了一笔钱送给他作旅费，并有许多人设宴为他饯行。据说，陈作新另有纠缠，迟迟其行，不多时，就把远游的盘缠挥霍光了。这时，焦达峰在湖南搞革命运动，焦知道陈正在进退维谷，陆续接济陈的生活用费，并劝他不必去黑龙江，且在湖南帮同运动新旧军队，作在长沙起事的准备。他要求陈作新除加紧对新军中的下级军官联络之外，进而和各兵种中的正副目时常接触，多方联系。陈作新有了这个任务，决心留在长沙。

他的言论和行动，每每显出一种“神出鬼没”的样子。龙砚仙又给他一些交际费，举动更表现得活跃。从此，小吴门一带的茶楼饭馆中，常见到陈作新的踪迹。陈和日新社的一些同志搞得非常融洽。陈作新浑名陈梦天，在军队中知道陈梦天的很多。陈自称和革命党头子孙文、黄兴都是拜把的兄弟。他就是湖南革命十头领之一（所谓十头领是陈作新捏造的，即：宋教仁、焦达峰、谭人凤、陈作新、龙砚仙、阎鸿飞、杨任、成邦杰……），事成之日，他就是湖南革命军的镇统（那时湖南新军中以协统为最大，镇统比协统还高一级）。又说，革命党已托英国、法国和日本的兵舰运进炸弹 40 箱、机关枪 40 挺、马枪 2000 支、手枪 3000 支……，说得天花乱坠，大家毫不怀疑，精神为之振奋。有一次在杨家山小学开会，他事前对人说：孙文派了他的总参谋杨任到湘联系，大家将会看到一个翘胡子，就是杨总参谋。届时，杨任、成邦杰和杨守箴 3 人同到，翘胡子杨任更受到军队代表们的欢迎。陈作新这种似真却假，说假还真的花招，当时曾经使到会的人受到很大的影响。

七　出任湖南副都督

辛亥年九月初一长沙“光复”，革命党人临时邀集一些原有默契的开明士绅到谘议局开会，推选焦达峰为都督（焦出任都督是秘密运动中早经决定的）。陈作新忽然当众对焦达峰说：“你当都督，我来当副都督。”焦说：“原议并无副都督一职，湖北也不设副都督，你当都督好了。”陈说：“我不是和你争都督，我只要当副的。”黄锳和陈作新私交很厚，便对常治说：“你的声音洪亮，你就提名推举焦达峰为都督，陈作新为副都督，由大家去决定。”到会的革命党人，正因革命胜利，满怀高兴的时候，听到常治的提议，一阵掌声便算是决定了。

接着焦都督提出军务部长和民政部长人选，经大家赞成后，即提到都督府地点问题。文经纬主张照湖北一样，设在谘议局。陈作新说，都督府以设在抚台衙门为相宜，该处房屋宽大，居省城中心，办公最为合适。余抚台归顺革命后，可派队去接收布置。随即指派杨玉生率队前去。

各革命组织的负责人出会场后，又向都督府集会。焦都督提出一系列当前亟待处理的紧急事项，并说，除电报局和湖南官钱局已于起义计划中派出联络组前往监视发报和提款以外，现在第一，要派遣三个武装和便衣混合组去监视余诚格和藩臬两司，并从速护送其出境；第二，派人接收巡警道和各分局；第三，设立城防司令部。又提出都督府内设秘书监、主计处、顾问厅和督勤处的规划和建立陆军四镇以及镇统人选问题，经逐项议定后，问副都督有什么补充？陈只说要设立一个招贤馆，网罗文武人才，以扩大革命队伍。焦都督说：“重要，重要！”即交秘书监去计划拟办。其时，谭延闿提出设置临时参议院的计划。焦说：“这件事，明天再讨论何如？”谭说：“许多士绅和谘议局议员都认为新邦成立，民主极关重要，应即决定，以安人心。”当时，会议厅的出席人都已疲劳极了，对于这个突然提议，没有深加考虑；仅文经纬说了几句暂时不必设立议会，以免牵制革命行动的话，也未为大家所注意。临时参议院就这样设立起来了。

九月初二，陈作新要兼议长，而参议院以军人不能当议员、议长要从议员中推举为词，拒绝了他的要求。陈也不以为侮。宪政派中老谋深算的人多，想出种种方法在两督之间进行挑拨离间。焦的胸怀淡泊，无所不容；陈则被人捧拍利用，和焦直闹分家。他将都督府刚成立的卫队分去一半，另行驻扎，并说副都督形同赘疣，竟闹出向参议院辞职的笑话（都督、副都督不是由参议院产生的）。当时，长沙遍传两督摩擦，直到九月初五我由湖北回湘就军务部长职时，陈才到都督府向我道贺。我劝他率兵去援江西，陈也觉得出省建功，是最好的方法。一场副都督辞职的风波，从此烟消云散。

八　援赣声中被戕

湖南“光复”后，除北与湖北已联成一气之外，东、南、西三面如江西、两广、川、黔都还在酝酿举义中，亟待湖南予以支援。江西为湘鄂的近邻，若不得手，为患非浅。我就军务部长职后，首先督促第一协王隆中统领立即出发援鄂。同时催第三镇统制易堂龄整军援赣。易堂龄和陈作新同学，且素相契，因而劝易与陈合作，由陈兼任援赣军总司令；并拟以第四镇阎鸿嘉所部的一协为援赣军总预备队。陈作新也认为满意。这时湖南军队中传说有所谓四派，即：士官派（日本士官学校毕业的）、新军派（湖南武备学堂、将弁学堂、兵目学堂和陆军中学的）、旧军派（巡防营出身的）、外江派（日本东斌学堂和外省的武备、陆师、将备、将弁等学堂毕业回湘的）。这4派中以新军派的人数为最多，士官派的旧势力为最大。士官派中野心勃勃的梅馨、蒋国经等和革命党人素无联系，没有能像余钦翼、王隆中当到镇统、协统（余、王都是士官出身，因和革命早有默契，所以能得到统制、统领），心怀仇怨，因而兴风作浪，挑拨是非，离间焦陈；并且骂外江派为“江湖派”。他们阴谋暗杀陈作新，嫁祸于焦达峰头上；再煽惑新军派向外江派进攻，借口为陈作新报仇，最后将焦达峰打倒。另一方面，宪政派中的阴谋家廖某、陈某和梅、蒋商量杀焦的计划。传说，宪政派认为陈作新不过是“梦天”作风，嗜酒好色，容易对付，原想去焦不去陈，以免得罪于新军派。蒋国经认为除陈易必倒（就是易堂龄随之而倒），不如将陈一起“切了”。

辛亥革命时，革命党人多半是淡于权力的，警惕性不高。焦达峰原接到一些报告：有人正在阴谋陷害。焦说：“只要是革命‘排满’，谁来领导都可以。有人接替，我就上前线去。”他还不曾想到敌人不仅要夺他的位而且要他的命。陈作新也接了许多报告，他总疑心焦达峰不容他，决没有想到老上司们将会拔刀行刺。

九月初十日那天，在谘议局开大会讨论援赣和援鄂。会后，都督府接到有许多人在和丰洋火局挤兑的报告（和丰发行一种钱票流通市面，信用素著。那天挤兑，后来才知道就是梅馨等有计划制造出来的）。焦都督说：“要城防司令快派人去弹压、并派人开导一下，说有都督府负责，挤兑的人自然就会散去。”此时忽有人对陈副都督说：“事关省城治安，挤兑之风，平息越快越好，副都督如果亲去弹压，群众看到副座的威风，一定可以放心，不会扩大风潮。”陈副都督忙调卫队两棚，亲自乘马向和丰进发。路经文昌阁附近某成衣铺门前，就有预伏的武装队伍拥出围住卫队缴械；另一大汉手持马刀向陈副都督头上一刀劈去，左额劈下一块，陈拔枪不及，忍痛下马，突入成衣店取得板凳一条，回向杀他的凶手当胸砸去，将凶手砸翻，又在凶手头上一凳砸死，他自己忽又连中几弹，倒地气绝。

我所知道的陈作新的生平事迹，已如上述。现在就我所能忆及他的作品和琐事约略叙出，以当附录：

陈作新有一首狂诗：“平生何事最关情？只此区区色与名。若就两端分缓急，肯将铜像易倾城。”可怜他梦寐萦想的“倾城”，毕生未能如愿，而不急需的铜像却很快就实现了！

陈作新所刻的图章，我曾看见一些。名贵的石质不多，多数是寿山石和青田石。他有一本印谱，名曰《陈大奏刀》，其中有：“英雄无奈是多情”“戎马书生”“自称臣是酒中仙”“温柔不住住何乡”“但愿长醉不愿醒”“亦狂亦侠亦温文”“留与将军作虎看”“游戏人间”“觉今是而昨非”“推陈出新”……。据说，他作副都督后，还刻了一个“一人之下万人上”的图章，我却没有看见。那方“游戏人间”的图章是和“吴斗魁字曰忘愁”一方成对的。因为他用“鬼画桃符”作市招卖字的时候，人家要他书写宣纸屏对，署款仅“星恒忘愁”4字，盖的图章就是他星夜赶刻的阴篆“吴斗魁字曰忘愁”和阳篆“游戏人间”。这位曾经轰动长沙的怪人——吴斗魁，只有熟人才知道是陈敬臣的玩艺儿。

最有意义的作品，是陈作新临难前两日写的两副对联。九月初八他写了两副对联送成邦杰和我。联语是：“练兵先练将，擒贼必擒王。”联旁的跋语是：“日前与诸友谈北伐，成邦杰将军谓：擒贼必擒王，宜速进中原，直捣燕蓟，系组孱王颈上，饮马兴凯湖边，方可成犁庭扫穴之功。顷因筹备援赣，同军务部商谈整军；阎幼甫将军谓：练兵先练将，务使全体将校都能学识充足，技术娴熟，然后能收强将手下无弱兵之效。因思练兵先练将与擒贼必擒王二语，确系革命建军与北伐作战最重要之指导原则，巧合成对。爰制线篆联，分贻两将军，以当息壤。辛亥九月初八日陈作新识。”加盖了名章和“推陈出新”闲章。他赠我一联，因九月初十事变仓皇，不知流落何处。成邦杰同志在民国初元即身殉革命，如果赠成邦杰一联，尚能人亡物在，亦可算是辛亥革命时期一件有意义的纪念品。

我之所以惜陈死得太早，纯是对他的艺术而言。陈作新书画篆刻都想学郑板桥。学郑要先具备能写四体书，又会画兰画竹。陈的基本功夫已经初步打好，如果真能以他所说，加工练习 20 年，则推陈出新，可能驾郑板桥之上。

又陈临难前刚要出都督府，遇到我骑一匹英国种枣骝马回部，陈即换借我的坐骑乘去。陈死后，这匹马为谭延闿所得。谭素精马术，而马竟不驯，无法乘用。后来沈秉坤北伐过湘，谭将马赠沈，沈亦不能骑。及北京宣布共和之日，马忽倒毙。沈曾有信谢谭，叹为异事。1917 年我回到长沙，有一次和谭聊天。谈到“功成身退”，谭因此又谈及陈作新临死时所骑的那匹马。谭是迷信最深的人，他说，那匹“灵畜”，不事二主，可谓功成身退，暗中也是骂我始终不愿和他沆瀣一气。谭原不知道那匹马在革命过程中最初是属于我的。

又传说陈作新和焦达峰闹意见后要辞职。在辞职信中有：“自作弓藏之谋，免遭狗烹之祸”等语。他原以为焦不容他，哪里知道“鬼瞰高明”，焦亦同罹兔死鸟尽之祸！仇敌固在彼而不在此也。

（选自全国政协文史资料研究委员会编《辛亥革命回忆录》第 7 集，中国文史出版社 2012 年 6 月第 2 版）

谭延闿统治湖南始末

周震鳞*

一

湖南自咸同以后，许多文官武将，出力镇压太平天国等农民起义，被称为“中兴功臣”。他们退职回籍后，地方官吏自巡抚以次，都特别尊重他们，不敢得罪。因此，绅权之大，经常左右一切。当湘籍留学生纷纷回湖南办学的时候，绅士中有一群特别顽固的人，其中以王先谦、叶德辉和孔宪教为首，拼命反对开办学堂；而一般青年志士，则认为中国要救亡图存，必须首先多办学堂。于是湖南

* 周震鳞：时任湖南都督府筹饷局总办，后任南京国民政府委员，立法院立法委员，国民党中央监察委员。
新中国成立后，任第一届全国政协委员，第一、二届全国人大代表。

新旧两派的斗争，突出地表现在教育界。1903 年春，胡元倓等开办了私立明德学堂，成了新派的中心。这是因为其中的教员如黄克强先生、吴禄贞、张继、苏曼殊和我，都是革命派，顽固派王先谦等，指责明德是革命学堂，两派相斗，曾引起多次风波。

明德学堂开学 3 个月后，谭延闿应龙绂瑞邀请来校参观，当即捐助了经费 1000 元，并答应年助英文教员薪金 1000 元。可是这时他的父亲谭钟麟还在世，也是一个顽固派，尽管搜刮的民财很富，但不可能向他要一文钱办学堂，而谭延闿的妻子方夫人，出身官僚家庭，陪嫁的金器首饰不少，谭就取出兑换，支援了明德的经费。我们看到他这样热心教育，就把创办其他私立学堂的立案、请款和拨给校舍等事情，请他出面和官府及绅士们打交道，以便减少阻力，顺利地解决问题。1903—1904 两年之间，湖南学堂之多、学生之众，为各省冠。国内外革命同志来到湖南参观的，莫不惊异，而且借参观机会，进行革命联系，互通声气。当时的谭延闿，不过是一个热心教育的绅士而已，关于这些革命活动，我们对他是严守秘密的。

湖南“光复”前夕，官绅们已经看到了革命迅速发展的形势。在湖北首义后，湖南已呈山雨欲来之势，关于新的主政人物，官绅们自然要为他们自身的利益作打算了。他们原来属意巡防营统领黄忠浩出来维持局面，当时龙璋和谭延闿，也都曾向黄劝说过。直到焦、陈起义，杀掉了黄忠浩以后，官绅们才企图推谭延闿出督省政。

二

1911 年农历九月初一日，焦达峰、陈作新两同志在长沙领导了起义。我在两个月以前奉黄克强先生命，由北京经上海秘密回到湖南，在长沙约集各方面同志秘密开了多次会议，布置军事，约定农历十月起义，并严诫毋蹈过去事机不密、因而失败的覆辙。为了避免暴露，大家要我避居宁乡原籍，到期派人掩护入省。由于湖北提前起义，湖南势必提前响应，所以到了长沙“光复”的第五天，我才由洪春台、洪兰生两同志派人持焦、陈两督的安民布告催促晋省。我到省后，看到督署新旧军人争功论赏，纪律很差，焦、陈两督军书旁午，穷于应付。两督见我到来，也没有和我商谈革命的具体问题。有一次我因事到督署会晤焦达峰同志，他正在案头摆着一堆礼服样本，和裁缝工人一道，挑选研究赶制都督制服的式样，我当时感到他已经有点陶醉于革命的初步胜利了。

湖南“光复”后，黄克强先生由上海到武汉主持军事，派谭人凤到长沙，督促出兵援鄂。焦、陈两督正在一心调遣军队援鄂之际，不料新由湘西防地调省的第五十标营长梅馨纵兵叛变，两督以湖南起义首功，竟同遭杀害。梅馨利欲熏心，加以出身留日士官，自恃才高，不肯下人，竟充当了戕害革命领袖的刽子手，其结果终身为社会所不齿。他后来在上海穷困潦倒，就是谭延闿也不予接济。

发纵指使这次叛变的主谋者，一般公认是谭延闿原来所主持的谘议局。特别是副议长陈树藩（炳焕），为谭出力不小。谭延闿是正议长，当湖南“光复”，一般谘议局议员叫嚷推举他作都督的时候，他的表面态度是既不首肯，也不拒绝。事实上自从焦、陈以起义首功被推举为正副都督的一天起，谘议局议员就四出进行诽谤，特别是挑拨新旧两军之间的关系。他们攻击焦都督是会党，陈副都督在起义前不过是一个新军中的排长，并强调“维持秩序”，扬言焦、陈两督“年少望浅，不能服众”，不达到拥谭篡夺革命果实的阴谋目的不止。谭延闿就职伊始，即用都督印信给陈树藩家戚属子弟下委札，不下50余件，旋又用公费为他们派送了好几个西洋留学生，而陈树藩本人一直做着湖南省财政厅长。种种迹象，当时是人言啧啧的。

焦、陈两督被害后的头一两天内，市民惶骇，谣诼繁兴，传革命派要为焦、陈报仇，反动派还想继续残害焦、陈所属。谭延闿初任都督，一方面感到革命局势还未稳定；另一方面感到湖南的革命党人对他的压力很大，终日胆战心惊，惶惑不知所措。当时湖南局势，动荡不安，确属异常危险。

恰好这时克强先生来了一封长函给我和谭人凤，对湖南事变作了详尽的指示。内容大致是：为了统筹全局，湖南局面不能再乱，如果再乱，湖北也将支持不住，其他各省响应恐生观望，我们再不能失去这次两湖“光复”千载一时的机会。既然谭延闿已经被推举为都督，就应权且维持他的威信，共同安定湖南。信中一再强调当前首要任务是迅速出兵援鄂，并指定我留在湖南为谭延闿壮胆，调谭人凤返鄂参赞戎机。

我遵照克强先生的指示，表明了个人不做官、不争权、专做事的态度。于焦、陈被害的第三天，在金盘岭广场召集新旧两军开会演说，人民群众也围聚倾听。我首先代表同盟会和克强先生，旌卹焦、陈两督，以明是非。然后对他们说：现在清朝皇帝还没有退位，敌人的兵力还很强大，因此，摆在我们面前的战斗任务非常紧迫。大家都是爱国者、革命者，新旧两军决不容许互相歧视，互相排斥；而是应该严守纪律，听候黄总司令编调援鄂北伐，共同奋斗。至于湖南局面，谭延闿既然做了民国的都督，就得革命，既然革命，我们就得维持他的威信。值此革命紧要关头，必须目光远大，顾全大局，才能够取得全国各省的响应。最后把汉阳吃紧和湖南省库空虚的实际情况都告诉了他们。他们都深受感动，热烈鼓掌。我本来带着几万元准备犒劳他们，他们听说省库空虚，援鄂饷需重要，一致表示不受。从此人心日趋安定。

我还同谭延闿一道挽请了刘人熙出任民政司长，龙璋巡按湘西。如前所述，谭延闿第一次督湘，革命党人迫于形势，是支持了他的。

谭延闿的统治地位既定，就逐步在各方面布置了旧势力。他的政治活动骨干始终是原来的谘议局议员，亦即宪友会会员。他从中选派了唐乾一（字坤成）坐驻北京，专门和汤化龙勾结，进而和黎元洪、袁世凯勾结，也还有一些在京的湘籍官僚为他奔走。唐乾一从北京向谭延闿密报消息的函电极勤，我在督署经常目击这种情况。他们内部的阴谋活动，谭延闿对我是保密的。

三

中山先生让总统位于袁世凯以后，同盟会旋改为国民党，又改总理制为理事制，中山先生为理事长，设国民党本部于北京，派宋遁初（教仁）代理主持党务。遁初头脑明细，手段灵敏，办党数月，袁世凯所支持利用的共和党不能相与匹敌。临时参议院宣布召集国会，遁初南北奔走活动，党势益振，在国会选举中国民党已操胜算。当时流言，如国会产生政府，仍将选举中山先生和克强先生为正、副总统，遁初为国务总理。于是袁党和共和党都集矢于宋遁初了。

我于 1912 年春，被推为组织政府的湖南省代表到了北京，曾和袁世凯面谈几次。他对于湖南地方关于财政、盐务方面的要求，口惠而实不至，只是以官位拉拢个人。我看出他妒忌国民党，绝无拥护共和的诚意，不辞而别地回到湖南。当时宋遁初任农商总长，住在三贝子花园（现在的北京动物园）办理党务，我在京时曾和他在畅观楼同住了一个多月，协助工作，并提醒他对袁世凯严密注意。国会选举完毕，袁世凯暗杀宋遁初案发生，中山先生和克强先生急电湖南，要我和谭延闿迅速准备长江上游军事。我先到江西、安徽，和李烈钧、柏文蔚商议共同准备，然后到上海参加了布置讨袁的会议。中山先生和克强先生仍派我回到湖南，积极行动。

1913 年春，袁世凯帝制自为的阴谋日益暴露。我催促谭延闿加紧布置军事，他却故意延挨，没有具体行动。后来虽在革命党人的压力下不得不宣布独立，但不久又取消了独立。听说他在致徐世昌的密电中有这样一段话："湖南独立，水到渠成，延闿不任其咎；取消独立，瓜熟蒂落，延闿不居其功。"这就表明了他当时的两面态度。在取消独立的前夕，他害怕革命党人据湘讨袁，便纵容一批袁世凯收买的奸徒向瑞琮等，放火焚毁了我们艰苦经营的军装局，企图用消灭革命武器的办法，迫使革命党人离开湖南。取消独立之后，谭延闿还想恋栈投降，他采取了杀人以媚人的罪恶手段，杀害了坚决反对取消独立的革命党人刘崧衡等，并加以"煽乱"的罪名。但是，袁世凯却认为他不可靠，并且要把北洋势力伸展到西南门户的湖南，就改派了汤芗铭督湘。谭对汤表示欢迎，汤到长沙后谭即办理移交。首先是假汤手杀害了自己任内的财政司长杨德邻和省河厘金局长伍任钧，这是因为谭有贪污证据在他们手里。更恶毒的是把辛亥革命后湖南稽勋局的名册交给了汤芗铭，并对汤说，这是“乱党”的名册。因此汤芗铭下车伊始，便能够“按图索骥”，大量捕杀革命党人，残酷地镇压革命（据当年在湘人士调查统计，被汤屠杀的革命党人和反对袁世凯称帝的人士在全省范围内共有七八千人）。谭延闿办理移交后，由汤派舰护送到汉口和黎元洪晤面，然后转车北上，无耻地入京请罪，其实他早已取得袁世凯的谅解了。

四

1916 年，讨袁军事结束，中山先生和克强先生回到上海，筹商对付北洋军阀的策略。我主张克强先生亲自督湘，以便领导西南各省，应付非常。这时谭延闿也在上海，阳相应和，背地里却从北京通过黎元洪，由段祺瑞发表了他自己二次督湘。接着黄克强、蔡松坡两先生相继逝世，革命党人失去了军事长城，直、皖两派军阀更加轻视西南了。曹锟率兵横断湘、鄂之间，从此北洋军阀势力日张。而黄、蔡两先生的相继逝世，又使得谭延闿减轻了对湖南革命党人的顾虑，专心致志地巩固个人在湖南的统治地位了。

1917 年，段祺瑞承袭袁世凯的故技，撤换了谭延闿，改派傅良佐督湘。傅良佐在湘没有实力，因而不久就被刘建藩、林修梅两同志在零陵起义，驱逐下台。段祺瑞又派了拥有兵力的北洋军阀张敬尧督湘。这时直系军阀吴佩孚进据湖南衡阳、宝庆一带，谭延闿率部据守湘南郴、永，适值直、皖关系日益恶化，谭延闿联合直系，吴佩孚让出衡、宝，回师鄂、豫，谭则乘机驱逐了张敬尧，实现了

3 次督湘。

湖南自谭延闿取消独立以后，经过汤芗铭、傅良佐和张敬尧等北洋军阀的残酷统治，人民受尽了痛苦，革命党人或惨遭屠杀，或被迫流亡。其他各省情况也相类似。但是，中山先生始终没有因革命实力遭受挫折而气馁，仍然百折不挠、再接再厉地领导着革命继续前进。

五

1919 年，中山先生在上海决定北伐大计，先使陈炯明、许崇智率援闽粤军回粤，驱逐旧桂系莫荣新、沈鸿英等，随即号召国会议员南下，足成法定人数，正式开会于广州，选举总统，成立革命政府，然后大举北伐。我代表中山先生到福建漳州会晤陈炯明和许崇智，商定回粤计划。陈、许主张我回湖南说谭延闿分兵入北江声援，并议定由中山先生筹措开拔费用，湘军进入粤境，即可由粤方供给饷糈。我回上海报告，中山先生完全同意，命我积极进行。我先用个人名义，写信给谭延闿，传达了中山先生的北伐大计和对湖南的要求，谭延闿回信唯唯从命，随即我持中山先生手函回湖南面交谭延闿。我到长沙不久，中山先生又派李执中、覃振、柏文蔚和张继先后来长协助工作。我就放手召集各军的军官和士兵开会，宣布中山先生的北伐大计，以及对于湖南军人发扬革命传统的期望，这给他们以极大的鼓舞。当时驻省军官鲁涤平、陈嘉佑，驻醴陵第六区司令李仲麟，都积极拥护中山先生北伐，各自调遣所部，集结省城待命。而谭延闿则态度冷淡，故意延挨，不肯发布出兵命令。直到 1920 年 8 月，援闽粤军如期发动了，谭延闿还是表示闲逸，邀请蔡元培、吴敬恒、章太炎等名流来湘演讲，游山玩水，酒食征逐，无视中山先生的北伐大计。我催促他早日出兵，舌敝唇焦，他还是推诿不决。于是我决计和湘军将领倒谭。议定推赵恒惕为总司令，林支宇为省长。在此同时，张振武杀了不服调遣的萧昌炽，廖家栋率第三旅会合各军逼近省城。我认为倒谭条件已经具备，就委托护法国会议员陈嘉会劝谭延闿自动离开湖南。谭打电话向我泣请安葬了他的夫人再走，因为他的夫人死在上海，正在运柩回湘的途中。我回答他说："为了维持省城秩序，为了保证你的安全，务必马上离开。至于使你不能够为夫人亲营葬事，我不久回上海当面道歉。"他只得忍痛登舟，回到上海去了。

倒谭以后，陈嘉佑等率兵到了韶关，声援闽粤军回粤，驱逐了旧桂系莫荣新、沈鸿英等，于是中山先生重返广州，组织大元帅府。不料赵恒惕在我赴粤复命的时候，竟背信弃义地在长沙残杀了李仲麟等，又成了中山先生北伐的障碍。

1922 年，陈炯明在广东叛变以后，中山先生和其他革命同志多集中在上海。不久，许崇智奉命率粤军和新桂军讨逆，叛将洪兆麟、赖世璜等，向我和李烈钧表示悔改，愿意立功赎罪，欢迎我和李烈钧去粤。谭延闿这时也在上海，向我表示悔悟。我正感革命武装力量薄弱，认为谭延闿如果真能悔悟，忠诚地参加革命，还可以号召湘军旧部鲁涤平、陈嘉佑等提兵相助，以壮革命声势。因此，重新介绍他加入中国国民党，晋谒中山先生。谭延闿在辛亥革命后加入过同盟会和国民党，但和中山先生的会见，这还是第一次。接谈之下，中山先生大加激赏，就在 1922 年农历除夕，李烈钧、杨树堪、谭延闿和我4人，随同中山先生由上海搭乘海轮驶向广州。

谭延闿到了广东以后，还是不忘情湖南地盘。他的徒党曾包围中山先生，还想由中山先生恢复他在湖南的统治地位，但是，这时事实上已经成为不可能了。

关于谭延闿统治湖南始末，仅就个人接触所及，回忆如上。湖南的老年人士，知道详尽的还有不少，尚望补其缺漏，正其疏失。

（选自全国政协文史资料研究委员会编《辛亥革命回忆录》第2集，中国文史出版社2012年6月第2版）

长沙响应起义见闻

陶菊隐*

辛亥革命那年，我只有 14 岁，接触面不够广阔，认识也很肤浅，但是我看到了不可阻挡的革命洪流。早在革命前的几年，中国人民的革命运动已经日益澎湃汹涌，青年学生大多为民族主义思想所陶醉，都不安心读书。大家认为，我们处在清政府的暴力统治下已有 200 余年，今后还要受到洋人的更凶恶的统治，这种日子实在过不下去。大家知道，革皇帝的命有杀头充军的危险，但是不革命更有亡国灭种的危险，而前者还可死中求活，后者只有死路一条。这种看法和心理，在中年人和老年人中间也是相当普遍的。

我是革命前一年回到湖南的。在此以前，我在南京三条巷文昌宫高

* 陶菊隐：时为明德学堂学生，后任《新闻报》编辑。新中国成立后，任上海市文史研究馆副馆长。

等小学读书。那里姜、杨两位老师经常向学生讲太平天国的故事，讲得声泪俱下，而我们也听得涕泗交流。一天，老师带我们游钟山，这一星期就用“游明孝陵记”作为课文题，不少同学写了反映民族意识的文章，这些文章都得到姜老师的鼓励和好评。我下了一个结论：明朝的勃兴和灭亡，都不是单纯的改朝换代的问题，而是与整个民族的盛衰成败有关。姜老师一面给我鼓励，一面嘱我不要写得太露骨。这件事至今记忆犹新。

回到长沙，我去考明德学堂，由于招收新生的日期已过，特许我单独补考。堂长刘师陶老师只看了作文卷子，认为满意，就录取我为高年级的插班生。明德在长沙颇有名，主办人胡九先生（元倓）、龙大胡子（璋），在当时是号称进步的教育家和开明绅士，谘议局议长谭延闿也是校董之一，大名鼎鼎的革命家黄兴在这个学堂里担任过体操教习（这是为了掩护革命活动）。龙璋的住宅“西园”在学堂的左侧，黄兴所领导的华兴会就是在西园秘密成立的。我们在这个革命气氛浓厚的学堂里，经常听到唐才常被杀、陈天华投海、萍浏醴起义失败这类革命血泪史。唐才常的一子一侄都和我同班。我们经常到老照壁（地名）集益书店，偷偷买些传播革命思想的书刊，彼此交换阅读。我们这一群青年小伙子，谁也不愿意做亡国奴，谁也不甘心做一人一姓的臣仆。我们的血沸腾了。

我回来的那一年，恰好赶上长沙饥民抢米和火烧抚台衙门的大暴动。就在上一年，湖南遇到自然灾害，粮食产量减少，但是昏庸媚外的政府官吏允许帝国主义商人运米出口，加以唯利是图的地主豪绅乘机囤积，以致米价一日数涨，人民活不下去。这次暴动反映了湖南人民反帝反封建的强烈意识，城内外洋行、教堂也被放火焚烧，一时火光烛天，全城鼎沸。我们虽被禁止外出，但都爬到高处瞭望全城烟火，都不禁低声叫道：“烧得好！”我们非常钦佩那位亲手锯断抚台衙门辕门内帅字旗大桅杆的木匠，同时还加油加酱地传述着一些飞檐走壁的英雄们到处放火的故事。这次暴动虽被镇压下去，但是人心思乱，皇帝的江山显然是坐不稳了。

同年10月，日本政府宣布“日韩合并”，这是又一次刺激人心的大事。国文教员用“哀韩国论”作为课文题，我们同学都写了痛哭流涕的文章。我套了杜牧的《阿房宫赋》写道：“韩国人不暇自哀，而我国人哀之，我国人哀之而不鉴之，亦使他国人而复哀我国人也！”这些文章都得到老师的鼓励和好评。

由于学生们的革命情绪日益高涨，终于有一天，学堂墙壁上出现了“革命排满”的标语。老师害怕闯出祸来，才郑重其事地作了一次训话，告诫学生不得意气用事。但是这类标语仍然不时发现。

以上回忆，说明革命思想的传播，学生的日益倾向革命，已经不是清政府所能镇压下去的了。

果然，第二年武昌革命爆发。只隔了12天，10月22日湖南首先响应起义。我们所盼望的日子终于到来了。

湖南起义的前后情况，各方记录很多，我只把我所接触到的一些社会动态写下来。

（一）新军占领抚台衙门，逐走巡抚余诚格后，只杀了几个抗拒革命的官吏，省城秩序没有受到影响。人民群众热烈欢迎革命，彼此互道“恭喜”，就像过新年和办喜事一样。没有人害怕杀头充军，只有极少数反革命的地主豪绅，既怕革命党杀他们的头，又怕“王师一到，玉石俱焚”，他们的心情倒是十分沉重的。例如王先谦就逃往岳州友人家中，叶德辉也逃往乡下避难。此外打轿子下乡的也还不乏其人。但是革命政府没有清算他们，过了一些时候，这些反革命分子又安然无恙地回到城里来了。

（二）剪辫子是革命后最早形成的一种风气，大家认为不剪辫子就是甘心做“满奴”和亡国奴的显明标志，于是在学校中剪掉同学的辫子，当街剪掉路人的辫子，施者引为笑乐，受者啼笑皆非。有些遗老和顽固派，害怕没有辫子见不得皇帝，就把辫子盘在头顶上，用帽子遮盖起来，或者索性把额发留起来，改作道士装，借以逃过这一关。

（三）女子没有剪发的风气（剪发风气是到1926年大革命时期才盛行的），但是女子放足盛行一时。个别女子剪发，受到当局制止。例如剪发最早的衡粹女校学生周永祺，组织了妇女剪发会，呈请官厅立案推行，民政长刘人熙斥为“不中不西不男不女之怪现象”，不但不准立案，而且勒令她本人蓄发，恢复本来面目。女子放足后，由于过去缠足时间过久，不能恢复旧观，于是形成了不大不小的“黄瓜脚”，只有幼龄女子未受缠足之害，才能保存天足。

（四）革命后，男女交际自由、结婚自由和男女平权的呼声很高，湖南有不少女子活动家被称为“英雄”或“女伟人”，名闻全国。但是她们多在省外活动，例如唐群英、王昌国等在北京成立女子参政同盟会，欧阳雅文在南京组织女子北伐队等。湖南没有一个女公务员，女权运动也不十分活跃，只有一家《女权日报》①，寿命也不长久。直到第二年，“唐群英大闹长沙报”②，湖南女子的声势才开始引

① 《女权日报》设在南门城墙湾天后宫，社长似为丁佩兰。学生军解散后，我曾在该报担任编辑。

② “沈佩贞怒打宋渔父，唐群英大闹长沙报”，是当时报纸上戏拟的章回题。《长沙日报》前身为《湖南官报》，主笔傅君剑（钝根）曾任明德小学国文教员，并为南社诗人。1913年2月，该报广告栏刊有郑师道、唐群英结婚启事，唐群英率领多人到报馆追究广告来源，未得要领，于是大打出手，该报因字盘被打乱而无法出版。事件发生后，《长沙日报》提出诉讼，经谭延闿调停并代出2000元赔偿报馆损失了事。事后查明，郑是一个精神状态失常的人，由于求爱不遂，登此广告，企图弄假成真。

起社会人士的注意。总的说来，辛亥革命后，妇女并未获得解放，社会人士还是用开玩笑的态度来对待女权运动。但是湖南女子开始冲破了旧礼教的封锁线，纷纷要求入学，要求有选择配偶的自由，因此女子学校逐步有所发展，而自由结婚也不是家长所能阻止的了。

（五）关于服装问题，虽经有人建议加以改革，但是革命政府认为这是不急之务，而且事关全国，并未作出决定。湖南人很少有穿洋装的，街头所见，仍以短打（劳动人民）和长褂子（非劳动人民）为最多。公务员佩戴白布臂章，上面标明职别，加盖机关印信，不久改用铜牌证章。所谓“纱马褂与委任状”满天飞，是后来发生的现象[①]。我曾经看见过青布（或湖绉）包头，前面打一个英雄结，身穿黄呢制服的军人。根据年长于我者的回忆，大街小巷经常有模仿戏台上武生打扮的青少年出现，但我没有碰见过。他们还说，当时结婚所用礼服，女的仍是凤冠霞帔，男的换了纱帽红袍，如当时有名的社会人士宁协万就留有这种结婚照片，但我也没有看到过。

（六）湖南响应起义后，出兵援鄂是当时最迫切的任务。湖南原有新军一个混成协（旅），其约 4000 人，起义后每个营几乎都扩充成为一个师，共计成立 5 个师，约 5 万人。因此到处招兵买马，到处可以看到新兵演习，祠堂庙宇都驻满了兵。革命后招募新兵的特点，首先是这样大的数量是前所未有的，而完成任务的速度也是前所未有的。其次是以前应募入伍的几乎全部都是城市贫民和农村贫雇农，而这次却有不少青年知识分子参加。这可以说明，人们踊跃参军不是单纯地为了解决饥饿问题，而更主要地是为了参加革命。

① 国民党“二次独立”时期，湖南省政府滥发委任状以应付来自各方的军人、政客，被委者均将白布出入证衬在纱马褂内，招摇过市，引人注目。

由于学生参军的人数很多，都督府决定先成立学生军一营，驻扎又一村讲武堂内。我的年龄虽不及格，但因身长合乎尺度，前往测验时居然也被吸收了。学生军的管带是明德学堂的体操教习李雨初，他会说笑话，学生考试体操这门功课时，他给每人 100 分，这件事情曾经引起学校当局的批评，但是学生对他都有好感。我们明德的参军学生都很高兴有这样一位管带。但是过了几天，管带忽然换了蒋宝山（也是体操教习出身）。我们调查原因，据说讲武堂大厅原有一轮红日图，李雨初就职时又在上面贴了一张“指日高升”的红条，被认为名位观念太重，与革命宗旨不合，因而受到撤职的处分。我们在这个特殊的军营里受过几个月的训练，但是没有领到枪支，没有来得及开拔援鄂，就因和局告成而被解散了。

革命初期，招兵买马是湖南最突出的一个现象。如有人口称能在外府州县收编若干军队，湘军都督往往不加调查研究，就给以司令名义和部分经费，因此各县有不少赤手空拳的司令出现。他们的实力只有门前守卫的两支枪，而这两支枪也还是从别处借来的。也有人骗钱到手而一去不回的。这种乱糟糟的现象，在以后政局变动时期都曾发生过。

（七）湖南起义后的第十天，就发生了一次大政变，正副都督焦达峰、陈作新都被乱兵杀害，参议院院长谭延闿被推为湖南都督。长沙社会对这一血案有两种不同的看法。一种人认为，反正①只有 10 天，就杀了两位都督，这究竟是革命呢还是争权夺利？另外一种人则说，焦达峰出身“会匪”②，陈作新不过是一个被革了职的新军

① 当时称脱离清政府为“反正”。

② 焦达峰为联络会党分子起义，曾加入哥老会。

排长，他们做了都督，压不住众人，谭三先生门第声望都好，从此湖南政局可以走上正轨了。我们还听到关于谭延闿被迫上轿的消息，据说他躲在荷花池私宅不肯出来，湖南各界人士首先说服了他的母亲，他才奉母命出山云云。我们没有想到这种传说是谭延闿自己编造出来的，目的在于万一革命失败，可以取得清政府的宽恕。我们更没有想到这次政变就是谭延闿和君主立宪派篡夺革命政权的阴谋所酿成的，因而就误认谭延闿是个颇得人心的“好都督”了。

（八）湖南响应起义后，没有受到战争的直接破坏，但是财政经济上所受影响很大。由于兵额骤然增加，税收尚未统一，革命政府所负担的庞大军费没有来源，只得设立一个“筹饷局”，按房地产、田产的多寡来摊派捐款。这一措施立刻遭到地主、绅士的激烈反对，把它说成是“暗无天日”“鸡犬不宁”；甚至同情革命的上层社会人士也都不以为然。例如前清军机大臣瞿鸿禨在上海作寓公，他在草潮门正街置有巨宅一所，经常有人前往收捐，大绅士熊希龄、谭延闿的同科张其锽都在省外打电报来加以阻止。他们认为，推翻皇帝是另一回事，至于侵犯私人财产，损害地主、绅士的利益，则是绝对不能容许的。于是革命政府只得用增发货币的手段来填补财政上的赤字。当时由湖南官钱局改名成立的湖南银行，其资财仅数十万两，而前后发行钞票竟达2200余万元。此外，大地主朱云谷堂、民族企业和丰火柴公司也都发行代价券流通市面。因此，货币不断贬值，物价不断上涨，直接受害的都是劳动人民。

1912年2月，南北和议成功后，湖南因财政困难而大举裁兵，对于退伍军人，特别是残废军人，并未给以妥善的安排。

因此，由湖北退回来的断臂缺肢的残废军人组织了“伤兵乞丐团”，成群结队地到处请愿，到处强讨恶索，使社会秩序受到严重影响。

（九）革命初期，都督府在龙璋所住的西园设有“招贤馆”，广招天下英雄豪杰和奇才异能之士。但是没有“八行书”（荐信）是不得其门而入的；而有了“八行书”，也要看“来头”大不大。“来头”不大的只能住在“招贤馆”里候差，吃饭不要钱，所以“招贤馆”成了候差人员的招待所，不久也就宣告结束了。

随着政局的转变，湖南政界抢饭碗、争位置的丑剧不断发生。首先是同盟会与立宪派之争。1912 年 8 月，同盟会改组为国民党后，谭延闿以立宪派首领而兼国民党湖南支部长，他在立宪派与国民党之间，南北势力之间，新旧派别之间，政客与军人之间，老年人与青年人之间，采取了面面敷衍的态度，因此有“八面玲珑”之称。其次是路界之争。湖南划分为中、西、南 3 路是从前清科举时期开始的。目的在于按地区分配科举名额。科举制度废止后，改为按地区分配留学生的名额。革命后，各路人士又力争按地区分配政治用人的名额。例如省议会有正副议长 3 人，必须中西南 3 路各居其一，民政长以下各司司长人选，也必须 3 路平均分配。党派之争再加上区域之争，把湖南政界闹得乌烟瘴气，因此湖南人民对革命产生了悲观失望的心理，后来“二次革命”时期，湖南人民认为又是国民党与袁世凯的权力之争，而不再支持国民党了。

（十）革命后，湖南的政界风气起了深刻的变化。前清时期，官吏可以纳妾蓄婢，但是不许宿娼叫局；可以把酒席叫到家里来吃，但是不能公开地上馆子。那个时侯，长沙著名菜馆有清溪阁、徐长兴、玉楼东、天然台[①]几家，“堂吃”所占的地位都不大。樊西巷、福源巷一带“花街柳巷”，官吏不敢问津。官吏宿娼被认为“有玷官箴”，可以被参奏革职，甚至老百姓可以把他拉下轿来揍他一顿。革命后，这种假道学的风气不存在了，官吏、议员不但可以在饭馆子里叫堂差，大吃大喝，而且可以到妓院摆花酒，大宴宾客。因此，原有的饭馆子都扩大了门面，并且陆续增加了曲园、挹爽楼、一枝香、天乐居等家。娼妓的人数和营业也大大发展了。

（选自全国政协文史资料研究委员会编《辛亥革命回忆录》第2集，中国文史出版社2012年6月第2版）

① 天然台有人误作“天然居”。长沙饥民暴动时，巡警道赖承裕乘轿前往弹压，他痛骂湖南人喝得起100文一碗的茶，却买不起七八十文一升的米，就是指天然台的茶资。

辛亥长沙“光复”的东鳞西爪

余　韶*

湖南辛亥九月初一（1911 年 10 月 22 日）革命的爆发，主要力量是陆军第二十五混成协（又称新军或常备军，以后简称新军）。但巡防营、水师营也是及时响应，一致行动的。

当时，我叫余斐生，是四十九标二营左队四棚的一个副目，对于军事情形是耳闻目见的。现就记忆所及，东鳞西爪地写出来，以供参考。

新军受革命宣传的影响有年，素质较优。协统姚广舜是 1904 年由湖北陆军中挑选来的。以后逐渐由将弁、武备、兵目、陆军速成这些军事学校的毕业生接替了行伍出身的军官。而士兵是不能升官

* 余韶：时任湖南新军第四十九标第二营左队副目（副班长），后任国民革命军第五军副军长。新中国成立后，任民革湖南省委员会委员，湖南省人民政府参事室参事，湖南省政协委员。

的，当时有这样的话：“副目出了头，正目封了侯；若要刺刀长一节（长一节就等于官长的指挥刀），除非四镇成八协。”

1909 年，又有日本士官生余钦翼、曾继梧、王隆中等 10 余人分任教练官、管带；而士兵有文化的也很多（有秀才、中学生），喜欢偷偷阅读《猛回头》《警世钟》等鼓吹革命的书籍刊物。因此，革命风气比较开得早些。陈天华那首“大地沉沦几百秋，黄烟滚滚血横流。伤心细数当年事，同种何人雪寇仇”的诗，也感动了一些人，加深了对清朝的仇恨，我也是其中的一个。1906 年，禹之谟入狱被杀后，有些人看了他的披发遗像和传略，深觉可惨、可敬，更加激发了对清廷官吏的无比愤慨。

新军中有些人与同盟会有联系，如陈作新在炮兵右队当排长时，曾将陈天华的《猛回头》等印成小册子散给士兵看。管带刘玉堂知道了，本拟将陈作新逮捕送协部法办，队官陈嘉猷说：此事一经正式揭露，牵涉必多，闹大了不好收拾，不如设法将陈作新调开，弭患于无形。刘玉堂深以为然，不久，就以陈作新不宜于炮兵为辞，将他调到四十九标二营前队当排长。

1910 年，湖南大闹米荒，饥民抢碓坊、米店，烧抚台衙门。全城鼎沸，情势汹汹，军警全部出动戒严。陈作新认为这是农民起来了，想乘机大举，连忙去找管带陈强说：“报告管带：机会到了，我们拥护管带。”陈强问：“陈排长，你讲什么啊！”陈作新说：“管带在日本留学很久，自然知道的，不用排长多嘴。”陈强怕惹祸，故装不懂，喊声：“护兵，陈排长吃醉了酒，送他回去。”以后又借故将他撤了差。

焦达峰是 1910 年 7 月回长沙的，住在玉皇坪陈作新家。阎鸿飞、李洽都同焦达峰很接近，帮助他与军队及各方面接头。

湖南的清廷官吏，对革命风声早有所闻，想极力预防与压制，派出许多密探刺探党人行动。中路巡防营统领黄忠浩（眇一目，多机诈，人称“小诸葛”）向抚台余诚格献策：新军要造反，只有巡防队靠得住，可将新军分散开往各县，削弱革命势力；调巡防营集结长沙，巩固城防，以资镇压。1910 年 8、9 月间，先后将四十九标第一营开往通城，三营开往蒲圻、羊楼司；五十标第一营（欠后队）开往醴陵、攸县；第二营开往宁乡、益阳，第三营开往常德。留在长沙的仅有四十九标第二营、五十标第一营后队、炮兵营、工程营、辎重队、骑兵队。10 月 10 日前后，调到长沙的巡防队有 10 多营，他们都发足了子弹，驻在四面城墙上。其实，巡防营的革命情绪虽不如新军，但有很多同情革命的，尤其是由新军过去的积极分子（如徐鸿宾、杨振基等）与党人早有联系，互通声气。

1911 年 10 月 10 日，武昌首义，一声炮响，湖南新军士兵震动了，人人兴奋，个个激昂。原有代表及新进积极分子在外面的活动更加频繁，或与党人接头参加开会，或与各部联络互通消息，并先后在紫荆街、贾太傅祠、水陆洲、清水塘、朱家花园等处开过会；但在清吏严防、密探四布之下，有时人未到齐，有时会只开一半就散了。少数人的会谈反能避开密探耳目，议出点结果。当时曾经作出的措施有：派袁天锡往宁乡雇来刻字匠在落星田定忠客栈密刻都督印信；派袁剑辉赴宁乡购来小铺子（小刀）99 把，准备发给有武术的人出外活动；在义昌祥衣店定做号衣（店主刘芝德是同志）；派周岐、李洽、唐容在实业学堂造炸弹；推定洪复生、洪兰生、余鲲、李午云、余化龙等分别与水师营联络。总之，压力愈大，抗力愈强。后来新军的人竟暗藏刺刀，准备与密探格斗。

武昌首义消息传来后，在营士兵不论白天晚上、操场讲堂，三五个人一碰头就议论纷纷：有的说，湖北反正了，湖南应赶快响应；又说，湖南接应慢了，只怕湖北站不住；有人说怕巡防营反对；也有人说巡防营不会反对，硬要反对也不怕。性子急的人还想跑到湖北去投效，参加打仗；多数主张要在湖南搞起来，反对个别地跑到湖北去。每逢代表出外回来，就忙着打听消息，询问如何行动。群情岌岌，有一触即发之势。新军的纪律素来严格，此时为形势所迫，官长们对各代表外出不敢过问，对在营士兵的叙谈也不管了，偶然碰到也装做不见不闻，悄悄地走开。他们既不敢参加，也不敢阻挠。

10 月 17、18 日，焦达峰、陈作新与安定超、丁炳尧（四十九标二营左队一棚、九棚正目）、杨玉生、徐鸿宾等密议决定：19 日晚起事，由炮兵营的吴舜臣在马房草堆放火为号；但部队没有都通知到，且事泄，吴被捕（到九月初一反正才出来），未成功。

10 月 21 日，忽听到炮兵营要开差，群情愤激到了极点。因为当时一般人认为大炮有无上威力，以为炮兵营一开差，起义就搞不成了。焦、陈及积极分子连夜开会，准备不顾一切，于九月初一（10 月 22 日）起事。当时拟定，以四十九标二营（欠后队）联合炮兵营由小吴门入城，打抚台衙门；四十九标二营后队邀五十标进北门到荷花池军装库抢子弹，工兵营到药院子（现在的湖南医学院）邀辎重营、马队，由北门进城，占领草潮门、大西门一带，并担任西城巡逻。计划虽定，但一时无法通知部队，预定第二日清早要各积极分子向部队传达。怕传达不到，又派人到军队必经的路上与部队联络，指示行动。

10 月 22 日，本是星期日，照例放假。左队官长们有的头晚夜假未回，有的吃完早饭就出去了。只有士兵得到了要行动的消息，没有一个出外，都扎紧绑带，心领神会地静坐等候。前、右后各队的情形也是一样，彼此对着窗口，以目示意。

左队的安定超、刘光荣、骆兆荣（四棚正目），一清早就出外联络去了。8 点左右，丁炳尧跑得满头是汗地回来，取出两个哨子交给李希能、傅勋华二人，喊一声：吹！哨音刚起，大营门集合号也响了，大家取枪下楼，哗啦哗啦一阵响，都跑到营部抢子弹（新军平时不发子弹）：有的抢到了一两颗，有的抢到一两排，又分给未抢到的。大家跑到营集合场，习惯地按前、左、右、后次序站成连纵队、营横队。这时没有一个官长，只有前队队官胡兆鹏默默地走来，大家也默不作声地看着他，相持了一会，胡以温和的口气问："弟兄们，你们今天要做什么呀？"我见没有答话，就站出来说："我们要'排满'兴汉，请队官指挥。"胡慨然说："好！"便抽出指挥刀走在前面，队伍成四路纵队跟着出了大营门。这时，工兵营的队伍也赶来了。走到惜字炉，路边有人喊："快去邀炮队进城呀！"前面的队伍加快了步子向炮队走去。又有人喊："后面的队伍快去邀辎重、马队走北门进城啦！"工程队就跑过去了。

炮队的士兵也作好了准备，坐在棚内等候。我们的先头才进侧门，他们就哗的一声涌下楼来，跑到炮房把大炮拖出来，接着步炮直趋向小吴门急进。

这时，城门关了，城墙上站满了巡防营的士兵，都是全副武装的。大家一怔，赶快把队伍沿城墙下摆开，一片声喊："开城！"巡防营的人带笑地说："城门锁了，钥匙抚台衙门拿去了。"城下的人喊："不开城就打！"城上的人都俯身摆手："不要打呀！已派人拿钥匙去了。”我喊：“这时还要什么钥匙，把锁砸烂！”正在这时，由新河开来一列火车，我们喊停车，打了几十枪，火车开过去了。又回来喊开城，有的要爬城上去，有的喊：“开炮轰城！”炮兵营就拖两门炮对城门口一摆，啪啦两声拉开炮闩将空炮弹装进炮膛（因为当时没有炮弹，只有操练用的弹壳），我们自己只好出来做好做歹地喊：“莫打，打不得啦！这一炮开了，小吴门正街的人都会死光。”当时怕有其他变化，炮兵营有一连开到校场坪占领阵地去了。

正在相持不下，忽然城门开了。原来新军中清早进城的采买，得到消息，都挤到城门边来了。工兵营的赖福春（大个子，力气大，外号赖草包）等将城门锁打开，跑出来眉飞色舞地喊：“城内晓得了，快进去！”步营就进城向抚台衙门走去，炮兵把炮拖上城，向城中放列。

城内的人民都兴奋地站在路边看，还有些铺子当时就搞些白布旗子挂起来了，表示欢迎。

我们的队伍走到乐古道巷口，街上有人喊：“快去打抚台衙门！”胡光鹏带着前队跑步去了。又有人喊：“快把人到荷花池劫子弹！”我就带左队拐弯经茅亭子到荷花池子弹库去。

子弹库大门是开的，没有卫兵，有一个人像是库员，站在屋檐下笑着向一旁呶嘴。我们顺着这个方向走去，进到弹药房间，这时二营右队也跟着来了，大家把子弹取足，连忙经稻谷仓到抚台衙门去（二营右队好像是到藩台衙门去了）。走到又一村，本队队官杨万贵来了，老远就扬着手高兴地喊：“好了，好了！抚台衙门打开门！黄忠浩捉到了！我们到谘议局去。”

胡光鹏带着打抚台衙门的队伍，走到辕门外，那里的卫兵是善意对待我们的，我们的士兵也喊：“弟兄们不要多心，我们都是汉人，我们只反满人。”当时衙门内的卫队营立刻表示和我们一致行动。进入大堂，余诚格正和他的卫队营的一部分人讲话，一见我们到了，装着很镇静地说：“弟兄们，我们都是汉人……，湖南都是好百姓，你们不要杀人。”随即用白布亲书“大汉”二字，叫人挂在桅杆上，他就进内堂去了。大家见他表现还好，就没去管他。

炮队营头目吴连宾、李金山同前队一路进去的，想抓黄忠浩，但不认得，只是喊莫让黄忠浩跑了。其实黄忠浩就站在余诚格旁边。他后面的一个差官向前呶嘴暗示，大家涌上去，把他抓出来往外拖，当时就有人打了他几个嘴巴，有的还用刺刀在他的背上戳，拖到小吴门，把他的头割下来，挂在城墙上示众。

焦达峰、陈作新随即进了抚台衙门，把抚台衙门改为都督府。余诚格当晚在又一村的围墙上打一个洞潜逃了。听说是有一个大士绅帮助他逃走的，余还在他家中歇了一夜。

四十九标进入抚台衙门不久，五十标易棠龄带的队伍也由又一村侧门进入衙门。

我们到谘议局后，杨万贵说：“绅商各界要到这里开会，我们担任保护。”当时派出几个卫兵，其余都架枪休息。

下午 1 点钟左右，开会的人陆续进来，焦达峰、陈作新也穿着军服来了。陈作新一见我们，就走拢来说：“弟兄们，你们都有大功，个个要升官。”四十九标教练官王隆中也来开会（标统黄鸾鸣奉命到永平阅操未回），协统萧良臣躲在协部未动，下午就潜逃了。

过了一会，会议厅已到了六七十人，穿长褂子的最多，有的交谈，有的私语。随即开会。焦达峰发言说：“我是奉孙文的命令来的，孙将湖南的事交给了我。”接着又有几个穿长褂子的人发言。

我因站得很远，听不清。后见一个人拿着一张大红纸铺在桌上。另一个人执笔写，有些人围着看。写完，墨迹未干就贴在墙上，上面写着：“公举焦达峰为正都督，陈作新为副都督”。后来有个名叫常治的自治会的人发言，他说：“现在举出的正副都督是临时的，将来还要正式改选。”焦达峰听了，现出很不高兴的样子（有人说，焦曾拔刀示威，但我当时未看见）。当时有个巡警道申锡寿和长沙县知县沈瀛，因不赞成反正而表现不好，当场决议，将他们两个处死。还有一个在外面趁火打劫的，也在谘议局门外杀了。

5点钟前后，我队奉命到藩正街保护官钱局，局中职员非常欢迎我们，弄了很好的饭菜招待。

这时，全城已基本安定下来，大家以为没事了，像平日一样开铺睡觉，我还钻到大门内一个柜子中睡了，门口只派了两个卫兵。大概二三点钟的时候，突然一阵枪响，子弹由前门打到里面来了。大家慌慌张张起来，抓好枪，只见两个卫兵已倒在血泊中（一个叫夏纪佑，另一个忘了名字），队伍挤在中进门口。杨万贵也怔住了。我喊：“发冲锋号冲出去！”随着号声，大家喊着：杀！杀！……冲出门，枪声立即停了。我们向两边街上追了一阵，没追到人。后来打听是巡防营一部分人想来官钱局打起发的。

次日下午，我队又奉命开到金盆岭担任警戒。忽然传来风声：有几个巡防营要替黄忠浩报仇。一时满城风雨：有的说，由常德开几个营来了；有的说，有一个营已到了天心阁；有的商店还关上铺门，人人紧张起来。新军预备对付，陆军小学学生约200人，也到了校场坪警戒。过一阵，还是无事，大家虚惊一场。

九月初三（10月24日），我到城内去，走到都督府，看见陈作新、焦达峰在大堂上摆两张大桌子办公（陈在外些，焦在内些）。他们身上都斜挂白布带子，上面写着："正都督""副都督"，还盖有大印。其余职员也是这样地写着自己的职衔。我还看见一个高大个子，穿着军装，挂着指挥刀，头戴一顶军帽，上有四道金边，两边各有一个金衬，红宝石帽徽。旁人告诉我，这就是赵春霆，原任巡防营管带，新委第二师师长。我看着他那神气，心里发笑。因为师长的军帽只有两道金边，两边各有三个金衬，而军长的军帽也只有三道金边，他竟搞出四道金边，一个金衬来了。

当时前来要官求职的很多，焦、陈应接不暇。我看到一个青年人站在大堂上，焦达峰问他做什么的，他说："我会写字。"焦往里面一指，说："你去当书记吧！"这人走到里面，看到几个人都背着白带子，上面写着"一等书记官""二等书记官"，有人指着旁边桌上一捆空白带子，要他自己取一条写上职衔，他就拿了一条，写了"三等书记官"5个大字。后来看到别人要官不怕大，他又后悔没有写成一等。又有一个吴连宾（湘乡人）向焦、陈说："我这回是有大功呀！我要招一标人。"焦、陈也不敢还价，就写了一个"某标标统"的白带子给他，他领了两万块钱去了。后来听说，吴第二天又去要钱，军需说："标统，你昨天刚领几万块钱去，今天又来了，你也要有个细账才行。"吴就拍着桌子大喊："我大人做大事，有个什么细账嘞！"另外还有几个在那里表功要官的，这些人大有拔剑击柱之势。我觉得太乱，颇不以为然。

陈作新由焦达峰桌边走来，看见我就招手喊："你来了，到这里来坐。"我走到他的办公桌边坐下，他亲切地问："你想搞什么？"我被他问住了，因为我根本没想到这一层，来这里只是看看热闹的，没什么目的。只好回答：“我不晓得搞什么！”这时焦达峰那边有人找他，他起身，对我说：“你坐一坐，不要走，我就来的。”我坐了一会，不耐烦走了。

10 月 25 日，标部传来命令：现在要扩充军队，准备派人去招新兵，正副目通通升连排长。有些人就赶到藩城堤荒货店去买指挥刀，一下就买光了。我也买了一把。

第二天，有人来说：“现在湖北战事吃紧，我们湖南要派队伍去增援，驻在大西门的甘兴典部，请命援鄂，王（隆中）统领已向都督府自告奋勇，愿开四十九标去。大家升了官的愿不愿意丢掉不做，仍就原来的职务？”当时，普遍的心理是怕湖北失败，大家表示不要升官了，仍回旧职，到湖北打仗去。

10 月 27 日，队伍就集合到大西门外上船，并发了饷，准备第二天出发。有人说：“我们现在不做清朝的奴隶了，把辫子剪掉吧。”大家齐声附和，立即动手，并向船老板借来几把剪刀，我帮你，你帮我，很快就把全队的辫子都剪光了。

10 月 28 日清早，开船，很多机关、学堂各界代表都到江边燃放鞭炮欢送。30 日，到岳州，停了一天，同标一、三营都开来了，湖北又派了一艘“快利”轮船来接，队伍继续向湖北进发。

（选自湖南省政协文史委员会编《辛亥革命在湖南》，岳麓书社 2001 年 9 月第 1 版）

辛亥起义前夕湖南军界二三事

李鲁青*

清政府以实行铁路国有政策而借外债修建，逼成民变，声势浩大。1911 年 5 月，湖南巡抚杨文鼎代谘议局奏称，湘路力能自办，不甘借债。清廷严旨申斥，是年闰六月即改派余诚格为湖南巡抚。余莅任时，奏调两道员同来，一为王曾绶，接任湖南劝业道；一为王毓江，任湖南全省营务处会办兼提调（起义时被杀）。同时奏调四川提督黄忠浩回湘主持湖南全省营务处兼中路巡防营统领（以下简称防营）。当时湖南防营分前、后、左、右、中 5 路，除中路计有 18 营、后路 13 营之外，其余 3 路，不满 20 营，合计 50 营左右。还有绿营兵力八九千人，其中镇筸镇总兵辖 4000 人，绥靖镇总兵辖千余人，永绥

* 李鲁青：时任湖南巡防营文牍。

协、乾州协等有部分苗族，很勇敢。湖南水师分泊湘资沅澧，共计16营。分几部分统率。以上这些军队，概归黄忠浩统一指挥调遣。湖南常备新军第二十五混成协计有10营之多（以下简称新军），他们与巡防营、水师、绿营实际上是同床异梦，貌合神离。当时作者曾在巡防营工作一个时期，对于内部情况，略知一二，现就回忆所及，分述如下，以供参考。

一

黄忠浩，字泽生，湖南黔阳县人。廪生，以道员出身，由文人而任武职。因他长于用兵，尤善于将将，人以其足智多谋，加以“小诸葛”之称号。以前湖南的忠字旗，就是他训练成军的（也是有巡防营名义的开始）。黄忠浩治军极严，据说士兵有开小差者，逮捕回营，往往处以割断脚筋之罪，其残酷若此。不过军风纪还好。他一帆风顺，由总兵升到提督，在当时军界中有相当的声望。余诚格倚重他保卫湖南拒阻革命势力，谁知湖南局面已经是摇摇欲坠。黄正在筹划撑持之际，忽然霹雳一声，武昌起义，湖北新军公举黎元洪为都督，湖南形势更紧张起来，湖南新军亦跃跃欲试。这样一来，弄得黄手忙脚乱，不知所措。他一方面把中路防营集中到长沙，严防革命党人的活动，制止革命势力的扩张；另一方面用调虎离山之计，命令新军全部开出，填补防营所遗防地，想使省垣安稳无虞。在此风雨飘摇之际，新军阳奉阴违，表面上离开了长沙，其实并未开到指定地点。新军一面联络防营互通消息，为起义创造有利条件；一面借口开差，要求配发子弹。当时，黄自以为旧派军人多少与他有些关系，气味相投，不存猜疑，他一心网罗羽翼，妄图作垂死挣扎，仍在积极进行军事部署。

二

黄忠浩调回湖南时，带着大批军事人才同回，作为他在军事上的班底，甘兴典就是其中之一。这班人员，大多数为行伍出身。在清朝官制中，参将、副将、总兵，地位都不小，都想握得部分兵权来镇压革命，作为升官发财的阶梯。黄则恃防营为支柱，死心踏地拥护清朝，扩充军备，秣马厉兵。他扬言将选择40营精锐之师，出征湖北，“鄂乱”不难一鼓荡平。无如力不从心，各路防营士兵要求改善待遇问题，未得及时解决，一时军心涣散，意见分歧，处处掣肘，荆棘丛生。加之形势越来越紧急，计划因而未能实现。仅更换一个驻在长沙附近的水师营统领，还撤换了一个防营管带刘玉堂（此人原系新军管带，后调任防营管带），以甘兴典接替，甘当然是黄所信任的。这里，把两方面的关系和甘的经历附带介绍一下：甘兴典，字荣棠，湖南湘阴县人，性极诚实，带兵很得兵心。他出身于前清考试武科，得进武学（武秀才），对武科骑射，颇有根底。在广东做过都司（武职）和游击（武职）。湖南谭钟麟时任两广总督，因乡谊得到他的提携，后来谭去世，适值黄忠浩在湖南训练忠字旗防营步队，黄任统领兼总兵，甘就回湖南，投入黄的部下，任忠字旗防营管带，剿匪成绩显著，官职提升到尽先补用参将。后黄忠浩实任四川提督军门，甘随同赴川，任参将兼四川防营管带。

1911年，湘抚余诚格奏调黄忠浩回湘，主持全省军务，甘又同回，自以为定能得到高就，不料湖南如此情景，更谈不上选择高低，暂时迁就一下，再待机遇。黄则勖勉他竭力维持省会治安，俟清廷派兵南下，才能挽救危局等语。从这些方面看来，甘兴典当然是黄的忠实走卒。笔者就在此时参加甘部防营工作，任文牍职务。其时我正年富力强，同情革命，与甘又有姻亲之谊，说话随便，有机会可以探听一些军事秘密，进一步还可以做点疏导工作，来争取他起义。后来结果圆满，我就随着甘兴典顺利地走上了革命道路。

三

当时湖南新军与防营，有新旧两派之说。新军当然是新派，防营是旧派，两者间的畛域之见在所不免。这是由于：

1. 新军内部上中级军官，多数是日本士官学校毕业出身的，大部分参加过同盟会，受过革命熏陶，思想比较进步；

2. 新军士兵训练比较严格，有一定文化水平，政治觉悟比较高；

3. 待遇方面，也比较优越，冬季是棉军衣，夏秋季一律是帆布军服，正兵每月饷银4两5钱，最后加成7两。

这个措施也是清廷唯恐新军倾向革命，特提高士兵待遇，用利诱方法来维系军心。再谈防营方面，各级军官，多数是行伍出身，学历当然比不上新军，长期分驻各县，负剿匪责任，倒还有点力量，爬山越岭，一色赤脚草鞋。当时民间有两句歌谣：“巡防营是打仗的，常备新军是摆看的。”防营士兵辛苦，待遇菲薄，正兵每月饷银3

两 3 钱，除年发蓝布单军服两套外，无其他装备。比起新军当然相形见绌。值此紧急关头，各处防营士兵，齐声要求改善待遇，问题颇为严重。自波折发生以后，黄忠浩感到惶惶不安，马上商之巡抚余诚格，结果余抚以不能擅加军饷，应奏请清廷批准施行，否则罪在不赦。这样一来，问题就没有解决余地。后来又经过绅商会议，拟采用权宜办法，酌量增加士兵饷糈。一面筹发，借慰军心，并示鼓励；一面奏请清廷核复。

四

1911 年八月底这几天，正是湖南时局进入最紧张的阶段。黄忠浩的镇压政策和军事计划，都完全失败了，可以说一筹莫展，四面楚歌，内部分崩离析，岌岌可危。省垣秩序，表面上虽安定如常，实际上已成山雨欲来之势。风声鹤唳，时刻堪虞。他命令几个防营管带分别负责维护省会防务：赵春霆驻草潮门，甘兴典驻大西门，李培芝驻小吴门，李生盛驻北门。那时还有城墙，各有城门出入，防营管带都在城上办公。黄忠浩的第一道命令就是要各防营管带督促士兵严密防守城门，不使新军随便入城，必要时把城门关闭，并准其开枪制止；第二道命令要各该管带随时派士兵巡逻四城，缉捕革命党人，防止暴动。八月二十九日晚上，增派长沙县知县沈瀛，随同营务处会办兼提调王毓江，到大西门城墙上会同管带甘兴典，带着大批人马出外搜查捉拿革命党人。这次沈瀛在身上取出党人名单约有 10 余人，大概都是化名，没有查得一点线索而归。其实防营内部早已与新军打成一片，上下一致拉拢好了，连甘兴典奉到黄忠浩的命令都是敷衍了事。当晚，我在大西门城上，通宵达旦，应接各方面的一些消息，曾秘密向甘兴典问起黄忠浩的态度有无转变时，他对我连声地说："不行，不行，万不可透露丝毫消息，致遭大祸！这些情况，我对徐鸿宾他们说过（徐是防营哨长，驻小吴门负联系责任者之一）。"如是新军认为时机成熟，不宜拖延。

九月初一拂晓，这个酝酿已久的起义就爆发了。新军队伍一部分由小吴门入城，直达抚台衙门。是日清早我就进了抚院，探问内部的熟人。据说余诚格的家眷和行李，天未亮就走后门出来，上洋船先走了。

正 8 点钟，我和一个衙门里的职员一直走到后院，看见余诚格身着长袍，上穿大袖马褂，身体结实不高，大约 50 来岁，没有留须，与黄忠浩两人站在后院景桓楼走廊下面谈话，声音很低。我隔离甚远，听不清说的什么，黄忠浩穿着清朝武官制服，短装得胜马褂。我随即走前门出来，见新军都在衙门坪里与抚院卫士畅谈甚洽，足见早有联系。随后新军 10 余人进入抚院，问黄统领在哪里，其时正遇着余诚格，他把手往后一指，适黄正在后院，新军齐拥向前，将黄抓走，由头门出来。这时黄口中说了一句："我不是黄忠浩。"余诚格即在内面用白纸写很大一个汉字，摆在桌上。他随即从后墙上打的窟窿出又一村而逃。这次带队伍进抚台衙门有徐鸿宾、焦达峰。新军士兵将黄扭至小吴门城上杀了。另一部分新军由北门入城，占领了荷花池军械局。新军队官易棠龄率领全副武装士兵也是由北门入城。

正 10 点钟，全市商店均未开市。易本人领头对着市民高声说道："今天九月初一，是我们湖南反正的一天。推翻了清政府，人民得到了自由平等，个个安居乐业，不要惊慌，大家赶快开市营业吧。"

于是一般市民欢天喜地鼓掌道贺，商人纷纷打开店门，照常营业。是日下午，各方面代表到谘议局开大会，我和甘兴典同时参加。全体一致公推焦达峰为湖南都督，陈作新为副都督。谘议局同人和大家正在分别讨论军民两政问题，我因事回防营办公，甘则加入军事组研究军事计划。我刚要出来，忽然看见营务处会办兼提调王毓江、长沙知县沈瀛、营务处文案申锡绶，坐在方桌后面，默不吱声，前两人我在大西门城上甘管带办公室见过面的，后一个也在营务处接洽公事见过一面，所以我注意他们。我问内部同志，得知这 3 个清朝官吏，都说受恩深重，不愿顺从等语。问题未解决，我就不便再问，马上出来了。当晚，3 人同时被斩决在谘议局头门口。

第二天，都督府宣布罪状，内容记不起来，大概是斩决清吏劝业道王曾绶、营务处会办王毓江、长沙县知县沈瀛 3 名。并无申锡绶其人。那知劝业道王曾绶早已逃跑，把申锡绶做了王的替死鬼。同日都督府又出了一道安民布告，大意是："告我同胞，均属汉民。从今恢复，乐享太平。生命财产，保护无惊。闲时闹教，法不容情。奸淫掳抢，格杀勿论。"湖南辛亥起义秩序井然，未发一枪，人心镇静，这完全由于新军与防营内部同心协力所致。

九月初四，都督府以甘兴典为湖南陆军第四协协统，在北正街左文襄祠内组织陆军第四协司令部。甘以吴连斌、刘耀武为七、八两标标统，我任协部军需主任。为着手招募新兵，组织训练，我还记得新编出来的反正军歌是："大地沦亡几百年，九成泉下有沉冤。忽闻万里秋风起，大汉河山一旦还。宣统三年九月朔，湘军健儿一齐着。全城恢复反掌间，秋毫无犯民安乐。"当士兵训练尚未成熟时，听说湖北黎元洪都督派代表前来，请湖南迅速出兵援鄂，甘兴典自告奋勇前往，内部官佐略有变更，我改任后方留守主任。

九月中，誓师出发，一到湖北，马上加入战斗。甘兴典与王隆中分任前线攻打左右翼，同时溃败。其战败的最大因素，是鄂军内部复杂，据闻其中有部分反水军队，由后面包抄夹击，枪声大作，加之甘军新兵，都是刚招募而来，缺乏作战经验，一闻炮声如雷，子弹如雨，腹背受敌，就不知所措，东奔西窜。而中下级军官也不知应如何指挥士兵，向何方面退却，避免凶锋，首尾丧失联系，所以伤亡甚众。甘本人在前线见来势不妙，就一面堵截士兵，免致溃散，殃及人民；一面飞奔武昌，请示黎元洪，以明虚实。不料当时秩序紊乱不堪，局势紧张异常，黎督早已离开武昌，不知去向，因此无法谒见。一直赶到岳州，才把残兵收容拢来，命令标统方大章负责整编，甘即跑回长沙，向谭延闿都督请示办法。谭见面时，对甘表示慰问，次日中午还请甘赴宴。谁知宴后送客出来，却把中门一关，命令士兵持刀乱砍，当场将甘杀死在都督府内。事情发生在十月，记不起日子。第二天驻岳甘军全部开回长沙，集中大西门河边，轮船拖驳10余艘，众口同声，高呼为甘协统报仇。一时宣布戒严，城门紧闭。结果全部官兵，整编待命，就此结束了这场风波。

写到这里，关于甘兴典的起义，笔者附带说明一下：甘兴典本是黄忠浩的亲信，居然倾向革命，内容不是简单的。他虽手中兵力无多，但在当时防营管带中，也可以说是举足轻重的。湖南革命成功，固然由于新军与防营的共同努力，上下一心，有以促成；而我从侧面用尽心力，使甘转变过来，以及甘在暗中无疑也起了很大的作用。

这些功绩，谭延闿竟然全部抹杀。黄兴总司令前曾给谭一个电报，谓甘战时退缩，应按军法从事，可见黄也不知道当时的真实情况。谭在作处理时也应该慎重考虑查实。就军事上来说，尤其应该研究分析，明确责任，岂能马马虎虎采用行刺方式予以处决。足见谭延闿为人之阴毒险狠，口蜜腹剑。他篡夺都督权位，即杀焦、陈，随又把甘兴典置于死地，何其毒也。作者年近八旬，特为披露，使后来人知其真相。

1965 年 6 月 15 日

（选自湖南省政协文史委员会编《辛亥革命在湖南》，岳麓书社 2001 年 9 月第 1 版）

辛亥革命时的湖南报界

张平子*

辛亥“光复”后，人心振奋，民气风发，湖南报界也大为活跃。除原有的《长沙日报》而外，新兴的报纸多至7家。

辛亥“光复”前，湖南已有同盟会和宪政派的分野，到了辛亥“光复”以后，这种分野就更加明朗，斗争也更趋尖锐。其时，同盟会改组为国民党，在报界占了绝对优势，报馆的数量和报纸的质量，都居于支配社会舆论的地位。如《长沙日报》《国民日报》《军事报》《军国日报》都是国民党的喉舌；其他如《黄汉湘报》《大汉民报》《湘汉新闻》《天声报》《天民报》《女权日报》等，或者主办人是国民党人，或者倾向国民党，也都算是国民党方面的报纸。宪政派在辛亥“光复”以后，有所分化，其大部分成员成为后

* 张平子：时为《湖南公报》创始人之一，后任《大公报》（长沙）社长。新中国成立后，任湖南省人民政府参事室参事。

来的共和党和进步党的基础。他们在旧社会的上层虽然还有一定的势力和影响，但是表现在报纸方面，则显然暗淡无光，远远赶不上国民党。当时，仅有《湖南公报》在后一时期，算是进步党的党报，而且质量和声誉都已大大降低了。

当袁世凯酝酿称帝时期，拥护共和与鼓吹帝制，反袁与拥袁，成为湖南报界分野的中心问题。属于国民党方面的报纸，集中力量，反对帝制，拥护共和，博得社会上广泛的赞同，形成一股反袁的洪流；仅有进步党的《湖南公报》对于帝制采取模棱态度，也还不敢公然鼓吹。正由于国民党方面的报纸，在当时占了绝对优势，就为后来汤芗铭大肆摧残报界伏下了根源。

当时，各报都注重政论，几家较大的报馆各有专写社论的三四人；有时，同一天登载社论多至二三篇。如《长沙日报》的孔攘夷（孔昭绶的笔名）、黄栩园（黄钧的笔名）、《国民日报》的陆爱群，李仲庄（李隆建字仲庄），《湖南公报》（“光复”初时，该报还不是进步党的党报，持论还公正）的张劲公、曾星笠、陈天倪（大学教授，现任湖南文史馆馆员）等都是日以社论相商榷，相抨击，颇为时人所称许。其次是偏重小说，类皆长篇。例如李抱一在《湖南公报》、湖谔城在《国民日报》所著的小说和谭艺甫在《长沙日报》所译的外国小说，都见称于当时。此种风尚，直到1915年、1916年以后，才逐步改变。此外，还注意翻译，除翻译小说外，新闻方面也经常译自外电或外国报纸。因此，几家较大的报馆都各有专任翻译的一二人，例如《长沙日报》的谭艺甫，《湖南公报》的娄蒲生，后来的《大公报》的赵闲云、李青崖等都以译述见称于一时。

兹将这一时期的各报概况分述如下：

《长沙日报》，原是辛亥“光复”前的官办报纸；“光复”以后，彻底改组，成为同盟会（原来的国民党）的党报，面貌一新，销路激增。馆址由南门外铜元局迁到青石井，后又迁至府后街。最初，由政府委派颜昌峣（号息庵，湘乡人，擅长文学）接收，颜引用他的高足任凯南（戆忱）、黎锦熙、宋让枏、李晋康等分任主笔和编辑。旋因颜不是同盟会员，有时拒绝发表同盟会的文稿，遂被撤换，改委文斐（号牧希，醴陵人，同盟会会员）主持，以傅熊湘（号君剑，醴陵人）为总编辑，孔昭绶、黄钧（号梦蘧，醴陵人）、刘谦（号约真，醴陵人）、郑泽（号叔容，长沙人）、龚芥弥（湘乡人）、马惕冰、谭艺甫等为编辑，阵容为之一新，撰述内容也较丰富，颇负时誉。

《黄汉湘报》，是辛亥“光复”后最早创办的报纸之一。九月初一“光复”，该报即于十月创刊。系陆孟慈（留日学生，以办报作升官门径）、彭振元所创办，陆任事务经理，彭任编辑经理；彭铁铮、李肖聃、陶孝宗（即陶菊隐）等任编辑撰述。社址设在湘社仓。由于该报偏重营业性质，内容平凡，缺乏号召力量，且以经费困难，发行年余后即停刊。

《大汉民报》，也是辛亥“光复”后最早创办的报纸之一。系杨华生等所创办。内部人事只记得刘苾（现任湖南文史馆馆员）曾任该报编辑，其余的人都已记忆不清了。馆址设在顺星桥枣园。该报系用有光纸单面印刷的，形式极为简陋，但当“光复”之际，《长沙日报》中断，其他报纸还未出现，加以战争频繁，交通阻塞，人们需求报纸，如饥似渴，该报又是胡石庵（同盟会员）在武汉主办的《大汉报》（该报鼓吹革命甚力，极负时誉）的分支，独能将有关湖北首义后的消息和湖南政府方面的重要文电及时报道，因而尚能风行一时；迨后，其他报纸相继出刊，便相形见绌了。1912 年 3 月，该报以发布“号外”攻击湖南第四师师长王隆中，被政府罚令停刊七日；适因经费困难，遂自行解散。

《湘汉新闻》（《天声报》《天民报》），是继《大汉民报》而起的报纸。初名《湘汉新闻》，社址设在尚德街；系孙冀预（投机商人）、徐石禅、黄澜父（徐、黄都是绅士，颇有文名，与谭延闿、叶德辉之流关系颇密）等所创办，孙任总经理，黄任总编辑。旋改名为《天声报》。后来又因成本璞（留日学生，国民党的激进分子）加入，再改名为《天民报》；孙仍任总经理，成任总编辑，王柏安、周葆真、黄性一（周、黄二人现任湖南文史馆馆员）等分任编辑撰述。同时，该报发行了画报若干期，由文海安主编，为湖南画报的创始。该报以反对帝制，于 1913 年年底，被汤芗铭查封。

《女权日报》，是辛亥“光复”后不久，由丁云龙、丁步兰（都是留日学生，云龙是学纺织的）夫妇发起，唐群英（衡山人，女学校长）、张汉英、周天璞等参与创办的，为湖南妇女界举办报纸的先声。社址设在南门上墙湾；每日出版两大张，适应当时妇女参政运动的澎湃开展，以鼓吹妇女参政为主旨，内容颇为完备。由于纯系私人支撑，经费困难，出刊数月后即停。

《军事报》，是唐蟒（字桂良，浏阳人，日本士官学生，同盟会会员）于 1911 年所创办的。初名《军事报》，1912 年 7 月改名为《军国日报》。社址设在犁头街。唐自任社长，危道丰为副社长，萧汝霖为总编辑，张秋尘、谢同甫、方僧根等为编辑、撰述。内容偏重军事消息。由于该报是同盟会的报纸，后来遂与《湖南民报》合并为国民党的党报——《国民日报》。

《湖南民报》，是1912年7月创办的，社址设在黄泥墈。唐支厦（国民党湖南支部的骨干分子）任社长，彭名时、黄康圃等任编辑。1913年，国民党湖南支部成立，以该报与《军国日报》都是同盟会的机关报，遂合并为《国民日报》。

《国民日报》，是1913年由《湖南民报》和《军国日报》合并组成的；与《长沙日报》同是国民党的公开的党报。社址设在犁头街《军国日报》旧址。罗介夫为总经理，胡谔城为总编辑，陆爱群（广西人，在湘办报甚久）、李隆建、易象、周鳌山、黄菊人等分任编辑、撰述。1913年年底，被汤芗铭查封。

《湖南公报》，是1912年4月创办的。社址初设在东长街（今蔡锷中路），后迁至洪家井。初由李葆霖（安化人，留日学生，同盟会会员）、袁子素（卑鄙的官僚，曾拿家谱向袁世凯请求联宗）任总编辑，贝允昕、黎锦熙、李抱一、任凯南、曾星笠、陈天倪等分任编辑、撰述。该报成立伊始，持论尚称平正，虽然接受了共和党的津贴，还未成为共和党的党报；唯已与国民党异趣。其时，周震鳞以国民党湖南的领导人之一，充任湖南筹饷局总办，曾向地主、富商募捐，为地主、富商所不满。该报即借此著论攻击，因而触怒了国民党人，遂有国民党员数十人捣毁该报器物的事件发生。其时，在湖南，国民党的声势无论在社会、在报界，都是处于压倒一切的地位，出此粗暴举动，颇为时人所不直，反而给予《湖南公报》方面以反噬的口实。

《演说报》，是由自由演说者彭章、张五皮（湘阴人，自称脸皮甚厚，不怕丑；嘴唇皮甚薄，会说话；肩皮甚硬，能挑重担；肚皮甚紧，能挨饥饿；脚皮甚厚，会走长路，故自号五皮）、执卑和尚（湘潭人，常在街头演说）等于1912年四五月间所创办的（另一说，湖南都督府演说科曾将各名人的演说词用单张印行,长短大小不一，积累到数月以后，又改印单行本，命名为《民国新论》《中华光复记》等，此即《演说报》的来源）。馆址设在南门外上六铺街铜元局。由何雨农代向政府交涉，每月由政府津贴200元。每日出4开小报一张，用洋杭连纸单面印。内容除演说词外，有国内外和本省地方新闻以及歌谣，故事等等；全部用语体文，虽电报、公牍也都译成语体：为湖南小报的创始，也是语体文报纸的创始。后来，学务司演说总科改组为“模范演说团”，同时将《演说报》收为公办，又购置理问街李宅为团址兼馆址，以何雨农为演说团长，兼办《演说报》。此后，该报遂隶属于教育行政机关。

（选自湖南省政协文史委员会编《辛亥革命在湖南》，岳麓书社2001年9月第1版）

岳阳十日记

宋式骉*

湖南反正后，焦、陈二都督派任震为岳州镇守府司令官。时岳州有几个军事首脑，各不相下：

1. 两湖司令部，为鄂督黎元洪所派，驻岳常澧兵备道署。

2. 驻岳兵站司令部，亦为黎元洪所派，驻岳州府署。

3. 援川义军总司令部。

4. 兴汉营运输司令。

5. 甘兴典逃军，驻岳阳楼。

6. 岳州镇总兵鲁某。

---

* 宋式骉：时任湖南岳州镇守府司令部参谋长。后任南京国民政府上海兵工厂厂长，国民革命军第十九路军谍报科科长。
新中国成立后，任上海市人民政府参事室参事，上海市政协委员。

7. 任震镇守府，驻考棚。

驻岳兵站司令与镇守府司令各出告示，互不承认，且与岳州劣绅勾结，霸占粮仓、电报局、城门卫等。

长沙当局以岳州为焦、陈余党所据，掌兵权者均不敢去。任震时已离职东去芜湖，无人做主，乱象已成。我与唐蟒既归长沙，群谓焦达峰为浏阳焦溪人，唐蟒与之同邑，又为庚子年富有票首脑唐才常之子，我与陈作新为兵目学堂同学，均劝谭延闿派唐蟒与我往岳州，必有办法。谭以为然，征我同意，谓我欲为司令官，则唐为参谋长，我欲为参谋长，则唐为司令官。我说：唐在士官为第六期（当时所用姓名为周家干），我为第八期，当然以唐为司令官，我为参谋长。因我曾与克强先生有约，以别动队出桐柏关，若筹备就绪，即应率队北征。镇守府司令官应坐镇岳州，参谋长较为活动，可以出外游击，故决意担任参谋长。由长沙五师中抽调两连人，归我等指挥，以为卫队。既抵岳州，谭见我与唐蟒均年少气盛，甚不放心，派钱维骥监督就职。钱美髯，望之俨然。我与钱约，就职之日，将岳州各军事首脑及各机关长官均约来，利用鲁镇台耳聋目瞶，要钱大声介绍：“一为镇守司令官唐某，一为参谋长宋某，统辖岳州水陆巡防军民各事宜。”钱从之。至期照演，如唱戏然。凡清时岳州府及岳州水镇所辖长江，上自荆州，下至陆溪一带，均由我二人负责。盖革命之初，尚在军事时期，做事不能不包揽也。水镇所辖巡防营有彭蓝旗者，甚恭顺。我亟假以辞色，借其绿营之兵，可以指挥如意。先令派一营兵来守卫，以壮观瞻。

于是计划取消各司令部，先从两湖司令部下手。我一人往访之，时司令官已赴武昌请饷未归，其下有旅长、团长、营长等，亦均陆续赴鄂未返，司令部中负责者，仅一连长。我仍要求一见，他们以马刀相架如巷，命我于刀下钻入。我一笑挥之曰，汝一连长，乃如是迎客，若司令在此，我将肉袒膝行耶？始分开架刀请进。彼连长者，头扎英雄结，青绉纱裹头，身穿蓝呢夹军服，不古不今，甚可笑也。时湖北所发长沙电报，岳州系中间站，均有底纸。我携电报一束示之曰，湖北来电，要湖南出救兵，急如星火，此类电报如雪片飞来，君为鄂人，应急桑梓之难。我奉谭都督之命，特来劝驾。君既持两湖招牌，则两湖之地，无往而不可。现已交冬令，看贵军尚无寒衣；且司令及旅长等请饷未归，恐已无着。不如依靠湖南，则粮饷不成问题。我辈实事求是，点验之后，照册发给小口粮。先将队伍开往羊楼司，遥为鄂省声援，亦副湘省出兵援鄂之意，则我有词为君请饷矣。彼当即同意，并让出道署，以为镇守府司令部。

次为取消驻岳兵站司令部，先将与兵站司令部有勾结之绅士以镇守府顾问名义笼络之。然后接管电报局、城门卫及粮仓等。其司令为鄂人，最后仍由我出示鄂省求援电报一束，动以桑梓之情，劝其移驻临湘之芸溪旧皇华古道之大站，告以临湘为岳府属县，与驻岳名义亦相符。此军亦粮饷无着，仍由我点验，发给小口粮，并为之行文鄂省，俟有复音，再正式发饷，因亦顺利解决。

再次，对付岳阳楼之甘兴典逃军。我离长沙时，曾与军务司长向瑞琮（字厚甫）有密约：此人不处分，则无以肃军纪。抵岳州后，即有来密报者，谓甘已预备暗杀我与唐蟒。其人为洪帮龙头龚奇斋。龚来求见，唐蟒曰："先父死难武汉时，悬首汉阳门，生蛆矣，无人过问。今见我为司令，又来逢迎。此等人最不可靠，可不理之。"我说："你交给我，我有用之之处。"出见之，问何所欲？龚曰：

“我欲派16人来，以8人日夜轮班保护司令官，另以8人日夜轮班保护参谋长。”我说：“我辈作革命党者，于个人生死，早已置之度外，毋庸保护。汝能派出16人来，甚善，我别有用处。我与司令官此次奉都督命来镇守岳州，凡从前岳州府属以及岳州水镇所辖范围，水陆巡防军民各政，均归我镇守府负责管理。汝既有16人，均可派为稽查，水路8人，陆路8人，作为眼线。凡此范围之内，不许有抢案发生，尤其是杀人放火之事。即派汝为稽查长，每月来司令部领薪饷。”龚感激应诺而去。于是我一人往岳阳楼访甘兴典，时正12时矣。到即索食，并与长谈，首先说服他不要自外，且告以：“湘南湘西均空虚无兵；君部经汉阳一战，亟须补充训练，休养一时。”谈话至此，察其言色，已为我言所动。因约其到司令部见唐，商量返长事宜。甘部有刘耀武一团完整无缺，甘挟以自重。另一团则溃散不成军矣。我对刘团当然假以辞色；并告以“甘谓汉阳之役，汝袖手旁观，以致大败，故汝团得以完整”。刘极气愤。后在司令部与甘互相诘诟，乃至拔刀相争，我又为之调解。刘玉堂旅长阵亡，其旅之陈策一团较为完整，另一团则打垮，团长周某（我之兵目同学，澧县人，其名今则忘之矣）负伤，在医院。周团只剩一营较完备，营长单举，甚勇敢，但桀骜不驯。凡此皆由甘招集，以自丰其势力。我招单来部，告以：“汝旅力战汉阳，旅长阵亡，团长负伤，自为名誉之兵，不要编入甘旅。周团长系我同学，汝系周之部下，我应特别照顾。”因即与唐蟒言明，派单为镇守府司令部卫队营。并令单收集周团散兵归队。又召陈策来部，告以：“旅长阵亡，刘旅之兵，既有名誉，自有前途。现寒衣未到，汝兵军服单寒，可买棉花以实夹衣，暂以救急。”因袖400两银票与之，并欲留其兵以守岳镇。陈甚悦。随即调该团驻城陵矶。甘原欲挟刘、陈、单以自重者，今见彼等均不为所用，已成孤立之势，乃听我劝，允回长沙。我为筹备火轮，带拖民船数十，俾率刘耀武一团回长。并以日期、船名密电军务司向瑞琮。向为日本士官第四期炮兵科毕业者，归湘充炮队营管带，至是即命其旧部炮兵夹湘江而阵。见甘船到，即发信号命其停轮，并命刘团士兵缴械上陆。甘上岸后，即有宪兵押赴军法处会审，一讯而服，当即正法。刘耀武团则派驻岳麓山整训。既送甘兴典离岳州后，乃命人打扫岳阳楼，仍开放为游览胜地。

四为取消援川义军总司令部。我由长沙赴岳州时，长沙有招贤馆，馆内所储人才，皆广西干部学生及武昌第三陆军中学生，约有 80 人，我均率以赴岳。干部生则派往荆州侦测地形，以备掘藕池口堤灌城，为水淹荆州之计。后以全部材料交王正雅，为其取荆州张本。陆军中学生则皆任为司令部副官，月薪与我同为银 5 两。每夜我尚为之补军事学课。援川义军总部原有第三陆中学生在内服务，与我司令部任副官之陆中学生有同学之雅，我因得知其虚实，乃仍一人往访之。其负责者为宁乡人胡梅生，乃我旧日在长沙蔡松坡先生所领导之少年进步党同志也。晤谈之下，大有“问姓惊初见，称名忆旧容”意味。因告以离长沙时，士官六期同学童锡梁（宁乡人）曾告我，岳州有此军，可收编之。既系兄之部下，毫无问题；官兵全部收编，司令部干部则发旅费遣散。胡无异议。杯酒之间，释其兵权矣。

五为取消兴汉营运输司令。先是长沙已派士官六期辎重兵科同学吴友松为岳州兵站长，与我同船来岳州。至是与之商议，以兴汉营运输兵站归其指挥，并将该营运输司令周鳌山（岳州人）委为镇守府顾问。另有李锜（字莼荪），亦岳绅之有潜势力者，时城时乡，我三顾之，始获罗致于镇守府，亦聘为顾问。

至于任震，系前任镇守府司令官，我们既到职，其仅存之参谋长萧宏济亦留用，鲁镇台系清朝官，其职掌及所部兵均经接管，鲁亦为都督聘为顾问。至此，岳州七军事首脑并立现象，均告结束矣。

先是都督府见我做事手面阔大，将招贤馆人才均携往岳州，而岳州又若辈认为焦、陈余党荟萃之地，甚不放心。乃派士官第五期同学新化人袁华选来岳视察，当然有为曾继梧卧底之意。与袁华选同来者尚有六期士官同学宁乡袁韵文。时我正计划防守岳州之策，至少要一师兵力。决先成一旅，即以刘玉堂之旅为基础。由镇守府保荐袁韵文为团长，以我所收编之援川义军（多宁乡人）编成一团，交韵文统带，与陈策团合成一旅，并保荐袁华选为旅长，驻城陵矶，修缮炮台，为巩固省防之计。当时外间谣传，省城为宪政党窝巢。杀焦、陈者，本宪政党向瑞琮、梅馨主谋。而谭延闿就任都督后，又以向掌军务司。向昆弟3人，乃弟瑞琨号叔虞者，系梁启超政闻社之健将；乃兄瑞彝号彀甫者，后为张嘉森民社党之湖南负责人。宪政党盘踞长沙之言，有由来矣。我与唐蟒，一系焦之同邑，一系陈之同学，而岳州又系焦、陈余党所据之地，谭疑我二人有在岳州独立之意，乃派邓某来岳，名为宣慰前敌归队之兵，实则侦察我辈之举动者。当时我正年少，意气用事。邓为清末官僚（湖北候补州县班），早已看他不起；巴结二程（程子楷、程潜），弄一高等顾问，愈觉其人可耻。此次来岳，唐蟒以系汉阳旧侣，假以辞色。彼乃大放厥词，责唐不应保荐二袁。谓旅长、团长皆高级军官，与司令官不相上下，应由都督委派，何得由司令官一手包办。我派副官进去，请其细声说话，司令官威严要紧。彼乃噤不敢言，而恨我切齿矣。饭后，我请他到岳阳楼去宣慰归兵，不意为甘兴典所软禁，曾有信求救于袁韵文。翌日，我即派袁接之出岳阳楼。邓既返长沙，乃大造谣言，谓唐蟒、宋式驫在岳确有独立之意。时长沙有一日报名《黄汉湘报》，人言啧啧，谓为宪政党机关报，竟根据邓言，载匪首唐蟒、宋式驫云云。唐与我均一笑置之。我与唐到岳后，取消各司令，扫除各障碍，为后来者铺平道路，使过去不敢来者均有胆子来；而谣言反起，都督府亦即调唐蟒为军事参议院长，而派新化人曾继梧接任岳州镇守府司令官。我屈指计之，刚满 10 日。曾写一《岳州十日记》以记其事。现该稿已失，此不过记忆所及，志其大概而已。司令官既将交接，我要求前后司令同游君山，归即交卸。并将参谋日志交曾所带来彼之同邑人方鼎英。方系我同期同学炮兵者。曾在汉阳炮队团时，初无一兵，一日，往鹦鹉洲竹木班一行，归即带来百余人，均新化而曾姓者。我诚佩服其人。此次同来岳者，均士官同学之籍隶新化者，如五期杨柏森、八期邹序彬、方鼎英是也。都督府并未派人接我之事，我亦无与唐蟒共进退之必要。不过我认为曾之气度非豁达之流，必难与共事，故毅然去之。

（选自全国政协文史资料研究委员会编《辛亥革命回忆录》第 2 集，中国文史出版社 2012 年 6 月第 2 版）

辛亥湘西“光复”经过

黄穆如*

一　清朝对湘西苗族的残酷统治

湘西有屯7厅县（凤凰、乾城、永绥、保靖、古丈、泸溪、麻阳7厅县），多为苗族聚居区域。自乾隆、嘉庆时期，苗族英雄吴八月抗清失败后，清朝封建统治者对苗族人民的压迫更加残酷。采用傅鼐“均田、屯兵、防苗、安边”计划，调镇台、道台各1员，坐镇凤凰。镇台以下设置游击都司、守备、千总、把总、外委、额外等军职，共81员；马兵、战兵、守兵，共4640名，称为“镇标”。

* 黄穆如：曾为湖南省第一师范学校学生，后任湖南省乾城县县立民众教育馆馆长。新中国成立后，任第三、四届全国政协委员，湖南省人大代表，湘西土家族苗族自治州人民政府副州长、政协副主席。

每年俸饷7.6万余两，由长沙藩库按季发给。官兵口粮则由屯谷开支。道台以下，设置守备、千总、把总、外委、额外等军职56员；练勇1006名，屯丁4000名，称为“道标”。俸饷口粮均由屯谷开支。在行政方面，道台独揽3府（辰州府、沅州府、永顺府）、1州（靖州）、5厅（凤凰直隶厅、乾州直隶厅、永绥直隶厅、古丈坪厅、晃州厅）、15个县（沅陵、泸溪、辰溪、溆浦、绥宁、通道、会同、藏江、黔阳、麻阳、保靖、永顺、龙山、桑植、永宁等县）之政治大权，兼握7县屯政，是当时有权、有势、有钱的官儿。道台的全衔是：“湖南省辰沅永靖兵备道”。当时人称它为半边抚台。凤凰更成为湖南、贵州、广西3省的军事重地。如贵州咸同年间的苗民反清，多调凤凰兵协助西路统领周宏印前往镇压。光绪中期，广西游勇肇事，又调凤凰兵随同湖南巡防军统领黄忠浩前往镇压。

当时清朝反动统治者对苗族人民非常歧视。如凤、乾、绥3厅，初设官时，多用旗员，旗官、旗兵可以随意殴辱苗族人民。县城5里以内，禁止苗族人民居住、经商、骑马、坐轿。又置苗官以治苗民，所谓“以苗治苗”。并禁止苗汉通婚，限制苗汉两族人民往来。生杀予夺之权操诸官吏之手，苗族人民生命毫无保障，俨如奴隶主对待奴隶。

在土地方面，自实行傅鼐“均田制”后，苗族土地，寸土归公；接近苗区之汉民田土亦受影响。如凤凰厅之上五岗汉民田土“均三留七”；下五岗之汉民田土则“均七留三”。乾州、永绥两厅情况，大致相同，不过略有轻重而已。

二　凤凰厅的革命酝酿

武昌起义，长沙不稳的消息传到湘西各县后，道台朱益浚采取对抗态度，一面与省垣巡防军统领黄忠浩秘密联系，一面分电乾州协台徐先发、永绥镇台梁国治，密查党人和会帮，并严禁宣传，违则拿办；又密商黄忠浩，将凤凰镇台周瑞龙所辖之镇标精兵抽调1600余名，由镇标中营游击杨让梨（黔阳人）率带赴省，一则增加省城防务，一则减削镇标实力。朱则厚集兵力，扼守厅城，并监视镇台周瑞龙及其侄女婿田应全（同盟会会员，留日学生）、邑封张胜林、沈宗嗣等之行动。复派兵占据军装、火药两局，使周更不敢有所举动。

田应全等因朱道监视甚严，周镇台精兵又被抽调下省，军装、火药两局复为朱道占据，镇标所留之士兵，概未武装，不能战斗，未敢猝发。处在这种形势下，田、张、沈密商，联络会党，发动苗汉人民，从外进攻。暗与道标守西门之哨弁杨再春、守南门之哨弁向总如、守东门之领旗陈学斌、守北门之额外江斐全和驻中军衙门之代理游击马子林等联络，由内接应。

田应全等联络道标官兵后，立即派人前往凤属之长宁哨，与哥弟会首脑唐世钧接头，组织“光复军”，并约定十一月二十八日拂晓袭击厅城。

三　朱益浚的城防布置

朱益浚亦非常机警，城防布置，随时调换，使人不易捉摸，难与官兵接头。这样，也就打乱了革命党人的接头计划。如在十月二十七日以前，即将由南门至东门、北门的防务，改由道标左营一、二、三、四队替换防守。由北门至七步卡、笔架城的防务，由道标右营一、二、三、四队替换防守。笔架城以下，从山神庙到小西门的防务，由道标哨弁杨再春防守。小西门到南门一带防务，由镇标前营都司邹润波防守。并从龙山县调回哨弁滕景龙，令驻守东门外大校场。另调枪兵一班驻守擂草坡碉堡内。东门外之小校场，则调长卡百总田应松驻守，与滕景龙取联系。刚由洪江解运枪弹回凤之哨弁方振鹏，副哨滕文显、郑能文，则令驻守南门外龙王庙，分兵向白羊岭、祠堂坪警戒。又虑杨再春兵力单薄或不稳，调郑能文助守，并兼管城防锁钥。令警员袁星德率枪警 10 余名，日夜梭巡。共计城防兵力之布置近 1000 人，其所持枪械，均属当时锐利武器。

四　凤凰“光复”经过及其影响

凤凰哥弟会首脑唐世钧,既与同盟会会员田应全等商组光复军，确定举义日期后，立即派其亲信弟兄田平臣、周三林、田华堂、杨尊卿、田燕平、胡世古、龙冬狗、唐世华多人，分赴新寨、龙角洞、鸭堡寨、牛岩、得架、乌头、满家坨等苗寨，与苗族会帮首脑接头。并指派其亲信彭顺臣、唐侦元往来城乡传递消息。唐世钧本人则亲下贵州松桃厅属之樟葛涣，与该地哥弟会首脑张尚轩接洽。张极力赞成，并立即约集会党及乡村群众开会，到者 1500 余人，张说明“驱满复仇”大义，待时出动。至于新寨之龙凤山、龙角洞之龙廷贵、鸭堡寨之龙义臣、牛岩之吴正明、得架之唐世国、乌头之杨春元、满家坨之龙光福等，一经接洽，无不乐从。尤其是各寨人民，听到要推翻清朝，共报世仇，更为热烈响应。他们统统于十月二十七日以前齐集长宁哨，先至4000余人，继至5000余人，还有闻风赴义群众跋涉在途者，络绎不绝。当时距约定起义日期尚隔一个月，唐世钧恐聚众日多，风声泄露，乃不暇通知田应全等，竟于十月二十七日半夜出发，进袭厅城。

光复军兵力之分布，以张尚轩之众1600余人为一路，取道老官岨、祠堂坪，直袭西门。以龙凤山、龙廷贵、龙义臣、吴正明之众1000余人为一路，取道青坪湾、金家园直袭北门。以唐世国、杨春元、龙光福之众，一千七八百人为一路，取道擂草坡、老营哨，直袭东门。其余群众，或劝其暂时回各寨，或留在后方接应。

城防的清军官兵因朱益浚随时调换防地，田应全一时难与接头；加之唐世钧等提前发动，事前没有通知，内外失掉联系，故张尚轩一路到达祠堂坪时，田栋臣前往叫门，郑能文不应。张众又被白羊岭守军发觉，开枪射击，幸得左营守备田炳南，右营千总朱瑜林，事前密嘱士兵，不准伤人，枪皆朝天发射，张众得以安全退却。

唐世国、杨春元、龙光福一路，到达擂草坡时，驻碉堡内之一班清军兵士都到河边碾房烧火取暖，毫无戒备，一经包围，全部缴枪。义军进至小校场，又夺得屯丁枪械50余支，士气更壮。迨进至大桥头时，与滕景龙桥头伏兵接触，展开激烈争夺战。双方战斗正酣时，杨让梨由沅陵县派来请饷之一班士兵，正宿桥头客栈，闻警助战，居高临下，以密集火力封锁桥头。义军提刀持矛反复冲锋，前仆后继，牺牲甚众，城内毫无接应。唐世国、杨春元、龙光福等为避免过多伤亡，有挫锐气，暂令向后撤退，再图大举。

龙凤山、龙廷贵、龙义臣、吴正明一路，进至金家园公安殿时，不见城上接应，又闻各方面枪声甚密，恐受包围，亦不得不向后撤退，待时再进。

当张尚轩等各路率众出发时，各营苗土备（苗乡中最大的土官，清朝多选用苗族中的坏分子充当，在苗乡擅作威福，压榨同族，较清官吏尤甚），竟存观望。及至各路义军撤退时，他们等在中途，拦路截拿，解城报功邀赏。如张尚轩及其部下 20 余人，退至新寨途中，即被新寨苗土备吴国春截拿解城，壮烈牺牲。共计这次攻城之役，牺牲 170 余人（包括城内外被捕杀之 22 人在内）。事后仅收获遗骸 72 具，分葬于擂草坡、金家园、豹子湾 3 处。“光复”后，刻石立碑表扬先烈。

唐世钧等攻城虽遭受损失，暂时撤退，但仇雠未复，群情更愤。唐等传书四方再大集松桃、凤凰、乾州、永绥四厅苗汉人民，誓攻凤凰厅城，擒斩朱益浚。凤凰城内流言四起，一夕数惊。田应全、张胜林、沈宗嗣和新赶到凤凰城之同盟会员罗绍武、贺成达等乃乘人心惶惑、草木皆兵之际，由田应全用火砖密刊湖南军政府印信，缮写布告，黑夜派人张贴于道台衙前之照壁墙上，分散兵心，更使朱益浚惶惑疑惧，不敢妄动，只有困守孤城，坐以待毙。这样，凤凰、乾州、永绥、松桃四厅苗汉乡村，就更便于号召聚众，图谋再举。时值凤凰镇标请饷官滕代春、举人聂仁德由省回厅，尽量披露大局情况，并说：“省城要俟凤凰‘光复’后才能发饷。我们回至途中，看到杨让梨已被镇台长子周瓒，以奉同盟会会员之命，捆送湖南省湘西巡按使龙璋处法办。”传言之下，人心大悦，向义讨贼，跃跃欲动。

田应全、聂仁德、张胜林、沈宗嗣、田学经、韩善培、梁叔铭和同盟会会员罗经武、贺成达，青年学生向阴生、张伯琨，由省奉命回厅，策动“光复”之凤籍军官杨新国等人，于冬月十二日，假借天王庙，召集地方父老和人民群众开大会。由戴新门执笔写信送道台朱益浚，促其表示态度。朱见人心反清，大势已去，复函：“愿洁身引退，要求保全身家，护送出境。”十三日全城悬旗鸣炮志庆，电省报告“光复”。并经众决议，建立新政权，设“湘西军政分府”，公推周瑞龙（湘潭人）为军政长兼管屯政，张胜林管财政，田应全管交际，韩善培管教育，聂仁德为行政厅长，唐世钧为镇标前营都司，田栋臣提升哨弁。对朱益浚和凤凰厅同知张绍煍不予留难，让其出境。

清朝在凤凰厅、乾州厅、永绥厅皆设置重兵，号为“三厅兵”。军政虽各不相属，而行政则直隶凤凰道管辖。因此，三厅皆称为直隶厅。乾州、永绥两厅，一切行动措施，向唯凤凰马首是瞻。凤凰“光复”消息传到乾州厅后，协台徐光发、厅同知李谦六，约请地方士绅及兵民群众开会，申明愿交出军政权，离厅回籍。经决议：“协台军职由镇溪游击刘锐（凤凰人）接充；厅同知则电省派员接替。”先护送协台徐光发（益阳人）回家。于冬月十五日宣告“光复”。永绥厅情况大致相同。靖州“光复”，原在长沙之后，凤凰之先，是由该州驻防军队领哨兼教练姚忠诚（乾州厅人）率众起义，直电省城宣告“光复”的，事为凤凰道朱益浚所闻，立即派兵前往镇压，并悬重赏缉拿归案，姚因众寡不敌，离职逃省。其他各县，虽闻风向义，因无兵力，不敢发动。自凤凰“光复”后，乾州、永绥两厅也相继“光复”；其他兵力薄弱和毫无兵力各县，一经传檄，都告“光复”。事后，闻旅省人士说：“凤凰‘光复’电报到省，大街小巷鸣锣宣传，人心大定。”足证凤凰辛亥革命之胜利，关系湖南整个大局实属不小。

（选自全国政协文史资料研究委员会编《辛亥革命回忆录》第2集，中国文史出版社2012年6月第2版）

陕西辛亥革命回忆

朱叙五　党自新[*]

一　西安的“光复”

（一）起义的酝酿和林家坟会议

陕西陆军的建立，是在宣统元年（1909年）春，由原有的常备军扩编为步兵两标，马炮各一营，工程、辎重各一队。新成立的马炮工辎各营队的初级军官，统由新毕业于将弁学堂各兵科的学生分别派充，士兵是由关中各县按规定标准征来的。改编后，定名为陕西陆军混成协（旅）。这时孙中山先生的旧民主主义革命思想开始

[*] 朱叙五：时任陕西新军第一营左队队官（连长），后任国民革命军第二集团军参谋处处长。新中国成立后，任陕西省人民政府参事室参事，陕西省政协常委。
党自新：时任陕西新军混成协炮营中队队官（连长），后任陕西军政府军政部部长，国民革命第二十路军参谋长。

传入军队，初级军官中已有同盟会会员 4 人，即一标三营后队队官张作栋（生午），二标二营左队队官彭世安（仲翔），一标二营左队司务长张光奎（聚庭），炮营左队队官朱彝铭（叙五）。宣统二年春，张益谦（靖卿）、张凤翙（翔初）由日本士官学校毕业回省，张益谦派充二标教练官（中校级）兼代三营管带，张凤翙派充协司令部参军官（少校级）兼代二标一营管带。同时，本省送保定陆军速成学堂的学生也毕业回陕，计有张钟鼎等 23 人，按所学兵科分发各营队充任初级军官。其中有一标三营督队官（营附）钱鼎（定三）、骑兵营右队队官曹位康（健安）、炮兵营中队队官党仲昭（自新）、炮兵营右队排长张钫（伯英）和炮兵营中队排长张宝麟（仲仁，不久即调充一标二营右队排长），他们都是同盟会会员，且是“同袍社”[1]社员。他们 5 人来了以后，军中同盟会会员已增加到 9 人，对推动革命更加有利了。当在城内西岳庙设立武学研究社，作为联系外界同志秘密工作的处所。这时同盟会方面，已决定联合军中的哥老会，钱鼎、张宝麟既是同盟会会员，又是哥老会哥弟，进行联系，当然更为便利，而且钱鼎是有革命热情而急进的人，经过多方面的宣传活动，在两三个月时间中，就把各营队哥老会的头目人都说服了，愿意接受同盟会所提出的“驱除鞑虏，恢复中华，建立民国，平均地权”的主张，并愿跟着党人们干。为了更好地巩固这个基础，决定六月初三日在大雁塔举行联盟宣誓大集会，那一天共到 30 余人，同盟会的重要人物和陆军中哥老会头目人都参加了集会，即人所称道的“三十六兄弟歃血联盟”。

① 同袍社是速成学堂学生公开研究学术的组织，实系军人的革命团体。

宣统三年农历七月间，四川人民争路风潮愈演愈烈，影响所及，更给陕西正在酝酿发动革命的暗潮加上了推动力量。西安城里突起谣传，谓西关外陆军中的革命党人将要在八月十五日起事，驻防西安满城的旗人惶惶不安。统率旗兵的将军文瑞向护理陕西巡抚钱能训提出 4 项要求：

1. 发给旗兵新式步枪 1000 支，并配备必要数量的子弹；

2. 拨发经费，拟在满城冲要地方修筑防御工事；

3. 调一部分驻在外县的巡防队回省，加强城防；

4. 迅派密探调查军队中的革命党人，予以逮捕。

接着又从参加钱能训召集的各司道和军事参议官会议的毛继成参议官口里探悉，钱能训在那个会上说："省城近来流言很多，四川铁路风潮越闹越大，本月中旬已派陆军第一标一营管带李光辉率所部开往汉中驻防，暂归汉中镇总兵江朝宗节制。唯恐兵力不足，汉中距省又远，万一有事，接济迟缓，拟再派陆军第二标统带周殿奎带所属 3 个营开往凤翔、宝鸡一带驻扎，作为预备队，听候命令进止。"又说："文将军请为旗兵发给枪弹一事，关系重大，稍有不慎，会动摇人心，应以镇定处之，绝不可听信无稽流言，仓皇失措，拟予缓发。至于城防，已决定由西路调巡防队两营来省加强防务。"又说："据报，陆军中有革命党人活动，确否应由毛参议官迅速派妥员详查。"这些消息，给我们精神上很大的震动，党会两方主要负责人立即秘密协商应付办法。正值这个时候，武昌起义的消息也传播到西安，更给我们本已箭在弦上不得不发的起义一个极大的鼓舞和推动。大家一致认为应该抓紧这个时机，积极做好起义的准备。但又考虑到，驻扎城内南校场巡防队里的哥老会还没联系好，特别是他们负有守护军装局责任的“哥弟”没联系好，还需要一些时间来进行工作，从而初步拟在九月初八日（10月29日，是日为星期日）举事。

八月三十日（10月21日），第二标奉到开拔命令，主要内容是：九月初一日发饷；初二日停止操课，准备出发，由初三日起，每天开拔一个营；第三营驻宝鸡，第二营和标本部驻凤翔，第一营驻岐山。固然，我们早已知道第二标要开拔，总以为还有些时间可以让我们把起义的准备做得周到一点，决没想到开拔会有这样紧迫，面对着急剧变化的情况，原先拟定于九月初八日的起义时间已不适应了。以前拟定星期日举事的依据是：

首先，按当时陆军的惯例，星期日除各级值日官留在营里外，其余大大小小的军官都进城或回自己的寓所玩乐去了，我们动起手来不至于叫人们马上发觉。

其次，是我们营里只有操练用的枪炮，没有一粒子弹，子弹都保存在城内东县门的军装局里，如果不在星期日，我们就要首先对付那些不愿参加起义或反对起义的人们，必然和这些人们干起来。西关外营盘离城颇远，城里驻着旗兵和巡防队（巡防队当时我们还没有联系好），风声传出去，他们会把城门关闭起来，我们就得拿没子弹的枪和既占有城防又握有充足械弹的旗兵和巡防队来对抗。

第三，是星期日便于把士兵三五成群秘密集结在准备进攻的附近地区，既可瞒过守城门的旗兵察觉，也不致为多数人所注意，可以一举而占领我们所需要占领的军事要点。

第四，是驻守军装局的巡防队的防范，星期日可能比平时松懈一些。这些判断是符合当时实际情况的。

但是，原先拟定于九月初八日起义的日期，既然缓不应急，就只有两条路要我们自己来抉择：要么不顾一切地在明天这个星期日就动手；要么依照命令开拔，把各营分散开到指定地点后，一个个等着被人捕杀。二者必居其一，没有第三条路可走。因此，钱鼎提出开紧急会议作决定。会议的主要议题是：起义日期问题和起义领导人选问题。为了确保缜密，会议不是在一起商谈，而是通过陈得贵和王荣镇（均系哥老会）两人往来传递意见进行的。在第一个问题上，大家都认为搞革命不能要求万事俱备，只能不顾一切地去干，随着情况的发展，逐步求得解决，应提前一个星期于九月初一日就干，第一个问题很快地解决了。第二个问题就不那么简单，大家很费周章。当时在军中活动最积极的是钱鼎，他富有革命热情，不辞劳瘁、不怕危险，尤其在联合帮会方面努力最大，又兼有同盟会、哥老会两重身份，实际上他已自然形成为军中的领导人。但钱鼎以革命的利益为前提，感到自己的才能声望难以负此重任，要求大家另考虑人选，并提出张凤翙有比他好的几个条件：

1. 张是协司令部参军官，地位较起义诸人都高，任职年余，在操场上、讲堂上与全协官兵都有接触，一般人对他有好感；

2. 兼代二标一营管带，哥老会头目人多在一营，容易取得他们的赞同；

3. 为人气度恢廓，能应变，有胆识；

4. 留日士官出身，学历好。

张凤翙具有这些条件，都是大家所公认的。但又顾虑到张既未参与革命活动，临到要举大事时，仓促叫他上马，他是否肯干；万一不允，临危失密，岂不坏了大事。这时便有人作了这样的分析：

张凤翙当前处境不佳，他与周（殿奎）标统的感情已成水火，又同刘（鸿恩）协统正在部里打官司，刘协统也以他太不安分，目无长官，对他很不满意，以趋势来看，这次队伍开出省城后，恐怕就到他被撤职的时候了。遂推定钱鼎、张宝麟、张钫等前往二标一营营本部和张凤翙接谈。这时张凤翙刚从临潼演习归来，正在床上休息。钱鼎等遂告以军中革命活动和当前革命形势以及党会双方一致推崇拥戴他做首领的意见。张凤翙问："准备何时举事？"钱鼎等告以决定明日。张凤翙说："好罢，既承你们大家错爱，我也不便推却，明晨发饷后，我们都到林家坟开会，作最后决定。"这两个大问题决定时，已到九月初一凌晨1时多了。

按当时陆军的规定，每月初一日发放上月份的薪饷，九月初一日这天，既是星期日，又是点名发饷的时期。发完饷以后，左队队官朱彝铭、右队队官余运德（青帮、同情革命）假意地向本队值日官说："协司令部召集各队官讲话，回来还要传达，可令士兵提前吃饭，但不准离营外出。"朱、余两队官作了指示，随即出营。中队队官党仲昭是营值日官，不能离开营地；右队排长张钫、中队正目郭锦镛（哥老会）借故说，因事到邻营过一趟，即刻就回来。我们先后出营，一齐跑到柏树成林的林家坟坟地（在大操场西北方，距有二里左右），那里已聚集了30余人，哥老会的头目、同盟会陆军里的成员和张凤翙都在。就当这个时候，有人站在一块石碑上（人名记不清了）大声喊道："我们今天要起义了，公举张凤翙作我们的首领，钱鼎是副的，大家意见怎样？"到会的人一致举手，表示同意。接着张凤翙向大家宣布说："现在已不是说客气话的时候了，大家叫我干，我就担当起来干罢。我对大家只有一个要求，就是必须要听我们的话。无论同志哥弟都是一家人，干的是一件事，要同心协力，不分彼此，今天听到午炮[①]就行动起来，第一步先占领军装局。大家回去快做准备，此地不宜久待，我们就解散吧。”不到半个钟头会议就结束了。这样临时的紧急决定，既没时间和城内同志联系，也为了保持机密没派人去联系，所以城里的同志们都不知道。

（二）发动起义和“光复”西安

林家坟会议完毕，大家立即分散，各回自己的营队，布置发动工作。我们跑回自己的队部，知道士兵们已按照以前的命令吃过午饭，我们也匆匆忙忙地把饭吃完，党仲昭、朱彝铭、张钫、余运德聚在一起，商讨进城的方式，决定整队集体进城。原因是别的营的军官参与革命活动的很少，哥老会的“营舵”（或叫“舵把子”，指营队中哥老会的头目）又绝大多数是正副目或勤务兵，他们不可能公开地集合队伍，只能暗地串连，三三五五地分散开往城里走，炮营除了督队官李生荣是个坏蛋，还有一向不赞同革命的营部军械长（上尉级）陈树藩而外，其余的军官，我们都已告知他们，因此，是可以集体行动的。就在这时，张钫对党仲昭说：“自新！我先进城去侦察军装局和附近一带情况，你们带着队伍随后就来。”说罢，他骑上马就走了，当下由营值日官党仲昭集合全营队伍，官长一律乘马，把驮炮的骖马由士兵骑着，排在前边，徒手兵跟在后边，扬言说：“今天星期日，我们到灞桥去洗马。”即按营纵队出发，经糜家桥、南门进城，离南门不远，又把营纵队改为二路纵队，经书院门、开通巷向军装局挺进。

① 西安在每天正午 12 时鸣炮一响，习惯上叫作“午炮”。

到达军装局西面约百米时，张钫迎面跑来，他向我们说："现在钱护院各司道和毛军事参议官都在谘议局开会，军装局内毫无准备，护卫军装局的巡防队士兵大半都出外游逛去啦，各营队的徒手兵已到有数百人，都散在局的附近。"当时我们看到这里一簇，那里一簇，聚集着不少的徒手兵，但见不到一个军官，连哥老会头目也找不到一个。我们是一个营的建制队伍，目标显著，不宜待在这里，还是先冲进去，把它占领，夺取了枪弹，有我们一营兵力，也足以守住这个据点。我们立即令骑马的士兵一律下马，一个兵牵5匹马到附近地区加以隐蔽，其余的都集合起来，我们拔出指挥刀，在大喊"杀呀"的声中，一拥冲进了军装局，邻近集结的其他各营队的徒手兵，也跟着蜂拥而入。原来住在局里的巡防队一个哨（约等于现在的连），星期天多数出去游逛，少数兵看见我们人多势猛，不敢抵抗，都从后门溜走。

那些冲进去的士兵，争先恐后地爬上楼梯，用石块砸碎库门上的铁锁，七手八脚把成捆成箱的枪械子弹从楼上往院子里乱扔，没上楼去的人，就争着捡枪配子弹。这些枪械子弹不是一种，口径大小不一，配不合膛的打不出去，配合膛的又平射试放，竟有打伤自己人的，闹得人声鼎沸，混乱不堪。如果敌人乘乱来攻，必然会遭到惨败。当即令排长正副目集合，检查拿到合膛枪弹的士兵，分派到军装局附近各冲要地点去把守，防备敌人袭击，又派正目一人带四名骑马的兵和少量子弹，回西关营房报告占领军装局经过。不久由西门进城的其他各营队，都带着原有的枪支，陆续来领取子弹，并分别进占城内各衙署和军事要点。排长张宝麟率队进入护理陕西巡抚钱能训的衙门——南院，把院门前的牌楼放火烧着，冲天烟火，远近都能看见。

哥老会首领万炳南占据军事参议官的衙门（即前督练公所旧址），督队官钱鼎率队占领了城内制高点之一——鼓楼，并派人通知住在北教场的陆军中学的队长马晋三、学生王一山、牛策勋等迅即组织学生队占领藩台衙门，保护藩库。这一着至关重要，70多万两存银没受损失，为以后的军费开支打下了基础。其余城内各衙门，几乎全被哥老会大小首领所占据。

同时，张凤翙率领陈殿卿（哥老会）也来到军装局，就在军装局里建立起总司令部指挥军事。旗人将军文瑞从谘议局逃回满城，即令旗兵把6个城门紧紧关起来，沿城墙布置了守兵和起义军严阵对峙。在省城的清政府官吏，都逃跑或隐藏在商民家里，几乎没遇到什么抵抗，便顺利地占领了除满城外的西安。独有前陕甘总督升允，当时正在距西安城北30多里草滩别墅里，听到西安陆军起义消息，连夜渡过渭河，逃往甘肃，后来给陕西人民和起义军造成很大的灾难与牺牲。

陆军起义的决定过于仓促，没来得及制定完整详细的军事部署和进攻计划。当时西安虽已大部占领，可是满城还在旗兵的手里；而起义军进城后，各营队都是单独行动的，这些营队又不完全是原来陆军的建制单位，没有参与起义的陆军中下级军官都隐藏起来，军事指挥权就落在哥老会的各级“舵把子”手里；这时各营队的位置和哪个地区有多少部队，新建的总司令部是完全不掌握的。

住在南教场的巡防队，是一个不可轻视的力量，如果搞不好和他们闹翻，陆军就有陷入和旗兵与巡防队两面作战的危险。虽然陆军起义后，他们采取中立的观望态度，没和陆军发生冲突。面对着这样的情况，通过党、会两方负责人的协商，在对旗兵作战问题上，采取以钟楼为作战分界、分地段指挥的办法：从钟楼以北（包括钟楼）沿北大街至北门为一个地段，由钱鼎、万炳南、张云山指挥所有驻在那一带地区的部队攻击满城的西面。他们把那些部队组成几个突击队，各指定以进攻的区域和攻击目标。从钟楼东南角起经端履门、大差市至东城墙根为另一个地段，由张凤翙亲自指挥。他以建制较完整的炮营为主力，配备所在地区的其他营队，分地域组织进攻，并令炮营一部抢占东城门楼，就地构筑炮兵阵地，令朱彝铭把炮营里的山炮调来六尊进入阵地，攻击目标是满城的南面。所有西面南面两个地段的进攻准备，统限于初二日拂晓以前完成。在应付巡防队的问题上，鉴于巡防队是由绿营兵改编的，部队里的下级军官和士兵，哥老会的“哥弟”占相当大的数量，如果和他们联系好，那些哨官级以上的军官和非哥老会“哥弟”的士兵，也就无能为力了。乃决定通过哥老会的联系，进行联络。

满城是在西安城内的一个城。它的东面和北面借西安大城墙作为自己的城墙；西面自钟楼东北角起沿北大街经西华门、后宰门到北门的东侧与西安的北大城墙衔接，另筑一道墙在北大街东边（不包括北门），在后宰门、西华门各开一个城门；南面自钟楼的东南角起经端履门、大差市到东门南侧和西安的东大城墙衔接，另筑一道城墙在东大街南边，在大差市、端履门各开一个城门（南边城墙于民元拆除，建成马路，两侧建筑同一式样带楼的铺面房）。现在的东门是满城的东门，钟楼的东穿洞安有门扇，是满城的西门（现在的新城是包括在满城内的又一个城，即明代秦王府遗址，是旗兵演武场）。这是清朝进关后，为了巩固它的封建统治，监视汉族反抗，派至陕西的旗兵驻防地，驻在地的区域里，不许汉民任何人居住，旗兵和他们的家属，也没有一家住在满城外边。旗兵驻陕的限额，据说是 5000 人，连同他们的家属合计起来，人数大约超过 1 万人。但是他们的制度是老兵不退伍，刚生下的男孩就吃一份口粮算数，成年的精壮旗兵为数实在有限，多少年来一直依靠清政府发给他们口粮和饷银，过着游手好闲的寄生生活，平时既无训练，用的只是前口装火药扳机上扣火帽的来复枪。所谓入关时的“八旗精兵”，在 200 多年来腐朽生活侵蚀下已成了强弩之末。

初二日黎明，发动进攻。我西、南两面的部队按既定部署，分别向满城猛扑，守城旗兵亦作殊死抵抗，战况极为激烈。9 时左右，满城骑兵约有 100 余人，由北面上城，沿城墙冲来，企图夺占东城城楼；将到东北城角时，我炮兵连续击中数弹，骑兵立即溃乱退却；旋再次组织冲袭，又被我炮兵击溃；第三次冲袭时，仅有骑兵 20 余人，都为我军炮火消灭。旗兵固然缺乏战斗力，但他们认为抵抗是死，不抵抗也是死，与其不抵抗而死，毋宁抵抗而死，所以死命相拼。直到午后 3 时左右，我军还没攻下一个城门。就在双方相持对战的时候，我们侦察得在大小差市之间有一小段满城墙早已崩塌，在原地址上修建起住宅，利用住宅的后墙填补那一小段缺口。当令士兵们把那些房屋的后墙挖开，哥老会头目刘世杰、马玉贵首先带兵冲进去。与此同时，西面的我军也已把新西门（即后宰门）攻下，并向作为旗兵火药库的北城楼的守兵集中火力射击，引起火药库的轰然爆炸，城上和附近据守的旗兵，伤亡极大，登时混乱起来，纷纷逃跑，失去有组织的抵抗。这时天色已晚，我军为了避免引起自己的互相间误伤，令各队扼守已占领的原阵地待令。

初三日，各作战队伍分为若干小队，在满城内逐巷逐院进行搜索战。在这期间，一些士兵和领队官杀害了一些不必要杀害的旗兵及其家属，俘虏了很多男女老幼，把他们集中管押在各处，初五日把他们遣送出城，令其自谋生活。将军文瑞跳井自杀。

二　秦陇复汉军政府的成立和措施

（一）西安“光复”后省城秩序的恢复

辛亥九月初一日西安“光复”后，由于起义军仓促发难，诸事都未及预为筹划。到了初二日，急需布告安民，但首领名义还未确定。经大家商议，听说武昌起义时，湖北义军有“浙鄂豫复汉军”之称，乃仿其意称“秦陇复汉军”，并刊刻木质图记，文曰“秦陇复汉军总司令图记”。

初二日，以秦陇复汉军大统领张凤翙的名义布告安民。这个布告，是先一日晚由郭希仁仓促拟定的，文曰：“各省起义，驱逐满人，上应天命，下顺人心，宗旨正大，第一保民，第二保商，第三保外人，汉回人等，一视同仁，特此晓谕，其各放心。”这是起义后发出的第一张布告。初三、初四日，又出示整饬地方秩序的文告，同时还印发《大统领檄文》和《告三秦同胞文》，分传各府州县，说明“光复”意义。从此城内人心始稍安定。

起义军占领军装局以后，复倾全力围攻满城，因之全城治安无法顾及。这时城内西南一带驻有巡防队大约三营之众，他们看到陆军攻打满城，遂乘机到处抢掠，城内和回坊的游民，也趁火打劫。有些地方遭受劫掠，盐店街一带的银号，被害尤深。如天成亨一家即失去现银 10 余万两。保管现金的藩库，当然是抢掠者所最注意的地方，他们几次图谋攻劫，但以陆军中学生防守严密，始终未敢动手。库中所存的 70 余万两现银赖以保全。

巡防队的官兵大多数都是哥老会的成员。到初三日以后，他们看到起义军中哥老会的哥弟们都活跃起来了，于是就纷纷投入到哥老会头目所带领的军队中去；还有一部分，就并入新成立的、由原巡防队军官邱彦彪（湖北人，武庠生，哥老会龙头）充任统带的第四标中。在军队中本已占优势的哥老会力量，得到了更大的发展。

城内战事结束后，总司令部即着手恢复秩序，安定人心。曾派朱彝铭组成总部稽查处，选用一些前陆军军官充任各级稽查官。又以前炮营的士兵组成一个稽查队，日夜在大街小巷进行巡查，遇有不法之徒，其情节严重者，即就地正法。又以前陆军中学生屈荃（商县人，哥老会成员）所募集的队伍（约一营）作为巡缉队，捕拿匪徒。哥老会大头目人，这时都有了自己成立的队伍，他们不时带队出巡，如张云山在盐店街、粉巷口等处，当场杀死了一些坏人。经过了一番震慑，情况逐渐好转，商店也都陆续开门了。

先是九月初一日起义军发难后，清朝官吏闻警丧胆，纷纷逃窜，或隐民家，或藏商店。这时，总司令部悬赏缉拿。护理巡抚钱能训逃匿于甜水井某宅，被搜获时，当场以手枪自杀，连发两弹，伤及左胁，自杀未遂，当即送至总司令部，延医治疗，并派人照料。劝业道光昭（字显堂，旗人）由民团搜出后，押送总司令部，经前咸宁县知县张瑞玑（字衡玉）建议，叫他捐款自赎，交长安县管押。提法司锡桐（字润生，旗人）被搜获后，自愿捐款 2 万助饷，由张云山派人看管，共和告成，遣送出境。提学使余堃（字子厚）清贫年高，由前西安知府尹昌龄（字仲锡，四川人，这时已参加总部工作）等具保释放，遣回四川原籍。所有清朝在陕的高级官吏，都根据具体情况，分别作了处理。由此省城人心大定，市面秩序恢复正常。

（二）六都督的设置和各路安抚招讨使的派遣

在军政府成立的过程中，由于哥老会方面的争执，曾经引起不小的波折，而六都督的设置，便是这场波折中的主要问题。

西安城内战事结束未久，原来陆军中的哥老会头目人，一转瞬间，都变成拥有实力的人物。如西关营地的步枪 3000 支，由军装局取出的各种枪械约 2000 支，收缴陆军中步枪 700 支，警察方面的约 1000 支，巡防营的五六百支，以及陆军炮营的 18 门山炮和马、炮两营的马匹等，几乎都被哥老会几个头目人所占有。于是他们就争着当首领，做大官，其中最积极的要算万炳南和张云山。万炳南原系陆军一标三营某队正目，自以为在哥老会中资格老，号召力大；同时他看到旗兵已被消灭，陆军亦已瓦解，全西安城已成为哥老会的天下，因而他就认为军政府最高权力应属于自己，他的手下人也都说："我们只知有万大统领，不知有什么张大统领。"再加上他的谋士陈同（字素子，浙江人，同盟会员）从中挑拨煽动，于是万的气焰更高，大有不可一世之概。

九月初四日，张凤翙在军装局楼上召集各将领开会，讨论起义诸人的名位问题，他在说明了西安和陕西的局势以后，即表示本人才力短浅，愿辞却临时大统领职务。大家坚决挽留，并表示一致拥护。跟着有人提议推举副统领，大家都提钱鼎（定三），哥老会方面有人提万炳南，因意见分歧，不欢而散。初五日，派人到万炳南的住所督练公所进行说服，而万仍坚持要当大统领，当时有人提议举马玉贵为兵马元帅，也有人提出由某人任某都督，意见横生，商谈仍无结果。当日下午，陈同来军装局对大家威胁说：“起义后的局势，实力已掌握在哥老会手中，自应以会中资高望重的人出来担任大统领。在我看来，万哥是最适宜的人物。”大家驳斥了他的意见，并一致认为当前急务是和衷共济，全力拥护张凤翙，以竟革命全功。当时陈殿卿（湖北人，哥老会头目人，原系张凤翙营的护兵，一心拥张）见他们争执不休，气得忍耐不住了，就大声嚷道：“谁若不顾大局，再胡闹，我姓陈的就把军装局烧了，大家散伙。”陈同见形势不妙，就悄悄地溜走了。

这个时候，同盟会和哥老会双方已呈现了显著的裂痕，若不及早设法，势必影响大局，于是郭希仁挺身而出，在当天下午和晚上，分别对陈殿卿、张云山和马玉贵做了一番极其恳切的劝解说服工作。他们都受到感动，表示要和衷共济，维持大局；马玉贵且有“既不为名，又不为利”的恳切表示。

初六日，又在咸宁县署内召开会议，张凤翙再次作了自己德薄能浅、愿让贤能的表示；继由郭希仁、张衡玉引证了太平天国兄弟们因为不能合作，以致革命事业遭到失败的教训。他们说：“现在只有湖北、陕西起义，清兵势必要来，根据甘肃目前的情况，是不会马上反正的，那么我们就有腹背受敌的危险。大家要同心协力，帮助翔初（张凤翙字）早做准备，应付未来的艰巨局面。这是我们当前的首要任务。”他们这段话，对同盟会和哥老会双方的团结，发生了相当大的作用。

在这次会上，表示最激烈的要算陈树藩。他的发言，句句都暗射万炳南。万听得不耐烦，就起而责问，陈也不肯示弱，挺身而立，说道："我骂的是夜郎自大的人，你不心虚，为啥问我？"双方争执不下，几至动武。这是陈树藩有意地耍手法给大家看。因为陈树藩向不赞成革命，起义先一日晚，他看出风色有异，到处窃听消息，知道明天就要发动了，他就想到，万一革命成功，自己岂不是落空了吗？他是个有心计的人，绝不愿坐失时机。次日黎明，就去找郭瑞浦，通过景梅九，填了一张同盟会会员证，放在身边，静候时机，等到军装局被占以后，他就以革命者的身份大摇大摆地出现了。到总司令部参加了工作，到处钻空子，想办法，企图乘机掌握实权。在这个关键性的会议上，他认为正是他大显身手的好机会，于是才坚决表示拥护张凤翙，为的是让大家看看，我陈树藩也是一个有胆有识热情革命的人。

会议结束时，张凤翙表示："既然大家要我干，我就勉为其难，把这个担子担起来。"大家一致高呼："拥护翔初，永无二心。"

这次会议，万炳南看到人心向背，因而气焰有所收敛。在开会以前，各方曾经交换意见，同意给万一个副大统领的名义（万亦耳有所闻），唯恐在这个会议上发表不够合适，于是就在会后的当天晚上，由哥老会头目人吴世昌约同马玉贵、马福祥去见万炳南，向他致贺说："大家已公推万哥为副大统领。"万也不再坚持己见，表示欣然接受，一场争夺大统领的风波，就算平息了。但是更大的困难还在后边。

在这几天内，由于正副大统领问题纠缠不清，对于哥老会中资望和号召力远在万炳南以上的张云山的地位问题尚未谈到，因而引起张云山的不满，他遂召集心腹，在高等审判厅（张云山的住所）揭起"洪汉"旗帜，命令各码头大肆招兵买马。这样一来，驻在高等审判厅的张云山和驻在督练公所的万炳南，俨然与张凤翙所领导的秦陇复汉军总司令部形成对峙局面。因之谣言四起，人心更为不安。

嗣经召开紧急会议，一再研讨，最后决定给予张云山以掌管兵马之权，马玉贵掌管粮饷。大统领张凤翙临时又提议再设一军令都督，以刘世杰担任。初七日，在高等审判厅开会，把上项决定初步提了出来，大家都无异议。初八日在总司令部（此时总司令部已迁到高等学堂）召开大会，张凤翙当场正式宣布，为了表示郑重起见，还用粉笔写在黑板上：即以张云山为兵马都督；吴世昌为副都督；马玉贵为粮饷都督；马福祥为副都督；刘世杰为军令都督；郭胜清为副都督。这样既可以满足他们做大官的欲望和要求，同时在他们相互之间，又形成了一种对等的关系，在互相监督、互相牵掣的情况下，对总的领导来说，就会有很大的便利。果然，六都督发表以后，哥老会方面便形成了 4 个势力，万炳南、张云山、马玉贵、刘世杰各树一帜，不相为谋。至于各都督官署，并未具体规定编制，只是由各都督自行安置一些幕僚人员，办理一些例行公事而已。他们的官是大了，但在实际上并不能名副其实地行使职权，如张云山是兵马都督，按其职权范围说，所有的军队都应该归他调遣，但在实际上，他只能调遣与他有关的军队，其他军队就不能调遣。马玉贵的粮饷都督和刘世杰的军令都督，情况也大致相同。

在当时设置六都督，本来是一种因人设官的一时权宜的办法，以便借此把哥老会各大头目人稳定下来。的确，这种办法，在团结方面，在息事解纷方面，确实发生了相当大的作用。否则枪杆都掌握在哥老会弟兄手里，万一不幸要打起来的话，那么革命事业和陕局前途就不堪设想了。

在宣布六都督以后，还发表朱福胜（陆军第一标二营炊事兵）为四路总查，朱在哥老会中，年龄长，有资望，但庸碌无能。当宣布时，特别说明，朱哥素孚众望，为人公正，这个4路总查权力最大，不论大小官员，他都有权考查和检举。其实以后并没有成立机构，其权力也只能监督外县哥老会的码头而已。

当时在场的还有陈殿卿，他最后站起来说："今天大统领都给他们加官啦，我陈殿卿也向你讨个封，封我个钦差大臣，见官大一级吧。"话刚落点，逗得大家哄堂大笑。其实陈殿卿自有打算，他虽然是哥老会头目人之一，可是同他们向不合作，时常防人暗算。要求这个名义，既可保护自己，也可监视别人，并且还可以不受张云山兵马都督的节制。张凤翙含笑应允。事后总司令部果然照他的要求发表了，还颁发给他一颗"秦陇复汉军钦差大臣亲卫队统带之关防"。

到了民元（1912年）三月，陈殿卿自动要求取消他的钦差大臣头衔，其呈文中有这样几段话："……效韩信封假王之意，要求加以钦差大臣虚衔，借以督率士民……而我大都督虚衷容纳，准如所请……统带彼时惭恧无地，推辞未能，只得姑顺众情，为一时权宜之计；并拟俟大局稍定，即呈请取消。现共和民国已经成立，自有统一之范围，断不能任各省自为风气，况钦差惟帝国始有此职，按之民国，于名为不合，于义无所取。若仍稍事迁就，实与政体有违，且贻外人之诮……所有钦差大臣关防一颗，理合备文申缴……"

副大统领和六都督发表以后，省城内部即稳定下来。但外县只知省城起义，不明真实情况，因之人心浮动，土匪乘机四起，扰害乡里。各县的哥老会，知道他们在省城的头目人起义以后都成了大人物，于是更加有恃无恐，遍设码头，派款勒捐，甚至招兵买马，另组军队。军政府得知这些情况后，决定遴派大员前往安抚。当即仿照过去安抚招讨使的制度，分为东南西北4路，各派一人。东路因钱鼎已先期前往，未再另派。北路则派井勿幕为安抚招讨使，南路是张宝麟，西路是曹位康。

人选既定，随行队伍的派遣，却成了一件大感棘手的事情。哥老会所成立的队伍，多不服从调遣，更不愿受同盟会员的指挥；而同盟会方面，当时又没有自己组成的完整部队。幸而北路安抚招讨使井勿幕把从前在北山所联系的游侠刀客聚集起来，组成6个营，编为1个标，3个独立营。因枪支不多，先驻扎三原，一俟补充完备，再图北上。不久东西两路战事爆发，甘军侵占三水[①]、淳化，威胁泾阳、三原，渭北空虚，军府方面又无力援助，因此井勿幕这部分力量只能维持渭北局面，把安抚延、榆的计划暂时搁置下来。

南路安抚招讨使张宝麟，在起义时曾带有步兵数十人，后来都投入哥老会的队伍中去了。出发在即，感到无兵可带，乃联络前炮营右队队官余运德，收集了一部分炮营士兵，又向军府领到单响毛瑟和土抬枪共100多支，打算进入南山后，沿途再招纳一些人手。十月上旬到达安康，安康于九月底已经反正，这里的起义，是由当地绿营军官（千总）高庆云联合县署快班头胡云山干起来的。两人都是哥老会龙头大爷，他们召集了哥弟1000余人，组成6个营，把总兵傅殿奎杀死，把知府丁麟年、知县林扬光监禁起来。张宝麟到后，和高、胡二人也发生过一些纠纷。到腊月下旬，听说汉中镇总兵江朝宗逃走，援陕川军已到广元。张宝麟立即率队西行，于第二年正月中旬进驻城固。这时，援陕川军先头部队已到南郑，不几天其司

① 三水，县名，原为栒邑；辛亥革命后1913年复名栒邑。1964年9月因“栒”字生僻，改为旬邑。

令李树勋也到该县。由于李树勋的大力倡导，各县、乡、镇的哥老会活动盛极一时，遍设码头，招纳党徒。这个时候，入境的川军已有6营，需索饷糈差费等，地方上已感到供应困难，乃由汉中自治公所派代表欢迎张宝麟到南郑主持一切。张宝麟到后，即派参谋马锡蕃任汉中知府兼南郑县知事，余运德、洪隆廷为统带，整编为两个标，派邱长镛为骑兵营管带。正月下旬，西路和议告成，甘军撤退，川军才陆续开回四川，地方秩序亦逐渐恢复。

西路安抚招讨使曹位康受任以后，因西路不久即沦为战区，所以并未能行使职权。在他受任以前，凤翔已于九月初七日发动起义，事后造成混乱。地方士绅曾派代表来省，请求派兵前往维持秩序。军府于二十二日促令曹前往剿抚，终因兵力单薄（只有骑兵100余人），未敢贸然前往。直至十月中旬，甘军有窥伺凤翔的趋势，军府才决定派副大统领万炳南前往坐镇。万到凤翔后，把主要的不法分子捕拿了数人，又把起义的队伍整编为五个民团营，秩序才逐渐好转起来。

（三）秦陇复汉军政府的成立

西安“光复”后，张凤翙等人于初三日即着手组织秦陇复汉军总司令部，下设参谋、文书、军需三部和民政府等机构。当时总司令部设在军装局。起义初期，省城秩序尚未完全恢复，这个地方，系军械弹药存储重地，关系极大，因之总部不得不暂时在此办公。继以军政事务日益增多，总部组织，亦应扩大，军装局地方狭小，不敷应用，乃于九月初七日迁至高等学堂。改设军令、民政两府和参谋、军需两处，这时民政府事务较简，重要事件多集中于军令府，由张益谦、张钫主持一切。这样的组织和人选，引起各都督的不满。

他们只愿受大统领的节制，不愿再受军令府的指挥。加以张钫是同盟会员，张益谦是和民党接近的人，这样重要的职务，没有一个哥老会成员，尤为他们所反对，因此军令难以推行。不久张钫出任东路都督，张益谦知难而退，改任筹备全陕财政大使，这种矛盾才得到暂时的缓和。

在前些日子里，由于总司令部刚成立，组织和人选方面，都还未尽恰当，因而办事纷繁忙乱，一切组织制度，大都是旋设旋撤。随着情况逐渐好转和事务的日益增多，原来的组织已经不能适应新的情况。于是遂另行调整，把军令、民政两府同时撤销，设总务府总揽一切。发布文告，概用大统领名义。又分设军政、民政、财政、教育、司法、外交、交通、实业等8部，以专责成。先后发表党仲昭为军政部部长，马福祥（瑞堂）、陈树发（雨亭）为副部长，杨开甲（鼎臣）为民政部部长，崔云松（迭生）为财政部部长（不久崔调道尹，改派张益谦），康炳勋（寄遥）、郗朝俊（立丞）为副部长，曹雨亭为教育部部长，张效铭（西轩）为副部长，党积龄（松年）为司法部部长，钱鸿钧（陶之）为副部长，宋元恺（相辰）为外交部部长，南兆丰（雪亭）为交通部部长，樊毓秀（灵山）为副部长，张光奎为实业部部长，王时鑲（藻泉）为副部长。

经过这次调整以后，各方表示很好，但又引起各都督的不满，原因是军政部和各都督的职权有抵触。他们初则反对设立，经大统领坚持并予以恳切解说后，始无异议。但由于根本矛盾未能消除，因而心存不满，时起摩擦。以后东西两路战事发生，各都督常去前线督战，内部情势始稍缓和。但值军事紧张时期，前线上向军政部要钱、要枪、要援兵，都是急如星火，当时财政支绌，械弹无多，应付上大感困难，军政部竟成了讨价还价、经常吵闹的地方。后来由哥老会推选两人担任副部长：一是粮饷副都督马福祥，他是将弁学生出身，知识经验较为丰富，在会中说话有力量；一是陈树发，握有兵力一标，在会中有实力，性情虽暴躁，但为人公正。有了这两个人的协助，会党双方的关系才得到了新的调整，而军政部的工作也才能比较顺利地推动起来。

十月初二日，军政府迁到北院，南京政府颁发新印信，文曰："中华民国军政府秦省都督印"。袁政府成立后，来令说地方政府不得用"部"的名称，应改"部"称"司"。遂将8部均改称为司。民元七月，又发来《各省都督府组织条例》。年终，按照编制，成立都督府，启用新颁发的印信，文曰："陕西都督之印。"

（四）哥老会码头的增设与取缔

陕西辛亥革命的胜利，应该说，是同盟会和哥老会联合行动的结果。但是在哥老会中，只有少数识大体、顾大局的人能够认识到这一点，多数人都以为全系哥老会的功劳；同时，他们对孙中山所倡导的民族民主革命运动的意义和目的也并不了解，于是错误地认为是哥老会出头的日子到了。陕西"光复"后，哥老会各首脑积极扩充势力，除在编组军队中召集自己的哥弟成立队伍而外，还在省城和各县遍设"码头"。码头是以前哥老会的基层秘密组织，这时各地码头门口，都公开地插上三角形小红旗一面，上写某某山某某码头，中间写上该码头负责人的姓氏，表示自己是个了不起的人物。哥老会在西安街巷中增设的码头，除办理他们的会务以外，也管地方上的治安，如晚间传令居民各家出人组成民团队，在街口设卡守夜；为了便于检查，并令各家门口点一盏油灯；各码头的办公费，也是按户摊派，等等。不过西安是省会所在，他们还不敢过于胡作非为；至于外县，他们对人民的扰害，那就很严重了。

兵马都督张云山，对于扩充哥老会、增设码头，特别热心。他在这个时候，大量印发“布票”（“布票”是秘密活动时期联络人的执据，也就是会员证），广为散发，吸收会员。又令各县的哥弟们广设码头。通大道或有驻军的州县，码头兼办粮台，派款项，有的还理讼事，设私刑，其权居然在县官以上。码头与码头之间，为了争权夺利，大欺小、强凌弱的现象，更是不一而足。张云山所发的告示，除盖有兵马都督关防，还必须加盖“洪会公议”戳记，方能生效。

哥老会在各州县的滋扰，使地方的治安和财政都受到影响，对当时的军事、政治都很不利。郭希仁、张衡玉、宋芝田等人一再劝阻张云山，而张却不肯听从。他想当个“名将”，又作个“清官”，常模仿铁面无私的包公，在衙署内设置铡刀，在南院门搭台子讲演时，也把铡刀放在台上，表示他是一个威风凛凛的清官。各码头的非法行动，引起许多正直人士的极大不满，他们屡次劝告张云山加以制裁。最后张也感觉到，这种情况对他的声誉影响甚大，遂接受了大家的建议，订立了一个创设码头章程。其章程全文如下：

1. 大县码头，以150名为额。
2. 小县，以100名为额。
3. 口食暂由巡警旧费拨支，不得妄动地丁、钱粮及一切公款。
4. 驻扎地方，即借城内庙宇公地。
5. 不准吸食洋烟。
6. 不准抗官扰民。

7. 有调遣即速派，不得违抗迟延。

8. 不得勒捐民间财物。

9. 不得干预词讼公事。

10. 须防御地方，驱逐土匪，保卫商民治安。

11. 学堂、教堂、电杆、电局，须一律保护。

12. 回汉一体，不得歧视。

以上各条，有不遵者，军法从事。

这个章程，发往各州县，并宣布凡码头负责人有不法行为，均照律治罪，绝不庇护。更以兵马都督的名义给各州县官加上兼营务处的头衔，以便用军法惩办土匪和不法军人。以后，又把各县码头之罪恶严重的杀了几个，如三原码头陈坤山、韦曲码头乔世荣等。从此码头的气焰为之大减。到了共和告成，战事结束，张云山感到码头终于是他声名之累；加以几个月来，他在西路战线上建立了不少的战功，人们都在称颂和赞扬他，作“名将”的愿望已经实现了，乃决心取消码头，改编为民团，受县官节制。遂于民国元年 3 月中旬，由 4 路总查朱福胜布告取消码头，停止开山堂收哥弟。从此各地码头便告结束。

取缔码头的布告文虽发出，但因南山交通不便，风气闭塞，码头仍然存在，民国元年 6 月，石泉县码头负责人，竟纠众反抗新县官到任。当局据报后，即派军政司副司长陈树发带兵前往安康各属认真举办清乡，从严惩办哥老会不法分子。陈到石泉，杀了三四十人，在安康杀人尤多，把当地大头目张应龙也杀了。其营长袁大江认为陈也是会中人，不该对哥弟过分残杀，遂率部分在会士兵哗变。

陈树发坚决镇压，又杀变兵200余人，安康各属的哥老会，受到这次沉重的打击后，所有的码头便一个跟着一个取消了。

事后石泉绅民人等感谢陈树发，曾登报称颂他的功绩。文曰：“南山素苦哥弟，通国皆知。迨去秋陕省反正后，有假冒招抚使王、刘者，自石泉经过，以号召洪汉为名，由是哥弟云布，码头星罗，抄家破寨，强奸勒派之事，层见叠出，不可言状。然犹曰过渡时期，在所不免。乃大局既定，上委知事莅任，尤敢纠众反抗，肆意凌辱，汉江滔滔，若是几疑长此终古矣。及闻陈统带来石，居民相率呼救，哭声震天，陈公为之泪下，士卒罔不酸鼻，入城后，斩当道豺狼，清城社狐鼠，虽一二巨魁漏网，而尤悬赏严缉，一时人民大快，举国若狂，争持牛酒犒军，并演戏庆贺。陈公去时，老幼泣送，道为之梗，孟子所谓大旱云霓，箪食壶浆以迎，不图于南山之中，今实见之。如陈公者其可谓最高度之新人物也。”

从此处可以看出绅民与哥老会的冲突。

三　东路战役

辛亥九月初一日，西安新军起义的消息，很快地传到潼关，潼商道瑞清（满族，两湖总督瑞澂之弟）立即联合驻防的副将桂和（满族）电告清廷，请派兵来潼镇守。清政府分令山西巡抚陆钟琦、河南巡抚宝棻“着派得力统将率队迅往潼关一带防堵迎剿，毋稍迟缓”。山西所派队伍未及出发，太原即于九月初七日反正。河南派陆军第五十七标统带王钰锦率步兵两营、骑兵一营、炮兵一队开赴潼关。在河南陆军未到之前，西安巡警学堂学生同盟会会员徐国桢，于西安“光复”后跑回潼关，联络当地哥老会中同情革命的王吉祥、张森茂、孔绪群、陶得胜等组织队伍，徐自称潼关复汉军司令，王等 4 人分任队长，招纳部众，积极准备举事。又联合了华阴游侠马耀群、退职军官胡明贵（哥老会哥弟），于九月十一日夜，马耀群把部队集结在潼关南门外，次日黎明，一齐冲进潼关，徐国桢指挥王吉祥等四个队长和部众从中响应，立即把潼关占领，桂和被俘，收押在潼关厅监狱。潼商道瑞清在混乱中逃出，藏匿在升允旧属潼关绅士张慎斋家里，秘密派人送信给驻盘头镇的河南巡防营，请他们派队援救。

当马耀群的部队冲进潼关的时候，他所带的都是没有经过训练的人，对革命意义又没什么了解，夹杂在中间的坏分子就乘机抢掠，把地方秩序搞得很混乱；后虽经马耀群尽力制止，但鉴于上述情况，于十三日开回华阴。与此同时，徐国桢派他的队长王吉祥、张森茂带 200 余人在潼关东门外上寨子布防，派孔绪群一队扼守东门，自带陶得胜一队为预备队，往来策应。驻在盘头镇的巡防营接得瑞清求援信后，即由管带张大炳（绰号张大鼻子）带 100 余人于十四日赶到潼关，首先向上寨子王、张两队进攻，王、张拼死抵抗，战斗极为激烈，终因武器不利，子弹缺乏，支持不到半日，阵地即陷于敌手，王、张两队长同时壮烈牺牲。敌人旋攻东门，东门孔队长亦中弹阵亡，守兵不支溃散，徐国桢带残部退出潼关，胡明贵亦于退却时牺牲在西门小桥附近。

十五日，河南陆军统带王钰锦来潼关，令原先攻入潼关之巡防营仍回盘头镇原防，把他所带之步兵两个营和一个炮兵队留驻该地，他自己和骑兵一个营驻阌乡指挥，并释放了潼关厅收押之桂和。瑞清认为此次事件是当地人民对清政府的叛乱，主张屠城，桂和力持异议，经大家共同决定，让新到的河南军队任意抢劫一天。这样就给潼关城内及其附近的商民造成了难于计量的损害。那些得到清朝潼商道、副将、统带许可的“官匪”即河南陆军，遂挨门逐户尽情搜刮，不仅金银杂物不放过，连青年妇女也成为掳获的对象。他们把掳来的大批财物妇女用船装载，从黄河运回河南。

西安军政府早就认识到潼关防务的重要，自副大统领钱鼎在渭南遇害后[①]，改派张钫（河南人，同盟会会员）为东路都督，定于十三日东开。当时新编成的各标营都掌握在哥老会“哥弟”手里，而这些哥老会的军官，虽然绝大多数过去都是新军中的班长或士兵，但不都是自己所在部队的人；而军队刚刚建成不久，尚未经过较严格的军事训练，既未建立起应有的隶属关系，也没有深厚的情感联络，所以在选择所带部队时，颇费踌躇。经过反复研究之后，才决定以郭锦镛的第三标（缺一营）和魏进先的炮兵营（山炮4门）作为基本部队。因为以前张钫是原炮营的排长，郭、魏都是那个营的班长，又都是河南人，彼此原来就有隶属关系，一起共事有年，相互了解的也多，对于指挥调遣，自然就比较便利。此外，又增派以前归钱鼎调遣而迟缓误事的第一标第一营张建友营和第二营李长胜营，对他们免予罪责，拨归张钫指挥，继第三标和炮营之后开赴潼关。

开动前，张钫鉴于陕西新成立的各标营仓促成军，没经过军事训练，更缺乏战斗经验，而首次作战的胜负，不仅关系陕西军事全局，也会极大地影响士气与民心。因此，曾派人去豫西联络王天纵、丁

① 西安“光复”后，副大统领钱鼎去潼关督师，由管带张建有、李长胜率队随征。李等迟迟其行，钱仅带学生队二三十名出发，九月十一日到达渭南。当地恶绅韩映坤（武进士）嗾使刀客严纪鹏（绰号白翎子）将钱杀害，劫其辎重。

同声等人的部队，相机攻击清军侧背，以增强陕军方面的攻防力量。并在东路经过沿途各县，鼓励地方自办民团，认真训练，维持地方治安，必要时听候调遣。到渭南时，又宽免了该县民团长严纪鹏戕害钱鼎副大统领的罪行，令其积极准备，尽快开往前方候令。张行抵华州[①]，探知河南清军已攻占潼关，并闻有大队清军继续西进的新情况，当函报西安，要求增援部队。大统领张凤翙接报后，即率亲卫队一营赶来督战。

在他未到前，张钫于十九日进驻华阴庙，并计划攻取潼关，二十日黎明开始攻城战斗。以郭锦镛指挥的一个营配属山炮两尊为主攻部队，由潼关南原径攻南门；另一路是郭标一个营同样配属山炮两尊，由三河口攻潼关的西门。在西南两路联合进攻下，城内清军依据城墙作掩护，尽力抵抗。战至下午，两路兵已逼进城根，正准备爬城仰攻间，大雨如注，道路泥泞，运动极度困难，且时已傍晚，乃暂时退驻吊桥和山凹附近。

二十一日拂晓，又展开攻城战，城内敌军用大炮向我轰击，并杂以步枪密集射击，火力极其炽盛，我军接近运动困难，仰攻更为不易。正当这个紧急关头，渭南民团团长严纪鹏率领该县民团 1000 余人和第一标的一、二两营都次第赶到，立即分两路增援，战至正午，敌火力渐弱，我军乘势进至城下，严纪鹏组织敢死队 100 余人，由西南城角奋勇攀登，及至登上城墙，清军已全部退走，我军遂占领潼关。是役一标二营管带李长胜阵亡，战士伤亡 100 余人。二十三日张凤翙到潼关，以潼关已经收复，仅视察一番，并作了些指示即行返省。

① 华州，辛亥革命后 1913 年撤销华州，设立华县。

事后侦悉：河南西来的清军，兵力不大，且以运输线过长，一切接济补充都感困难；又值豫东、豫南情况都很紧张，河南巡抚宝棻奏请清廷另派部队接防潼关，清廷乃饬武卫军总统兼提督姜桂题“酌派得力统将，抽调数营，迅往豫西、潼关一带认真防堵迎剿”。在我军两天以来的英勇攻击下，敌军不得不于接防部队到达之前仓皇退却。

潼关克复后，张钫以为要确保潼关防地，不能单纯地在潼关附近设防，必须采取攻势防御的战术，首先略取豫西各县，以巩固潼关外围阵地，因而对潼关防务稍作部署后，即率队东行。十月初五日到阌乡，河南王天纵来会。王天纵，河南嵩县人，武昌起义后，他在豫西集合了部众多人，把豫西军事要地洛阳占领，旋被清军第六镇协统周符麟、广东高州镇总兵兼毅军统领赵倜会同攻下，王率众千余人退豫西洛宁一带，闻张钫已到潼关，遂经灵宝前来，在阌乡与张钫相遇。其他豫西健儿纷纷响应，愿协助张钫攻打清军收复河南的，计有：丁老八（同声）部千余人，憨玉崑、王修己、柴老八（春亭）各数百人不等，刘镇华和张治公也带来了三四百人。张钫和这些人一同联合起来，人数骤然增多，声势随着壮大。可是他们的枪支不多，弹药更少，又不愿接受编制，都保持着自己原来的组织；而他们自己的组织又不健全，甚至于连自己究竟有多少人数，也不见得完全知道得清楚，从而给军事的统驭和指挥带来了不少困难。

张钫驻在阌乡，仍按原来意图，派新来的队伍东进，先头部队到达观音堂的时候，探闻赵倜是前敌总司令，带毅军 14 个营，马金叙带河南巡防队 18 个营正在西进中，后面跟进的还有河南陆军一个协（实际上赵倜带的只有毅军 5 个营，其余的都不是事实）。这个先头部队也没有进一步切实侦察，就信以为真，一面报告张钫，同时就向后转移。张钫得悉敌情后，把原来的作战计划依照新的敌情作了修改，决定利用潼关附近有利地形，集结兵力与敌决战。不意以前派出去的队伍慑于毅军的优势兵力，又受到敌方的强烈火力，一经接触，就纷纷后退，在这样纷乱的后退中，牵动了后边跟进的队伍，便全面地撤退下来。赵倜的毅军乘胜追击，毫不放松地跟踪压迫。十七日，在盘头镇附近我扼守南山的部队与追来的毅军打了一仗，也没能够挡住敌人的前进，一部退守第一关，一部退守十二连城。十八日晚，张钫回到潼关，这时前方的败退消息已经传来，军民都惶惶不安，地方秩序陷入混乱状态。十九日，乱军又开始猛攻，扼守第一关和十二连城的部队，虽极力抵抗，无如敌人的人数既多，火力又强，终于被迫溃退下来。从前方退下来的队伍，像潮水一样争先恐后地向西逃跑，各级军官已失去控制能力，张钫对此也无法制止，不得已退驻华阴，收容联合的河南健儿退入潼关南原。潼关遂再次为清军占领。

当张钫决定东进移驻豫西之阌乡时，为了扩大革命军声势，推动河南起义，曾与他的河南朋友及有关的人们广泛采取联系，书信往来，经常不断，引起那些不明真相的人对他的怀疑；又适值在武汉陆军第三中学毕业派往保定一带在北洋各镇入伍的见习生，期满回陕，跟着后退队伍到达阌乡。这些见习生和张钫都是陆军小学同学，张把他们留在军中，以备将来使用。他们都穿着裤缝和袖口上镶有红条的军装，多半是光头没有发辫，这些装束不寻常的人，也被那些怀疑张钫的人们认为是和赵倜有关系。在队伍节节败退中，这批见习生随同退到潼关，除一部分在早些时候径去西安外，留下的尚有十来个人，而一些败退下来的官兵，就把此次战败的原因归咎在他们身上，在群情愤激之下，不分皂白，乱哄哄地要把他们一股脑儿都杀掉，结果杀死张徵、赵卜岭、冯顾麟等数人，其余数人都躲避到民家，得以幸免；并且波及到张钫的得力人员雷崇修（盩厔[①]县人，日本士官肄业生），认为雷和那些见习生都是奸细，也把他杀死。这事在共和告成后，打了几年官司，终究没得到结果。

张凤翙得到东路败退消息，率亲卫马队两队，以一夜200多里的急行军，于二十二日黎明赶到华州，当与来会的张钫收容溃下来的残部重行整顿。二十四日，进至华阴。这时，刘世杰、陈殿卿、陈树发、谢彩臣、王荣镇等各率队赶到，添了这部分生力军，人心始稍安定。二十五日，张凤翙召集各带兵官会议，大家都认为这次失败是张钫指挥失当，罪有应得。张钫说："大统领亲来督师，诸位又带队前来助战，我已整军以待，听从大统领策划，誓必收复潼关。"当经决定分两路进攻，二十六日晨，在华阴东门外集合，张凤翙当众训话，激励将士，务各同心勠力，听从指挥，如有畏缩退却者，决以军法从事。令张钫督东南路，因他所收的河南健儿都在东南原一带。张凤翙亲自督率刘世杰等所带来的队伍，由大路向潼关进展。队伍出发后，毅军统领赵倜忽委托灵宝红十字会会员姚景铎（耶教徒，是教堂洋人介绍给赵的）前来送信，内容是："本军奉袁内阁电，现正同南方民军代表议和，令约两军暂行停战，以待后命。"张凤翙恐中敌军缓兵之计，为表示决绝，就把姚某杀了。二十七日，仍令进攻，但西城敌军炮火猛烈，攻不上去，并从西门突出一支队伍向我军冲来，时已天晚，遂

① 盩厔，县名，1964年9月因"盩厔"二字生僻，改为周至。

即收队退回华阴。当时东南路尚未正式进攻。二十九日，我军仍由大路东进，先头部队已到泉店，敌即派队迎击，遇于吊桥，双方展开激战，未几我军不支，仍退华阴。三十日，敌军开出一营，在吊桥列阵以待，同我军又展开激战，本日东南路已攻到南关城下，吊桥敌军退回城去，我军未加追击，在当日夜间，敌军全部潜退。我军于十一月初一日进城，潼关复归我军占领。

毅军退得这样快，是有原因的。赵倜所带的5营毅军，虽然装备较我方精良，士兵也经过较久的训练，但远离后方基地，形成孤军深入；而清廷指定作他援队的河北总兵马金叙远在陕州，又和赵倜闹意见，如有蹉跎，未必能即时应援；特别是我方连日之英勇进攻，和联合王天纵部在豫西一带对赵倜后方运输线上的袭击扰乱，随时有被切断后路的危险，有此种种因素，他打电报给姜桂题备述困难，姜复电："如不能支，当暂退以图后举。"赵接电后，即于三十日潜行逃跑。在他逃回的沿途，王天纵部给予极大的打击，直至十一月二十日才退到渑池。清廷以赵节节败退，还给赵倜以摘翎顶、戴罪立功的处分。

潼关敌军既经退走，而西路战争正在危急状态中，张凤翙立即兼程返省，调来的各标营又令急赴西路增援。东路军务仍令张钫主持。张把队伍作了整顿，仍准备掠取河南。认为东路节度使陈树藩已攻下运城，可以隔河成犄角之势；在豫西已收纳许多健儿，又同王天纵作了联合，能够得到他们的帮助；河南民党方面也愿给予支持，能在河南有所发展，可以早日促成河南省的"光复"，因之，增强了他再次东进的决心。这次出关，改用秦晋豫三省民军北伐总司令的名义，以壮声势。队伍东进，距毅军退走已有一周之久，所以路上阻力不大，沿途又收纳了贺月德、张德胜、王老八、赵长荣等部众2000余人。张钫到达陕州时，王天纵同敌军在渑池一带已剧战数日，正相持间，有河南志士刘粹轩、刘建中、姬宗义、郭雄信等6人，以南北停战议和不应再战，愿为代表奔赴敌营议和，6人同时被害。未几，王天纵又受敌诈骗，伤亡甚大，精锐尽失，时在十一月二十五日。

赵倜率部东撤后，清廷恐其实力不足，即令第二镇统制王占元派兵驻洛阳，抽调周符麟部会同赵倜部合力攻略潼关；又令王占元派队“清剿”渑池以北雷公山的王天纵部，即进驻陕州，作为攻陕后援部队。敌军经此调整，攻陕战斗力大大增强，西进英濠，把柴春亭部打散，接着又把驻张茅的王老八打败，张钫节节后退。敌军向西追击，我兵四散奔逃，造成混乱，弄得无法收拾。过灵宝仍分两路，一路退入关内，一路退入南山，张钫随队入山。敌军于十一月三十日到阌底镇，即交叉编成两个支队，赵倜任南路支队司令，十二协参谋官赵景清任支队参谋官；周符麟任北路支队司令，毅军营务处保荣任支队参谋官。两支队的兵力也是相互调配的，都附有机关枪两挺，这在当时是最新式的武器。

十二月初二日黎明，南路敌军由小道越岭前进，从南面登山，攻破我防御堡垒，遂占领南山西端，即用排炮向潼关城内轰击；北路敌军由大道前进，午后第一关被攻陷，我军陈树发带有士兵400余人战于牛头原，李仲三率有一营兵力在七里店抵抗，终因寡不敌众而撤退。潼关遂又于当日下午失守。

潼关第三次失陷，张钫退往南山前，曾派专骑给军政府送来一信，内中固不免对军政府某些人有些埋怨，但也可以看出当时革命军队艰苦英勇抗击清军的苦况，以及张钫处境的困难。兹附录于下：

接诸兄来函，可恨可怜，陕东屏藩，必坏于我，而源于诸公也。南省电文决不可恃。十月二十一日停战时也，而毅军取我潼关；十一月十二日停战续期，我辈不得知，十三日攻灵宝，十五日取灵宝，血战三昼夜，敌军不堪其苦而退，非遵约也。钫由灵宝至陕州，乃作防御计划，因接伯生来函，见严孝全面言，晋境无多事，不日过河相助，于是有进取之心。先锋王天纵至观音堂，探至渑池，敌用十七营兵力来攻，我军守峡石，洋人住此，停战两日，并电文到，于是即告清军，清军支吾答之。继则请派专使面商，伊实运兵黄河岸上，被我探知，连夜退兵，王天纵等恃勇不服，退二十里。钫连夜到陕州，催七标二营接济，严孝全过河。是时清军三面围攻，兵士弃枪，而死于沟、死于井、死于枪弹者约三百人。最可惜者，军使刘粹轩及随从五六人，往峡石议和，遭敌毒害，一人未归。当钫在陕州催队之时，即我前队被困之际，无几时而大军西退矣，孝全上潞村矣，柴营没于英濠，王营败于张茅，是时钫所将之兵，不满三营，快枪不过五百支，退灵宝，守函谷，敌虽狡，我两营足以御之。然而其如不守何？七标二营守关门，敌来逃走，于是退阌乡，敌军即取灵、取阌，我军势必退回潼关。所幸者，陈树发、李仲三带兵来援，而兵器不利，见敌追击甚速，乃退守东原。是夜着李营东开，成败在此一举，赴晋调兵（陈伯生在运城），派三参谋三往而兵不见来，斯时敌军已兵临城下，危在旦夕，君等尚持秦桧之议，误我误陕民，吾死有期矣。死当为厉鬼，以吓办事糊涂者，君等好自为之可也。当进兵之时，无子弹，无饷干，退时到矣。物不我济，谁之咎也。当天寒地冻，省来各兵，军装齐备，且服布外套，靴鞋具美；钫之兵，平时无衣，战时无弹，休时无食。守峡石四昼夜，得饮热水一口者，千之五十，且大雪，焉能以死力守之。前后进退情况，约略述之。钫病重战危，奈何奈何！请吴华堂都督速来接事为祷，否则毁坏不堪，诸君并要防清兵得潼关窥省城也。

军政府得信，大为惊愕，而张钫走南山的消息又传到，接着又闻潼关失陷，大家议论纷纷。有人说，这次西来的清军，有精锐的陆军第六镇在内，实不下 2 万人——西安这时得不到确实情报，实际周符麟只带有二十二标第二、三两营，马六标第三营，附三镇野炮 4 尊，六镇野炮 6 尊，机关枪 4 挺，毅军五营内有山炮一营共 3500 余人——不可轻视，主张停战议和。有人说，敌军来势甚盛，前方派不出得力部队，省城又无重兵可守，不如速去南山，保存一部分实力，联络鄂军，再图恢复。此说不同意的人占多数。乃急令临、渭、二华各县官绅督率民团沿南山和渭河岸择要分扎，多张旗帜，设鼓号，以为疑兵，并在苍梧、赤水等处挖长沟作防御。又急调西路援军一部分东开，令在省的陈殿卿、李长兰所部先开，共约 1000 余人，另有大统领亲卫炮队，训练尚不到两月，编有野战炮 12 门（军装局旧存，清朝镇压回民用的，是德制品，起义后，哥老会方面不懂用法，故未被拉走），士兵千人，有自卫用的马步枪 300 余支，由亲卫队指挥官朱彝铭率领迅速东开，野炮每门要用 6 匹马力，当时既无鞍套，又无训练好的马匹，完全使用兵力拖拉，适逢大雪，路滑难行，三日夜始赶到华阴。兵马副都督吴世昌率卫队一营先一日（初八）到华阴，暂时主持前方军事，距敌军占领潼关已七日，但并未派前哨西来，又相持旬日，仍无动静。张凤翙十八日到华阴，二十一日召集军官会议，张钫已由嵩岔峪出山，也来参加。陈树发性情急躁，首先主张进攻，张凤翙力持不可，并解说当前大局形势和西路战况，大家才无异议，遂决定议和。

清军占据潼关已 20 天，不见有西进动向。当时邮电不通，消息阻隔，无法得知大局变化，估计情况，可能是南北和议已经成熟。现时，我方要同敌方议和，应该怎样联系呢？如派代表前往，恐遭杀害，因前次杀过他们的代表。最后决定，先以私人联系，俟有头绪，再作正式谈判。因朱彝铭同敌军参谋官赵景清（槐午，安徽人，北洋陆军师范生）有旧，借私函往返，乃约定二十三日在泉店见面。事后，赵允将我方意见向其上级汇报，另函通知，再正式商定地点、人数和时间。往返周折，到二十六日下午才决定于二十七日上午在泉店正式开会，我方派参议彭世安（仲翔）、金遇阳（和轩）、张作栋（生午）、吴尊卿（忠孚）、白星桥等为代表，敌方派参谋官赵景清等也是 5 人。这次会谈内容简单，无争持点，当谈妥停战协定，二十八日就议定签字。其实清帝已在二十五日宣布退位。又隔两日，是民元 2 月 18 日，即壬子元旦。周符麟、赵倜联名请我军各将领到潼关宴会，但带警卫人员，不要携带武器。既已签约，就不能不去，经商定由张钫带领郭锦镛、陈殿卿、陈树发、谢彩臣、彭世安、陈树藩、朱彝铭等 14 人前往参加，从此东路战事遂告结束。

四　西路战役

（一）敌军的部署

九月初一日，西安起义，清朝卸任的陕甘总督升允（家居满城）是日在草滩别墅（管领一部分旗兵屯垦草滩军田），闻变，立即轻装渡河逃奔平凉。这个顽固家伙逃跑以后，声言要勤王。陕甘总督长庚（驻兰州）电奏清廷，保荐升允充任陕西巡抚，督办陕西军务。升允又要求起用停职在籍的总兵马安良（回族，河州人），并调甘肃提法使彭英甲改任陕西布政使兼营务处总理。同时，长庚会同驻固原的陕甘提督张行志（云亭，蒲城人）积极部署军事，准备犯陕；并把甘省军事参议局改为总营务处，调军事参议官黄钺（湘人，留学日本，候补道员，世袭男爵）坐镇秦州（天水），又把甘省陆军混成协改编为防营，凡可疑的军官，予以清除，命马安良召募回兵 14 营。其图陕计划准备分为南北两路。命升允担任北路，由泾州（泾川）东进，窥我长武，节制调遣马安良、陆洪涛、马国仁等部共 23 营；命张行志担任南路，由陇南东进，窥我陇州①，直接统率壮凯军十六营及副将崔正午所部铙锐军五营。

（二）长武、邠州、三水和乾州的攻守战

甘军犯陕，军政府早已料及，在九月中旬就命第五标统带邓占云率全标开赴长武一带预为布防，其第一营石得胜于十三日已先向长武进发，第二营杨树棠于十七日继续开拔，第三营苟占彪因随邓占云赴潼关增援，未及西开。杨营到达乾州②时，得悉长武一带尚安静无事，因闻凤岐一带有匪滋扰，杨即率部南行剿匪，致使驻在长武的石得胜营势孤无援，便向省城告急，军政府据报，以潼关业已克复，急令邓占云率同苟占彪营迅到邠长部署防务。苟营于二十七

---

① 陇州，辛亥革命后撤销陇州，设立陇县。

② 乾州，原为县，清时升为州；辛亥革命后 1913 年撤销乾州，设立乾县。

日西开，抵乾州，因勒索供应，同地方人士发生了恶感，该营遂开驻监军镇（永寿）。及闻敌军先头部队将到邠州[①]，苟不敢前进，竟率队退向醴泉。探知邓占云已于十月初一日由省西来，恐受斥责，乃又拔队西进。经过乾州时，地方上鉴于前次无限度的需索，拒绝入城。苟营愤而攻城，并纵火焚烧南门。正在纷乱时，邓占云赶到，立令停攻，并劝官绅开城；讵料苟占彪于城开后竟纵兵抢掠，扰害极大。

这时军政府接到情报，长武已于十月初一日失守，石得胜营覆没。西路形势日急，必须迅派大员前往督师。兵马都督张云山自请率队西征，遂于十月初五日由省起程。张凤翙大统领以次各负责人多到西关送行。云山当场表示西路军事当尽力以赴，唯望粮弹无缺云云。云山带领卫队200余人及参谋邹子良、马开臣、高介臣、刘幼宾等和丘彦彪的四标一营一同出发。在行前有哥老会头目向紫山（湖北人，新从富平县监狱放出）率千余人来省投效，云山挑选精壮800余人编为向字营，又有前巡防营管带张南辉，由耀州[②]带来官兵300余人，都命他们随同西行；并将高陵王占云的游击队500人亦调赴西路听用。云山初八日到乾州，对于苟占彪营骚扰地方极为愤怒，唯念敌军压境，只得暂予容忍，仅将苟营后队队官胡玉林及士兵8人枷号示众。命邓占云迅即督率所属二三两营西进，收复失地，立功赎罪。这时该标杨营已从凤、岐来乾，连同苟营和石营残剩官兵共1000人左右一同西进。

犯陕甘军分为南北两路。升允令游击陆洪涛将所部振武军六营

① 邠州，辛亥革命后1913年撤销，设立邠县；1964年9月因“邠”字生僻，改为彬县。
② 耀州，辛亥革命后1913年撤销耀州，设立耀县。

集中在泾川一带，并在泾川设行营布置军事。十月初十前后，宁夏起义，庆阳吃紧，升允为后方安全计，商同长庚派马安良为西军总统，马骐为帮统，率领新编回兵 14 营先分别收复宁夏，剿抚庆阳。马安良遂带 7 营去庆阳，马骐带 7 营去宁夏。

长武失守的经过是这样的：十月初一日，升允派驻泾川游击马国仁率所部三营袭取长武，我军五标石得胜营分守 3 个据点，突遭敌军偷袭，猝不及防，受敌包围，终因众寡不敌，全营覆没。同时，敌派马队两哨前进搜索，到达邠州，守城巡防队百余人，未作抵抗即开城降敌，邠州遂即陷落。迨至十月十四日，邓占云派苟营任前锋，杨营殿后策应，攻取邠州，激战半日，敌军马队哨官阵亡一人，降敌之巡防队亦参加抵抗，伤亡 60 余人，乃相率弃城西去，苟占彪营入城安民，休整队伍。十六日，苟、杨二营继续西进，攻取长武。这时敌军已有准备，升允亦进驻长武，并调陆洪涛部增援。十七日晨，我军进至冉店桥附近，遭遇敌人，立即展开战斗，敌从三面包抄，苟营陷入重围，管带苟占彪、帮带杨九如各率队奋力突围，同时被俘，旋遭杀害。这时，张云山已进驻邠州，得败讯，立命向紫山迅即增援，向营赶到前方，经过两天激战，又把冉店桥、亭口两处险要夺回。向营作战，官兵都很英勇，在劣势的装备下，多恃刀矛与敌人肉搏。是役两个管带战死，士兵伤亡亦重，但大大地打击了敌人的疯狂进攻。这时有哥老会头目人彭泗海者，在甘省宁州起义失败，因与张云山有旧，遂率队来归，又增加千人。邓占云标因有两个管带战死，士兵伤亡亦重，请求调到后方休整，旋闻知先前滋扰乾州的该标队官胡玉林等人被张云山正法，又见张云山对向营重视，心怀不满，遂率部脱离战线，径自汉中往四川去了（邓四川人）。张云山进驻邠州后，据闻潼关于十九日二次失守，大统领亲赴东路督战，省城空虚，人心惶恐，张为巩固根本，星夜赶回省城坐镇。在行前将兵马都督行营关防交参谋邹子良暂行护理，并嘱与帮办何春霖、周朝武（均哥老会）商同办理。但云山去后，邹与何等因权限争执，号令不能统一，各营队又多不服调遣，此时，马国仁部虽已败退，马安良却率兵 7 营由庆阳南来增援，升允于二十四日命陆洪涛部反攻冉店和亭口，我向营坚守抗敌，酣战竟日，未分胜负。二十六日陆洪涛部又来反攻，马安良部参加助战，我向营坚守阵地，作殊死战，终因兵力悬殊，后援不济，全部覆没。我军策应部队如张南辉、王占云、郭建德和新从宁州来归的彭泗海等部，不但未去救援，反而纷纷后退。邹子良在邠州无力堵截，不得已乃于二十八日退守乾州，敌陆洪涛部遂于二十九日占邠州。

军政府接到向营覆没、敌军进占邠州的情报后，力促张云山速返前线御敌。张令丘彦彪率所属第四标先行西开，并给予护理西路行营之权。丘于二十八日出发，行至咸阳迟迟不进，云山见丘部行动迟缓，恐误戎机，决亲自返防。于十一月初一日由省动身，率有二标一营、六标一营、草滩屯军一营及山炮 4 尊（这些炮是炮营管带郭建德私自由前方运回的，云山因郭擅自带队回省，立予正法，遗缺以旧炮营排长王克明接充），当晚宿营咸阳。丘彦彪以省防为重，力劝云山仍回省城坐镇。云山见升允亲临督战，敌军大增，决返防亲自部署，并令丘率部迅即西开。初二日晨，邹子良由乾州来咸阳，报告前方情况，并将行营关防带回。云山对邹骄傲偾事，深感不满，遂令邹回省到兵马都督府办事，并命将关防交由丘彦彪携带应用。丘于初四日率部西进，并将咸阳民团 500 人一同带去。丘到乾州，俨然以兵马都督自居，所属官兵进见，都以大帅称之。

升允于初四日进驻邠州，已将马安良所部7营调集在邠州附近，而陆洪涛部已进据永寿。丘彦彪于初十日督率各标营约5000人由监军镇向北挺进，遇敌于豪店，展开战斗，未及半日，不支。退守监军镇，又不支，全线溃退，无法再战，又不敢再回乾州，乃率残部绕道走省南，幸张云山闻前方败讯，即在乾州尽力堵截，收容散兵，关闭四门，登陴防守，夜间在城上多设灯火，并自握军号不时改变各种号音，敌军不悉内情，惊疑不敢立即攻城。但城北一带高原扼要地势已尽为敌军所占，可以瞰制全城，我军处于极端不利地位。云山一面坚守城防，一面飞报军政府求援。潼关二次收复后，乾州又飞书告急，张凤翙亲率东路新回各军，并令粮饷都督马玉贵率所部谢彩臣的一标和炮卫队一营同时驰援乾州。北路招讨使井勿幕派标统胡景翼率兵两营由泾阳渡河前来助战。张凤翙于十一月十二日由省出发，十三日到醴泉，即与乾州张云山约期出动，分三路攻北原。张云山由乾州当西路，大统领当中路，马玉贵当东路。十五、十七日会攻两次，均以联络不周，不能协同一致，没收到效果。当十五日会攻时，东路马玉贵仅以数百人深入敌阵，以后无援军，致被包围。马玉贵见军心动摇，情势危急，乃振臂高呼，奋勇杀贼，卒赖官兵用命，杀出重围，得以脱险。

十九日，突接情报：敌已出兵占我三水（栒邑），张凤翙于二十一日率陈殿卿、李长兰、胡景翼等部约2000人前往夺取。这次敌军到三水、淳化一带的1000余人，是马安良所部的回兵，军纪极坏，引起当地人民不满。二十三日，张到土桥镇，知敌军据点为三水县城和张洪镇一带，即派胡景翼取三水县城，敌军因人数不多，闻风北遁，退入甘境。二十六日，又向张洪镇进攻，张率陈殿卿部在后接应，战况剧烈，延至下午，我军伏兵四起，向前猛冲，敌军溃退，逃归邠州，因雪大道路难行，乡民逃避一空，官兵又得不到熟食，饥寒交迫，仅派一营驻三水，一营驻淳化通润镇防守。是役阵亡管带王景、王向乾2人，队长王启秀、王彦、刘熙安、王青山、许拴牢、刘少濂6人，士兵100余人。张于二十八日率队回醴泉，得悉东路军事又趋紧急，即命马玉贵驻防醴泉，遂于十二月初二日回省。同月上旬间，丘彦彪由省南率队到醴，马玉贵即将醴泉防务交丘负责，又令敢死队杨仁天部驻守南坊，布置就绪，遂即返省。

自张凤翙回省后，乾州方面由张云山力守危城，敌军利用北原高地，以炮火轰城，但敌军所用山炮，口径小威力不大，有时炮弹着地多不爆炸，敌知凭炮火攻城不下，强拉民夫挖掘地道数处，均被我军识破，未能得逞；又派先锋队冲至城下，架云梯爬城，也被我守城官兵用手掷弹击退。升允于无计可施时，又令管带罗开福诈降，罗率队抵北门外，举枪跪地，拟趁我军开城受降时冲入城内，此计复被张云山识破，予以重创。张云山坚守乾州，牵制敌方大量军力，在西路战事上起了巨大的作用。

（三）醴泉、咸阳的战斗

十二月二十五日，清帝退位。二十八日，我军同东路清军签订了停战协定。而西路升允用了很大的兵力，费了很长的时间，仍攻不下乾州，乃改变作战计划：一面令马安良继续攻乾州，一面令陆洪涛率所部绕铁佛寺进犯醴泉。十二月十二日，陷南坊，我杨仁天部退咸阳。此时我驻醴泉军为丘彦彪部，竟以战事重点在乾州、凤翔，不加戒备。除夕，令全体官兵大过新年，吃酒赌钱，通宵无备，不料陆洪涛部即于是夜前来偷袭。拂晓，敌军由西南城角攀登而上，待我军发觉，已抵抗不及，一时混乱，醴泉遂失。丘彦彪仓皇中退至咸阳。

此时，有张云山部参谋雷恒焱（昆山，乾州人，陆军中学生）闻醴泉失陷，愤升允顽固好战，径赴醴泉十八里铺，告以清帝退位，应罢兵息民，升允不但不听劝告，反把雷割耳削鼻挖心，弃尸枯井中（敌退后捞出葬埋）。丘彦彪部先锋总队长朱长春（正宜，长安人，武庠生）曾跟随升允充戈什（满语，即侍卫）有年，也想利用旧关系劝升允休战，讵知升允残酷成性，即令把朱长春绑出去，钉在东城门上示众。

醴泉失守后，军政府料敌必东进扰我咸阳，威胁省城；也可能另派队北渡泾河，扰我泾阳、三原。我军的对策是：派兵马副都督吴世昌主持咸阳军事；派粮饷都督马玉贵率谢彩臣全标和炮卫队一营把守泾阳渡口；调驻同州的东路节度使陈树藩率严飞龙全标星夜驰赴醴泉，由临津渡河，作为攻醴泉的主力军；令北路招讨使井勿幕派队协助陈部作战；又令驻华阴的大统领的卫队指挥官朱彝铭迅率大炮队由新丰过河，会同陈部攻取醴泉。

升允进驻醴泉后，即令陆洪涛部东取咸阳。这时我军驻咸阳的有董雨麓、杨仁天各一营和新从醴泉退回的丘彦彪两营。张凤翙此时尚在华阴未归，东援部队尚未撤回，仅兵马副都督吴世昌带卫队一营于初四日回省，军政府以咸阳紧急，请吴迅即调集精锐赶赴咸阳布防。吴世昌于正月初五日率先锋队一营、薛炎的敢死队一营、吴善卿的一营和周寅斌的炮营当晚开到咸阳。这时咸阳北原已被敌军占据。

初六日黎明，敌军下原来攻，吴世昌亲督各营队出城迎击，我敢死队薛营、杨营奋勇异常，士兵各手持铡刀冲入敌阵，敌人吓得纷纷逃窜。吴即趁势挥队追击，不意中途中弹堕马，幸二标一营管带高森（子光，华县人，武庠生）奋不顾身，冒死抢救回城。军中主将受伤，士气顿呈动摇，纷纷向后撤退；独高营不退，终因孤军单战，陷入重围，高森膂力过人，手挥大砍刀，杀死敌人无数，卒以力竭战殁。是日夜半，我援兵数营续到，军令都督刘世杰亲来督战，军势为之复振。

兵马都督府参谋刘幼宾拟订作战计划，于七日黎明，令我炮队周寅斌营先在城上炮轰潜伏于北门外某庙内之敌。另配备兵力分成三路，以围攻之势向北原进击。吴善卿、董雨麓当北路，丘彦彪、周文斌、李金戊当东路，薛炎、吴镇南、周寅斌当西北路，同时出发，向敌进攻。敌兵居高临下，易于防守，我军仰攻，困难较多。这次调来部队多是以营为单位，既不相隶属，又各自为谋，且无高级将领指挥，不免行动涣散，在作战上不能协同一致。是日午后适逢大雨，路滑难行，士气因之不振。参谋刘幼宾以兵马副都督的命令，改派吴善卿担任三路总指挥，对不听命令者准立斩。善卿勇敢善战，劳怨不辞，委此重任，可望挽回颓势。但善卿直属队伍人数不满 200 人，地位是个管带（吴世昌的卫队营），指挥全局作战确是不易。这时升允知我东路各军都已调来，且在泾阳一带有所布置，深恐醴泉被围，乃急调北原之军回固醴泉。善卿以为敌兵败退，正好趁势追击；以天色近暮，雨亦渐大，各营队不听指挥，反纷纷后退。善卿睹状，大声喊道："兄弟们！不要走，敌人败啦，赶快追击，不要放过机会。"他虽喊得声嘶，仍制止不住各队的退却。善卿气愤，独率直属队伍追击敌人，行未数里，被敌包围，幸刘世杰派来马队接应，才得突围而归。

初八日，刘幼宾计划追敌，留数营守咸阳城，其余部队分三路跟踪追赶。由吴善卿督正北路，任玉山督西北路，唐隶华督东北路，冒雨挺进，沿途未见敌踪，午后即在双兆镇、店张驿一带宿营。

初十日，我军准备进攻醴泉，由吴善卿在前领队，任玉山在后督队，行未数里，猝遭敌伏，不幸吴善卿身中数弹殒命。队形顿时紊乱，纷纷后退，经任玉山把队伍收齐，仍住店张驿一带待命。

同日陈树藩率严飞龙部，井勿幕亦派标统胡景翼率兵两营，都从临津渡过河，会攻醴泉。以陈树藩为主力，由正北向南进攻，胡在陈的右翼助攻。是时马玉贵已率队过河前来，遂由马担任左翼。此外有陈树发率兵一营和王一山（陆军中学生）所带炸弹队，在醴泉以西薛禄镇一带潜伏活动，扰敌后方。

十一日上午，敌军1000余人，由北门出城迎战，在皮吉寨一带与陈树藩部遭遇，展开战斗，战况非常剧烈。严飞龙部第三营管带朱佩贞中弹阵亡，一营管带王飞虎赶到增援，酣战之际，王飞虎腿部中弹，抬回泾阳疗治，午后4时许双方收兵。

十二日，朱彝铭率大炮队由华阴赶到，会同陈部作战。十四日上午，我炮队在县城北郊选择了阵地，以12门野战炮向城内轰击，将北城楼立时打垮，旋又炸毁县署大堂（升允行营所在）。我军为避免城中百姓伤损太重，只放20余发爆裂弹，停止轰击，我步兵即于此时向前移动。这时敌军由东西两门出城，似有从两翼向我包围之势，严飞龙就率部向东北城角迎击，胡景翼率部向西北城角进攻，两处虽均有接触，战况不甚剧烈，相持约两小时，敌即退回城中。严飞龙见敌军退走，以为怯战，又知升允现在城内，他一心想于夜间架云梯爬城，生擒升允，为此亲至东北城角约一里许的地方，侦察地形，不幸被城上流弹击中头部，在气绝前，仍频嘱部属：“一定要杀进城去。”

王一山的炸弹队和陈树发所带的一营既受令扰乱醴泉以西的薛禄镇一带，未出发前，王一山侦悉敌军粮台和弹药库等都在镇北代刘村，村南是高原，原上有甲、乙、丙 3 个村，王部潜伏在甲村，陈部扼守乙、丙二村，意在伺机焚烧敌人粮仓、药库。十二日上午 7 时许，突有敌马队 200 余人前来搜索，当被我军奋勇击退，至下午 2 时，敌军又派马步 3 个营的兵力，分三面向我军围攻，此时我炸弹队早已隐伏在村前壕沟内，待敌军临近，炸弹齐掷，当场炸毙不少敌兵；但敌军前仆后继，仍向我军蜂拥围裹。此时，我军弹药将尽，幸全体官兵奋勇，执白刃与敌死拼，直到天晚，才各收兵。计是役毙敌马队 50 余名，步队 100 余名，我军阵亡长官 2 人，士兵 20 余人。因这个据点对敌后方威胁甚大，故敌军不时前来扫荡；而王、陈两部共有 500 余人，趁醴泉正面作战之际，绕到敌后进行扰乱，现在既被敌人发现，乃于夜半率队潜行撤回兴平。

（四）停战协定正式成立

醴泉方面，自正月十四日经我炮轰后，已呈休战状态。敌军内部已起分化。缘我军得知清帝退位后，张云山立即派员同西军总统马安良取得联系，送去有关清帝退位布告，马见清帝退位，大势已去，对于升允封锁消息、一意孤行，深感不满，于是不同升允商量，便把驻在邠长一带队伍撤出一部开回泾州。当马安良率兵东来时，我军马玉贵以回教关系，曾与马安良通音问，并号召回军舍逆从顺，勿为升允所愚。京中回教闻人，也不断来函电劝告息兵。又知袁政府已派赵倜率毅军援陕。这些因素都促成了马安良停战的决心。同时，彭英甲是一个老官僚，善于投机，同袁世凯素有关系，袁政府成立，当然以袁的马首是瞻。和议初起，彭即支持，他以营务处总理身份代表了升允的全军，所以停战协定能够很快地商妥。协定于正月二十日正式签字，互相换文，即日生效。从此升允陷入势穷力孤的地位。

张凤翙于正月十八日亲赴店张驿视察乾醴军事时，省城诸同仁鉴于战祸蔓延，民不堪命，决定邀请蓝田牛梦周及兴平张晓山、张鸿山昆仲，往劝升允罢战息争。牛、张等3先生是关中理学名儒，素为升允所推崇者。牛、张等（鸿山未去）于十九日往醴泉十八里铺面见升允，升说："现今皇上退位，我已无君可事，惟有一死以报圣恩。至于议和条约，已由彭、马二公主持，我不过问。"这时，升允看到彭、马不经商量自行议和，并直接向袁通电联系，显然不能为己所用，大势已去，不可挽回，只好对牛、张等说几句光堂话以作收场。二十日，士绅刘允臣到店张驿向张凤翙报告牛、张同升允见面的经过。二十二日，张即偕同刘允臣到兴平请牛、张等函约升允二十四日来兴平会晤，并亲笔致函升允，备陈款曲。接升复函谓："驻醴之军已全退出，如欲相见，在醴则可，在兴则不必"云云。张当即答复准于二十四日在醴泉城内会面。当时省城知此消息，深恐升允居心叵测，立派党自新、南雪亭、崔迭生3人赴兴平劝阻，同时张云山亦自乾州来函谓："和约已同彭英甲、马安良商定，日前（二十日）已签署换文，升允已失统驭力，实无会面必要"云云。张对升之狡黠早有所知，敢言会晤，当然有所准备，意在借此机会诱升回住西安，俾免再生后患。而升允所称愿在醴泉见面一节，亦不过是揣测张不会亲赴醴泉，故作此应付语。不料竟约定二十四日在醴会面，这就使老奸巨猾的升允考虑到见面已属无益，且恐发生他虞，因此又复函拒绝，并于先一日偕陆洪涛由十八里铺退走。从此乾、醴之间已无敌踪。

附录升允致牛、张原函一件如下：

梦周、晓山两先生鉴：

所约会晤一节，或兴平或醴泉均无不可。弟之不畏死，两先生之所知也。静观部下健儿，皆有郁郁不可聊赖之意，倘不知轻重，突生意外，反有伤玉帛相见之义。有子曰，“信近于义，言可复也”，如其中更有意焉，则不如不会之为愈，讲学家当能明辨之。他日讲学关辅之间，与两先生相见，亦不为后也。

张云山同马安良进行和议，到成熟阶段后，马即令驻邠州、长武的后方部队，撤回泾州。正月二十日停战协定签字，马将驻乾州附近的部队撤驻邠长一带，并同彭英甲联名电袁，表示服从，停战待令。迨至二月初，接袁回电，令马部军队全数撤回甘省，到二月初十以后，邠长一带的甘军已完全退出陕境。

（五）陇州、汧阳、凤翔、岐山的攻守战

西安“光复”后，有高等学堂学生杨会桢、刘铦（均凤翔人，同盟会会员）偕同回到凤翔，联合当地哥老会杨凤德、黄发、陈得胜、赵大贵等聚众1000余人，于九月初六日夜间把府城包围，县衙差役张三保等在城内接应，次日全城“光复”，参将王志英自戕，张三保杀知县彭毓嵩和知府德祜（旗籍）。群众不懂革命意旨，寻仇报复，一时造成混乱，致倡首起义的人无法收拾，杨会桢乃请当地哥老会大首领秦凤山主马秉乾（回族）出来维持。马以会中戒律，惩办了数人，秩序渐稳。硕儒李逢春（振初）倡言：凤翔为关西重镇，若清军夹攻，不但腹背受敌，且有甘军后顾之忧，非有重兵驻守，实不足以谋久远。众以为然，遂推定李逢春的学生刘治州（定五）为代表赴省请求派兵。军政府决定以副大统领万炳南出镇凤翔，并派赵乃普署知府，胡树人署知县。万于十月初九日到凤翔，将扰害地方之张三保等斩首示众，并把参加起义的民军整编为 5 个民团营（每营 200 余人），即以马秉乾为中营管带，黄发为东营管带，杨开甲为西营管带，龚发荣为南营管带，杨凤德为北营管带。

万炳南整饬地方局面后，积极进行军事部署。十月十四日，令杨春华营出守固关，并令参谋长陈同率参谋吴栋臣、赵皖江进驻陇州。二十七日，甘军副将崔正午（回族）率铙锐军 5 营夜袭固关，杨营与战不利，退守陇城，固关遂失。十一月初四日，杨春华想夜劫敌寨，夺回固关，乃利用当地哥老会杨录作向导，夜袭崔部于平头原，因当晚大雪，迷失途径，反遭敌人包围，幸赖官兵奋勇力战，始得脱险。固关既未夺回，而陇城且被崔部攻陷，参谋长陈同等未及出城，乘敌人入城抢掠之际，化装出城跑回凤翔。崔正午在陇城未作停留，即乘胜东下，越汧阳直趋凤翔，当进驻城西柳林镇时，其前锋已到亭子头。与此同时，陕甘提督张行志率壮凯军 7 营自灵台南下，经天堂进驻城北水沟大相寺，其前锋到北沙凹堡。敌军分西北两路，结成犄角之势，进逼凤翔，其兵力共 4000 余人。万炳南以凤翔兵力单薄，派员星夜赶省请援，军政府乃令王荣镇、杨汝林、王镇海三部（各约一营）迅速先开，又令临潼士绅曹树勋（印侯）新组成的敢死队约 1200 人继续西开。十一月二十一日，万炳南因援队已陆续开到，遂分三路向敌进击，西路由王荣镇指挥，北路由朱汉庭指挥，东路由王镇海指挥。西北两路均获胜利，唯东路因触地雷炸伤多人，致士兵纷纷后退，王镇海奋力督战，不幸中弹倒地，被俘遇害。当晚我敢死队管带黄飞龙率兵200余人，潜袭敌营，并把王镇海的首级和尸体寻回。

二十二日，万炳南令各标营队出西门直向柳林镇之敌突击，到达时，正值中午，敌兵正在各村抢掠，我军出其不意，冲至跟前，仓促间敌兵集合不及，顿形紊乱，崔正午急执大刀亲出督战，忽中弹倒地，被敌兵抢走，敌兵见主将受伤，更无斗志，纷向西山角溃退，我军乘胜追击，我民团两营亦赶来助战，并拆桥毁路，阻碍敌人。至日暮，张行志派援兵两营赶到，时已天晚，敌兵纷纷遁入山中，我军遂将柳林收复。是役歼敌三四百人，夺获帐篷、旗帜、枪刀、马匹、骆驼等等甚多。崔正午负伤失败后，退入汧阳。十一月二十七日，我军指挥官杨汝林、毛岐山督率各标营队出北门直向水沟之敌进攻，先在水沟南涧设伏，令士兵摇旗呐喊，敌闻声未出应战，仅从村城墙隙向南猛射，约1时许，枪声渐稀，我指挥官急令伏兵呼哨齐出，向东门冲击，立将东门攻破，敌见城陷，从西门溃逃。这时发现敌兵中有一头戴红色风帽之人，疑是敌军高级军官，杨指挥官令士兵集中射击，旋被击中毙命，据俘虏称，此人系统带官刘玉。计是役毙敌约300余人。十二月十二日黎明，崔正午由汧阳又率所部分三路来扑凤翔，我军曹树勋率领敢死队1000余人迎敌，并分路截击，战至午后，敌军力疲，纷纷撤退。十三日，天尚未明，敌1000余人又来袭城，我军急出动敢死队200余名均持铡刀，由城墙跳下，奋不顾身，冲入敌阵，挥动铡刀乱砍，敌兵惊惧，四散溃逃，我城内部队由西门冲出两营，乘胜追击，是役砍死敌军100余人，生擒11人，夺获大炮1尊、云梯8架、骆驼4头、杂色子弹两背篓。

二十七日，北路敌军又以六七营之众前来扑城，我锄刀队500余人，仿用敌军红旗红号衣隐伏在路边沟道中，敌军蜂拥而至，误为友军，接近时始知中计，当被我铡刀队砍死200余人，并夺获步枪数十支、马刀数把，余敌趁乱奔逃。我铡刀队长于肉搏而不善追击，接应部队未及时赶到，致未能尽歼敌人。

这一仗打过已届农历年终。除夕，万炳南告诫官兵：强敌当前，不是我们宴乐的时候，今晚更应加紧防范，官兵一律发猪羊肉半斤，不准吃酒赌钱，违者按军律严办。到了正月十五日，万说：敌人在去岁除夕夜间，乘我邱军无备袭取了醴泉，今天元宵节，我们也向柳林敌人来一个突袭。这一仗，敌军猝不及防，损失甚大，我军再次收复柳林。

敌军张行志率队南来主攻凤翔，费时3月，仍难得手，西路崔军近又受到重创，乃改变战略，仿效升允袭取醴泉的办法，扰我后方。侦知我岐山县城空虚，张行志即于是日派分统王甲三（泾阳人），率队1000余人夜袭县城。当晚是县官李谦吉婚期，守城军官都聚在县衙内大吃喜酒，竟疏于防范。敌人先头部队潜至城下时，窥见城上毫无戒备，便在北城搭上云梯，至晓，攀梯上城，将北城门打开，马步各队蜂拥而入。驻在城内的敢死队和当地民团虽有2000余人，但突遭城破，集合不及，纷纷逃避。当时跳城跑的甚多，未及逃出躲在商店或居民家者，被敌人搜出，莫不惨遭杀戮。县官李谦吉被俘，绑送张行志行营被杀。计当时军民死难人数在1000以上。敌在城内盘踞8天，搜掠一空，人民受害，异常惨重。

张行志派队攻占岐山后，方知清帝退位，马安良在乾州签订了和约，升允于二十三日退走，知大势已去，遂于二十六日率所部仍由原路退回甘境，并令崔正午部同日撤出陕境。西路战事，敌我相持100余日，战斗面广，人民受害严重，如长武、邠州、永寿、乾州、醴泉、咸阳、三水（栒邑）、陇州、汧阳[①]、凤翔、岐山、武功、扶风等县，都是受兵灾的区域，生命财物的损失不可数计。

（选自全国政协文史资料研究委员会编《辛亥革命回忆录》第5集，中国文史出版社2012年6月第2版）

① 汧阳，县名，1964年9月因“汧”字生僻，改为千阳。

忆陕西辛亥革命

张　钫*

一　清末编练新军与举办陆军学堂

清朝军队，旗兵与绿营在清中叶已经腐败。湘军与淮军在甲午、庚子战败后，也完全暴露了它的作战无能。在这种情形下，清政府编练新军，计划编 36 镇精锐的部队。除北洋六镇成立稍久外，南洋各镇多新成立之师。海军当残破之余，只剩一部分小炮船而已，海军费又被挪用去修了颐和园。那时大省成镇，小省成协。鄂省有械，粤省有钱，江浙各省有人，其规模尚有可观。至于边远省份，人、械、

* 张钫：时任陕西新军混成协炮营右队督队官（连长），后任陕西军政府东路征讨大都督，国民党第二十路军总指挥兼河南省代理主席，南京国民政府军事参议院院长。
新中国成立后，任第二届全国政协委员，中央文史研究馆副馆长，民革中央团结委员会委员。

饷项三者都缺，所以参差不齐，不能照计划成立。

陕西算是小省，当时练一混成协，协统是王毓江。他是一个道台官，办了两年，在3000步兵额里便吃了一半空额，后来在宣统二年革职查办，重新招募新兵。经过6个月时间，募到士兵3000名，多半是外省人。这是由于征兵办不到，本省人多鄙视当兵，不肯应募之故。

当时绿营所用的武器，最称锐利的不过为铜底大装、7响马枪、水连珠、利名顿、哈机克斯、洋抬枪而已。绿营队伍，均扛大旗，穿战裙，用布包头，背着大刀，抬着土炮，用前膛枪，武器十分陈旧。新军的装备则都是新式武器了。当时新军所用的器械以湖北兵工厂出的小口径为第一。新军一个协有步兵2标（步枪3000支）、山炮3队（炮18门）、骑兵1营、工辎兵各1连。但那时为了防范“叛变”，都不发给子弹，每枪只发空响弹一排，作练习用，与徒手无异。陕西新军中革命党人一直没有遭到捕杀，与当时官员们相信“无子弹”造不起反来，不无关系。

除了编练新军，清政府又举办新的军事学校。当时除在各省设立陆军小学外，并在全国设立四个陆军中学。这些学校的学生须学习2年后毕业，才能升入军官学堂。从小学到军官学堂毕业，需要9年才能训练出一个排级的军官。当局感到不能等待，乃在陆军部直接领导下，成立陆军速成学堂，招学生2班，由陆军小学及文学堂挑选具有中学程度并且身体健壮的学生入学，2年半毕业，毕业后即可与军官学堂毕业班次相衔接，军官人才就可以源源产生。我就是那时陆军速成学堂的一个学生。

我们是光绪三十三年（1907年）秋季入学的。学堂地址在保定东郊外。大省保送学生60名，中省40名，小省30名，共收学生1200人。因为学堂设备不全，办理不善，而且学生多来自文学堂，身体不够强健，骤然施以军训，不能支持；再加南方人初到北方，不服水土，所以入学3个月后，便因病死亡80余人，其中以长江流域的居多。

那时学校的教职员大多数都是出身北洋武备学堂及留日的学生，督办是段祺瑞，总办是赵理泰，监督是曲同丰。学生编制以队为单位，分步、马、炮、工、辎各专科。步兵总教习贺忠良，马科总教习黑守仁，炮科总教习唐直道，辎重总教习靳新义，都是日本人。学生年龄大者达三十一二岁，小者十八九岁，程度因之参差不齐。学生除分隶各专科外，程度较低者须补习普通学科半年，然后分入专科。另有满文、蒙文和英、法、德、俄、日5种外文，每人选修一门。在2年半修业期间，死亡、退学和革除的学生计达200余人，送去日本留学者65人，毕业学生仅剩800余人。军事教育规定严格，对于思想言论及行动限制极严，防范极密，凡政治书籍和杂志等皆不许阅读。

各省学生分编各科，彼此互相联络者很多，但是真能接受革命思想，参加同盟会者亦只有72人。在这70余人中（其中有何遂一人现在北京），以陕、浙、粤、闽、桂、滇等省籍的居多，因当时发动革命，首在各边省地区。我是豫籍，但是由陕省保送，所以与陕、豫同学都接近。当时所读的革命书报，有《警世钟》《国民必读》《猛回头》《太平天国战史》《二十世纪之支那》《浙江潮》《新湖南》《夏声》等，但不能公开阅览，只能秘密阅读。加入同盟会者，才能见到《民报》及其他宣传革命的小册子。

1907年秋季毕业的学生，分发各镇入伍见习；见习期满，于

1909年春季，分别回各省。那时学校里大部分学生，皆受革命思潮的熏陶，回到各省之后，整军经武之风大兴，而军容为之一变。回省学生大概都任排连级工作，为接近士兵之官，先从精神训练入手，使士兵渐知爱国的方向；孙、黄革命之精神，始深入部队之中。当时对士兵讲话，不明说革命的意义，对头目（即今日之班长）精神讲话，讲的是：卫国御侮，必须战争，战争可分4种：1.同种战争；2.异种战争；3.同族战争；4.异族战争，意思是暗指清政府是异族，我们汉族必须把他们赶走。这几句话在当时发生了很大的效力。

我们回陕西的同学，都在督练公所候差，每人每月支银18两。1910年，混成协的3000士兵募齐后，我们分到各营充当排长的共有22人。分派的那天是宣统二年九月初一，翌年的西安起义也是这一天。

二　辛亥前陕西革命党人活动的一般情况

陕西是西北的革命策源地。清朝末年，在陕西除官府以外，人民的心都倾向革命，盼望打倒清政府。因此，同盟会从日本东京派回到陕西活动的虽只有井勿幕一人（康宝忠到北京未回陕），但他到处都受人欢迎；他在省城及渭北各县布置的革命活动，力量很大。

在军队中，钱鼎（字定三，一标三营营副）和张钫等设立了“军事研究社”，和井勿幕取得了联系。钱鼎、张钫是同学会的代表，同学30多人，都分别在各部队中担任工作。骑兵营曹位康，工兵连张希瑞，一标钱鼎，二标刘自新，炮兵营党仲昭、张仲仁（二人住渭南会馆联络站），徐烈卿（任书院门站）、朱叙五、陈树藩、余永宽、王仁山、张钫等皆担任工作。全协士兵中老行伍出身的，多数都参加帮会，如刘世杰（工兵队头目，红帮）、马玉贵（二营头目，回教，红帮）、吴世昌、郭锦镛、马瑞堂、魏礼亭、吕金堂等，都充当头目。张云山是协部司号长，他在红帮里很有号召力量。万炳南是哥老会的大哥，他在新军及巡防营中的地位最高。学生出身的人中，钱鼎因活动革命，加入帮会，其他的革命分子亦都和帮会接近。军队中官、目、兵各级均有人负责。对旗籍同学同事暗中防范，不露痕迹。军事研究社也有旗籍同学参加，但是他们不知道这是革命机关。

对于教育界、新闻界、政界及一般社会人士，均有相当联络。我们和各方面的人碰头的地方，计有“义聚楼饭馆”、“正谊书局”、“派报处”等处，和一些人私人（卢慧卿等）的住宅。那时督练处总办兼巡警道张藻是军队的上级指挥，在他署中担任机要科长的候补知县公恩溥（惠亭），是张钫妹丈的父亲，上级官署的消息可以从他那里探访。藩台衙门的书吏如白水县焦子静等，都分别担任革命活动的任务。并且还组织了公益书局，进行宣传工作。张聚廷的女友傅二姐那里是秘密联络站，作用很大；因常在小雁塔开会，在义聚楼饭馆吃饭，当时风声均甚大。

朝邑县阎小泉是关东游侠的首领，井勿幕、寇遐嘱托李仲三去策动他，他把李仲三吊打一顿，后来却答应参加革命；西安起义后由我把他收编，归陈树藩指挥，同去攻取运城，再到茅津渡掩护东征军的左翼，后在援醴泉时阵亡。渭南孝邑的大侠严纪鹏也在渭河南北秘密布置力量，第一次攻克潼关时，他曾参加战役，其后升任标统等职。其他如曹荫侯在临潼（后调凤翔）首先给东征军募集民兵 1000 名；

李天佐（字襄初）在蒲城，井岳秀在渭北各县，李仲三在二华，也都能号召民众，参加东征军。井在辛亥革命中做事很多，后来坐镇榆林达20年。曹荫侯西援凤翔，颇建成绩。李仲三外号李逵，他在辛亥革命运动时期，冒险犯难，始终不馁，在同州、朝邑一带作的工作很多。同州中学寇遐、尚殿特、党廷佐一班同人，在学生中及地方上均发生很大的作用，后来这一班人多在东路战事上立了功。尚殿特曾被派为代表去湖北、南京，备受艰险，终能完成任务。党廷佐以拔贡出身，荷枪临阵，在枪林弹雨中以地堰为书案，草拟文书，行若无事。这些人中，只有李仲三听说尚在人间，也已年近80了。

三　响应武昌起义、“光复”西安

武昌起义消息传到陕省后，同盟会领导的革命活动更加积极起来。官府也侦骑四出，准备抓人。我们得悉黑名单已拟定了，只是何时动手尚不知道。面对这种紧急局势，我们急谋对策，在辛亥农历八月二十三日，开了一个会，决定了以下几项办法：

1. 由张钫去见巡警道张藻，面探虚实。

2. 赶紧埋藏或销毁所有秘密文件。

3. 加紧进行各团体的联系工作和军队策反活动。

张藻曾任陕西陆军小学总办，是我的老师。我从保定陆军速成学堂毕业回陕时，他是兵备处总办，见过他几次，进新军也是他的关系。大家要我去见他，我当然义不容辞。那天跟我一道去的，还有一位军校生曹位康（骑兵连连长）。我们动身时，心情很紧张，因为我们都是官府单上有名，准备要逮捕的人。我见张藻后，首先说："传说官府听信谣言，把我们同学都当成革命乱党，要拿办我们。我们今天自来投案，请即撤职发交军法审讯。"张听了我的话，反问我们煽动部队的是谁。"这个我们不知道，可是新军造不了反是肯定的。"我说。张问："道理何在？"我说："新军官兵虽发的有枪，但并无一颗子弹，空枪不敌一根棍子方便，如想造反，等于自己找死；何况袁世凯出来后，以武昌孤城与北洋大军为敌，无异螳臂挡车，我看不消几天，大局即可敉平。"张听了我这番话，显得非常高兴，说我看得很对。我回去向大家报告，大家听了很兴奋。

当时省谘议局忙于开会，请愿立宪，甚嚣尘上，而官府方面表面上虽百般敷衍，实则视民意机关如仇雠。那时候的议长王锡侯（鄠县人，进士），副议长郭希仁（临潼人，举人），以及许多议员都是各县士绅中的开明分子。谘议局在八月二十五日开了筹备会，并决定九月初一日召开大会。开筹备会的时候，同盟会的同志参加宣传，因而事先得到初一开会时陕西各级官员都要前往参加的消息。这时，我从张藻的机要科长公恩浦那里，听说驻西安的新军全要调外。二十五日这天，一标一营首先奉令调汉中，限即日出发。这明明是当局为提防新军而采取的调虎离山之计。这个诡计如果得逞，我们的努力就要前功尽弃。因为我们的革命力量，主要是新军。这真是一个紧要关头，箭在弦上，不得不发。我们就决定在九月初一上午9时，集合新军各部代表到林家坟院开会，发动起义。

当时革命力量，蓬勃欲动，大家都知道时机业已成熟，但是能统筹全局，指挥起义的人尚待选择。同盟会会员在当时能负责而行动积极的也不过三五人，钱鼎是其中最沉着的一个。八月二十九日上午7时，我俩会面，用笔谈录要点，达四小时之久，话说不到20

句，笔谈用纸则有100张之多。谈毕将纸烧毁，才相对一笑说：“大事定矣。”并决定同去访张凤翙（字翔楚，亦同盟会员）。当时钱鼎因过于激动，面色与平时不同，不能表现出行若无事的样子。

我与张凤翙常常谈论革命，张与钱鼎仿佛较生疏。那时张凤翙任混成协参军（参谋长）兼第二标一营管带，他和第三营管带张益谦（毕业日本士官学校，娶一日本妻子）感情最厚。我和张仲仁在二十九日那天夜晚先访张益谦，在他家谈了半夜，不甚和谐。三十日下午5时，我在骑兵营和曹位康商谈后，沿营垣外面到西郭门，正遇着张凤翙带领队伍从临潼回来。我走近去告诉他：“事已急迫，晚间我和钱鼎到你那里商谈。”我又赶紧跑去告知钱鼎，再返回炮营。等晚间我到了张凤翙营里，见张卧在床上，钱坐在他的旁边，慢慢地谈着，我便催他起来，说事已急迫，漫谈何济。张刚刚起来，他那个营的营副恩厚（旗籍）恰恰走了进来，4人坐谈，3人心意忙迫，一人则毫不知情。平时彼此间常谈至夜分，此时何时，真如芒刺在背，我乃借故使钱先走，恩厚亦随出休息。我约张送钱，同至操场，3人背肩相倚，面向外立，谈举事各要点。张凤翙说：“我同意各要点，即干，义无反顾。如果失败，祸我承担，生死与二君共之。张益谦由我负责让他干，但事前不必告诉他，到时我自有办法。”谈完即分手，分别向3个方向走去。

九月初一（星期日），适为发饷之期。早7时，协部及督办公所和藩台衙门的委员，分别到各营，同时点名发饷，以防顶替。8时放假。旗籍和与革命无联系的军官，都纷纷回家或他出。时张凤翙以参军身份，命令各营目兵擦枪，管理内务，听候命令，再行出营；此令用意是不让士兵们外出。参加革命的官兵，全数留营，派代表到林家坟开会。

营房西墙外有一古庙，名景教寺，寺的右面有一林姓坟院，周围约 10 亩之大，树多松柏，缭以枳棘，冢高草密，平时是士兵聚赌的所在。参加者相继来到，计各营部队代表及洪门代表共 75 人。会议开始后，钱鼎和张凤翙先说了话，说明响应武昌起义的重要意义。大家对响应都无异议，唯对起义日期及领导人各有见解，莫衷一是。陈素子（浙江人）自称是黄克强派来，是万大哥炳南麾下，在一标当兵，奉万大哥之命，说起义之期，初七最好。巡防营的代表主张初五；但是他们忽略了在几天内新军就要被调离省垣，新调之二十营巡防营到省，那时便无办法。钱鼎、张凤翙和张钫 3 人即时商议，大家认为筑室道谋，必致偾事，乃决定用命令方式进行。先喊站队，张钫站在坟顶上作紧急宣布，说明情势紧急，条件有利，非立即动手不可，改期发动，深恐事泄，功败垂成。大家赞同这一决定，主张延期的也放弃原来的意见。于是又规定了起义的时间、记号、各部队之任务、口号、现在及进城后指挥机构所在地，并宣布决定事项 10 条：

1. 举大事要有决断，当断不断，反受其乱。今日事今日做，迟至下午则失败。自 10 时至 12 时，城内如无枪炮声，过午大家可以随便行动。如有被捕者可以供认是我们主张。

2. 记号用白布条缠左臂（各士兵将白布单扯条藏腰间，临时散发同志）。

3. 炮骑兵分骑马徒步零星入城，在高等学堂附近集中，听候招呼，由张钫指挥。

4. 听到枪声后，一标向陆军中学前进，收缴该校枪弹，编制学生，占据鼓楼及北城门楼，由满城西北进攻，由钱鼎带领。

5. 二标向军装局前进，取得子弹后，由东南两方面攻满城，工辎两队随二标前进，由张凤翙带领。

6. 口号是“兴汉灭旗”。

7. 指挥所城外在二标一营营部，城内在军装局。

8. 到达目的地后，分占附近各衙署。

9. 各代表回单位后，要积极发动，不可迟误；闻枪声要热烈完成任务。

10. 散会后要行动安静。

宣布完了以后，问大家听明白了没有，当时大家同声答应听明白了，随即解散。

那一天10点钟前，炮营首先出发。炮营分中左右3队，中队队官党仲昭，左队队官朱叙五（党、朱1961年尚健在），右队队官张钫。张钫传达命令后，全营立即出动。张钫带两骑先进西门，朱叙五带20余骑由西门续进。并派骑马的向各联络点送信，徒手兵则三三两两，形同闲游，由西门进城，循着僻静街巷向军装局进发，到高等学堂门前空场等候。党仲昭带30骑到骑兵营监视出入，由南门进城，西南两城门各留十数人工作，闻枪声后夺取城门。我约10点半到高等学堂西边，下马时遇省议员严庄，就嘱他速到谘议局通知副议长郭希仁，说马上枪响，就是起义了。我入该校后，在候客室请高培支（此人现在西安，已80多岁）相见。过了约10分钟，听见门外马蹄声飞奔东去。从兵吕金堂已拦挡不及，进来向我报告。我遂赶至军装局门口，暂坐西隔壁一个小饭馆内，嘱士兵遛马休息，并告以如果有人询问，就说是星期日去到东关旅行。兵皆徒手，不致引人注意。不到10分钟，宪兵从东来，向前查问，说你们是干什么的，把马跑成泥马了。士兵因向来痛恨宪兵，便说你管我们，打你个混蛋。宪兵拍马而逃。军装局对门便是咸宁县署，警察又来干涉。那时我正与守库的新军排长和老库兵计划进去的路线，听警察鸣笛，又来查询，答复如前，说我们就走。当即喊士兵站队点名，只到乘马者 28 名，步行的尚未来到。因情势已迫，再迟恐生变化，此时以抢到武器弹药鸣枪为第一任务，乃下令进局抢枪，令守卫的把守局门，枪上刺刀，子弹上膛，非新军官兵不准进入。官兵将军帽掷向天空，大声喊杀，蜂拥而入。门首卫兵是一标三营派来的，我们早已对他们做好工作，所以毫无阻碍。入门后先奔西院，撞开库房的外门，至南院库房。库楼高回，檐槛密排，铁栅门上铁锁长达尺余，门环坚固，无钥匙斧凿，无法进入，枪弹近在咫尺，不能到手，心急如焚。正在紧张的时候，瞥见院内池台围墙边有 3 尺来长的青石条，就用它来把锁撞坏，栏杆破裂，到达库门。又如法炮制撞开了铁皮包裹的二门，方得登楼。见枪弹箱堆积高与梁齐，乃从上层推箱坠地，使木箱破裂。枪支到手，各执一支，实弹发射，枪声震天。28 个士兵，各携枪弹，射出库院。这时党队官带领骑兵 30 人到达军装局门首，便委他负责守库。步行者也已纷纷到达，我带领 28 人放排枪高呼“兴汉灭旗”口号，向西迎去。到南大街只见商号住户门口放着水盆茶碗，表示欢迎，各家门口贴着“兴汉灭旗”4 字，大家看见更为兴奋。当即请朱叙五带枪兵二人出东门回营，将山炮两门拉进城内使用。

南门什字街在钟楼南，东西木头市之间，通南门要道，与军装局为平行线，守此据点，可控制满汉两城，就在此处向四面放了十几排枪。约 20 分钟后，第一标到了北校场陆军中学，枪声已响应了。原来他们到陆中时，学校即开门迎入，他们将存储校内的 1000 支枪和16万发子弹全部取出来了。

至于第二标，当天上午张凤翙将张益谦约来，告知他举事的消息，让他回营带队，即同出发。益谦回营，张皇失措，找来理发匠先要剃去小胡子。正在这时，凤翙随后赶来，勒令吹号集合，张益谦不得已，只得服从命令，带队向城内进发。该标队伍按照第一、二、三营顺序前进。进城之后，经过藩台衙门，守库的兵士开枪，张益谦便在后边停留迟疑，下马躲藏在街南一个小巷子里，直到第二天才出来到军装局。因为这个缘故，陕西革命成功后，他不再带兵，改任文官，作财政厅厅长，后来居山东而死。二营管带王某当时跑了，不知下落。张凤翙这时率士兵向守库还击。但二标士兵只带有空响弹，向库兵放了一排。库兵听见南面枪声不绝，不知虚实，见了西来大队，不知有响无弹，便纷纷退却。张凤翙一骑当先，全标士兵，均上刺刀，喊杀而前，势如排山倒海，越过什字街东奔，至军装局取得弹药后，连续向满城发射，全城震动。满城官兵闻到枪声，仓皇失措，先闭通汉城各栅门。汉城各衙门官员，因正在谘议局开会，闻枪声四起，乃作鸟兽散，弃去冠裳，藏匿于民家，不敢回衙。护理巡抚的藩台钱能训躲在他的副官家里，用六轮手枪自杀未死（此人后来当过几天北洋政府的总理），3日后，与巡警道张藻和知府知县，皆由老百姓将他们送交军府（都受到优待）。其他小官更是纷纷逃散，不知去向。

初一日，汉城（驻有巡防兵6个营，营250人）无抵抗就被革命军占领。满城旗籍2万户（包括老弱妇孺共四五万人），有步枪1万余支，骑兵2000名，闻变后先封闭内城各门，因不知虚实，想要整队出击，又不敢遽发。待至夜间，有数千人分四五路出扰，天明退回，仍坚闭内城各门，借观动静。

初一日夜，革命军装了7颗炮弹，初二日一早7时，就用炮攻满城大菜市门。门内旗人用木器家具堵塞，炮击火起，栅门焚毁。革命军一部攀越城墙从上俯击，大部冒火突入。旗兵望风北溃，打算由北门出城逃走，而这时东门、北门已经被革命军占领，所剩残余，纷纷缴械投降。将军文瑞（旗人）自知大势已去，投井自杀。打了一日一夜，到初三日一早全城肃清。

初三日，战事停止，进入了维持秩序的阶段。陆军中学学生700多人从初二日即开始调去守藩库，刘文辉即当时参加之一人。

初五日，迁司令部于高等学堂，招集各界人士开会，经推举张凤翙为大统领，钱鼎、万炳南为副大统领，张云山为兵马大都督，马玉贵为粮饷都督，刘世杰为军令都督。一切政治措施，由大统领负责。到初八日各事一切就绪，当即派副大统领钱鼎出师东征，兵马大都督张云山领兵守长武、凤翔一带。

四　陕西革命军的东西路战役

陕西新军起义后决定的作战计划，是东攻西守，东南联络武汉，西南打通川滇（派川甘新三省学生回省活动）。

东路方面，初八日钱鼎率兵出西安。至临潼，当地曹荫侯起义响应。十一日，钱在渭南被土匪杀害。十二日，改派张钫为东征都督，于十四日出省城。十六日，河南陆军五十七标、五十八标占潼关。潼关道文锐（旗人）先于十五日逃往灵宝县。潼关城被马耀群占领了二天，敌军来援，马耀群退南山根，文锐又回潼关。十九日，东征军至潼关西吊桥，二十日进攻，二十一日“光复”潼关，敌军退灵宝。二十四日，革命军进攻灵宝，敌军河北镇台马军叙所辖二十营来援河南陆军，进至灵宝。

十月初一日，河南陆军被革命军击溃，马军叙退回河北。敌又派毅军十八营增援，相持三天，因众寡悬殊，革命军自灵宝、函谷关退盘豆塬，激战两日夜。八日，与毅军再战于潼关以东的牛头塬两侧。九日又战于潼关凹阎王沟。十一日早 8 点，革命军退回华阴及华山一带布防。十月二十一日，革命军再克潼关，尾追敌军出函谷关。十一月初一日，毅军自灵宝崩溃，退至洛阳。

此一战役，东征革命军分三路前进：北路援晋军反攻平阳；中路军攻取灵宝后进攻陕州、洛阳；南路支队沿伏牛山出永宁、宜阳攻伊阙，占领嵩山一带。

十六日，大战于渑池英濠镇间，因不利退守崤函。那时敌人除毅军增加 20 营外，又增派北洋陆军第六镇一协，由周福霖带领，第二镇全镇，以统制王占元为总司令。河南陆军一协及南阳镇河北镇所辖的巡防营，同时分布豫西各县，日与各地方新起民军战斗。

清军更以精锐部队，携大炮百余门，进攻观音堂，张茅、陕州、灵宝相继不守，革命军一部退入南山，主力退守潼关。敌军猛攻潼关，十二月初一日，潼关又复失陷。革命军退入商雒，沿秦岭布防。陕灵北阻黄河，南逼山岭，民军复日夜游击于敌之侧背，所以占领潼关之敌人，不敢向西窥视，因呈对峙之局。迨至民元正月初一日，敌军始被迫由潼关退走。

西路方面，革命军防守长武、邠州、乾州、凤翔一带。当九月初一日新军起义的时候，前陕甘总督升允，乘枪声稀疏的时候，自东柳巷（在汉城）他的家里潜出北门，步行经草滩过渭河，沿途招集旧属，窜入甘肃。这时陕甘总督为长庚（旗人），升允到兰州后，同长庚调兵遣将，于十月中旬到平凉，率四提督合计部队骑兵六七十营之众。提督张行志出陇州攻凤翔；升允偕新军周学昌及马安良、陆洪涛、马国仁三提督攻邠、乾；长庚偕西宁马麟、宁夏镇台马福祥继续增援。十一月初，长武、邠州、永寿三据点相继失陷，张云山率部退守乾州，支持两个月有余。甘军一部分占领醴泉，进袭咸阳，距长安仅 50 里，因而长安震动。民元正月东路停战，东路军西向增援，由咸阳东门入城。甘肃骑兵万余人逼临城下，革命军出击，吴世昌、王荣镇带伤，一战而甘军大败，追至店张驿，咸阳就此被保住了。元月二十日，收复醴泉，甘军退至乾州塬。那时清帝已退位，退位文电升允不肯发表。他有一个讲宋学的老友牛梦周（陕西兰田人），他很相信新军起义的人，多半也是升允的学生，就写信给他，说明了清帝退位，共和告成，请牛梦周带信去见他。升见到这封信，才泣涕而去。西路战事，至此始告一段落。

袁世凯恐甘军得势，难以控制，当乾、凤吃紧时候，派遣毅军 20 营援陕，进驻兴平、武功两县，西援凤翔，北援乾州。毅军在兴、武哗变抢劫，志在扑攻西安，不知彼时甘军业已退走，骚扰至二月二十左右，除被击溃一部外，其余大部分集合，悉被送出潼关。其后盘踞河南、追击白狼的赵倜，即统率此军，后任河南督军，在河南为害达 12 年之久。

（选自全国政协文史资料研究委员会编《辛亥革命回忆录》第 8 集，中国文史出版社 2012 年 6 月第 2 版）

回忆辛亥革命

马凌甫*

一

我原名步云，字凌甫，后以字行。1884年生于陕西郃阳县的一个小村舍。地势偏僻，风气闭塞。我所处的是半耕半读的封建家庭。幼年随着我的父亲苦读经史，稍长习古文词章。1902年，入同州府学为诸生。时值清朝变法，改书院为学堂，郃阳县的古莘书院（因郃阳为伊尹耕莘古地故名）改为洽阳学堂（因郃阳是在洽之阳）。我就考入这个学堂肄业。这时我将近20岁了。在这20年的生活中，

* 马凌甫：时为日本明治大学学生，后任陕西靖国军第一路军参谋长，南京国民政府河南省政府委员兼秘书长。
新中国成立后，任江苏省政协委员，江苏省文史研究馆馆员，民革江苏省委员会委员，江苏省人大代表。

所受的是封建礼教的束缚，主观方面完全为宗法思想所支配。其间经过甲午战争、戊戌政变、义和团运动，虽然激起我强烈的爱国情绪，但却认为爱国与忠君是分不开的。

1904年，我们学堂挑选了3个人到省城投考关中大学堂，我在其列。另外还有郭浤（海楼）及范樵（鹤侣）。由此我才离开穷乡僻壤的小天地，而眼界为之一宽。但关中大学堂总教屠仁守（梅君，湖北人）是一位讲理学的，与陕西巡抚升允（吉甫）志同道合，仍以忠君爱国为立教之本。我们考学堂的试题是“未有仁而遗其亲者也，未有义而后其君者也”。升允在学堂大礼堂亲书的楹联是“天大地大王者亦大，九州共识尊王义；古学今学圣人之学，多士无忘近圣居”。这都可以说明这座大学堂的教学思想了。学堂的课程分四门：曰性理格致门，曰政治时务门，曰地舆兵事门，曰天算博艺门。学生任习一门或两门。每日撰写笔记，月终由各门教习评分给奖。每月还发给学生膏火银4两2钱。我对天算博艺门的功课甚感兴趣，因而在政治思想方面并没有任何的变化。

1905年，陕西派遣官费生留学日本，名额定为30人。分别由三原宏道学堂和省城关中大学堂及师范学堂选拔。当时由宏道选拔的有杨铭源（西堂）、张炽章（季鸾）、景志傅（岩征）、姚鑫震（伯麟）、李元鼎（子彝）、宋元恺（相宸）、张秉钧（治平）、李鼎馨（陋吾）、李述膺（龙门）、马宗燧（勋丞）、安兆鼎（珍三）、康耀宸（觐九）、茹欲立（卓亭）、李寿熙（伯虞）、张宗福（景秋）等15名。由省城关中大学堂选拔的有白常洁（西垣）、张蔚森（荫庭）、曹澍（雨亭）、马步云（凌甫）、郗朝俊（立丞）、钱鸿钧（陶之）、高冠英（奇卿）、谢增华（文卿）、张允耀（星岩）、王觐墀（芝庭）、崔云松（叠生）等 11 名。由师范学堂选拔的有党积龄（松年）、雷崇修（云亭）、刘景坡（东轩）、刘云祥（紫奇）等 4 名。我们是在陕西特派的留学生监督徐炯（子休）带领之下由西安出发的。在出发的前一天，还在湖广会馆举行了一次公宴。陕西巡抚曹鸿勋以下诸官员都参加了这个宴会。陕西布政使樊增祥（云门）在席上作了长篇演说，大意是说日本明治维新，还在我们学西法办洋务之后；而甲午之战，日本以区区三岛的小国，竟把我地大物博人众的国家打得一败涂地。庚子八国联军侵入北京，俄国乘机占领我东北三省，《辛丑和约》签订后，列强如约撤兵，独俄国不撤，便引起日俄之战。现在俄国又被日本打败了。经过这两次战役，日本已跻于世界强国之列。它的致富图强之道，是值得我们取法的。他说话很激动，博得了我们这些天真朴素的青年们同情。这时我们的思想完全是爱国主义的。东渡求学的目的就是为国家前途寻出路。临走时樊又写了一篇送行序，送我们于灞桥之上。

我们朝行暮宿，整整走了 11 天，才到了郑州。这时京汉路刚通车。因为铁路北端只修至卢沟桥，故尚称卢汉铁路，我们是由郑州上火车经汉口乘江轮到上海的。沿途看到水陆交通机关都系外资经营，外人管理。通商大埠，洋商麕集，洋行林立。上海租界以内，红布缠头的巡捕横行霸道。公园门口立着“不准华人与犬进入”的木牌。我们为了改装易服，在上海逗留了一个星期。

这时适值抵制美货运动达到高潮。原因是美国虐待华工，同时对于到美国去的中国人也肆意侮辱。在上岸的时候，尝以检疫为名，多方留难，且用烈性药水向中国人的衣物上乱浇。因此激起中国人民的抵制美货运动。而这一运动，正是以上海为中心。从前任过陕西学政的沈卫（淇泉）先生寄居上海，他对排货运动主持最力。因为我们多是他的门下士，就在一品香菜馆请我们吃了一回番菜。在吃饭的时候，他把上海抵制美货的运动热潮和美国怎样虐待华工，为我们原原本本作了一次介绍，大大增强了我们对美国的仇恨。

到日本时，适值孙中山先生在东京团结各方革命势力，组织中国同盟会。我们同学有不少人受了中山先生爱国精神的感召，加入了同盟会，我也是其中的一个。

我们到达东京时，各校招生期已过。日人有森孙一郎者，在日本教育界颇有声望,特为陕西学生创办了一所中学程度的补习学校，名曰济美学校，地址在东京芝区。没有好久，因经费困难就停办了。我和雷崇修、高冠英打算入振武学校习陆军，监督因我素喜研究自然科学，对我的要求独不同意。就在这个时候，日本政府与清朝驻日公使汪大燮相勾结，由文部省颁布了所谓《取缔清韩留日学生规则》，内容是取缔留学生的政治活动，剥夺言论自由，禁止集会结社，书信须受检查，等等。这一规则的公布，激起留日同学的公愤。又由于朝鲜已成为日本的殖民地，清韩并列，不但是对中国的莫大侮辱，同时也暴露了日本侵略中国的阴谋。陈天华为了激励国人进行革命，不惜牺牲性命，在日本大森海湾蹈海自杀。此事发生，留日学生尤其是革命党人深受感动，纷纷罢学回国，主张自办学校。上海中国公学，就是由这次回国的同学发起的。

为了到西北宣传革命，我和徐朗西、郗朝俊、张蔚森、王觐墀相偕回了一次国。朗西到了上海，在帮会进行革命活动，我们 4 个人则回了陕西。因为我们宣传的对象是母校同学，时值农历年终，学校都在放假，我们也就先回家乡过春节。我回到郃阳，曾在洽阳学堂约新旧同学举行了一次春节联欢会。由于我是从外国回来的，同学们都想向我了解异国的风土人情，届时来县者竟达40余人之多。肖荣寿（西丞）、郭海楼、范鹤侣、杨介（季石）、刘廷献（进丞）等在大学堂上学的老同学都来了。他们听我介绍东京留学界的革命热潮，都说我们一向把忠君爱国混在一起，是错误的，一致认为非革命不能救国。从此就建立起革命联系。这就为辛亥革命时郃阳率先反正并与晋南李岐山等谋组秦晋联军打下了初步基础。

当时郃阳县知事是湖北李汉源，他是熟于世故的一位老官僚，见我们联欢会来的人这样多，就通知劝学所（教育局的前身），借春节乡人进城集市的期会，请我向群众讲演，并请同学们一道前去为我壮胆。我本来不会演说，但有此机会，我就大胆地登上演台，放开喉咙，提高嗓音，把我在外边所感触的物质享受，如陆上火车，海上轮船，行程如何迅速；电灯照明，电话通话，煮饭有瓦斯灶，用水有自来水，生活如何便利；以及上海租界中国同胞怎样受洋人欺侮，政府软弱无能，不敢抵抗等等，向群众进行了一次宣传。一般听众都说是闻所未闻。我讲完之后，有人问我为什么剪去发辫。我说薙发留辫是清朝的制度，外国人骂为豚尾，所以到外国去留学的都把它剪掉。又有人问外国女人缠脚不缠。我说缠脚是中国的恶习，任何国家没有女人缠脚的。这时各地都有天足会，我就写了一篇劝《放足歌》帮助他们作宣传品。这一幕活动就算胜利结束。但会后同学对我说，当场有一位老先生对我剪辫很不满意，说马步云为学日本人就把他的发辫剪掉，假使他到“穿心国”去，岂不是也要把自己的心穿个洞呢。一时传为笑谈。

1906年春节后，我和郗朝俊、王觐墀、张蔚森都到了西安。同学见我们回来非常高兴，问这问那，问个不休。我们就把东京留学界的革命声浪和国内外形势分别进行报告,大家听了都感到很新鲜。因为我们这个母校原是一个理学王国，学术思想和政治水平都落在时代的后面。不但有关革命的书报列为禁品，就连壬寅、癸卯的《新民丛报》也认为是洋学书籍，不让学生多看。《皇朝经世文编》以及《东华录》之类，则认为是用世之书，提倡熟读。学生在文字中偶尔引用新的名词，即目为狂悖而严加申诫。但是客观形势的发展，决不是少数人主观愿望抑制得住的。我们回来的恰巧，正是学堂改制的时候，大学堂的名称已不存在，改为高等学堂了。周镛（石笙）自日本考察教育归来，担任了校长，那时叫做监督。学堂才开始有了新的气象，学生集会结社也才得到一些自由。因此我们就与同学中代表性大而热心奔走国事的如康炳勋（寄遥）、王梦简（授金）等规划组织一个爱国团体，秘密进行革命活动。

正在联络各方，积极酝酿，忽接同志赵世钰从东京发来一封密信，说孙中山先生有电报到东京，不赞成留日学生罢学回国，怕这些革命力量被清政府一网打尽。并说我们几个人回陕的行动已被东京留学生中陕西旗探所侦悉，要报告陕西当局取消我们的官费，让我们速返东京。因此我们就和母校同学建立了此后进行革命活动的联系办法，重返东京。同我们一道去日本游历的还有郭希仁、王铭丹（敬如）。希仁辛亥革命时在陕西曾作过相当的贡献，著有《从戎纪略》，可作陕西辛亥革命的宝贵史料。

我们将要出发的时候，井勿幕同志也到了西安，同我们在西大街羊毛纸店见面，说他要在陕西地区担任宣传组织的任务。因为他多年寄居四川，家乡人事生疏，如果工作不能开展，他将仍返东京，在学术方面再求深造。后来他联系了许多进步的知识分子，成立了各种革命组织，并与陕西的“刀客”及哥老会进行密切联系，才造成陕西革命的群众基础。

二

我们回到东京的时候，革命党和立宪派在理论上已展开尖锐的斗争。革命党的机关报是《民报》，立宪派的机关报是《新民丛报》，它在国内外曾起过很大的作用。自从同盟会成立，以“驱逐鞑虏、恢复中华、建立民国、平均地权”为革命纲领，与立宪派主张自上而下的改革，把希望寄托在皇帝和权贵身上的改良主义，有着根本的分歧。我们从前都喜欢看《新民丛报》，我的政治思想曾受过它很大的影响。自《民报》出版后，我们站在同盟会的立场，不仅在言论思想方面和《新民丛报》划清了界线，在行动上也和立宪派展开了斗争。这就使清朝政府不但对于革命党人的行动防范得越来越严密，《民报》在内地也成了禁物，不仅不许订阅，邮局也不准递送。于是同志们就在东京鼓起省办杂志的浪潮。当时以地方命名的杂志先后出版的如雨后春笋，万簇丛生，就我所忆及的有《云南》《四川》《新广东》《粤西》等等。河南、山西、陕西、甘肃四省同乡，为了唤起西北民众，反对政府以官办名义暗借外资，为列强攫取西北路矿作工具，曾在东京组织豫晋秦陇四省协会，分别出刊《河南》《晋乘》《晋话》等作广大人民反帝爱国的喉舌。陕甘同学也创办了一种刊物，命名《秦陇》，因为内部意见不合，出了一期，就分为《夏声》《关陇》各别出刊。

所谓内部意见不合，不是别的，就是由于当时在东京的陕西留学生，官私费合计有七八十人，大都出自两个不同地区的学校，平日私人过从之间有疏密，无形中便形成两个派系。《夏声》基本上是三原宏道学堂的同学主办的，《关陇》则系关中师范和甘肃同学共同主持。报刊的文字都是由同学自行担任，按期交稿。内容都是反对清朝黑暗统治，保障西北利权防止外溢。这两种刊物，对陕西革命运动曾起过相当作用。对《关陇》最热心支持的是范振绪（禹勤）、谭焕章（耀唐）、党积龄（松年）、崔云松（叠生）、钱鸿钧（陶之）。我和郗朝俊是经常住在报社为《关陇》服务的。有一次报刊印就没有邮费发行，我们就把手上所带的手表、身上所穿的大衣，送进质屋，典当了几块钱，才把报发出去。至今思之，记忆犹新。

我还记得在那个时候，正是对立宪论进行驳斥，我曾用“民气”二字的笔名写了一篇题为《论中国之国体》的论文，力言君主制度不能不废，民主共和不能不争。又因西北人士正为西潼铁路问题上书请愿，争归民营，陕西农民抗税抗捐，反对官办。我也写了一篇《铁路与西北之关系》的文章。同学党积龄还以“播种”笔名对英商瑞记洋行运动政府包办西潼铁路作过深刻的评论。由于陕西农民抗路捐、知识界争路权的风浪，为《关陇》《夏声》提供了现实的丰富材料，并且揭穿了当时政府欺骗人民的黑暗面，更加激起了广大人民对黑暗统治的斗争日趋高涨，终于成为陕西辛亥革命的导火线。

当时代表陕西人民赴京请愿的张铣（拜云），在他上邮传部书中，指出陕西巡抚曹鸿勋及其所派总办西潼铁路的陕西藩司樊增祥，根本就无筑路诚意，不过借此博取能办新政的美名，且以杜绝外人觊觎为借口，向陕西人民大开横征暴敛之门。其所拟定的筹款办法，第一是加盐厘，第二是收谷捐，第三是增土税（就是对种鸦片烟的地亩增税，美其名曰“寓禁于征”）。盐斤加税，他们说只是增重了商民的负担，盐务是商民中巨利所在，多取之而不为虐。其实占人口 90% 以上的农民，却是食盐的主要消费者，无论盐税如何增加，都会通过盐价上涨而转嫁到农民身上。因此就激起了凤翔、扶风、岐山、宝鸡等县人民反抗盐斤加价的斗争。而谷捐、土税也惹起渭南、华州、华阴、蒲城、同州、富平等县农民的抗捐交农运动（交农就是向官府交农具，表示不能耕种土地的意思）。经过这些波澜壮阔的斗争锻炼，就准备了陕西辛亥革命的群众基础。

武昌起义后，陕西就在九月一日以张凤翙为首领树立秦陇复汉军旗帜起义于西安。张凤翙字翔初，陕西咸宁人，留学日本，系第六期士官生，为人沉默寡言，具有说干就干、不干不说的性格。他是 1904 年由陕西武备学堂经陆军部派往日本学陆军的。当孙中山先生在东京组织同盟会时，他加入最早。但是他没有对人谈过。当我加入同盟会以后，因为彼此相知最深，我就动员他入会。他才说：“我加入同盟会比你还早，但是我不愿使人知道。因为我们军人必须掌握到兵权才能有所作为，我们同学加入同盟会的很多，黄光强特别告诫我们，不要随便露出革命真面目，因此我就没有到同盟会总部去过，也没有对人说过我是革命党。”他又说：“我们同学还有一个更严密的组织，叫做‘丈夫团’，取义就是孟子所说富贵不能淫，贫贱不能移，威武不能屈。这个组织的分子，都是同盟会会员，我也加入在内。”同时要求我为他保密，并引了古人几句话说：“传不云乎：无报人之志而令人疑者拙也，有报人之志而令人知者危也，事未发而先闻者殆也。”他说完以后，我还同他开了一个玩笑说：“你真不愧为酸溜溜的秀才出身呀。”话虽如此，但是他的胆量却很大，遇事敢作敢为，不畏强御。当时他们陆军学生的监督是陆军部派来的李士锐。他因李士锐对待学生偏颇不平，非常气愤，乃借口要住医院向李士锐借钱。李问他害什么病，他说我没有病。李说没有病为什么要住医院，他说别人没病可以住院，我为什么不可以。李士锐不肯借，他就打了李士锐一个响亮的耳光。李士锐对他没有办法，就忍气应允了他的要求。

1909 年，他在日本士官毕业，要到北京参加陆军部对留学生的考试。李士锐就在学生成绩报告书中说："张凤翙性情乖张，目无纪律，应予扣考。"陆军部根据这几句话，就把他的考试权剥夺了。他就怀着一肚子不平回了陕西。

这时陕西新成立了陆军混成协，军官正在需人，他就被派为协司令部参军官，兼代二标一营管带。和他同期毕业一道回陕的张益谦也派为二标教练官，兼代三营管带。新军中同盟会会员原只张作栋（生午）、彭世安（仲翔）、张光奎（聚庭）、朱彝铭（叙五）4 人。自从本省派送保定速成学堂学生张钟鼎等 23 人毕业回陕后，都派充初级军官。其中有钱鼎（定三）、曹位康（建安）、党仲昭（自新）、张钫（伯英）、张宝麟（仲仁）都是同盟会会员。因此孙中山的革命思想就开始传播起来。但是张凤翙却并未参加任何革命活动，一直至起义前夕，大家还怀疑他不是革命党，没有加入过同盟会。

1961 年，我到北京参加辛亥革命 50 周年纪念的时候，朱叙五同志也从陕西来参加纪念活动，我们住在一起。他是亲身参与陕西起义的一个人，有空就谈。他说自从武昌起义的消息传到陕西以后，他们就积极作起义准备，初步拟定在九月初八日举事。八月三十日，第二标忽奉到开拔命令，原先拟定九月初八日的起义时间，已完全不适应了。于是同志们就开了一次紧急会议，决定九月初一日就不顾一切地去干。唯对于首领问题，大家很费周章。当时在军中富有革命思想、不辞劳瘁、不怕危险、尤其在帮会方面活动最力的是钱鼎，实际上自然形成为军中领导人。但钱鼎以革命利益为前提，感到自己的才能声望难以负此重任，就提出以张凤翙为首领。大家也都同意，但又顾虑到张既未参与革命活动，临时举事，要他仓猝上马，他是否肯干。遂推定钱鼎、张钫、张宝麟与张凤翙接谈，告以军中革命活动和当前革命形势以及党、会双方一致推戴他作首领的意见。张凤翙没有说别的话，便问准备何时起义，钱等说就是明天。张凤翙说好罢，既承你们大家错爱，我也不便推卸，明晨发饷后，我们都到林家坟开会作最后决定。到了第二天，正是九月初一，早上发饷完毕后，党会同志30余人都到了林家坟集合。有一人大声喊道："我们今天要起义了，公举张凤翙为我们的首领，钱鼎是副的，大家意见怎样？"到会的人一致鼓掌，表示拥护。接着张凤翙向大家宣布说："现在已不是说客气话的时候了，大家叫我干，我就担当起来干罢。我对大家只有一个要求，就是必须要听我们的话。无论同志哥弟都是一家人，干的是一件事，要同心协力，不分彼此。今天听到'午炮'就行动起来。"这样便燃起了陕西革命的炮火。这件事也说明张凤翙是一个说干就干不干不说的典型人物。

在辛亥这一年，陕西留日学生暑期毕业的人很多。在专门以上学校毕业的还到北京参加留学生考试。陕西起义前后他们都已回了陕西，直接参与革命活动。我能忆及的有崔云松、郗朝俊和在京师大学堂毕业的康炳勋（任财政司长）、李元鼎（任教育司长）、宋元恺（任交通司长）、党积龄（任司法司长）、钱鸿钧（任法政学校校长）。还有许多同学都在军政界担任要职。我为深入研究政治经济，打算在日本多学一年，当时没有回国。新中国成立前陕西编印的省通志稿，说我从日本毕业曾到北京参加留学生考试及格，授内阁中书；并且说是根据当时北京政府的内阁官报，这完全与事实不符。当陕军起义的时候，我尚在东京，得到这个消息，精神异常振奋。自恨“身无彩凤双飞翼”，不禁有“日近长安远”之感。

这时在日本的中国留学生为数约万人，大都是在革命浪潮中经过洗炼的青年，其中不少是同盟会的骨干。看到国内革命情势的发展，没有一个人不想插翅飞回祖国。但是要马上回国，就学生的生活情况来说，最大的困难是路费无着。为了解决这个问题，大家就在留学生总会开了一次会，决定向中国公使馆请求发给路费。如不获准，决不罢休。决定之后，就陆陆续续向使馆出动。使馆人员见人数越来越多，便将二门紧闭，问大家来意如何。继则有人出来说公使不在家，已向银行为大家借款去了，请大家回去等待。这明是一种缓兵之计，早被大家窥破，因而就没有一个人肯回去。便在使馆内的草地上走一会，坐一会，睡一会，直至夜半更深，再没有看到使馆人员的踪影。群情愤激，便采取了革命方式，用集体力量，把二门闯开，拥进了寝室。但衣帽宛然，人迹已渺，不知他们都藏在什么地方去了。大家于气愤之余，就在使馆大礼堂举行了一次群众大会。有人在台上大声疾呼说：“公使既不得而见之矣，我们就宣布他弃职逃走，不承认他为我国公使。”大家就在暴风雨般的掌声中高呼革命胜利万岁。今天看来，这种行动有些过于天真，但在当时我们却认为这是响应国内革命的一个具有重大意义的活动。从此我们便成了无人管理的学生，变卖些自己的衣物，像潮水一样地回国了。

三

我回到上海的时候，上海已于九月十三日起义，攻克江南制造局，推陈其美为沪军都督。我到上海，先和同船归来的几位同志住在大陆报馆。住定之后，就到民立报馆看于右任。他说：“你才回来了，打算怎么办？”我说：“我是决定回陕西去的，并且打算日内就走。”他说：“陕西自起义后，电线被土匪割断，消息不通。京汉路正在运兵，客车停开。据报馆得到的消息，清政府正从河南开封调派新军一混成协向潼关进攻。按情势判断，沿路恐不好走，暂住几日再看吧。”

第二天于右任见了我，他说：“陕西最需要的是军火，不断来人求我在外设法。但是起义省份都系各自为政，尚没有中央机构统筹全局。顷有普陀山僧人代表向《民立报》表示愿助军饷，响应革命，要求革命政府派人上山接洽。你试与遁初（宋教仁号）谈谈，因为他是中部同盟会（这是同盟会在上海的一个分支机构）一个主持事情的人。如能在你回陕以前到普陀山去一趟，筹凑些款项，为陕军买点军火带回，那不更好吗？”我就马上去访宋教仁谈这件事，他很同意，即时给陈其美打了一个电话，上海军政府就派我到普陀山安抚，并带了好多张保护寺庙的布告。还有同乡雷震和我一道上了一回普陀山，在山上住了3天，开了两次会，当场我把革命政府保障人民信教自由对庵观寺院一体保护的政策向僧众宣布，并把所带的布告发给各寺张贴。前后山各寺共凑了几千元（数目已记不清楚），存在陕西烟商义源厚，为陕西购运军火的一部分专款。我回到上海后，同志们对我开玩笑说：“和尚是吃十方的，你现在居然吃到十一方了。”

九月十九日，黎元洪通电各省请派全权委员到武昌组织临时政府。程德全、汤寿潜也在九月二十一日联电各省公举代表集议于上海，并指定江苏教育总局为招待所，有两省以上的代表到沪即行开会，陆续到沪者，随到随与会。这就等于说苏浙两省的代表在沪就能开会。九月二十五日举行第一次会议，出席的有几省代表，因为没有陕西代表参加，我不甚清楚。但在这次会议中决定本会定名为“各省都督府代表联合会”，会所设在上海。因此，上海与武昌中间颇有争执。经多方调解，上海方面就算让步，十月四日各省代表才开会决定赴武昌组织临时政府。但各省仍留代表一人于上海，办理通讯联络。

当各省代表陆续到达武昌时，武汉形势正在吃紧。苏浙沪联军适于十月十二日克复南京，于是在鄂代表则议以南京为临时政府所在地，仍以黎元洪为大都督执行中央政务。而上海方面因南京新下，军政急待统一。程德全、汤寿潜、陈其美聚议，于十四日邀请各省留沪代表商议在南京建立临时政府，并决定于七日内各省代表咸集南京，有 10 省以上的代表到会，即选举临时大总统。

陕西本是首先响应武昌起义的省份，应该早有代表参加。由于起义后东西两路战事激烈，邮电不通，消息隔绝，直至南京“光复”，始有电报到沪，对于选派代表组织临时政府极表赞同，代表人选请旅沪同志就近主持。这个电报是《民立报》收到的。于右任就在民立报馆召集同志们开了一次会，商定陕西代表由旅沪同乡开会公举。当举出于右任、赵世钰、马步云、张蔚森 4 人。于右任没有到会，出席会议的就只我们 3 个人。

我们是十月二十一日到南京的。这时南京战事才结束，城内经过张勋弃城时的抢掠，残破不堪。我记得在车站下了车，连交通工具都找不到。千方百计找了一辆驾羸马的敞车，把行李载上，我们一行好多人都跟着车子走。在沿路的树枝上还看见有辫子兵的首级挂在上面。这是张勋的溃兵贪图抢劫，逃走不及，被革命军枭首示众安定人心的。

我们住在江苏谘议局。这就是各省代表开会的地方，也就是代表们的食宿所在。我们的生活很简单，每饭是一个火锅，四碟蔬菜，除此以外再没有任何供给。一般同志都是志气昂扬，精神饱满。在谘议局服杂务的都是旧日所谓夫役，他们称呼代表为大人。这在旧日官场中生活惯了的人，听着倒不足为奇；但是我们这些初出学堂门的许多同志都觉得有点不自然。我们到时，来南京的代表有 17 省。各省人数多寡不一，并且时有更动。其中有由都督府指派的，有由谘议局推举的。计当时到会的代表，江苏是陈陶遗、袁希洛，浙江是汤尔和（被举为代表会议长）、黄群、陈时复、陈毅、屈映光，湖北是居正、王正廷、马伯援、胡瑛、杨时杰，湖南是谭人凤、宋教仁、邹代藩、廖名搢，四川是万湘、周代本，云南是吕志伊、张一鹏、段宇清，山西是景耀月、李素、刘懋赏，陕西是赵世钰、马步云、张蔚森，江西是林森、赵士北、王有澜、汤漪、俞应麓，福建是潘祖彝、林长民，广东是王宠惠（被举为代表会副议长）、邓宪甫，广西是马君武、章勤士，安徽是许冠尧、王竹怀、赵斌，奉天是吴景濂，直隶是谷钟秀，河南是李槃，山东是谢鸿涛。

代表在南京开会后，第一重要任务就是选举临时大总统。选举日期初拟在十月二十六日。但是当前存在的问题是代表在汉口开会时，曾密议以临时大总统作为袁世凯迫胁清帝退位的条件。现在正式和谈快要在上海举行，一般都希望和平能够实现，因而主张暂缓选举。同时革命首领中负此声望者亦因当时情势复杂，难得各省一致拥护。如首义都督黎元洪，在武昌起义前，他在新军中反对革命最力，当局势紧张的时候，还杀害过革命党人以图镇压。起义时因一时领导无人，硬把他拉出来做都督。他并不是真正的革命领袖。黄兴本来是革命党中最有声望的，当时是孙黄并称，但因失守汉阳，有些人对他也表示不满。而黄兴本人更不愿以领导人自居。他在当时曾有过这样的表示，说："和平如果能够实现，就是选举袁世凯做临时大总统，也是于人民有利的。因为袁世凯是一个奸诈狡猾的人，敢作敢为，只要满足他的欲望，他对清室是无所顾惜的。如果他能推翻清室，战事就可结束，人民可以早过太平日子。就给他一个民选总统，任期不过数年，那有什么不可呢。"而他和一般人所推崇的孙中山先生此时还在国外。因此选举总统就不得不延期举行。于是就在临时政府组织大纲上追加了一项条文："大总统未选定以前，其职权由大元帅暂任之。大元帅不能在临时政府所在地时，以副元帅代行其职权。"并举黎元洪为大元帅，黄兴为副元帅，请黄即日来宁就职。

黄正准备动身，适接孙中山先生就要回国的电报，南京之行因而中止。孙中山先生回到上海后，他对和议是十分反对的。他说："革命的目的不达，无和议之可言。"大家要推他做临时大总统，他也很失望。他对当时和议条件很不满意。但是各省代表就于十一月十日在南京开会，选举孙中山为中华民国临时大总统。当日出席的有 17 省代表，孙中山得 16 票，另一票举的是黄兴。孙中山先生是十一月十三日即 1912 年元旦在南京就职的。总统府的地址，就是清朝两江总督衙门。总统就职典礼就是在这里举行的。张孝若所撰乃父张季直先生传记说，总统宣誓就职的地方是他父手创的谘议局新屋，完全与事实不符。我记得总统就职典礼是在夜半举行的。各省代表都集合在总统府做筹备工作，有的草文告，有的写标语，还有不少零星杂务都由同志们分别担任。虽然忙到半夜，大家都是兴高采烈，精神欢畅。典礼的仪式简单而隆重。其程序是先由大总统宣誓，誓毕，由代表会向总统授印并致词。词毕，大总统启用印信，发表宣言，易正朔为农历，即以黄帝纪元四千六百零九年十一月十三日为中华民国元年 1 月 1 日。以红黄蓝白黑五色旗为国旗。典礼告成后，天尚未明。我们都感到任务已经完成，与其在总统府坐以待旦，不如早些回会休息。但夜深人静，哪里能找到交通工具，只有结队徒步而行。中途有人倡议说："我们今天推翻了中国数千年的君主专制，建成了民主共和国家。这样惊天动地轰轰烈烈的大喜事，不能不踊跃三百，热烈欢呼。"赵士北马上就往前边高喊口号，大家都跟着欢欣鼓舞地跳跃起来。边跳边喊，沿街居民多从睡梦中惊醒。不少人怀疑是散兵游勇滋扰，也有披着衣服从门缝中窥伺动静的。谁也没有想到这是当时掌握国家最高权力机关的代表们余兴未尽，作此有类儿戏的行动。但由此也可想见当时同志们对革命的狂热态度了。

（选自全国政协文史资料研究委员会编《辛亥革命回忆录》第 5 集，中国文史出版社 2012 年 6 月第 2 版）

参加辛亥革命的点滴回忆

郗朝俊*

我参加辛亥革命，可以分两个时期：一是从 1905 年秋东渡日本留学到 1911 年即农历辛亥年秋由日本毕业回国为一时期。这一时期是参加革命运动工作的。一是从 1911 年即农历辛亥年冬到 1913 年亦即民国 2 年秋为一时期。这一时期是参加革命实际工作的。兹就这两个时期的当时行动回忆如下。

一　参加辛亥革命的运动工作

（一）在日本东京加入中国革命同盟会

孙中山先生一生组织和领导的革命团体，首先是于 1894 年在檀

* 郗朝俊：时任陕西军政府财政部总务科科长、都督府秘书，后任南京国民政府湖北省、陕西省高等法院院长。
新中国成立后，任西安市政协委员、社会组副组长。

香山成立的兴中会；其次是于 1905 年在日本东京成立的中国革命同盟会；再次是在辛亥革命后不久成立的国民党，是由同盟会改组而成；以后又在日本成立过中华革命党；但最后复改组为中国国民党。

清陕西巡抚曹鸿勋、藩台樊增祥选送三原的宏道学堂和西安的高等学堂、师范学堂的学生 30 余人于乙巳年（1905 年）赴日本留学，我在被选之列。入学不久，日本政府发布了《取缔清韩留学生规则》，留学生陈天华愤而蹈海，激起全体同学的公愤，罢课反对，不少人纷纷回国，做革命宣传。因为日本所以敢有取缔中国留学生之举，实由清朝腐败积弱之故。我的反清情绪，即在此时扎了根。我于 1906 年加入同盟会。孙中山先生当时在一个面积不大、设备简单的日本式木屋楼上接待宣誓的人，同时去的有王芝亭、马凌甫等。誓词是："驱逐鞑虏，恢复中华，创立民国，平均地权。矢信矢忠，如或逾此，任众处罚。"他安详不迫地、充满热情地讲述了清廷祸国殃民的具体事实，循循善诱地勉励我们一面求学，一面革命，我们深受感动。这是在东京神田区锦辉馆开同盟会成立大会时恭聆他们的伟论之后，再一次亲聆了他的训诲。他的思想和政治见解在我的心坎中留下不可磨灭的印象。

（二）在日本东京交接学军事的学生为革命联合力量

在我们东渡留学之前，清陕西当局还由武备学堂选送了一批学生赴日本留学，有张翔初、张靖清、白秋陔、王天吉和党璧卿等。他们到东京后，先入专为中国学军事的学生所设的"振武学校"，次入"士官学校"，再次编入"联队"实习或再入"陆军大学"深造。我省入陆军大学者仅周元哲一人。在士官学校上课系与日本学生同班，但有某些课程不准中国学生听讲。张翔初基于爱国心和求知欲，常为不满。他在回国之前，用尽心机买通日本同学把那些不能听的课程内容（据说是关于日军的机密编制）弄到手里，藏于我处，随即设法送回我国陆军部。他有识有胆，一般人不敢说、不敢干的事，他敢说敢干，所以人送他的外号叫“冷娃”。这就是他的长处。他能领导洪汉各党会的新军人物起义，不是偶然的。

（三）发行刊物和上海进步报纸一起鼓吹革命

中国革命同盟会是联合中国17省在日本的革命分子、华侨和留日青年学生组成的。当时中国留日学生甚多，约在万人左右。孙中山先生利用这个有利条件，动员留日学生多出刊物，鼓吹革命以影响国内学生和知识分子，向他们灌输革命思想。当时以同盟会党刊——《民报》为首的定期刊物，差不多各省留日学生会都出版了一份，如湖南省的《广陵潮》、浙江省的《浙江潮》、四川省的《天仇》以及《山西白话》《河南》《江西》等月刊皆是。陕甘留日学生会也出刊了《秦陇》，嗣改名《关陇》的杂志，我担任发行人。其所以命名为《秦陇》《关陇》，是因陕甘过去原为一省，甘并包括新疆，三省关系从来密切，用报刊文字唤起三省民众，借以团结西北的革命团体。为加强并普及宣传作用，又增刊了一份杂志，定名《夏声》，由杨西堂担任发行人。所有这些杂志的内容都是旨在揭露中国积弱状况和帝国主义侵略事实的。同时，以孙中山先生的民权、民族、民生的三民主义原则为出发点，并从而攻击以康有为、梁启超为首的君主立宪改良派在东京主办的《新民丛报》的理论。该《新民丛报》维新保皇的主张，经不起推翻君主专制的伟大号召，后遂被迫停刊。

于右任在辛亥前，先后主持上海的《神州日报》《舆论日报》《民呼报》《民吁报》《民立报》等新报事业。对于长江一带，鼓吹革命运动甚力。他为办《神州日报》曾亲到日本向留日同志们募集股本，当时我们留日同学有“秦陇豫晋学生协会”的组织，我在协会担任工作，由同学们介绍他加入了同盟会并为他措集了2000多日元。《神州日报》得以出版，留日的“秦陇豫晋学生协会”与有力者。

所有在同盟会领导下的杂志，其印行费用，都由各留学生以学费节余开支。除销行到日本各地有中国学生、华侨的地方外，余均设法寄到国内各地青年学生和进步人士的手里。这些杂志的发行和上海的于右任先后主办的《神州日报》《舆论日报》《民呼报》《民吁报》《民立报》一样，对于辛亥革命的到来起了一定的推动作用。

（四）回陕宣传革命和调查清军情况

孙中山先生认为“知难行易”，他一面动员同志大张旗鼓地宣传革命，一面在东京设立了统一指挥内地起义的秘密机关，不时派遣同志回国活动。我于1907年冬同徐朗西、王芝亭等回陕密查清军驻防陕西的情况和人数并宣传革命，事毕回东京复命。

二　参加辛亥革命的实际工作

农历辛亥年（即1911年）秋，武昌首义，各省响应。在农历九月一日，陕西举行起义（一般称为反正）。这次起义是由当时的清廷新军中的革命分子联合党会来进行的。张凤翙初被推为秦陇复汉军大统领，旋组成都督府，又被推为大都督。陕西全省“光复”后，甘肃嗣亦“光复”。辛亥各省起义的首领和主要人物多是留日学生和新军中的革命分子，都是亲身或间接地受过孙中山先生革命理论的教育。可见理论一入人心，便成了力量。

全国“光复”，共和告成，于农历辛亥年十一月十三日（即1912年元旦）在南京成立临时政府，孙中山先生就临时大总统职，即以是日为中华民国元年，易正朔改用阳历。这时成立了国会，制定了《临时约法》，选举孙中山先生为临时大总统。也就是中国革命进程中的“辛亥革命”。它在革命胜利过程中，没有发展和组织广大民众的力量，尤其是广大的农民的力量；没有把平均地权的纲领与农民的土地要求结合起来具体实行，致令清廷的旧军阀、官僚窃夺了它的成果，因而归于失败。但是它推翻了中国2000多年来君主专制的政治制度，掀起了历史上向来没有的民主思潮，中国革命同盟会领导中国革命的这一伟大功绩是不可磨灭的。

当1911年夏秋之交，我由日本中央大学毕业回到北京。武昌首义，北京震动。我同一路回国的同学谢文卿、崔迭生等即乘火车回陕，到郑州下车，徒步西行，见有清廷赵倜的毅军大队西开，途为之塞，我因剪了发关系，诸多不便，遂到巩县车站我家与人合伙设立的中药铺“永庆福”商号暂为避居。数日戴上假发，化装商人，加在陕西同乡在河南经商回家的人群中，避开官道，从小路西行，于农历十月上旬始回到原籍华阴县的南洛村，即接张翔初大总领的通知，任我与党璧卿为同属（同州一带）劝捐使。我们赴同州的翌日，潼关前防告急，遂回华阴，方知进犯潼关的敌人就是我由巩县西行在沿途与我为难的毅军。适张翔初、张靖清等由西安飞骑到达华阴御敌，任我在军部看管饷银。潼关之役告一段落后，我来西安，约在农历十一月初旬，从此时到民国3年（1914年）秋，先后任财政部总务科科长、司法筹备处、司法部民刑科科长、财政部次长、代理部长、都督府秘书、陕西审计分处处长、西北大学学长兼任“法学通论”

教授等职。并一度代理财政部长。约在农历腊月间，因其时东路毅军又犯潼关，西路由升允率甘军东犯，战事紧，敌军东西夹攻，我军两面御敌，省垣空虚，人心慌恐，不可终日，财政部长和另一次长均外出公干，不可无人主持，遂任我代理部务的。并将我在这些工作中所触及的社会情形和工作中的点滴措施，就现能记忆的几点略述一下。

（一）当时县衙的比征

当时的知县衙门是亲民之官，社会上有一句俗话说："不怕官，只怕管。"因为清朝知县的管百姓，只是向他们要钱要东西，并不管他们的生活怎样才能过得好些。县衙的唯一任务是征粮，征粮的方法是所谓"比征"。各县分若干里，每里有"里长"，里长下设"县役""催头"，这些里长、县役、催头，都是在民众中派定，他们是分片催收各花户应封的粮钱，由里长汇齐送交县衙的。县衙的"差人"不时下乡催促里长或者县役、催头上缴粮食，稍不满意，就多方需索支应，甚至鞭打绳拴，带到县衙，知县坐堂刑逼。这就是所谓"比征"。农民种田，应纳田赋，本是应该的，但是清朝的"比征"方法，实是一种"苛政猛于虎"。当时的俗话说"不怕官，只怕管"，尤其是指怕"差人"下乡催粮、提案的事。

（二）禁止县衙的各种陋规和厘局的弊端以及禁烟等

说到清廷县衙的各种陋规，那更是惊人的。清县衙组织有六房，即：礼房、吏房、兵房、刑房、户房和库房，又有三班，即：快班、皂班和捕班。六房的构成人员是经管文书档案的，各房置经丞，系一房的首脑。各班置班头和"差人"若干，在一定名额内的差人，一般叫"红名差人"，在一定名额外的差人，叫"黑名差人"，是供县衙的呼唤服劳役、下乡催粮、提案和知事坐堂，他们站班的。班房的成员都没有一定的工资和待遇，而要取得房的经丞、班的班头，都是向县知事行贿而来，早是公开的秘密了。班房人员及其家属也是人，也是要生活下去的，生活物质的来源全靠陋规，但它取之于当事人，这是清廷所默许的，也就是封建社会所谓“劳心者治人，劳力者治于人”，“治于人者食人，治人者食于人”的说法，被统治阶级应养活统治阶级。所以住班房的人常是理直气壮地说：衙门前头没种地，不向当事人取些钱财，他们是不能生活的。

至于一县之长的知事，除个别例外，一般是在省上候缺多年，除家属生活费外，要干旋得缺，所费已不少了；一旦得了缺，还要备办行头、仪仗如兰呢，4 人轿子或轿车骡马等等，尤要摊些本钱。不得缺不了，得了缺也不了。所以省垣有些富于心计，较有些钱的人就做上了一种一本万利的生意，叫做“放官账”。其办法是为某一候补知县把求缺和到缺所需的费用一概包下来，代价是他当新知事县衙的“门上”或由新知事到缺后，分期本利奉还。所谓“门上”，就是在县衙内掌握和外面的不正当或违法的关节，例如经手经丞或班头地位的贿赂及因打官司而求胜诉的贿赂等等，并且把持知事的私人财政，以便他能把为新知事所垫的本钱，一本万利地收回来。西安从前有一个名叫谢宝山者，就是省垣常放官账的代表人物而发财致富了。

县知事到任后，既要偿还他所负的债务，又须积累些私财，买房、置地、纳妾，并想为儿孙留些金银，这能靠知县老爷的官俸做到吗？当然做不到，因为清例知县俸据说每月只有 6 两而已。所以知县的宦囊只得赖陋规来填饱，除收田赋正银每两县知事有一定比例的好处而外，各行商家都要为县衙支差。如屠宰业每月为县衙无偿供应一定数量的肉类，即其一例。从前的商人是唯利是图的，他们这类开支，当然要转嫁到人民身上，由人民来间接负担。总之，县衙的一切陋规，清政府是明知而故许的。我认为这是在制度上预留了漏洞，为的是“上下交征利”开一方便之门。

厘金是清朝的弊政，也是厘金局内上下人员发财致富的机会。其手段是“大头小尾”的形式。所谓“大头小尾”就是厘局为纳厘人所填发的收据系数联式，上缴和存局的两联内填的收款数字小，而交付纳厘人的一联内填的大，三联相差之数归厘内人员分肥。又有一种手段是厘局人员勾通应纳厘人，由运货人付收厘人以较少于应纳厘金之数的钱，不付收据，予以放行，这是明目张胆的漏税。在前清官场一般认为收厘金是好差事。上级人员对于下级人员委一厘差，认为是一种调剂办法。

以上所述县衙和厘局的公开陋规，我记得在财政部工作时，曾有严禁的措施。但都是改良主义的一时办法，在制度方面，却没有根本的变革，这是限于我们的政治水平所致。又如各县的田赋有的花户有地无粮，有的无地有粮。粮的等级有金、银、铜、铁、锡的区分，原是按地质的好坏而定的，但土壤日久转变，而粮的等级仍旧，封粮人的负担极不公平。又如花插地各县不同程度的都有些，耕种更为不便。凡此种种，我记得也有过通令各县令其调查改正之举，但也没有什么结果。又如禁烟即禁种罂粟，禁止私人熬鸦片烟出售。当时办法是种烟逐年减少亩数，定有烟亩税，寓禁于征；对有烟瘾的人，亦采取逐年减少的办法，由公家专设的“官膏局”售给定量的官膏。禁种、禁吸，都由禁烟总局执行。兵马都督张云山曾仿包拯以铜铡为刑的故事，在兵马都督府即南院门外用铜铡处死过触犯烟禁的人犯。总之，上述的禁烟办法是否是一个彻底办法，系另一问题。但在民元的陕西当局对清朝遗留下来的鸦片流毒是深恶而痛绝的。所谓“官膏局”在省垣设一局，由公家派康毅如主持，外县由官膏局包给商家个人承办，每月为总局缴纳一定的包银。上述的禁烟措施，在当时是起过一定作用的。

（三）设立西北大学并考送东西洋留学生

张翔初大都督颇重视教育，尤其注意造就和培养些专门人才，为陕西兴办新政之用。当时的教育部（司）长先是杨松轩，后是李子逸。又设有西北大学，内分设文、法、商、农各科和预科。校长是钱陶之。各科等于现在的学院，科置学长，等于现在的院长。预科学长是康寄遥。其余各科学长，由谭耀唐、崔迭生和我分别担任。聘请了许多全国知名之士，讲授各门课程。我兼任法学通论、民刑法教授。以后交由中华书局、商务印书馆、青年书店和中国文化服务社等出版业先后出版的《法学通论》《刑律原理》《刑法原理》《民法各编要义》《中国民法总则详论》上下册和《新旧刑法异同要旨》等专著，其基本理论的研究，是在民元（1912年）、民国2年（1913年）担任西北大学教授时开始着手的。但这些专著的主要论点，是不外在资产阶级的法学理论上打圈子，是为资产阶级的统治者服了务。

张翔初大都督本着造就和培养些专门人才的愿望，于民元（1912年）曾令由教育司考取了几十个学生送到日本留学，有杨明轩、何明山、员绳先、冯子明等。又于民国2年（1913年）曾令西北大学再考取了学生数十人，再送日本留学，有李仲符、王新三、田瑞轩、田子平、郑朝熙、郗敬斋、郭孟圻等。并先后送王来亭、惠甘亭、郝兆初、张恢元等赴西洋各国留学。又送胡立笙赴日本求学，韩望尘自费赴日本求学，旋被改为官费。

（四）民刑法规的变革

陕西在辛亥反正后，在共和告成以前，除都督府等组织法规而外，没有关于民事、刑事的整个法规。民元（1912年）3月10日临时大总统有令云："现在民国法律未经议定颁布，所有从前施行之法律及新刑律，除与民国国体抵触各条应失效外，余均暂行援用，以资遵守。"当时的司法总长是王宠惠，遂由司法部先把清末的"新刑律"中与民国国体抵触的条款字句及字面酌事删除、修改后，呈请大总统批示。于3月30日奉大总统批示由法部通行京外司法衙门遵照。这就是《中华民国暂行新刑律》。陕西司法衙门关于刑事案件，当然也是依照新刑律处理的。其后到民国17年（1928年）9月1日施行了《中华民国刑法》，民国24年（1935年）又公布了新的《中华民国刑法》。我曾是这新刑法的起草人之一。至于民事案件适用什么法律来处理的问题，当时的参议院于民元（1912年）4月3日开会决议："嗣后凡关于民事案件，应仍照前清现行律中规定各条办理。"民国3年（1914年）大理院上字第304号判例亦云："民国民法法典，尚未颁布，前清之现行律，除制裁部分及与国体有抵触者外，当然继续有效。至前清现行律，虽名为'现行刑律'；而除刑事部分外，关于民商事之规定，仍属不少，自不能以名为刑律之故，即误会其为已废。"这是清律中民事有效部分，法院尚为援用。在前清光绪三十三年，派沈家本、俞廉三、英瑞为修订法律大臣，设修订法律馆，聘日人松冈义正起草民律。宣统三年，总则、债权、物权三编告成。至亲属、继承两编，由修订法律馆商同礼学馆订定，亦于是年脱稿。名曰：《清民律草案》。民国成立后，即着手起草各种法律，参配前清民律草案，调查各省民商事习惯，并参照各国立法例，于民国14年（1925年）至15年（1926年）完成了民律的总则、债、物权、亲属、继承五编的草案。司法部曾通令各级法院作为事理之引用（即不引草案的条文而只引用其事理），迨至国民政府定都南京，由立法院起草民法及其施行法，由民国17年（1928年）起至民国19年（1930年），先后完成总则编、债编、物权编、亲属编、继承编及其各编的施行法，先后经国民政府公布施行。到了中华人民共和国成立，废除了国民政府六法，上述的刑法和民法自在废除之列。

以上所述，是中国的民、刑法规，在辛亥革命前后的一些变迁过程。讲到这两种法的精神，一句话，它们是为各个时代的统治阶级的政治服务，也就是为统治阶级的利益服务。总之，它们是属于半封建、半殖民地化类型的民、刑法典，与社会主义社会的法律，毫无共同之处。

（五）陕西收支概况和货币变革

陕西反正时，藩库存有现银80万两，东西两仓存有粮食10余万石，又陆续收回各州所谓裕国便民的当铺的皇本，计银约100万两。再就是各县的上解地丁、厘金和官膏局的上缴利润和种罂粟的地亩捐等。但军用浩繁，入不敷出，曾发行过公债和军用钞票。

清末西安有大清银行，发行龙票是一种交易媒介的兑换券。反正后改设了富秦银行，行长先后是谭耀唐、寇锡山、谢文卿。发行富秦银票，是采取废物利用的办法在旧龙票上盖了富秦银行印章而流通的，为数约200万两，是银本位货币。反正前西安有由官家发行的秦丰字钱票，由商会发行的同心字钱票共约100余万串，是银本位货币的辅币，反正后均收回。为收回秦丰字钱票，曾出售过仓粮。因为钱票在一般人手里多少都有些，收回时没有折扣是照票面收回的。同时设了富秦钱局，发行富秦钱票，经理是王子安、郗逊三。

在反正后一个相当长的时期，各工作人员的待遇，是平均主义，无论职位高低，一律每人月领富秦银票5两。

（六）财政机构的变迁

陕西反正后的财政机构，先是财政部，共和告成后，改为财政司，旋由财政司内把国税部分划出，设国税厂，后又把国税与地方税均统属于财政厂，撤销了国税厂。民国2年（1913年）中央设关于审计的机关，于各省设立了审计分处，我被任处长，民国3年（1914年）各省分处一律裁销，我奉命赴北京交代。后赴山东济南家居，从事著书。

我的记忆力甚差，以上所述，不免错误，敬希纠正。

1959年9月16日

（选自陕西省政协文史和学习委员会编《陕西文史资料精编》，陕西人民出版社2010年4月第1版）

辛亥革命回忆片断

杨叔吉*

一　同盟会与陕西学生

清朝末叶，孙中山先生倡导资产阶级民主革命，在国内外奔走呼号，团结国人，一致奋起，推翻清朝封建统治，建立共和民主制度，因于1905年组织中国同盟会。为扩大革命队伍，团结进步人士和广大的知识分子，特在日本东京成立中国同盟会总部。各省有志的留日学生，纷纷响应，吾陕留学生也不甘为人后。蒲城井勿幕，被推为陕西同盟会支部长，与在上海和陕西中等以上学校中的进步青年秘密联系，以图发展陕西的革命力量。

---

* 杨叔吉：时任秦陇复汉军炸弹队参谋长，秦军第二十二标第一营营长，后任南京国民政府陕西省政府防疫处处长。
新中国成立后，任陕西省人大代表，西安市政协常委，西安市红十字会会长。

那时西安有一所高等学堂，三原县北城有一个宏道学堂。西安高等学堂，由于设置在清朝地方封建统治的重镇省会，监视很严，革命势力的发展受到反动当局的各种限制。宏道学堂因处在渭河以北的外县，所以革命活动就比较活跃。我于1906年春考入宏道学堂丙班，这是招收自费生的开始。在这年以前，学生都由陕西提学使挑选，一入学都是官费待遇。我和一些同学，经李天佐同学（蒲城人）介绍，加入了同盟会。密购西安公益书局（张拜云主办，刘俊生任经理）由上海贩回的各种革命宣传品，如邹容烈士著的《革命军》以及《大义录》《扬州十日》《嘉定三屠》和《民报》《旭报》等书刊。我们还结交有志于革命的人士，向他们介绍上述书刊，个人分购，集体选购，轮流阅读，革命力量由此逐渐得到发展。第二年，我们倡议筹组学生自治会时，旬阳陈庭壁向监督胡钧报称“学生自治会是革命团体”。胡为买好他的上级，于是对我们进行威胁、利诱。同学中有的坚决维护自治会，不屈不挠；也有意志不坚，胆怯屈服的。但大多数人态度坚定，团结一致，认为陈庭壁捏词诬陷，加害同学，要求胡钧开除陈庭壁，以明是非，而彰公理。因胡不答应，全体同学罢课三天。胡钧为维护其“体统”和“尊严”，因而进一步采用卑鄙手段，除对同学不断威胁利诱外，竟公然施行高压，出牌示开除为首“滋事”的同学。牌示原文如下：

此次聚众罢课之举，程宝箴、郭雄藩及丙班学生刘申锡、金维良、段泱之、左国宝、樊怀珍、杨鹤庆（叔吉——编者注）、赵秉辰，丁班学生赵梦贤、刘翰清从中主张，形迹显著，赵鼎荣、赵丕翊身为级长，随同附和，均属咎无可辞，应即开除，照章追缴学费。其列名罪戾各生，除已自行声称悔罪数人免予追究外，余如张鼎新、任兆麟、王锡庚、宋之浚、孙宝善、李齐三、景汉章、范蔚华、赵日辅、刘季哲、毛钟秀、张杰、周元潞、朱军星、刘瀚、王逢玺、雷鸣和、胡晋、赵毓英、杨逢时、杜凤岐、翟效顺、井养清、张又煦，本应一并开除，姑念少年气盛，见理未明，旋即照常上课，其情不无可原，从宽各予记过一次，以示薄惩。该生等以后务当遵守规则，勤奋向学，慎勿再蹈前辙，自取罪戾，是所至盼，切切特示。

光绪三十二年十月二十三日

牌示引起全堂哗然。我们被开除的人，遂即报告陕西同盟会东路支部长常铭卿（时在蒲城），请示对策。同时学堂当局又威吓我们说："被开除的学生，应速即离堂，迟了就要交三原县解回原籍。"同学张奚若（名志明），义愤填膺，砸坏示牌，投入厕所。学堂当局开除了张奚若，并再次出牌示。同学曹俊夫又将它砸坏，投到学堂东邻的土坑。接着，我们到省城控告胡钧，又被胡的狗腿子驱散。不得已，被开除的同学就各奔前程。我和几个同学往上海求学，曾将这事告诉于右任。于当时办《舆论日报》，在报端披露这项消息，并对胡钧严加谴责。上海也有同盟会的组织，我们来到上海的同学，即取得联系，并参加了他们的秘密集会。张奚若和陈英士（其美）最密切，给我们帮助不少。

我和张奚若在上海同在理科专修学校求学。一年后毕业，我又进特科学习一年。学校因故关闭，我应东京同盟会张立卿（庆余）的邀约，于 1908 年九月前往日本，住神田区锦町宿舍，同舍云南人王武，知我为同盟会同志，领我到大久保总部晋见了黄克强、宋教仁、胡汉民等。他们劝我重新入会，我欣然同意，即在黄的主持下宣誓："驱除鞑虏，恢复中华，创立民国，平均地权。"从此，我和同盟会又发生了密切的组织关系。据总部负责同志谈，陕西支部负责同志先是井勿幕；勿幕回国后，由尚殿特接替；尚回国后，由宋向辰负责；宋回国后，接他的是张立卿。

1909年，陕西留日官费、自费生共有40多人，其中半数参加了同盟会，他们创办《夏声》杂志，宣传民主革命。另有些同学与甘肃学生创办《关陇》杂志，虽然与《夏声》对垒，但在革命宣传上，却收到了相得益彰之效。在这一期间，总部开会，王武约我参加过两次。四川胡国梁、国栋兄弟约我去过多次。辛亥广州举义前，总部迁移到小石川区小日向台町树林中一座较大的平房。为筹募军费，购买武器，准备参加举义，开会次数很多。那时，我每月的生活费只用7元，也尽力节约了10元，捐输组织。后来，总部决定派我们十几个人向广州接济军实。不料，还未动身，就传来三月二十九日举义失败的噩耗。总部因此改变计划，号召："哪一省同志多，哪一省条件成熟，就分头举义。"

1911年六月，井勿幕密函通知我，说："陕西熟人（称同志为熟人，是陕西辛亥革命时的一个暗号）拟于晦日（腊月三十日）举义，请你事前得便回国，共谋义举。"接信后，我决定回国，因旅费支绌，向旅日同学李陋吾（蒲城人）借了20元。到上海，由程平轩接待。又向蓝田友人赵冯左借20元，到了汉口，又得到四川黄振中帮助银7两，才回到陕西。家乡人问我："留日求学，何以回来？"我答称："学费无着，所以回国。"以此掩饰自己回国的真正意图。回家住三日，然后赴同州中学找尚殿特校长。这时，曹俊夫、寇胜浮、史临川等都在校当教员，全是熟人。我把东京总部的指示转达他们，次日又回家。由家赴三原宏道学堂，得见不少熟人。第二天和杨子廉、王盈初同车赴西安，途中我向他们谈了同盟会总部的指示。到省直到谘议局，住郭希仁处。勿幕从西路回省，约至西大街公正合纸店，与他同住这里的有四川蔡体屏，刘裕如等。我把广州举义失败经过和总部新的决定告诉他们。勿幕也将陕西的举义计划讲给我听。据他说，准备那年年终在西安起义；已在耀县药王山上选定了一个据点，由邹子良等负责，筹备造枪等等。这时，在西安夏家什字、西岳庙，有王敬如举办的丽泽随笔、声铎公社，郭希仁主办的暾社学谈。每逢星期日休假，我也到这些地方同新军中的张聚庭、陈伯生、钱定三、党自新、王一山、阎子云等几十人晤谈。宋向辰在城外农业学校，也和不少同志联系。有一天，勿幕约我和几个同志去“皇城”游玩，大家傍依“太湖石”，看清兵操练，勿幕即景畅谈射击瞄准和徒手夺枪的方法，由此看出他对武装推翻清朝反动政权是有信心的。我在省城盘桓五六天，秘密地传达了东京同盟会总部的指示。勿幕为避免官庭注意，嘱我先回家，暑假后再来西安晤谈。同年农历九月初一，西安响应武昌起义，留居省城的同盟会同志，团结各方志士，人人都投入到革命的洪流中去，贡献出个人的力量；而我却随后赶到，实生平一大憾事！

总之，辛亥革命武昌起义，陕西列居首先响应的省份，在短期内结束了清朝260多年的封建统治。这一革命运动的领导和推动力量，就是孙中山先生创建的同盟会。同时，同盟会的发展，以在留日学生中为最快，也最有力量。通过同盟会的宣传和组织，新军中的进步人士和社会上其他方面的力量，才能明确奋斗的方向，然后团结一致，取得革命的胜利。所可惜的，这次资产阶级民主革命，没有无产阶级政党的领导，以致帝制虽被打倒，国家政权却仍为封建势力所窃取，多年军阀混战，几陷国家于沦亡之境。

二　恢复龙驹寨电务

辛亥“光复”西安时，清廷驻防陕西将军曾一度企图坚守满城。为防止敌人和各方通讯，我起义军民曾将电线一律破坏。到省会完全“光复”，外州府县传檄而定的时候，军政府深感电线有急行修复的必要，因于农历九月二十日委派我督办龙驹寨电务。札委原文录后：

秦陇复汉军大统领张，为札委事：照得龙驹寨一路电报事宜，关系极为重要，非有贤员督办，不足以广联络而便交通。兹查有杨叔吉才具优长，热心任事，堪以督为龙驹寨电报事务，合行札委。为此仰该员奉札后，克期前赴该处，筹办一切，凡有关于外省通问事宜，得以便宜电复。并饬商州一标标统刘刚才，一标三营管带王华堂，分拨马队多名，听该员调遣，以资传达。除札饬一标标统、一标三营管带外，合即札委，札到仰即遵照来札事理，悉心筹办，并将办理情形，具报备核，切切此札。右札仰督办龙驹寨电务杨叔吉准此。统务府监印官王松森、王维翰，核对官丁同谦、苏民德。

黄帝纪元四千六百零九年九月二十日。

我奉委后，先请求札委贾东园（合阳人）带领修复电线工人100名，由省城出发，经蓝田、商州、商南直到荆紫关，修复接连湖北省方面的电线。我随带商州工人姚聚堂，冒雪起程。另请派叶俊卿（长安人）、张博生（江苏人）两位电报局长带两名电务生，随后前来。

我行至商南县以下20里地方，与贾东园所带工人相会。据贾说，电线修到西安不成问题；电杆就地价购，也不感困难。只是冰天雪地，工人冻伤手脚，于心不安。返回商南县城内，开始向武昌、南京通电。接着，修复一段，退回一段。由清油河、武关、桃花铺到龙驹寨，因有旧有电报局的设备，往来电报较多，人员不敷用，于是就地请了董策臣、王墨林（均商州人）抄誊电文。到12月12日，完成任务时，就积了电稿三大册。解放后，由段石斋带去北京。

继我而来的电报局长、电务生，都在龙驹寨会集。送省电报，由军政府以前派定的8名骑兵传递。到了十一月初，电报畅通。兵马都督张云山，粮饷都督马玉贵，军令都督刘世杰以及驻在潼关的东征军兵马都督张伯英，都不断地交拍电报。我秉承军政府意旨，对电稿一一审阅，不合的概不拍发。因此，我也得罪了一些人。

我在龙驹寨住的时间较久，事务也繁多。军政府派员和东南各省市联系，一般都经由此地。如尚殿特的赴武昌，张奚若、汤万宇的赴南京，都经由这里搭船沿丹江南下。他们路过，我们不能不招待。其中张、汤在淅川被清廷南阳道谢志道扣押以后，我们曾联络各方进行营救，费了不少周折。

在这次修复电讯任务中，工人们效忠革命，受尽了风霜之苦，我们曾犒赏一次。电线修到商州，我们才由龙驹寨转回，步步向西安方面修复，等到线接省城，军政府交通部南雪亭部长即派员接替了我们的任务。我们复命后，交通部鉴于我们两个月来完成几百里电路，工作中没出差错，还请军政府给我们记大功一次。

当我们在辛亥年十二月十二日返省述职的时候，秦陇复汉军大都督张凤翙因潼关二次失守，自己亲自率兵东援张伯英。郭希仁等随着东行。军政府留的有常铭卿、茹卓亭、李子逸等。我向他们交代后，因这时升允率甘军东犯很急，宋向辰约我参加炸弹队助战，于是电务督办一项职务，就告结束。

三 秦陇复汉军炸弹队

我同宋向辰、王一山筹备制造炸弹并组织炸弹队助战，是由辛亥年十二月二十三日开始的。从这天起到第二年元月初，共制成大、小型炸弹1000余颗，筹集炸弹原料（盐酸钾、硫磺等炸药）共2000多斤，搜罗各式快枪50支，来复枪约100支。弹药与枪相称，募集官兵约700人。宋向辰任队长，王一山任副队长，我任参谋长，李继平任参谋。部队由王一山率领，日夜加紧训练，元月5日就出发到咸阳。6日到兴平。10日在薛楼镇与升允所指挥的甘军相遇，鏖战一昼夜。因军政府援军陈树藩未到，炸弹队孤军作战，被敌军重重包围。我们奋力战斗，突破重围，但伤亡很大，士兵伤亡100多人，第一中队长赵丕衡、第二中队长阎子云、执事官任新斋等都殉职。这次战斗虽然失利了，可是也给予敌人以严重打击，更大大地鼓励了我方的军心。收队后，开回西安整军，驻扎在现在西安师范学校东边宿舍。经过休整，又奉命担任西安城防，所有四城门楼、钟鼓楼、军政司等主要机关和秦丰银行，都由我队派兵驻守。

2月间，临潼渭河北一带地方秩序不安，军政府初令曹印侯派兵震慑，后因曹部正在西路同甘军作战，分兵不得，经临潼士绅吁请军政府派我队前往。这时，宋向辰、王一山都已辞职，我担任队长，率第一中队副队长齐子明带兵一连开往雨金、栎阳等地，经过安抚，约10天左右，又开回西安。这时，南北议和，清帝退位，但陕西东西路战事仍未停止。3月初，炸弹队奉命改编为秦军二十二标一营，派我任营长（二营营长李襄初，三营营长李仲三）。我队正准备开往蒲城开福寺修葺营房，忽然张凤翙枪毙了万炳南副统领和韦伯铭参谋长，并向曹印侯示威，印侯被迫脱离部队，时井勿幕被委为陕北招讨使。井觉察民军内部个人矛盾日趋尖锐，以筹购石油机械为名离陕前往南京。我看到同盟会一些同志纷纷引退，深觉力量孤单，且学无专长，因呈请辞职，再赴日本留学。军政府的批示迟迟不发。经过几个月才下达，着我遣散军队再走。我遵照命令发饷一月，遣散官兵。当离别时，官兵相对流着涕泪，感到时局变化，处处逼人。所有我部的军需品，都由军需长吴希真负责点交给军政司党自新部长。三天内结束了遣散工作。

以后，军政府委我为延长石油厂协理，我坚辞未就。9月上旬，我同胡笠僧、张义安、王枫阶由上海转北京，经朝鲜到了日本。我入千叶医专学医，笠僧、义安入成城中学学习军事。征蒙事起，全体留日学生推举笠僧、义安回国请缨，两人带回自己的全部官费，我的学费无着，幸曹印侯得情给我汇来100元，才维持到宋向辰来到日本。宋任陕西留日学生经理，发给第二年学费，从此我得以安心学医。

1960年

（选自陕西省政协文史和学习委员会编《陕西文史资料精编》，陕西人民出版社2010年4月第1版）

辛亥秦陇豫复汉军东征记

张　钫*

一　“光复”潼关

武昌起义后，张钫与张凤翙、钱鼎等，因痛恨清廷政治的腐败，即在陕密谋响应革命。于1911年九月初一日（农历，下同）发动起义，苦战三昼夜，“光复”西安，全省各地纷纷响应。不久，起义民军即在全省获得胜利。武昌起义后，陕西为第一个响应起义取得胜利的省份。这对当时全国革命形势的发展影响甚大。但陕豫两省毗连，河南为清军集结重地，四通要道，如革命不能在河南取得胜利，

* 张钫：时任陕西新军混成协炮营右队督队官（连长），后任陕西军政府东路征讨大都督，国民党第二十路军总指挥兼河南省代理主席，南京国民政府军事参议院院长。
新中国成立后，任第二届全国政协委员，中央文史研究馆副馆长，民革中央团结委员会委员。

陕西的胜利亦难巩固。因之率军东征，援助河南早谋独立，成为当时革命的迫切任务。

陕西起义胜利后，张凤翙、张钫、钱鼎、陈树藩、张宝麟、张云山、马玉贵、刘世杰、马福祥、郭胜青、万炳南、刘刚才、陈同等，于九月四、五两日在西安军装局和督练公所开会。当时为争夺个人权力和名位，争论甚烈，各不相让。万炳南表示愿为大统领；马玉贵表示愿为兵马大元帅；张云山极力扩充自己的军事力量，想独树一帜；钱鼎恐自己在起义新军中势力单薄，亦力争名位；也有争执要任某都督职位的。会议开了几天，感情几至破裂。后经张钫、张凤翙等多方调停，始获定议，共推张凤翙为大统领；万炳南、钱鼎为副统领；张云山为步马大都督，吴世昌副之；刘世杰为军令大都督，郭胜青副之；马玉贵为总理粮饷大都督，马福祥副之。张钫为东路征讨大都督，行营设潼关，着手编组秦陇复汉军，准备东征。后因和豫西地方武力会合，军中官兵多数是河南人。又在豫西与清军作战，故改称秦陇豫复汉军。

自西安“光复”后，陕西各州县地方官吏见革命声势浩大，纷纷归顺。唯住在潼关之潼商道端清及驻防协台等，据城抵抗，并分向豫晋两省请求援兵。豫晋两省统治当局各调派一部分军队赴潼关，因九月初八太原起义，晋省所派军队中途折回。清政府为挽回陕西局势并截击革命军东征，即从河南开封调派新军一个混成协（旅），以800里旱路急行军，于九月十三日到达潼关附近。端清亲至灵宝迎接，企图固守潼关。在河南新军未到前，驻潼关巡防队营带胡明贵与士绅徐国桢及当地侠士马耀群，响应省城起义，密谋反正，于九月十二日内发外应，遂占领潼关。河南新军先头部队于十三日抵潼关附近，胡明贵率部抗拒，战于潼关东，因寡不敌众，兵败身死。陕西省城最初以潼关危急，曾命钱鼎率军先行东来。钱鼎行至渭南，被严纪鹏部下所误杀。此时潼关情势紧张，张钫遂于九月十四日下午仓促出省，率师东征，当晚至斜口。出发时带炮兵一队，马队 50 名，金陵机炮 4 尊，步兵两标，来复枪 5000 支，洋抬炮 500 门。幕府人员随同出征的有军需长杨西堂、秘书长王子端、参谋长张季方、兵站人员王仁山、陈汉峰、文牍人员曹季南、王广庆，参谋董雨禄、王更宸等。临行时，颁发行军规则数条：

1. 未经官长许可，不准随意离队；

2. 不准擅入民宅，亦不准擅用民物；

3. 驻扎地点，须听长官指示，不准自寻住处，扰害百姓；

4. 任侦探者须力尽其责，不准借端偷闲，贻误全军；

5. 遇敌来袭时，须沉着听从长官指挥，不可惊慌失措，扰乱众心。与敌接近时须派前卫队、侧队等掩护。

十五日，军行至临潼，因严纪鹏自以为其部下误杀钱鼎惴惴不安，前来请罪，愿以所部效命东征，立功赎罪。张钫遂令其招集部众，加入东征军。此时步一标二营管带李长胜，副都督兼三标标统郭锦镛先后来到，又招纳蓝田杨茹林部，临潼起义县令曹印侯亦竭力帮助招收部众参军，东征军之实力逐渐扩大。

十八日，军行至华州，探得潼关确实情况，并筹谋作战计划。为动摇敌军战斗意志，发出《招降豫军书》。

招降书送出后，是夜派党佑卿乘驿晋省，请增援兵，并函张凤翙大统领，略谓：

据探报，豫军约有八营，枪炮甚利，闻其接应军尚有十余营。现在马耀群所部，尽遁入南原山谷间。东路沿途各城镇，先聚有江湖弟兄及民团，皆闻风逃散。似此敌炮甚利，而兵甚足，东部人心又复动摇，钫出省时，仅带三标兵力，不足以克复潼关。请再增兵数营，火速开来，以便接应，而决战胜。

当日委邓遇春为管带，设置递马哨子各州县，专为传递军事消息。后潼关克复，递马哨设至关上。该哨于一昼夜间能奔驰 280 里，自潼关抵西安，军事消息当日可到。在当时军事紧张的时候，既无电报，又无电话，该哨颇为得力。

十九日，军行至华阴。计划三路进兵潼关：以一标各营由华阴山根经南北营向金盆进攻潼关，是为南路；以二标各营由大路先取吊桥，进攻潼关，是为中路；预先征调沿河商民船只齐集三河口，临时运兵侧击，是为北路。炮队和机关炮队，分为两部，配合一二两标作战，马队则专向潼关侦察。

二十日早 6 时，誓师东门外，即令一标各营进发，马队东出侦察。8 时，二标各营进发，中路部队抵距潼关 15 里之全店时，马队已与敌军接战，击毙河岸哨兵一名。此时吊桥豫军后退，我即开始攻城。敌军退至城下，我军尾追。下午 1 时战斗开始，3 时我军直逼城下。当时大雨如注，战至 8 时，官兵衣履尽湿，不能支持，退驻吊桥。参谋董雨禄率勇士 30 人登城，不克而退。是夜步一标驻原凹底村避雨，距关三里许。

二十一日早 5 时出发，据探报，敌炮兵队已到，即令我军步二标由大路进攻，并召集当地民众千余人，遥助声威。至 8 时，战甚激烈。

一标各营以连日往来山区，冒雨苦战，加以敌炮火猛烈，我军给养接济不上，士气稍馁。二营管带李长胜，由前线归来，亦陈述怯状。正在紧张困难的时候，民人杨彦彪带民兵 600 人来助战，但空手的十分之八，即令分布于大道侧助战。8 时半，严纪鹏率所招侠客 1500 余人，陆续前来，即为编制，以百人为一队，依次向南原增兵，进攻敌军。我军闻援兵至，勇气百倍，进攻亦猛。至 12 时，敌炮声隆隆，枪弹如雨，大炮向我军进攻路上轰击，官兵均冒险前进。炮声一停，官兵即飞速向前。我立时逼近骆驼顶、凤凰嘴两高地。此时渭河上下游炮船亦至。发炮侧击，敌军炮火渐微，城上树白旗。我军登城，呼声遍野。二营管带李长胜因扑城猛烈，中弹阵亡。士兵愈愤，纷纷持白刃奋勇先登，先后登城已千余人。沿城墙东进的数百人，突入城内追击的数百人。敌军不支，委弃弹药 30 余车堵塞道路，出东门溃退至灵宝待援。我军追至阌底镇而停。此次战役，我军获大炮 4 尊，机关枪一挺，步枪数十支，弹药车数十辆。这是东征军第一次胜利。

二　由潼关第一次东征失败

潼关“光复”后，当时认为渑崤函谷为潼关之层层门户，若为敌所盘据，则固守潼关颇为不易，且清廷此时从北京调派毅军步马炮兵十营由赵倜率领，于十月初先后到达陕州，增援灵宝；加上原守灵宝的河南巡防队十营兵力，敌军实力颇为强大。敌军意在西攻潼关，挽回败局。我军为固守潼关，巩固陕西革命胜利形势，助豫省独立，为鄂军声援，必须加强东征军之实力，方能与强大之敌军作战。

此时东征军幕僚人员增加有张石生、陈仲瞿、毅民田、谢楚材、高致堂、邓林盛、徐少雨、梁敬斋、蔡伯勋、赵卜龄、李笃臣、李铭山、雷立甫、刘必达、赵顺臣、李逢仙、许仲衡、张介夫、苏谊谷、袁左卿等。当时陕西同朝、二华和河南灵宝一带学生自动来从军的有200余人，一部分派在军需、军械、辎重方面工作，一部分组成宣传队，向民众宣传革命意义，收效颇大。

当时闻革命军兴，从军的人日多。唯军械缺乏，特派高致堂等赴鄂联络，并购军械。行时携有致黎元洪都督照会及函各一件。照会略谓：

敝军克服潼关，豫中豪杰多来响应，拟不日东下，进攻洛阳，为北捣燕蓟之地步。但秦陇素称瘠贫，饷项军械，诸多未备，因特派高致堂、薛麟伯前往，请予接济。无论何种枪炮，或新式，或旧式，多多益善。至价值若干，如数清偿。

所致函意在催黎大都督迅速率军北上。函略云：

麾下深沟固垒，师不轻发，亦或别有灼见。窃不能不进筹者，兵贵神速，勇为气帅，麾下以精锐之师，当新胜之后，北驱鞑虏，直疾风扫落叶耳。又我中州人士，延颈举踵，日望大军之来，此诚不可以不战。满虏荫昌跋前疐后，不得已举项城以自代，虽情见势屈，然京师余孽，巢穴稳固，万一死灰复燃，吾四万万同胞，将无噍类。麾下若提数万之众，北逾洪河，声罪致讨，直趋京师，钫亦将率关中子弟并号召河南数千健儿，执干戈以从其后，扼吭拊背，遥为接应。

当时张钫对袁世凯、段祺瑞、冯国璋亦抱有幻想，曾分别致函劝其反正。致袁函略谓：

满人二百余年劳心焦思，组织之专制政府，一旦失御，冰泮瓦裂，虽曰人谋，岂非天命。今秦省继鄂之后，倡义关中，定长安，克潼关，指日东下，直向河洛，际此时会，虽有圣智，不能为谋。荫昌身总戎机，谊切同种，不能以一死报国，而巧托名义，举先生以自代，先生此出，别有命意，汉人实共赖之。如欲戮力疆场，效命满清，无论势成弩末，难穿鲁缟，就令大军所至，芟刈殆尽，然试思此号呼遍野，血流成河，是谁氏之子孙乎？而先生所得之效果，又谁氏之消受也？昔合肥晤对外人侈战攻，讥之者曰“同种相残，我辈耻之。”合肥语塞。大义所至，不得不深为先生谋之。

致段函略谓：

回忆夫子每谈及满汉消长之机，种族畛域之判，则激昂慷慨，涕泗交流，时勉钫以所不及。今胡运将终，人心思汉。项城此次出山，亦或明知其不可而不得不然之势。夫子参与机谋，左右其间，如能达其目的，无负平生之素志。况现在陕西大局已定，率兵克潼关，将抵河洛，所谓高屋建瓴，势如破竹者也。夫子想亦不至以残杀同种，自多其功，为满虏助之焰而附之翼也。

致冯函略谓：

越仙（冯之侄）、晋三（马晋三，冯之学生）现为总司令部参谋官，此次人才翘楚，半出师门，谓非我夫子提倡之力，曷克臻此。今者潼关已克，将提师北上，道出汴洛。如谓以一姓之兴亡，掷万姓之头颅，一堂师生，交锋对垒，相见疆场，则不惟钫之所不愿，当亦夫子之所必不出此也。

此三函发出后，并未得到复信，但在宣传方面起了一些作用。

由潼关出征部署，大致就绪。十月初五日我军克阌乡县。初六日，令一标二营和炮队由大路经大字营、稠桑向灵宝进发，马队向虢略镇搜索。于初七日早6时，齐到王垛、沙坡等地。函谷关一带，地势崎岖，大兵难集，且豫兵新败气馁，故决以混成一标进逼函关。是日，左侧卫至虢略镇。初七日张钫在王垛村附近详察地势，敌马队在灵宝南关及东南原上向我射击，此时我部队到者仅马队百骑及步兵前卫。但闻敌枪声，皆勇气勃勃，要求攻击。遂由沙坡向北天齐庙（灵宝县南门外一小山头）进攻。攻至原上，甚得利。是晚在王垛村宿营。张钫同参谋苏谊谷夜宿孟村友人薛祖泽家。该村于道光年间，铸有大炮，长3米许，射程可及五里，而未尝试用。乃召民众数十人，抬至距灵宝三里许之高原上，向敌军营中凡3发，敌彻夜惊慌。

初八日，我军右侧队攻天齐庙。左侧队攻占函谷关。激战8小时，敌军向曲沃镇退却。据守天齐庙敌军连长吉松传正与我军接洽起义，后毅军赶到，迫使反攻，敌兵力加强，形势突变。豫军原接洽起义的亦作罢。我军见敌军力强大，遂停进攻。

初九日，刘镇华由嵩洛一带运动大侠至，相见于虢略镇许仲衡家。杨勉斋、刘粹轩、任镜海、石又謇、蒋我山、楚尚斋、贾济川等亦先后至。刘镇华说："丁同升、柴云陞、憨玉琨、赵长荣等为中州大侠，皆率部来与东征军会合，丁可于三日内先到。”我军当时认为敌军增援，实力强大，我亦必须函陕增调大军，并与豫西大侠会合，增强实力，攻取灵宝，乘胜东进。

初十日，探得赵倜率敌军十营在灵宝部署，准备向我军进攻。敌兵精器利，我不可轻敌，且潼关初定，人心未安，恐前敌不支而根本动摇，于是决计拔师。4时令部队向稠桑、东谷峪一带集中。7时向西移动。当日由龙驹寨转到湖北来电，略云：“敝军刻正准备北伐。与黄黎二帅大军会合，亦有成约。攻守须械，万难分用。然亦足以牵制豫军，解贵军东顾之忧。并一面电请荆沙，速多分运接济。”等语。十一日早，部队开回潼关。加紧组织兵力，布置一切，作东征准备。

十五日，丁同升率侠士500人至，即编为九标一营。十六日，探得毅军开始西犯，遂令九标一营及侦探队为前卫，以丁同升为前卫队长，即日向阌乡进发。二营二标曾绍魁及七标为本队，向盘豆进发。屈全马队为右翼侧防队，向阌底镇、盘豆南山根之线游弋。炮队同二标前进。是日雷雨亭由保定归陕，随带陕甘入伍生57人，经东军阵地抵潼关。我官兵见雷等军服整齐，乘马车数辆，通过敌军防地西来，疑其为敌军间谍，被扣留数次，经多次解释，始到我军总部。十八日晚，丁同升部进驻盘豆。十九日早5时，与敌军大战于盘豆。时曾绍魁占盘豆河西岸原南段，丁同升占中段，侦探队李芝恒占北段。激战至10时，屈营马队由南山根包抄，敌稍退，丁营渡小河猛攻，敌又稍退，12时王荣镇率步兵两营至十二里河东南原上向敌包抄，炮队又及时赶到，步兵为之一振。忽马队被敌炮击甚烈，马未经训练，阵乱，四处奔跑，步兵不明情况，亦为所扰，由大路夹道中西退。王荣镇部亦退。1时许，齐退至十二里河。七标与追来之敌激战。丁、曾两营在十二里河作防御。下午3时，大军齐退至阌底镇。张钫率队数十名赴马庄视察，以防敌由此犯关。当日晚，令各营部队均退入潼关。夜10时，集合各标营官长，选奋勇军，准备固守潼关。由潼关初次东征遂告失败。

三　潼关失守，败退华阴

二十日早，我军把部队分作守城与出战两部，开始部署。守城部队由炮队和一标二营张建魁担任，在潼关城内周密布置；出战部队由周福兴、陈建升各带所部由七里店向阌底镇攻击；丁同升、李芝恒带队由潼关凹向阌底镇攻击；王荣镇、严纪鹏带队由万家岭向阌底镇攻击；马队管带李长兰守十二连城一带，防敌抄击。早8时战斗开始，我军攻击甚猛，丁营督队官戴凌云和侦探队长李芝恒身先士卒，带队猛攻，均阵亡。（李芝恒又名小红，是徽戏班名艺人，驰名于河、洛、陕一带）正午12时战斗最为激烈。延至午夜2时，我军伤亡甚重，士气稍挫。夜3时，官兵有退意，4时遂令退却，各部队退守城东门及东南门一带。张钫偕郭锦镛、张建魁、王荣镇等由东门视察守城兵士，经东南隅至小南门时，敌已据李家庄原头上，向城中射击，我遂调七标三营杨茹林部由阎王沟邀击。我回司令部，行至凤山巷十字口，见递马哨行李已捆好，正准备西行，即喝责制止，回到司令部，众惊惶欲散，严制之始止。当日下午，兵士车辆拥塞西大街，急欲出城。时严纪鹏部把守城门，城上士兵纷投砖石，不让出城。城内谣言颇多，官兵心怀猜疑，民众更为恐慌。谣传：雷雨亭通敌，入伍生是敌军奸细。当雷雨亭率陕甘入伍生50余人，军服整齐，乘马车数辆通过敌军阵地，毫无阻碍来到潼关时，官兵多疑为清军派来的间谍。雷到后，张钫认为雷颇有军事才学，委以东征军总参谋长名义，并与雷同住一室。

二十日夜，钫在司令部即不见雷。钫因疲困过甚，命杨西堂到城中察看守备情况。杨到城东门时，见雷服装整齐，携带简单行李，正欲走出东门，当时杨即怀疑雷有出城投敌之意，杨制止雷，不许出城，雷又逃至附近老百姓家中，杨将此情说出后，官兵多认为雷和入伍生是清军间谍，即将雷雨亭搜出，并逮捕入伍生数人，乱枪打死。因雷和入伍生是光头，有些官兵见光头的即疑为是入伍生，将光头赵卜龄等解饷员数人，亦用枪打死。官兵又谣传城内奸细很多，不能打仗，纷纷欲出城西去。此时也有人怀疑张钫与敌人有勾结。因在潼关“光复”后，清豫军中有同学姚任支等，以同学关系，不愿互相残杀，曾通信商议和谈停战，某日我军与清豫军正在函谷关对峙，适姚任支等派代表来，张钫正与代表谈话间，我军疏于防备，敌军即放枪一排，击毙我军士兵多名。官兵见敌派代表来，已甚疑惑，及受清豫军欺骗，击毙我士兵多名，即疑张钫与清豫军有勾结。当时张钫曾给马荫午、马耀群二人写信解释，信被某营截拆，竟误认约清豫军定明午结群来攻。此时，对张钫怀疑的严重情况，可以想见。张钫闻雷雨亭被杀消息即出而制止，并说：“我革命光头甚多，我即是光头，绝不许猜疑敌杀，自乱军心。”经严加制止和解释，其余入伍生始免于难。但此时军心大乱，已失去作战意志。当时张钫正与陕甘入伍生十数人在军械处挑选枪械，掌令官某自己恐慌欲逃，即假充张钫令，言敌入城，我军速退。官兵闻此言，即拼命冲门而出，向西奔跑。随从闻此讯，即向张钫告警说：“敌临城下，官兵多已溃逃，请你快走！”张钫问：“何以不闻守城士兵发炮声？”随从不答。张钫出司令部，仓皇登城，唯闻人惊马嘶，一片紊乱吵闹声，知城中部队混乱，不能再战。遂下令大军暂退华阴县和华岳庙南处。但撤退命令并未传到原布置守城部队。张钫于12时退至华阴时，七标标统王荣镇于早7时已过华阴西去，各营随之西去的甚多。张钫遂下令各部队均须回华阴集合。

二十一日晨，大军均退至华阴。即令各营集合部队，点验伤亡和人枪数目。并派出侦探，往敷水侦察。得报，称敌军二十日夜并未入城，我守城部队夜间与攻城敌军战斗甚烈。

二十一日晚，又得侦探报告，当日早敌炮火猛烈向城内轰击，我守城部队始缓缓撤出，潼关遂陷于敌手。此次失败原因：

（一）出战部队不明守城部署情况。及战，败退至关上，不知预有守城布置，因之气馁。

（二）谣传敌军间谍混入我军，因之官兵互相猜疑，甚至对统帅亦不信任，这是失败的主要原因。

（三）我军多系新招之众，缺乏战斗经验。更因克复潼关即行东征，未得休整，致多不服调遣。

四　我军增兵再克潼关

省垣闻东征军失败，张凤翙亲带卫队数人于二十二日黎明出发，当晚赶到华州。当时谣言颇多，甚至有张钫投敌的传说。钫闻之甚为愤懑。是夜12时，张凤翙又赶到华阴，向张钫宽慰备至，两人彻夜商谈并研究敌情，达旦未寝。二十三日2时，标统陈殿卿带队至，督府秘书长郭希仁继至，12时，标统谢采臣、李长兰部亦至。

二十五日，各部队齐集华阴，张凤翙召集各标营官长会议。诸人多以潼关失败，归咎张钫。张钫在会上表示消极和不满，慨然说："前次之败，因由我调度无方，但诸将士不服调遣，亦何能辞其咎。今大统领前来督师，诸君如能用命，以我们现在的兵力，当敌军数十营，可操胜算。"言毕，众皆默然。张钫并提出5路进攻计划。

二十六日，大军云集华阴东门外，官兵四面环立，张钫、张凤翙等居中誓师说："吾省存亡，在此一举，当同心戮力以摧强敌。"言词激昂，全军感动。张钫当众指出："前次战争，守城部队抵御甚力，翌晨尤作苦战。假使出战部队不擅自溃退，暂住城内休息，拂晓出击，潼关谅不致失陷。"又说："出战部队甫至十二连城，十九日即有自行退走者，占潼关东原时，有前进者，有闻少挫即卷携私物而逃者，及下令撤退，在华阴集合，竟有退至省垣者，有退至华州一带者，有逃走不知去向者，并误听谣言，互相猜疑，不服调遣，假设你们当统帅，将何以处此？今宣布命令，敌毅军马、步、炮混成，约有16营，占据东西瑞村、坡头庙、金盆、敖里一带，我军分两路进攻，大统领率李长兰、陈殿卿、宋兴汉等部队由大路进攻；张钫率谢采臣、王印斗、张建魁等部队由南北营向潼关进攻；周福星、丁同升等暂住岳庙作预备队；其余各标营暂住华阴整理。各标营应开动者，即日开拔。"言毕，各将士唯唯听命。约9时许，各标营即整队出发。当晚于东全店一带宿营。是日，赵倜派姚景铎送信云："奉内阁电，北京与湖北正在议和。令约束东西两军，各占地点，暂行停战，以待后命。"当时，部分官兵又疑惑张钫与敌勾结，有的窃窃私语，有的公开扬言："不杀姚景铎即杀张钫，否则大军初发，又生猜疑，影响军心，难打胜仗。”议论纷纷。嗣经详加解释，并将姚景铎放走，亦未复信，官兵怀疑渐释。

当日规定，由张凤翙指挥正面部队担任主攻，张钫指挥南原部队担任助攻。当晚，张钫归华阴，夜2时令王荣镇、严纪鹏率七标，谢彩臣、孙耀亭率一标，周福星、张建魁、王印斗等各率一营出发。

二十七日早，正面部队由吊桥进攻，攻势勇猛，敌军不支，败退城内。午后4时，我军直抵城下，争先登城。前锋多人为大炮击伤。敌军复派敢死队数百人，手持红旗由西门突出，猛扑我军，我军稍退，至天黑停战。南原上队伍，由北营向金盆进攻。敌我占据地点，均系原谷相间，攻击不易得力，我军伤亡较众。12时，我军稍占优势，西瑞村一带敌人退却。天晚，敌炮队射击甚猛，我军停止攻击。

二十八日，另行布置作战计划，仍分五路进攻。唯鉴于前日未能取胜原因，决定二十九日出发，先以占据地势为主，布置妥当，再行进攻。5路军队如下：

（一）张凤翙卫队、刘世杰部队、六标一二营、八标一营炮队、李文龙队伍，均由大道进攻，由张凤翙督师；

（二）张钫卫队、谢彩臣队伍、周福星队伍、李长兰队伍一标一营、王印斗队伍，均绕道东南原包抄后路，由张钫督师；

（三）王荣镇队伍、七标一、二、三营、城防队，均绕道十二连城进攻敌侧；

（四）陈树发队伍、杨克敌队伍、周耀群队伍，均由东原攻击；

（五）宋兴汉队伍、杨永升队伍，均防守河岸。

二十九日早，五路同时出发。大道部队将至吊桥，准备掩蔽，计划夜间进攻。此时敌军已侦知我军情况，既变守为攻，先发制人，乘我不备，以全力向我军猛扑。我军死力抵抗，互有伤亡。勉支数时，我军败退。张凤翙与刘世杰堵之不能止，仍退岳庙。因雨雪泥泞，军行困难，夜间戒严令亦不能执行，营次甚为危险。幸赖东南原及黄河岸诸军，均能据守划定地点，牵制敌军，敌未能来追。张凤翙回营后，即蒙被而卧，因失败而精神颓丧。适兵马副都督吴世昌率先锋队数百人及六标一营至，张即回省。

十一月初一日，张钫令饬原上各军，依前日计划，各向预定地点攻击。12时由寻底出发，马耀群为前卫队，张建魁占领顺井，防守阎王沟一带。张钫率陈殿卿、王荣镇向万家岭占领阵地。行至万家岭，即遭遇敌军，我军奋勇进攻，激战甚烈。午后2时，李长兰率部队增援，3时周福星率部队增援，进攻至李家庄。卫队一营营长辛建忠率十数名勇士，首先向敌猛扑，被敌大炮轰击，壮烈牺牲。3时半，丁同升率部队增援，我军奋勇百倍，个个争先。5时，我军即围攻至城下，城将攻克，但敌军退却无路，死力抵抗，我军因天晚，加以大雪，暂停攻城，均宿营于战线内。当夜，敌军乘机逃走。初二日早，原上军队集中寻底村，因雪后泥泞，不便进攻。张钫判敌必败，但诸将士不信，仅标统陈殿卿随张钫前往上屯和下屯视察。当时士兵有窃语张钫通敌而诳骗陈殿卿的说法，陈殿卿闻之不信，并说："我和张患难相交，必不害我。"窃语兵士遂潜逃。兵士正猜疑间，一民夫匆匆至马前说："敌人退了。我公何不入城？"随从皆欣喜兴奋，随张钫入城。不久，各部队亦陆续入城。斯役将士用命，增援及时，官兵夜间露宿，忍饿受冻，终无怨言，故能一鼓作气，克复潼关。此时，清廷对东征军更为重视了。

十一月初二日，潼关克复，稍加布置，张钫与郭希仁回华阴。

是晚，张钫与郭希仁、杨铭源围炉畅谈古今英雄。时而雄辩，时而褒贬，谈至伤心处，不觉泪下。回忆起义以来，九月初一至初八，眼肿如桃；东征期间，衣不解带，夜不安枕，心力俱碎。初拟东征，人言纷纷，丧师失城，谣言四起，此次冒雨雪，出入枪林弹雨间，幸将潼关收复。拟息仔肩，以保余生。钫年26岁，未死于敌，几死于友，今得免于难，总算万幸。翙初知我甚深，以室家担保；诸公爱我殷切，力为辩白，我若不及早回头，恐身败名裂，空谈革命，于事无济。回忆及此，颇为消极。唯念及革命未成，河南尚未独立，半途而废，贻笑大方，亦不得不勉力而行。当时思想矛盾，进退两难。

初三日，奉张凤翙令，仍留守潼关。东征军一切进攻防守事宜，均由张钫全权处理。

初四日，率华阴大军，移驻潼关。经全店，遇楚赏斋、任镜海等，知运动已成。中州大侠王天纵、张治公、柴云升、憨玉琨、赵长荣、杨凤鸣各率所部前来。河南大侠义士多来会合，共图革命大业，欣喜异常。

初五日，王天纵、张治公一起，柴云升、憨玉琨一起，各带千余人，马各200余匹，枪支有8/10，来与东征军会合。

初六日，杨凤鸣率500余人，赵长荣率千余人，枪械均有十分之六七，马各百余匹，来与东征军会合。各将士均表示热烈欢迎。这时东征军之实力与声势更加壮大。

五　豫西王天纵等武力加入东征军由潼关第二次东征

东征军第一次克复潼关，刘镇华西来；第二次克复潼关，杨勉斋、刘粹轩、楚赏斋、任镜海、王广庆、贾济川等先后西来；又联络豫西各豪侠地方武力以及学生、士绅、民众、团队等来参加东征军者甚多。最先到的。为丁同升率部500余人参加作战，得力甚大。后有王天纵、张治公、柴云升、憨玉琨等绕道卢氏入雒南经泰峪到潼关加入东征军。接着赵长荣、杨凤鸣等率部加入东征军。当时潼关二次克复，又增加豫西武力万余人，加上王天纵等之名声，东征军威力为之大振。于是计划由潼关开始第二次东征，企图首先打败在豫清军，谋得河南独立。

十一月初七日，即将豫西新来加入东征军部队分别编制，统名为秦陇豫复汉军。以王天纵为先锋官，张治公为第一标标统，柴云升为第二标标统，赵长荣为第三标标统，憨玉琨为第四标标统，丁同升为卫队第一标标统，杨凤鸣副之，原有部队番号和力量均有调整。

当时晋省民军自娘子关失利后，副都督寿温率部退至蒲州。潼关二次克复，温即到潼关商请援兵，收复晋南。当由秦晋豫三省主要同志举行会议，决定分三路东征计划。以秦豫两省兵力，编制5000人援晋，由陈树藩、井勿幕为正副统领，为左翼军。该部于十一月上旬由大庆关渡黄河，协同晋省民军作战，曾先后克复晋南各县。又就豫西地方武力，编组游击队，分头向嵩县、卢氏、洛宁、宜阳、洛阳一带进攻，为东征军的右侧卫。

中路主力计有步兵十标，骑兵一标，炮兵一营。该部以王天纵为先锋官，标统张治公、柴云陞、丁同升、憨玉琨、张建魁、严纪鹏、周福星、赵长荣、王荣镇、宋兴汉等均以善战闻名，此为东征军之主力。并继续广泛联络豫西地方武力。河南巡防营亦派人接洽，愿受编制参加革命。东征军所辖部队番号发展到36标。并委杨勉斋为东征军总部秘书长，刘粹轩为总参议。分派刘粹轩、刘镇华、楚赏斋、贾济川、任镜海等50人到各标营队担任政治工作，又组织学生队担任宣传工作，在东征军之发展与战斗中均起极大作用。

东征军编制筹划大致就绪后，于初八日配发枪械、子弹与粮饷。即派曹季南、鲁金钵率马队一营为前卫队，先行出发，并筹办沿途粮台（行军中筹办粮草之机构叫粮台）。

初九日，令柴云升、憨玉琨、赵长荣各标占据虢略镇，向灵宝攻击。王天纵带张治公、丁同升两标及炮队由大道进占函谷关，亦向灵宝进攻。严纪鹏率七标一、二营作接应军。鲁金钵、屈金马队担任包抄。命郭锦镛、杨铭源、袁佐卿、王广庆等留守潼关，张钫督师东征。

十一月初十日，大军开始出动。向各省都督和报馆发出通告书，略谓：

敝军起义，以复汉为宗旨，以联合各省组织中华民国新政府为目的。民人、商人和外国人均极力保护。各地豪侠一律招收，为复汉军臂助。敝军再克潼关，除原有实力外，复招集陕豫各地大侠，如白林子（即严纪鹏）、阎飞龙、丁同升、王天纵、张治公、柴云升、憨玉琨、赵长荣、王修已、张屏、武世清等，均率领数千人与敝军会合，编成东征大军，开始东征。首在谋河南独立，并与各省革命军联合，推翻清政府，建立民国新政府。我东征军纪律严明，绝不扰害商民及外国人。与清河南新军、毅军、北洋陆军之到处掳掠民财、残杀无辜、奸淫妇女、行同匪盗者，绝不相同。盼望各地同胞力加协助，以图早日完成革命大业。

六　东征军在豫西战争之胜利

十一月初十日，大军由潼关开始东征。

十一日，王天纵、张治公、丁同升部和炮队及七标严纪鹏部已陆续进抵阌乡，柴云升、憨玉琨、赵长荣等部已占据虢略镇。

十二日，王天纵所率正面部队已到达稠桑。刘镇华到虢略镇督师。柴、憨、赵等部晚5时出发，经孟村、王垛向灵宝前进。夜10时抵孟村宿营，准备夜袭灵宝。张钫命其暂停孟村，听候命令，再行攻击。

十三日上午10时，王天纵率正面攻击部队进抵函谷关五里坡上，炮队占道左高原，开炮击中敌帐篷10余个，余敌帐篷即撤走。时王天纵、张治公、丁同升各部队奋勇猛攻，南路柴云升、憨玉琨、赵长荣各部队亦自王垛渡河，向灵宝攻击，两面夹击，攻势甚猛，敌军似有退势。晚9时停止攻击，我军均在战线上宿营，夜间时发生小战斗。

十四日拂晓，我军发起攻击，士气甚盛，敌军枪声渐远，似有退却之势，但因敌军在灵宝西南枣园内筑有坚固工事，我正面部队虽多，攻击不能得力，侧面兵力甚少，不能收夹击之效。当即改变攻击方略：以七标一、二营自王垛渡河，同南路二、三两标部队向敌侧面攻击；以一标并卫队一标及炮队，仍由大道向灵宝进攻。

十五日早，令先锋官王天纵第一标和卫队一标一营及炮兵一队守函谷至王垛之线，二标一营、三标一营、马队两队及七标一、二营，均由沙坡、南阳寨向天齐庙攻击。各部于12时同时发起进攻：柴云陞、憨玉琨部由高家滩向佛湾攻击，赵长荣部向黎源庄攻击，七标一营向灵宝东原攻击，七标二营由佛湾向天齐庙攻击，马队由南阳寨进占龙王庙。当时，我与敌已战斗三昼夜，但我军愈战愈勇，正面大道部队仍取攻势，炮队向天齐庙及城内射击，南路各部队合力夹击，午后又三面进攻。我军攻击目标是天齐庙之敌主力。柴云陞部及七标二营进至佛湾村，为敌炮猛烈射击所阻，不能前进，遂相持。七标一营开进沙坡东五里旷野处，遭敌炮队射击，阵乱，遂命该营退南阳寨整队复攻。同时鲁金钵马队行至南阳寨东，亦遭敌炮射击，队乱，而马兵则分散猛进，向灵宝东20里龙王庙袭击敌人后路。赵长荣部傍晚进攻黎源庄，激战两小时，始占领该庄。该标营管带张敬业带勇士数十人，追杀至天齐庙而止。柴云升、憨玉琨部此时亦冒敌炮火猛烈进攻。南路各营队均奋勇攻击。敌伤亡甚重，于夜12时退出灵宝。4日苦战，获得胜利。

十六日早，我军进驻灵宝城内，即着手恢复地方秩序，保护商民。据报有4名兵士乘机抢劫，立即逮捕正法，绅民均称军纪严明。即整顿队伍，预备追击。午后2时，派王天纵督率张治公、憨玉琨、柴云升各标出发，晚宿营曲沃、大营各地。据报敌人已退至陕州。

十七日派赵长荣率第三标、严纪鹏率第七标出发，令张季芳留守灵宝，鲁金钵马队驻灵宝城内。敌军退至陕州，本欲守城抵抗，闻我军左翼阎飞龙标占领茅津渡（陕州东15里），我军王天纵部又迫近陕州，敌军退守硖石。

十八日，张钫率卫队数营进驻陕州，并令各标部队进攻硖石。敌军不支，又向东溃退。我军追至观音堂，敌军又败退至渑池。

十九日，我邀集陕州绅士会商地方事宜，公推许仲衡为州牧，办理留守事宜。是日王天纵各部紧追敌后，与敌后卫部队进行多次战斗。在陕州又决定计划：以七标二营留守陕州，其余各标部队和游击队七营、炮队一队，由正面进攻渑池并向洛阳推进。

二十日，张钫至茅津商调井岳秀游击队渡河南来。

二十一日，张钫率接迎部队出发，当晚宿营观音堂。七标住张茅。三标赵长荣籍隶宜阳，该县驻有敌军一营，故令该标统带两营前往扫荡。即日自观音堂开赴洛宁、宜阳一带并向洛阳进攻。王天纵率张治公、憨玉琨各部进攻毅军和北洋军第六镇十二协周符麟部于渑池，激战3时，占领渑池，敌军败退至千秋镇。敌军从放弃灵宝开始，在数日内败退400余里，直到洛阳，才稳住脚步。这是东征军在豫西战争之重大胜利。

七　清廷增派北洋陆军反攻东征军第二次失败

十一月中旬，东征军在河南西部取得了重大的胜利，此时南北双方停战已有一个多月了。袁世凯认为江南独立各省距北京较远，而陕西、山西、河南各省革命军却是肘腋之患，山西清军退出雁门，晋南又失蒲州，河南西部东征军气势甚盛，致毅军退却400余里，中原局势似将有大变。袁遂令京汉线上北洋陆军第二镇王占元之一部和第六镇第十二协周符麟部集中兵力30余营，迅速进驻洛阳，带野炮、山炮30余门，西上进攻东征军。又增调毅军10营，连以前参加作战之毅军共有18营，委赵倜为前敌总司令，令其戴罪图功。此时敌军集结豫西各地者共80营，约2万余人，其兵力强大，武器精良，即西进渑池，向东征军开始进攻。袁世凯又密令，必须打退东征军，进占潼关，才能进行和谈。敌军于十一月二十日以骑兵先冲到渑池，向东征军发起攻击。我军且战且退，先激战于渑池，继战于英壕以东地区。至12时，复激战于英壕观音堂之间。敌军以其炮火优势，压迫我军节节后退，致使我军损失甚重。天晚，我军再退却，准备在峭山硖石有利地带，使其炮火不能发挥优势，与敌决战。

二十三日，我退守硖石，敌军守观音堂，暂时相持。此时适有英传教士齐牧师等60余人自西安东来，准备回国，途中见东征军纪律严明，绅民均同声称赞和拥护，因与张钫在阵地晤面时，表示愿居中调停，使两军媾和，张钫等表示赞成。英人齐牧师和苏先生等在陕州停留四天，来往于两军间接洽数次。我军决定以甘壕为中心议和地点。当时函齐、苏二教士，略谓："议和地点，应在两军势力之间，议和人员当为双方负责任之人。我军人员若赴观音堂与清军议和，那里属清军势力范围，我方未免有失主权，因拟议和地点在甘壕。议和之人，我军已派就党佑卿、杨勉斋、刘粹轩3人。清军亦当指派3人，预先通知。届时即由二君在甘壕介绍会面，相议和约。"

是时敌军司令部亦来函请和，我军复函，略谓：

本军起义宗旨，为推翻清朝政府，建立中华民主共和新政府。本军此次东征，为襄助河南父老子弟速谋独立。此时，清政府已奄奄待毙，朝不保夕，而民主共和又为吾国最大多数人之企望，大势所趋，孰能御之？贵军纵极力撑持，多演一日之战斗，究有救于清政府之败亡乎？我辈同系汉族，自相残杀，祖宗有灵，不其恫尔！苏、齐两教士，外人也，见吾辈同种，徒作无益之战争，尤戚然悯之，愿居间调停，我辈对之，亦赧然愧矣。本军特为贵司令约明议和地点，以观音堂西五里甘壕为适宜。此地须两方均认为中立地点，本军与贵司令明日均须派全权议和专使三员，与外国人同赴甘壕开议。至本军有关议和条件，专使可代表提出。

信去后，二十四日我军即派党佑卿、杨勉斋、刘粹轩 3 人会同英人齐、苏二教士前往甘壕议和，然敌军负约，并未派人至。是晚，敌军复来函诡言请和。盖敌军执行袁世凯密令，假为议和，暗中集结兵力，企图迅速进攻潼关。

我军守硖石三昼夜，议和不成，援兵未至，粮源亦接济不上，人无熟食，马无宿草，加以大雪严寒，形势不利。而我军赵长荣、柴云升两标统俱派往嵩、宜等县，兵力分散。河北陈树藩部在运城茅津渡尚有 8 营兵力，屡催未来。张钫判断，敌军经数日之准备，必大举猛攻。因命向张茅撤退。此时王天纵持不同看法，谓敌不会进攻，仍有议和可能。因此张钫与王天纵打赌说："如明日敌不来攻，算我输，我将大都督印交与你。"王天纵说："如明日敌来攻，算我输，我愿军法从事。"刘粹轩当时同意王天纵的看法，颇为我担心。我西去，刘留在张茅不走，以看究竟。此时，王天纵有轻敌和恃勇而骄之意，而敌军由黄河岸向西包抄部队，已接近张茅。二十四日夜，我下令撤退时，王天纵部则恃勇轻敌，于其他部队撤退后，次晨 3 时始撤。敌军伪造东征军臂章，紧紧跟踪，王疑是友军在后，亦未注意，待天亮退至张茅时，刘粹轩出迎王天纵，王对刘说："尚有队伍在后面。"说罢，王即准备在张茅驻店休息。刘闻后面还有我军部队，即带随从 7 人往接，出张茅东首，马弁王友仁发现对面来的是敌人，并非友军，即连发数枪，并大喊："敌人！敌人！"王即折马飞奔陕州，见张钫报告敌情。并沿途传告敌人追来消息。王天纵在张茅休息，闻后面跟的是敌军，即出店，上马西奔。此时敌人即冲入街市，刘粹轩等 8 人，因走脱不开，被敌军赵倜部所俘，赵将刘等押送周符麟处理。刘虽称是东征军议和代表，而周则不顾一切，将刘等8人一律枪杀。我军张治公等部于二十五日在张茅与敌军混战半日，被敌军三面包围，虽掩护我军撤退一部，但死伤官兵800余人。当日下午，敌人追至会兴镇。此日幸阎飞龙率部由北南来，王天纵等部才脱离了敌军的追击。是夜，我军退至灵宝。即派张季芳、刘镇华赴河北调陈树藩、井勿幕部火速来援。

二十六日，我军集合部队，并令退守阌乡。

二十七日，我军退守函谷关，敌骑兵3000人追至，与敌激战半日，我军再退至阌底镇，亦有退回潼关者。

二十八日，我军河北陈树藩部队与敌军激战于茅津，一部分部队与敌军激战于平陆，激战竟日，迟滞敌军攻势。

二十九日，我军与敌战于阌底镇，当日退回潼关。是日，函请西安军政部速派兵来守潼关。但西路战事紧急，省垣亦难抽调大军东来。

十一月三十日，我军陈树藩率两营来，与敌激战于牛头原；李仲三率一营来；与敌激战于七里店、李家庄等地。敌军进攻潼关，将炮兵布置三个阵地，用交叉火力网向城内射击，骑兵由两侧西进，取包围形势。我军弹药耗尽，且以敌我兵力悬殊，伤亡尤重，不能支持，遂弃守潼关。此为我军东征之第二次失败。

八　潼关再次失守，我军败退雒南侧袭敌军西犯

清廷调派北洋陆军和毅军共约2万余人，向我军进攻。我军十二月初二日撤出潼关，初三日退至华州，一路作战，伤亡甚大，到华州集合时，官兵已不满2000人。在守潼关战争危急时，曾一再电请西安增派援军。当时升允率甘军在西路攻占醴泉等地，气焰正盛，省垣

兵力均赴西路御敌，无兵东援。西安总务府又屡接湖北电，言上海和议可望达成，令各省皆停战。总务府没有妥善办法，也就抄录电文，函张钫即与清军议和，守约停战。此时潼关战争正急，清军非占领潼关，绝不言和。处此情况下，张钫既气愤，又消极。即复函，略谓：

南省电文决不可恃。十月二十一日停战时也，而毅军取我潼关。当我军退守硖石时，适洋人与停战令皆到，于是停战两日，与清军实行交涉。清军支吾答之，继则请派专使面商，其实敌正运兵黄河岸上，并未稍停。彼无诚意，于兹可见，幸被我方侦知，即连夜退兵至张茅镇，是时清军三面围张茅，我军且战且退，官兵战死者约八百人。最痛心者，军使刘粹轩及随从七人，在甘壕议和不成，在张茅被敌军俘去，交周符麟杀害，一人未归。敌初一早攻我潼关，幸三十日陈树藩来，初一日李仲之来，勉强支持一时，然以兵器不利，陈营退守东原。是夜着李营东开，胜败不能逆睹。敌军现临城下，危亡迫在旦夕。君等尚恃秦桧之议，误陕民与我，吾死有期矣，死亦当为厉鬼，用儆办事糊涂者，君等好自为之可也。现钫病重城危，请派吴世昌都督速来接事为祷。否则，毁坏不堪，诸君并要防清军得潼关以窥省城也。

此信去后，想西安总务府诸负责人必大震，定会抽调援兵，且不至于再乱发命令了。

初三日，我军退至华州后，深恐敌军西追，我军无力阻挡，反而引盗入室。为使敌军难窥虚实，不敢贸然近逼长安，故决计率残兵 2000 人，退守商州、雒南，略加整顿，仍可侧袭西犯敌军。如西安援军至，亦可两路夹击。大计已定，一面向商、雒撤退，一面函告张凤翙，略谓：

前接由龙驹寨来函称："弟前派赴鄂购枪者已回，运到快枪八千支，请速委人接收。"当即委屈荃往接。现此处兵力，决难战守，又念省城兵力仅足坚守省城，本难接济，弟拟收集残兵，暂退商州。陈仲渠有兵千人驻石家坡，杨凤鸣有兵数百驻卢氏，皆可调用。一面派人调回柴云陞、赵长荣等。闻柴、赵各召集千余人，若能接到湖北快枪，分发新旧官兵，计可得十五营兵力。弟在此与省为犄角，敌军决不敢长驱直进。即令西来，弟当可率军侧袭并断其后方。设有不幸，尚可为省城之救兵。敌不西进，弟由商、雒，省由大路，夹攻进击，潼关立可克复。弟以商州、兴安为根据地，南连川、鄂，东招豫、陕，残败之局，可望补救。弟在商、雒牵制敌兵，不使西进，万不敢懈也。

初四日，即率队由华州经石头峪入南山。并派侦探 8 人，住华阴侦查敌军情况。据报称：敌军自初二日入潼关城，并未西进。我初五日至保安镇。此时随张钫来者，各标营营长有郭锦镛、周福星、张建魁、丁同升、王天纵、张治公、憨玉琨、鲁金钵、魏进先等人，总部幕僚有杨勉斋、党佑卿、王广庆、刘铭源、曹季南、王仁山、梁敬斋、李笃臣、任镜海、楚赏斋、蒋我山、石又謇、许仲衡等人。张季芳、刘镇华因赴河北请援，未回。王天纵因在硖石与张钫打赌后，觉得自己判断错误，连日来见面时颇有难为情表现，张钫再三解释说："前日打赌，为军中戏言，请不必介意。"而王仍猜疑多端，并拟离军他去。到保安镇时，我军尚有 2 万两军饷，据报王天纵拟劫夺军饷，钫又与王说："我们相处甚好，你需要什么，请当面说明。千万不要做出对不起朋友的事情。"王说："我与大都督相处甚好，大都督待我甚厚，我决无二心，请不要听信谣言。"但虽如此表示，而王已不安心在东征军了。此时，官兵集结，饷糈无着，即派杨铭源先赴商州筹饷。

初六日，我军到达雒南，即闻河南大侠周凤阁率400余人已到石家坡。傍晚又接信云大侠王修己、赵长荣率2000余人至朱阳关等处。官兵闻之，甚为兴奋。但大军会集，饷糈困难。

初七日，又派李笃臣赴商州协助杨铭源筹饷，并规划各标营驻地。同时派张钊赴省请领饷弹。此时新旧各部队士兵逐渐集合，极需整顿训练。即派夏丹侠、孙海樵、梁敬斋、王仁山等担任编制训练。

初八日，闻陈殿卿、李长兰、吴世昌率援军由西安开抵华州，张凤翙亲自督师。

初九日，即派蔡伯勋赴华州会商作战计划，并就近请领饷弹。

十二日，由商州解来饷银2000两。先是我军出潼关东征时，省垣首派标统刘刚才为后援部队，而刘出省即盘据商州。时以东西两路日夜告急，总务府无暇分顾，致刘得以逍遥事外，独用重兵，淫掠烧杀，无所不为。凤凰嘴、蒲谷河、龙驹寨、黄家村等处皆被蹂躏，居民不堪其苦。而商州劣绅复依恶势，把持一切。杨铭源等赴商筹饷，为刘所忌，几起冲突，然赖我大军驻雒南，刘自知不敌，始允筹饷。杨铭源共筹饷7000余两，以裕军食。是日派员赴鄂请援，并照会湖北军政府：

敝军东征，占领渑池，以期克日会师。旋接贵军府续订停战期限之电，按兵不动，牒知敌军。冀彼如约，暂行停战，以待后命。

不意清廷诈为议和，以缓南军进攻，而调陆军二镇一部、六镇一协和增派毅军巡防营共约两万余人，专力犯我。敝军人少不敌，节节退守，潼关又复失陷。残败之余，枪械不敷，势难复战。现敝军暂住雒南县，与西安为犄角，牵制敌军，使不敢长驱直入，特派敝军外交部部员王子辅、王华南、军官梅占魁，前往告急请援。

十三日，派丁同升赴洛宁一带召募新兵。是日王天纵亦离军赴鄂。王负大侠之名，及见我军二次东征失败，志气顿挫，败退华州时，即拟离去，至雒南，又再三申请，钫以其战败气馁，去志颇坚，遂允所请。实则王之起家，得其盟兄关老九多方运用联络之力甚大。关老九与柴云升、憨玉琨关系尤为亲密。后关老九为王天纵所忌，并遭其暗杀。柴、憨两人恨王天纵为人毒辣，不讲义气，其内部遂发生尖锐矛盾。当王未来东征军前，其部众曾在嵩、卢、永、宜一带活动，并曾打到鸣皋，威胁洛阳，但因内部矛盾日益尖锐，部下散去者日多，迫不得已，始经刘镇华说明利害，才率部西上，与东征军会合。当时王与柴、憨仇恨颇深，经张钫和刘镇华、杨勉斋等居间调和，两部始能在东征军中勉强合作。败退雒南后，王部损失甚大，实力仅有 200 余人，又怕柴、憨两人乘机报复，遂决心离军赴南阳，转豫鄂边区。临行时，张钫并送银 5000 两。此时，王与张治公亦有裂痕。当王赴南阳时，张则东行回豫西招兵，到三月间，张召集 3000 余人又回到潼关，张钫又保荐张为标统。

十四日，派许仲衡赴虢略镇筹办粮台，杨凤鸣部亦开往虢略镇。并令驻黄村之六标标统陈仲瞿率队进取卢氏。

十五日，令一标二营赴石家坡驻扎，相机越岭北进。并派张铮、杨勉斋、楚赏斋、冯玉玺等赴石家坡、巡检司、黑张各地筹办粮台。此时闻省垣派来军队约10营，已集结华阴。在雒南初次拟定计划：以精锐部队沿洛川东下，直袭敌军后路。派周福星、陈建升、鲁金钵各部进驻龙驹寨、荆紫关以联络鄂军，袭取南阳。派陈仲瞿部取卢氏，杨凤鸣部占虢略镇。命丁同升、张治公在洛宁、嵩县一带召收部队后，即东进袭取洛阳。派一标二营并王寿田部越岭北进，虚设旗帜，以张声势而迷惑敌人。张钫率三、五两标为接应军。连日来吴世昌、郭希仁等屡次来函催我军即越岭北进，侧袭敌军。

十七日，张凤翙函催愈急，于是决定改变计划，以恢复潼关为重点，即命杨勉斋赴朱阳、虢略镇督师攻灵宝；命党佑卿赴巡检司、黑张督师出泰峪；三、五两标即日进驻黑张。

十九日，三标出嵩草峪，五标一营并一标二营出泰峪。当日刘镇华、张季芳、田维勤等由省来，解饷银2万两。

二十日，得党佑卿由泰峪报告敌情，并说明泰峪为出师要道，攻守咸宜，嗣后山南一切部队和运输，均可出自泰峪。

张凤翙到华州后，确知敌军有2万余人，不可轻视。因为主张停战议和，诸将中多以城下之盟为耻，持有不同意见。张凤翙于二十一日在华阴召集会议，陈树藩愿决死战，张凤翙斥为河边小卒，不关紧要。吴世昌亦言战，张凤翙问其敢否具军令状？不胜将如何？众始无言，遂决定议和。

二十五日，张钫赴华阴与张凤翙面商收复潼关办法，留张季芳、刘镇华、党佑卿等在泰峪指挥部队。到华阴知张凤翙已决定议和，并已与敌军来往通信数次。张钫当时因鉴于过去多次与敌军和谈，均受其诈，对和谈能否达成，仍有怀疑，但为形势所迫，亦表赞成。

九　东征军与清军和谈达成协议，东征军战事结束

当时，闻上海议和达成协议，想敌军占领潼关后，照袁世凯密令，可以正式和谈，且已通信数次，表示愿派代表在全店议和。张钫与张凤翙谋商和谈进行办法，并于二十六日派彭世安、吴善卿、金和暄、张生午、白星桥为代表，准备随时到全店与敌军代表会谈。在代表未出发前，因鉴于过去刘粹轩被杀之教训，各代表对安全问题颇有顾虑，因此，函赵倜、周符麟，略谓："日来由陈树藩转来手书，嘱派代表，不日当可派往，但前在张茅时，我军代表刘粹轩及护兵7人，中途遇害，至今一人未归，革命健儿，思之痛心，不忍再派，请彼此函商，如有最要机宜非以口舌解决不可者，望尊处派代表前来，我等决不相仇。"

经过二十七、二十八两日互相通信商议和两方代表在全店接谈，已初步议决停战条件数条，唯对刘粹轩之被害和以潼关为中立地点两问题，相持不下。当时我军在泰峪待命之将士，多表示不能忍耐，咸欲致死力与敌决战。东舍和斜马两地探哨，亦时与敌军发生冲突。张钫即派袁佐卿往泰峪传达不能轻启战端和必须耐心等待和谈之苦衷，并函刘镇华、张季芳、任镜海、党佑卿、王修己、楚赏斋等人，略谓："和议条件已决，惟粹轩事，外交部长已电清政府，白星桥复亲往交涉，张大柄随北方来此，连夜而返，又去交涉，弟日内到关会议，亦当全力争之。刻下彼即退潼关，此案仍未解决，决非会毕即事全毕也。陕东大局，三、二日可定。对各标营士兵要时加劝慰，切勿轻开战端。"

二十九日，敌我两方代表在全店会议，达成和议条件如下：

1. 现既联络，两方均应休养兵力，不得任意发枪。

2. 两方均赞成共和政体，自系一家，不得向前线运动兵力。

3. 两方往来军使，均应以规定红白旗子为记，不得任便往来，以免误会。

4. 两方前线士兵，见持军使旗子者，均须保护。

5. 如有持军使旗子以行暗袭者，即为南北之公敌。

6. 两方认可联络后，均不得派遣侦探，越界搜索，以免误会。

7. 无论将来解决如何，现时两方均宜守约，不得搦战。

8. 两方驻地之米粮柴草等，准商民互相通商，不可拦阻。

9. 两方军队驻扎地点，均应指明，以防匪类混扎。如有土匪聚众扰害情事，距何方驻扎相近，即由该军就近剿办。

10. 以上草约经两方认可后，即时彼此分电南北军，如有背约者，即为南北军之公敌。

以上10条，系由清军提议，经东征军修正赞成。东征军提出的5条是：

1. 此次两方所派代表，均有全权责任。议决之件，两方须即时履行。

2. 共和政体，北军（指清军）既全体赞成，临时总统一切命令，两方均应服从。

3. 贵军应退出敝军原有阵地，此款须南北之公电解决。

4. 敝军使刘粹轩及随从7人，须由贵军询查踪迹，如实系东军残害，东军应认照战时公法办理。

5. 克日由袁内阁电饬升允速即撤兵，否则西方战事，不得认为背约。

以上 5 条，由东征军提议，东军（清军）修正赞成。

1912 年正月初一日，张钫代表东征军，与清军代表赵倜、周符麟会议于潼关，并正式签订上述和约。清军是日大半退出潼关，初二日清军全部退出。我驻泰峪等地的部队即日开驻潼关。初三日调驻雒南之郭锦镛、张建魁、王寿田各部队和幕僚刘玉山、王仁山、梁敬斋等来潼关。又调驻商州龙驹寨之周福星、陈建升，鲁金钵、屈耀文各部队和幕僚杨铭源、李笃臣等，驻卢氏之陈伸瞿部和驻虢略镇之杨凤鸣部（杨死后由程鹏仁率领）均来潼关。初四、五两日，在潼关点验各部队并加以布置。时升允率甘军围攻咸阳，西安危急，张钫率一、三、五各标部队西援，留郭锦镛、张季芳、刘镇华、田维勤等在潼关主持一切。至此，秦陇豫复汉军东征战事即告结束。

1962 年 3 月 11 日

（选自河南省政协文史资料委员会编《河南文史资料》第 6 辑，河南人民出版社 1981 年 9 月第 1 版）

秦陇复汉军军政府临时财政措施

康寄遥　朱叙五　席肇儒*

陕西在辛亥革命中是继武昌起义之后首先揭起义旗的省份。从九月初一举义，未及三日，就将清政府在陕的封建机构完全摧毁，建立了革命政权，当时陕西的东西邻省——河南、甘肃尚为清军所踞，犹思抗拒义师，为清政府效忠。清政府虽已风雨飘摇，犹拟作困兽之斗，妄想依靠清军镇压革命。

清政府于九月中旬命赵倜先率毅军数营从河南进攻潼关。旋又起用升允为陕西巡抚，督率甘军数十营，于十月一日从甘肃长驱犯陕。

---

* 康寄遥：时任陕西军政府财政司次长，后任陕西军政府财政司次长。
新中国成立后，任西安市政协委员。
朱叙五：时任陕西新军第一营左队队官（连长），后任国民革命军第二集团军参谋处处长。
新中国成立后，任陕西省人民政府参事室参事，陕西省政协常委。
席肇儒：曾任陕西陆军教育团书记，南京国民政府西安市警察局局长。
新中国成立后，任西安市文史研究馆馆员。

此时，省城秩序正待整饬，而东西两路战云密布，警报频传，潼关得而复失者再，西路如邠、长、乾、醴、凤、岐等县，战况更趋激烈，风声鹤唳，人心惶惑，特别在醴泉失守、咸阳告急的时候，省城大受威胁，城内各机关几欲撤退南山，再图后举。在这千钧一发的危急关头，如果措置失宜，则陕西革命，即有功败垂成之虞。幸赖将士用命，万众一心，咸阳北原一战，敌军惨败，这才挽回了颓势，捍卫了省城。由此人心振奋，乘胜追击，直到潼关议和，升允潜退，陕西战局始告结束。

在这历时半载的战争期间，最使人引以为忧者，即财政经济问题。当时财源枯竭，达于极点，当局适应需要，结合本省各种具体情况，采取了若干应变的临时措施，这才勉强地渡过了这一难关。

这里特就当时的财经状况和所采取一些临时措施分述于次。

一　开仓平粜

起义的头几天，所有票号、钱庄都关门停止营业。旧日的钱帖（纸币），既无处兑现，又不能购物，人心惶恐，市面骚然。军政府为了维持币政，取信人民，自九月初四日起，在本市粉巷设立了粮食平粜处，将接收的粮食十几万石开仓平粜，准以钱帖公平交易，并规定每市斗大米售帖钱一串 200 文，小米、小麦、豌豆等均售帖钱 500 文，把旧日钱帖尽量收回。与此同时，还另立富秦钱局，印发新的富秦小票百余万串，俾便找零，并通行市面，借以调剂。这才使人心稍趋安定。

二 整理金融

起义时，大清银行及秦丰字号（钱庄）均有损失，因而至九月中旬各金融机构仍不敢开市营业，以致交易停滞，周转不灵，市面异常冷落，直接影响到人民的日常生活。军政府遂与商务总会协商，决定把大清银行改为秦丰银行，所有大清银票一概停止行使，另发秦丰银票，以资周转。因当时印刷困难，乃将所存大清银票加盖“秦丰”印章，陆续发出200万两，借以流通市面，便利人民。唯以大局未定，市民对使用钞票多抱怀疑观望态度，因而收效不大。此时还发行了军用钞票（不兑换券）100万两，军民亦不乐用，发行不到50万两即行停止。

到九月下旬，各票号、钱庄才相继开市营业，但由于东路战事紧张，人心疑惧，所有商店、住户旧日在各票号、钱庄所存款项，纷纷提取，银根吃紧，几至无法维持。军政府乃于九月三十日拟订办法5条，晓谕各金融机构及商民人等一律遵照办理：

1. 各钱铺旧日欠各票庄银两，均另立约据，以月利8厘计算，至年底分还，其随时愿还者听之。

2. 行户旧欠各钱铺银两，以月利1分计算，亦限至年底分还，其随时愿还者听之。

3. 各堂名旧日寄存各钱铺之款，均按月利6厘计算，按月取利，俟年底再随时动本。

4. 各堂名寄存各票庄之款，按月利5厘计算，照钱铺寄存办理。

5. 湘鄂各省汇兑各票庄期票，湘鄂已乱，均多未交，所有此款汇票悉行停止，无论何项人等均不得持票向各票庄索取。

5项办法颁布后，提款风潮遂被遏止。

当时市面流通的纸币，还有秦丰字钱票（公家发的），同心字钱票（商会发的），为数尚有100余万串。自从开市营业后，由于商场重现钱而轻纸币，纸币与现钱交易，差价太远，以故秦丰字号发生挤兑纠纷，虽经出示保证兑换，并派兵弹压，还是不能平息。尤其是每日所付之款，多为军人兑去，商民人等执票不能取钱。军政府遂于十月初旬拟定秦丰字号暂行兑换时间：

1.每日上午8至11时，为军人及各公所兑换时间。

2.每日下午1至5时，为人民兑换时间。过时或未到时，无论何人不得侵越。

兑换时间公布后，还特别通饬各部队官兵严格遵守，这样，才使挤兑现象逐渐好转。但纸币与现钱差价问题仍未合理解决，军政府又于十二月三日召开会议决定：无论还债、归款、买卖，均以现钱与纸币各半通行。至银钱价值，由钱市按日规定，呈报民政、财政、实业务部及商会备查，以归划一；所有零散，可用现钱搭找。还债者不得尽用纸币搪塞，讨债者亦不得尽索现钱。而地丁、厘税，亦准以纸币照市价作银完纳。公家用银用钱，亦照市价开支，以维币政。

三　设立粮台

民军占据省城后，当即接收旧藩库银 70 多万两（据当时军政府财政次长郗朝俊的回忆及郭希仁《从戎纪略》所载，均如此数；有谓存银系 350 万两，疑误——编者），这笔存款，在当时编制队伍、设立机关、用人行政等方面，确实起了相当的作用。但去旧布新，百端并举，大约不到两个月，就将这项存款拨用一空，而内外各县相继响应革命，纷纷起义，以致全省粮赋及厘税等项，完全陷于停顿，因而发生了财政恐慌，这就影响了一切事业的顺利进行。加以东西两路战事日趋紧张，军用浩繁，急待筹措，虽说当时起义人士志在革命，不计薪饷，然而士卒不可一日断炊，因此，统筹军食，便成为当时的首要任务。

在革命开始时期，起义各军皆漫无限制地滥编队伍，给军食供应上造成了很大的困难。如原来陆军只有一协，即步兵两标、马炮各一营、工兵辎重各一队，共约 5000 人。起义后，这一协人马被哥老会（官兵中哥老会占有相当势力）重要头目分割瓦解，各自任意扩编，扩编单位最大为标，每标各辖 3 个营，兵额为 1500 人，据当时粗略计算，竟发展到 30 个标以上。另外又成立了 19 个独立营，还有炸弹队、铡刀队以及由豫西招抚来归的绿林豪侠王天纵、丁同声等数千之众。这样，就由原来的陆军 5000 人发展到约七八万人，每日军食就大成问题。为了解决这个问题，军政府遂采取了一种临时办法，以救燃眉之急。即凡属驻军地方，均设立粮台，驻军日用伙食及马干，概由当地粮台核实供应。好在陕西为产麦地区，当时各县公仓及富商大户囤粮颇多，各地粮台即征用这些存粮，蒸成馒头或烙锅盔，运送前方，支援战争。对各庄户，并无烦扰。除军食马干外，官兵暂不起饷，每人只日给伙食补助费制钱100文，作为购买油、盐、柴、菜之用，每月剩余则分给士兵零花。由此军食得以无缺。

四　撙节开支

军食问题虽已解决，但对省城各军政机关的庞大开支，如办公经费、职工薪俸等，还未作出适当措置。当时新设的高级机关，如秦陇复汉军大统领所属的总务府（即军政府），内有参政、参议两处及秘书厅、铨叙局等等。另有军政、民政、财政、外交、教育、实业、司法、交通8部。更有兵马粮饷、军令各大都督的办公机关。此外，还有许多中小型机关单位。每月所需办公费用及职工的必要开支，为数颇巨，新款无着，库存已空，枵腹从公，岂能持久。

在这种情况下，军政府遂不得不根据实际情况，采取一些临时措置，当时除饬大力撙节办公费用外，并规定各军政机关公务人员，不分级别，每月每人一律发给生活费银5两，暂持现状；一面广辟财源，以为久远之谋。因此，就把省城各当铺中旧存的银器首饰收集镕化，以补助财政之不足。结果为数不过2万，杯水车薪，无济于事。于是又将各处当铺"皇本"（清政府曾把一部分公款存放当铺生息，谓之"皇本"）没收，以应急需。但当时只能没收省城和关中各县当铺的"皇本"，而南北二山各县尚无法提取（全省当铺"皇本"约100余万两），所提到的共约60万两，为数虽不算多，但亦不无小补。

五 劝捐助饷

虽然想尽了一切办法，而财政方面仍是捉襟见肘。大约在十一月下旬，有人建议向各县富商大户劝捐助饷，以资维持，预计值此国家多事之秋，输粟助边，毁家纾难，或者不乏其人。当局同意了这个建议，随即派遣张益谦（靖清）为筹办全陕财政大使，往泾阳、三原分别向安吴堡吴怀先家和东里堡刘三省堂进行劝捐。吴家在扬州有大盐号多处，刘家在四川有当铺三四十号，都是百万以上的富户，但家存现银不多，结果两家的捐款合起来还不到 10 万两。其余渭南板桥常家，泾阳社树姚家、王桥柏家，认捐也不多。张光奎（聚庭）被派为东路筹饷大使，到东路各县劝捐，成绩亦不甚好，反因劝捐招致不少怨声。当局深恐人心背离，影响大局，乃即引咎自责，停止劝捐，并将已往各项捐助，一律作为借款，发给执照，以凭信守。

六 发行公债

劝捐既招物议，则不能不变更计划，另想办法。于是又饬财政部筹发军需公债（亦称治安公债）200 万两，改捐为借，称贷于民。每两按年利 6 厘生息，3 年本息还清，并准以此票完纳赋税，用昭信实。第一期印发了 20 万张，每张银 5 两，仍派员分赴关中各县进行推销。结果，除省城商号认销较多外，外县则因地面不宁，未能达到预期目的，因此，第二期公债就无法继续发行了。

七　整顿厘税

为了扩充财源，以应艰巨，于十二月间，又派康炳勋（寄遥）督办西路财政，整理厘税。当时西路各县战事频仍，商贾寥落，厘税极其平淡，仅有土药（即鸦片）税每月可收银数万两。为求厘税合理，不苛不滥，财政部对土药厘金作了具体规定：每土药百斤抽厘金100两，随收经费银15两，均于发庄时一次抽收清楚，所经局卡，只查验货票是否相符，不再加征分文。经过整理后，每月只此一项，可收银三四万两。

八　提前征收粮赋

民元春季，东路战事已签订和约，但西路战争仍未结束。大军云集，饷用浩繁。财政部不得已又拟订提前征收粮赋办法数条，大致如下：本年征收粮赋，上忙限定正月十五日一律开征，如能于正月内完纳者，除正耗外，每两减征加耗二钱（加耗系随粮加征的一种积弊，县署中胥吏丁役等费用悉出于此），二月内完纳者，减征加耗一钱，三月内完纳者，仍照旧日加耗数目不减分厘。如迟至四月完纳者，每两除旧日加耗之外，再加征一钱，以为迟延之戒。统限四月底扫数清完。如限内完清，地方官格外奖励，逾限不完者，严加惩处。里长、甲头办理异常踊跃者，随时赏给花红，违者从重比究，以示劝戒。同时，各属完纳钱粮，凡秦丰钞票、军用钞票，一律按照现银收纳。

九　开彩筹款

财政部提前征收粮赋，犹恐缓不济急，于是又计划开彩筹款。原拟每月发行彩票 1 万张，每张银 2 两，曾公布彩票目的是：流通商界，广筹公益，协济军用，官办商销，购买听民自便，绝不稍事抑勒，其办法性质，悉照商规，力除官样，以存信实，压力不施……但在当时市面凋敝的情况下，欲求商民拿出现钱购买彩票，自不会达到那样的理想，所以只勉强举办了一次便停办了。

总之，在起义后的半年中，是本省财政最感困难的时期，剜肉补疮，煞费苦心。当时采取的一些紧急措施，虽然未尽收到预期效果，但总算支持了东西两路战争，稳定了局势。直到民元下半年，军队逐一缩编，全省行政已趋统一，财政逐渐上了轨道，这才把军队饷糈、行政费用等，分别制订出各种比较可行的正规办法来。

（选自全国政协文史资料研究委员会编《辛亥革命回忆录》第 5 集，中国文史出版社 2012 年 6 月第 2 版）

辛亥革命前的廾勿幕

赵其襄　高又明*

一　在东京筹组同盟会陕西分会

（一）陕分会未成立前的情况

吾陕以交通阻碍，财力支绌，故往日本求学者甚少。此刻私费生寥寥，官费生之分子又分两派：一为三原宏道高等学堂学生；一为省城高等学堂及师范学堂学生，其数相若，隐划畛域。且革命运动又不能公开，初识他省学生有革命色彩者，与之日相接近，借资联络。其时吾陕人来自外省（四川）之学生，年老者有康宝忠等，

---

* 赵其襄：曾任《夏声》杂志总编辑。
高又明：时任秦陇复汉军政府掌械官，后任陕西省靖国军右翼总司令部军要处处长，南京国民政府陕西省政府参议。

幼者有蒲城井勿幕。康依章太炎先生而标榜国学，井则纯以热诚之青年，唯本省各校学生多以其年轻，不肯与之深谈，更何可倡言革命。由此井与余相交日亲密，每见必谈革命事。此时吾省分会尚未成立，井参加他省（四川）开会，余则参加景定成、景耀月、狄楼海等所组织之山西分会，或有时个人同志者，相约集会。

（二）陕分会筹组经过

1. 与井勿幕在日比谷公园深夜密谈

本省既无同盟会之组织，不能广为联络，即不能望其发展，颇以此为苦。余与勿幕商分途，一方多接洽外省同志，一方遍访本省各官私费生联络感情，借探口气，因此吾省表同情者日有增加，乃始商同井君为分会组织之准备。余与井既决定组织陕西分会，其应进行方法，有事前商酌之必要。各人所住旅馆，既不便多谈，乃相约于某月某日某时到东京日比谷公园某地相晤一谈（此段余曾于民元北京同乡会欢迎井君席上讲过，并见诸各报）。如期两人均到，时月色如昼，寂无人声，二人即坐于为游人安置休息之长形背椅上，详为讨论，结果甚洽，分散时已露水沾鞋矣。

2. 积极作各项准备并假明明社召开成立会

是夜所商组织分会进行之步骤，第一为广联本省学生等。苦无开成立会地点。隔多日，见联络之人数已可，并由余本总会所发组织分会章则大意，起草一陕西分会组织简章，并商借景梅九（即定成）、江苏何子奇、河北杜羲所租住之赁家明明社（在东京某乡）作为开成立会之地点。事前分途通知联络成熟之本省各同志，于某月日（清光绪三十二年秋）到明明社，是日来会者（借得明明社楼上一大室）十余人，除余与井勿幕外，可记忆之名字如次：宋元恺（相臣，耀县）、曹澍（雨亭，泾阳）、白秋陔（长安）、席丰（子厚，长安）、席梧轩（长安）、寇鸿恩（锡三，长安）、张阜生（名崇基，榆林）、张炽章（季鸾，榆林）、杨铭源（西堂，鄠县）、陈之硕（君衍、三原）、徐应庚（朗西，三原）、张庆豫（立卿，三原）、李鲁吾（蒲城）、张丙昌（午中，富平）、茹欲进（仲郢，三原）、张宗海（景秋，三原）。

以上系当日开陕分会成立会所到人名之记忆，此后推展渐广，所陆续到东之私官费生及临时考察来东之士绅官员，曾经分途介绍入会者，略可记忆如次：南兆丰（雪亭，兴平）、邹炎（子良，三原）、马师表（榆林）、谢增华（文卿，长安）、马凌甫（步云，郃阳）、高耆卿（米脂）、张蔚森（荫亭，渭南）、景志传（岩贞，富平）、张羽初（长安）、李天佐（襄初，蒲城）、由焕章（富平）、于伯行（孝先，三原）、田种玉（蕴如，三原）等，以上均学生；高又尼（米脂）、徐志鸿（翥灵，富平）、郭希仁，以上均来东考察之士绅。

是日依次序开会，先讨论分会章程，通过后，乃选会长，当选出白秋陔为会长，下选各干事等。闭会后各人分散归去。

3. 井勿幕对所选分会负责人有意见

勿幕对余言，本拟约多少人举余为会长，胡以余之事前暗示会人乃举白，颇不以为然。盖白为振武毕业生，余以伊将长假归省，期其在内地传播，而勿幕素不器重其人故耳。余解释其意而罢。余出见居停景、何、杜诸同志，同分会之成立，均为之道贺同欢而别去。

（三）陕分会成立以后在国内外之活动

1. 组织团体和宣传机关

分会既成立，乃于学校课余，不时接洽，按期事前预定馆所聚会。其进行之步骤：

（1）组织舆论机关；

（2）联络内地高等师范各学生；

（3）倡办新兴之各种会所，如省教育会、商会后先发诸言论。

于是余始发布单行文学，倡导者有：劝陕人急宜自治书；省款修筑西潼书；筹办陕西第一牧场说明书及简章。嗣后即约同人及未入会而志同者，创办杂志。初办杂志名《秦陇》，连甘肃学生在内（因甘肃学生甚少）举郗立臣为经理，余为总编辑，仅出第一册，有人以经营印刷非宜，致生意见而散，实则各意见不同之人私怀别见也。后联络志同者另行组织，于是成立《夏声》杂志，举杨铭源为经理，余仍被推为总编辑。其社员由吾省同盟分会分子全体加入。其他虽未加入盟会，隐表同情，暂以学校关系，不能遽为入会者。其撰述各员约记如下：李元鼎（子彝，蒲城）、茹欲立（卓亭，三原）、李述膺（龙门，耀县）、曹澍（雨亭、泾阳）、张炽章（季鸾，榆林）、张秉钧（治平，三原）、姚鑫振（伯麟，三原）、陈之硕（君衍，三原）、徐应庚（朗西，三原）、张翊初（长安）、张祥麟、孔门、李寿熙（伯虞，咸阳）、景志传（岩贞，富平）、张仲明（名靖，咸阳）、李鲁吾（蒲城）。其他或述或译随时随意投稿。

2.《夏声》杂志之发行及与各方之联络接触

《夏声》杂志社址，即租赁一货家，在东京小石川区竹早町。在社内常住者，楼之上下四五人。余同杨铭源、李子彝各占一屋而居，其同盟之小集合，亦常常在余屋行之。每月出一册，其主义虽标为发扬旧文化，灌输新知识，其内容实鼓吹革命之缓和剂也。早先学界出有《浙江潮》，旋辍刊。此时各省所出类此月刊杂志者，先有《云南》，继而《四川》《晋乘》《河南》与吾省之《夏声》等，并时发刊。

而吾省一部分学生，谭焕章、崔云松、郗立臣等由《秦陇》解散后，迟之未久，于《夏声》外，另发刊一《关陇》，虽分道扬镳，对于舆论鼓吹上颇收相得益彰之效。当其时日本有同盟总会所发刊之《民报》，但内地禁售阅，不能公然寄回，故均以本省之名目立言，较为和缓者行之。而同志设法将《民报》改装，封面书心理学教科书，以寄西安公益书局，由书局秘密售出。公益书局开设在省城南院门，交通适中，创办人为焦子静君，后亦加入同盟会，颇具热心。因分销《夏声》杂志及秘售《民报》，故省城学生往者络绎，久之又变为省城之通信机关，亦即为学员士绅之聚合地。

《夏声》杂志社成立，关系革命运动之发展颇大，由此日相竞进，即由同志分途联络个人，并提倡在省内多设机关。往东京除本省公开之同乡会、杂志社、秘组之盟会分社外，更分途联络，乘机加入本省外之各机关。其分子先以分会同志，次则劝诱未公然加入盟会而表同情者。因而留学生总会、豫晋秦陇协会，以及同盟总会纷纷加入者不少。

3. 利用各种机会积极进行各项活动

照上计划分次分途进行。两年后，力量渐厚，伏线愈广，初皆以《夏声》杂志为总枢，以沟通本省内地学绅，如教育会、商会、各机关与其分子，及本省东京学界，与士绅来东考察者，兼推广西北各省所组之上述豫晋秦陇协会同人，全国留学生总会同人，同盟总会各同志。次乃与省内外同志商决派人归国，实行运动工作。遂借题发挥。略志如下：

（1）因晋豫矿路问题，开豫晋秦陇4省协会，推举景定成、王印川等数人，代表留日4省学生到北京请愿。4省官绅界同乡向政府力争主权。时余任协会会长，王用宾、王印川等分任干事，故事易举行。该协会章程规定，每年一改选，得连选连任。会长下设4科，以干事分掌。而会长以该4省乡会长为候补人，由4省全体会员开大会照候补人公开决选。彼时王用宾为山西乡会长，王印川为豫省乡会长，故皆照章任干事。到北京后，虽乡耆各官绅赞成其意而尽力，目的未易达到。王印川不久回东京，景定成遂留北京，而有《国风日报》之组织，于鼓吹革命，在首都及北数省，收效非浅。

（2）本省在东京同志，官、私费生因有志归省实行运动者；或请假与随意归省一行，旋即来东京者；亦有辍学在内地工作者。如南兆丰、张炽章等归省在省教育界工作，张任高等学堂日文翻译，南后任省视学，与省内绅商学界联络，依次成立省商会、西潼铁路筹集股款处。

（3）来东京考察之绅士高又尼回省后，则照东京学界发起之陕西第一牧场，任场主任。而在耀县、北潼关与米、延相近之处，购买山地有水草者，实行牧羊，借以广招贫民，普行社会民间传播；邹炎归省即佐高办理此场，以高为米脂人有声望，邹能劳苦，且能兼办党会。数年工作，于陕西革命运动上，以树奇效。

（4）省谘议局副议长郭希仁来东京入同盟会后，[1]归省又组陕全省同盟分会于内地，任会长。于是绅学商界在省日益扩充，进步甚猛。而健本学堂之设（胡景翼即健本学生）皆在此时，士绅如吴宝山、李仲特等热心毅力，令人敬佩。

（5）前述盟会首任分会会长白秋陔，后不久归国，续选杨铭源任之，杨旋以病并有意回省工作，乃改选余兼任。大抵东京各会长，

---

① 郭希仁自著《从戎纪略》中说："己酉（1909年宣统元年）入谘议局后，始由陈会亭、景梅九介绍入同盟会。"据此，郭希仁入同盟会不在东京。赵其襄回忆录所记，疑有误。

均一年一改选或连任，或中途有事辞职改选。杨回省后，任省城农业中学教员。井勿幕本一实行家，当此时亦决然回省，其回省后之党会（时张凤翙在东京士官毕业；陈树藩、党仲昭、张宝麟等在保定毕业，均在新军任职；张回国时，从他处加入盟会，热心革命，常加联络，在小雁塔秘密集会）联络，奔走各县等，数年来劳苦功高。余亦于光绪三十三年及宣统二年两次回省，但经一二月之留即复往东京。

以上乃略述吾陕同志对于革命运动发轫东京之工作，奈人数居东留学者不多，而本省内地，声应气求，范围广而进展速，卒以鄙处西北一隅之地，辛亥义旗一举，遂即响应，盖有以也。

二　由日本回陕后的革命活动

井勿幕先生从日本返国（大约民前七年，即光绪乙巳三十一年也，是年同盟会始成立），携带孙中山先生救国之主义到陕。救国主义唯何？即同盟会宣言是也。曰：“驱除鞑虏，恢复中华，建立民国，平均地权”，并要求世界列强赞成中国革命事业等……

井君到陕后，宣传方法由亲友而至于多数关心国事之人。首先赞同者，西安则有郭希仁、李桐轩等；渭北则有谢墉、李某等（谢系三原宏道学堂教员，广东人也；李系同州师范教员，湖北省人也）。此后，井勿幕遍历渭北各县及西安等地。历时不足一年时间，获有各学堂学生共七八人，并社会各阶层同情同志者仅 30 余人。因此时清官吏时时注意，即此 30 余同志，当联络时颇费周折。

井君在陕时间未满一年，遍观情势，一刻无大的发展，有意仍赴外省，同人知之者，均不赞同井君远去，盖根基未固，且保皇党在陕势力日渐澎湃也。井君从众意，缓言其行。未几时召开一全体会议（此属第一次会议，在三原北极宫某宅，时“民前六年春”）。开会之意义，在研究：1. 招收会员；2. 推进方法。会议间有主张激进多收会员者，亦有主张宜缜密推进深虑万一者。在会议中决定……缜密缓进，且介绍同志另订一方法，不致新会员一奥踏进堂步，为慎重也。“通过照行。”

唯时井君之意，在扩大范围，并联络有实力之三合会及刀客等，因此时一般同志，多系读书人，深恶彼会党中人之行为，不屑与为伍。众情反对之下，井君未再多言，乃分嘱各同志，如以力之所能做到处，极尽宣传暨筹款等事宜。

井君亲身赴北山宜君、中部（按现已改为黄陵县——编者）等县观察，每至一地，均有同志几人随行之。乃择定耀县境内创畜区，马拦山、黄龙山各地为采矿区，由邹子良、王守身等诸人专其责，并与一般工农人联络。迨翌年春季（民前五年），井君赴四川，转东南各省与黄克强、朱贵全诸人连络，于年底仍回到陕西。

此时也，会务进行颇有进展，西安根据地则有公益书局，公正（按应为公正和——编者）纸店，健本学堂等；渭北一带则有柏氏花园及三原、耀州等 11 县，均有相当地点，负责有人矣。

根基虽有，但每事仍感到迟钝，且会员多属文人，虽有慷慨之实行同志究属少数。时由余介绍吴虚白与井君一说极契。由吴又介洪宝臣、唐和尚，盖吴虽进入空门，本人无心问世，一见井君，倾心钦佩，伊所知者尽露之。由井君介之郭希仁等，往还甚密（吴三合会中人，僧人慕亲会领袖也）。一日在西安与井、郭诸人会谈，适余亦在座。井君云：“欲作一事。人材无，钱难，欲罢之，又不肯，责任如此，奈何！”吴云：“君欲得执戈实践卫国，救国多数之人士，则那只有通而变，古人立教，此之谓欤。设教神化，使民以信，通变使民不倦，精神专一，动静合用矣……否则既无群众，又乏粮饷，纯以文士，终属空淡，无能济事。”

经此一番讨论后，又以井君亲见黄克强之作风，乃决然与会党取得联络。由少数同志向同盟会各同人解说利害，终由大会通过“决议”，联络新军、刀客、慕亲会等。经数月之久而成功。乃共拟一新名义曰：“通统山、同盟堂、梁山水、桃源香，此乃仿一般会规，所谓山水香堂者是。”以此，联义气，取一致动作也。

虽然情形如上所述，但各方外表、形式，仍各不同，主义则一致反清也。以此原因，所以辛亥岁九月一日陕西举义之旗帜有复汉军与洪汉军两个名称，复汉属吾党之主力，洪汉则属会党分子所组成。乃由井君、郭君及钱君定三等多方晓谕以革命意旨而赖以推动者。

当民元前四年，经井君与各会党综合统一后，乃大联合，秘密在大雁塔寺开一次会议，多数人主张暂不宜主张“平均地权”。因恐引起一般人误会，决议乃改为主张“土地国有”。并公推郭希仁、张翊初起草拟祭黄帝陵文启，并议以黄帝为纪年。一方面与各同志订明于九月初间均齐集中部县附近各地，以准备于时恭祭。

此时在北山以开矿、畜牧等事业，已筑成相当机构，往来住居无碍矣。到重阳日，各地到者 20 余同志，内中有四川 7 人，广东籍 1 人，山西省、甘肃省各有人在也。陕西省籍 16 人。祭文具名，以与祭者年龄长幼为列名次序。

当吾人在大雁塔开会决议于九月初间各以乔装，必设法到达北山。迨开会时，有 10 余同人扮作商人，入北山收买野牲皮子者，亦有伪作冬令入山打野兽者，盖此为每年常有之事，在清室官吏视为平常，而一般山内土人乐于外来商人有钱可赚也。

时焦子静由集台衙门请公文一角，带碑帖拓字匠数人，先期至黄陵，住陵地拓碑文，伪言上宪需此碑文送人也（拓字匠亦系同志人代充者；又焦原日入同盟会，名焦镇）。

柏小余及余乃托巡警道张某（按即张藻——编者）写介绍信，云去北山各地考察炭矿牧畜者。郭希仁、井勿幕一行5人，由官方友人与中部、耀、淳各县县长信介绍，云系去延长考察石油，路经各地观光，请其招待。吴虚白等自由游方亦到彼。今日回想亦颇有趣，若将其经过详写之，可成为一部有趣味说部。其中值得叙述者，事前慎密安置，负责任布置一切者，有“总官司”二人，“内巡司”一人，“外巡司”二人，以防走风，以防意外等。

还有意料不到者，在恭祭之时，竟有多人情难自持，高啸大哭，如丧考妣，与祭之人，无一不落泪者。过此日，且各人之面容，均似有一件事的样子。吴希真年最少而天真，竟两天之内饮食亦不欲进。勿幕见此景象，深感到文字动人，不若仪式之有形有色，深刻有效，所以回到西安后，遂与同人研商仿慕亲会之方式，加以改良，为推进任务之基本形式，所以在柏氏花园详订各种办法，此时乃其起因也。

焦子静则创一追远会，又有勤公社，各以力之所及，而连络同志以进行之。虽名称不同，主旨则纯粹一致。缘此时清吏侦察甚严，分称者防其一时被对方破漏，不致全盘毕露耳。

（选自全国政协文史资料研究委员会编《辛亥革命回忆录》第8集，中国文史出版社2012年6月第2版）

我所知道的钱定三

杨子廉*

在陕西辛亥革命前后，因为我加入了同盟会，并参加了一些酝酿起义的活动和斗争，当时对钱定三的政治品质、革命干劲等就逐步得到很好的印象。西安起义后，钱奋勇率部东进，在渭南县遇难，我又亲眼看到他死后的惨痛景象，使我对钱的印象更加深刻。钱在陕西辛亥革命运动中做了不少工作，的确是一位了不起的人物。现就我所知道的有关他的事迹，拉杂记述如后。

---

* 杨子廉：曾任陕西省靖国军总部参议兼第五路参谋长，民盟西北总支部委员兼秘书长。新中国成立后，任西北行政委员会委员兼政治法律委员会副主任，第二至四届全国政协委员，民盟中央委员，陕西省政协副主席，陕西省人大代表。

一　钱定三的生平和抱负

钱定三名鼎，陕西省白河县人，生于光绪十年（1884年），死于1911年农历九月十二日。幼时在私塾读书，聪颖好学。稍长，喜阅读史传，慕岳飞、文天祥、史可法诸人的忠烈事迹，逐渐培育了民族意识。看到清季鸦片战争和八国联军以及一系列辱国丧权的条约，就义愤填膺，下定决心献身革命，要为民族求独立和自由。在陕西陆军小学结业后，投考保定陆军速成学校。毕业后参观过津、沽和青岛等地的国防设施，并遨游沪、杭等地，深深体会到我们祖国的宏伟可爱，但也感到列强侵略的危急。这就进一步激发了他的爱国和民族主义思想。他感时赋诗，其中有“顾瞻禹迹陆沉象，剑作龙吟眦欲裂”之句，可见他的抱负的一斑。

回陕后，历任新军一标一营排长、队官、执事官，积极地在同盟会和哥老会的成员中秘密进行反清活动。曾担任陆军学会会长（张钫任副会长），负军界和帮会联络之责。在新军中纠合张云山、吴世昌、刘世杰等，随时向士兵宣传反清灭洋。在社会方面，广泛联系各方进步人士，如井勿幕、郭希仁、胡景翼等，均过从甚密。又联络陕南的帮会和关中侠义之士，以扩大社会基层的力量。并通过同乡关系和陕南有关人士经常取得联系，广交各方反清志士，互通声气，共同推动革命运动。这对准备西安起义曾起了不少作用。在起义前夕和起义时期，他会同各首领组织策划，也显出了卓越的领导才能。他为人平和易近，平时寡言笑；但当议论时事策略，却能说理透辟，使大家折服。同他熟识的人，都认为他和井勿幕有不少相似之处。可惜年才27岁不幸为革命捐躯。他的弟弟钱甲，辛亥年五月因在武昌准备反清起义，事泄遇难。这真可称得难兄难弟，值得后人崇敬。

二　西安起义时的钱定三

在同盟会陕西支部诸同志的互相影响下，钱在联络团结同盟会、哥老会以及社会各阶层爱国反清的力量方面，曾进行过不懈和有力的活动。西安起义前夕，因钱平日结交广，深受各方推崇，不少同志拥戴他做起义首领。可是他外察时势，内审人情，谦逊不肯担任，劝大家以革命事业为重，说张凤翙有胆有识，建议由张领头。他还在讲堂和操场上给士兵讲话中，极力推崇张凤翙，一再叮咛大家听张的指挥。西安起义的计划决定以后，农历八月三十日，张率领新军二标一营官兵正在临潼打野操。每晚张回省城，钱急和张仲仁前往访张，把起义计划告诉他。张任新军参谋兼管带（营长），平日与同盟会联系较少，革命形势还不很明白，经钱详尽分析，晓以大义，动以情谊，张才答应发难。依当时的历史条件和人们的政治觉悟来说，钱对张不但做了复杂的说服工作，而且也冒着不小的危险。

九月初一日，西安发难，钱亲率新军一营，驻守鼓楼，主攻满城西线。初四日，起义领导人员在军装局集会，研商名位问题，除张凤翙被推任大统领外，关于副大统领人选问题，因起义人士中派别复杂，明争暗斗，议论纷纭。张建有、刘刚才、吴世昌提议由钱定三担任副大统领，而钱却为顾全大局，团结各方，推让万炳南，结果两人均被推任副大统领。钱本在保定陆军学校上学时加入同盟会，以后也参加了哥老会。同盟会人士中有说钱年纪还轻，恐不孚众望；实则钱的社会关系很广泛，新军和会党人士都一致推崇他。钱在派别矛盾中，始终识大体，顾全局，时时为革命事业着想。据郭希仁《从戎纪略》中所记，有“钱本非争名者”之语。因此我认为，钱不但对辛亥起义有功，而且在处理重大问题时也够得上有智。

为了培养一批骨干人才，建立一支可靠的武装力量，钱在西安起义后短暂时期和自己百忙中，倡议创设学生队，前后共招集学生300多人，由钱任总队长。以后，钱率部离西安东进，还是不断关怀队务。钱在渭南殉难两个多月后，因军政府内部人事矛盾，鲁莽地把学生队予以解散，以致钱的理想未能实现。这也是陕西辛亥革命中一种损失。

三　钱定三渭南殉难经过

西安“光复”虽已一周之久，但张凤翙大统领以下各重要首领整天多纠缠在当前的繁复的事务圈子里，而对于东西两路如何迅速部署以防清军的反击，并未予以足够的注意。钱定三时任副大统领，看到这种情势，因向张凤翙建议说：“潼关是陕东门户，亟应派员领兵布置，以防清廷派军来袭。这是当前最关重要的事；如果派出无人，我愿前往。”张接受钱的建议，派他担负这项任务。

东进防御清军，自须带领足恃的兵力。但钱在起义时所统领的一标二营的官兵，已渐次被哥老会方面的实力派吸收过去，只剩下自己随身的几个勤务兵。经钱几次催促，军政府才把复汉军第一标拨归他指挥，并限令即日东开。一标统带名刘刚才，原是一标二营正目（班长），商州人，和钱是南山同乡，平时彼此也较接近，这次归钱指挥，就人事关系来说，原是适宜的。但刘这时已受形势急骤变化的激荡而野心勃勃。刘一心想回商州去“称王”，因对钱说：“副大统领可带一、二两营从东大路进发，我当带第三营靠秦岭取南路，到潼关会齐。”第一、二两营管带由张建有、李长胜分任，张营曾提取陆军中学的枪支，装备较好，但这两人并不能完全听从刘的指挥，所以刘就顺水推舟，交钱去带领。钱当时不解此中底蕴，就依靠这一支武力积极准备出发。为了沿途扩军，还向军政府要了几百个空白徽章备用。又由郭希仁介绍东大路沿途各县一些进步士绅，以便得到地方的向导和支援，如临潼刘蔼如、曹印侯，渭南白霞轩、刘铭初，华州刘海珊、杨松轩等。钱又从陆军中学学生中选调了28人，并将前收陆军中学枪支几十支和领到的弹药、辎重等装车随行，定九月初七日下午出发。行前，钱曾到军政府辞别。临去，只有郭希仁送出大门。据郭在他的《从戎纪略》中记道：“定三初七日午后起程，余送出大门，含泪而别。”以一个副大统领启节东征，竟是这样的情景，可见钱之忠于革命以及当时处境的困难了。

初七日下午，一、二两营队伍竟迟迟未发。钱急于东进，不得已，先启行至东关，暂驻骡马店内，等候队伍开拔。可是一直等到第二天早晨，队伍仍然没有开动的迹象。钱迫于无奈，遂和随行人员押上辎重车先去临潼，预计在那里等候队伍到齐，再继续东进。初八日下午，钱等到达临潼。这时曹印侯已“光复”县城，县官培成（绎如，旗籍）逃往省城教堂邵牧师处。全县各乡镇正举办民团。印侯为人有胆有识，热心革命事业，与钱一见，谈得非常契合。钱劝印侯广募临、渭健儿，加以训练，共为革命尽力。印侯认为募兵不难，最急需的还是饷糈。那时正当夏征季节，渭南县大富庶，必有现款，遂建议钱以副大统领名义，派陆军中学学生张世瑗前往渭南提款。张率民团团丁数人到达渭南后，经过交涉，才得进城。当时渭南尚未反正，县官杨调元闻听西安“光复”后，即令本县武进士韩映坤赶办民团，企图抗拒革命。韩本一武断乡曲的大恶霸，借机企图通过巩固清朝封建统治以扩张自己的非法权益，就延揽渭北著名“刀客”严纪鹏（白翎子）和他的随从，以民团名义，守卫县城。张世瑗入城见了杨调元，杨表示服从军政府，并答应交出地丁银 9000 两，当日先交出 3000 两。张世瑗就着随来团丁将 3000 两银子分装麻袋送回临潼。但张却没有深入了解渭南政情的实况，尤其对杨、韩等的政治阴谋毫无警惕，轻信杨调元的表面辞令，竟向钱定三报告渭南当局归顺，请速前进。实际上，渭南当局对张提款，心中不平，一方面勉付 3000 银两，佯表归顺，而另一方面却秘密派人往临潼探听究竟，再定对策。据密探回报，钱只带着二三十名学生和一些辎重，并无重兵。韩映坤得这情报，就鼓动严纪鹏与钱对抗，并献计先逮捕张世瑗，等钱到渭，一网打尽，劫夺全部军火、银两和物资。严纪鹏听信韩言，于管押张世瑗之后，又布置埋伏，准备变乱。杨调元得讯，深怕事态闹大，与己不利，曾劝韩、严勿动，可是杨的意见未被接受，这就使他忧惧重重，无法排解，竟投井自尽。韩映坤为达到个人的肮脏企图，就趁势火上泼油，借口“洋学生”逼死县官，极力煽动严纪鹏和县城各方人士，加剧对省上派员的敌视。这时，钱定三在临潼仅根据张世瑗的报告，以为渭南既能交出银两，证明确已归顺，而对韩映坤的阴谋和公开的敌对行动，毫无所知。为了适时处理渭南“归顺”后的局面并早日部署潼关方面的防务，钱等候刘刚才部未到，即于十一日清晨东行，下午到达渭南西关。韩、严二人佯装恭顺，出城迎接，果然见钱并没有带来大队人马，只有二三十名人员跟随和十几部满载军实的车辆，因此就下定了劫夺的毒计。钱到县署，才知县官已死，即着人买棺殓埋。

十二日，正拟约请城乡士绅妥谋地方善后，忽听外面人声嘈杂，秩序紊乱。这时“民团”团丁和被韩等煽动起来不明真相的群众，已把张世瑗破腹挖心，把看守车辆的学生也砍杀了。成群的人冲入县署，以土枪向内轰击，钱部学生伏地抗击，韩指挥“民团”缘屋侧攻，上下夹击，刀矛并用，喊杀之声，震动屋瓦，终以寡不敌众，学生相继死亡。钱见事已无能为力，立即和他的族弟钱国宝从县衙后翻墙逃出，从北城墙跳下。国宝体格强健，越过小河逃脱。钱却因精疲力竭，卧地不能行动，竟被乱众杀害。

十三日，钱国宝逃回省城，向军政府报告了渭南事变经过。学生中有贾俊修幸免于难，也逃回西安。据报纸当时披露和我在渭南征询所能记得起的，除先期出发的张世瑗外，还有刘镇岳、佘隆勋、佘国祯、白霞轩、张向寅、杨元祯、马绪路、陈清和、刘振家、刘成章、牛锡爵、杨述宜等28人与钱定三同日遇难。钱等于1911年农历九月十二日殉难，我在十三日途经渭南县城，看到街道上一片凄凉景象，群众极少，县署寂无一人。只见大堂口横陈着几十具血淋淋的尸体；其中还有重伤未死的人，仍然不断发出微弱的呻吟声。据闻韩飞、严方面的尸体已被搬走，所留下的学生尸体，有的全身布满鳞伤，有的头脸模糊，有的缺手短脚，有的肚破肠出。那种惨痛景象，实我生平所仅见。钱定三和学生同志们忠心耿耿为革命，竟然遭此毒手，我向他们表示无限敬悼。经过这次事变，更激起我对清朝反动统治，对黑暗的封建势力无比的愤怒。他们丧权辱国，压迫剥削人民，对革命人士又是这样残酷，不推翻封建制度，是不能赶走列强，求得中华民族独立和自由的。迄今时隔50年，每一念及，犹觉痛恨难消。这也是我写这篇回忆的动机。

钱的尸体以后运回省城，曾在八仙庵举行公祭。严纪鹏事变后也认识了个人的严重罪行，亲自来省求处。军政府鉴于当时革命形势和严已知罪，除严加申诫外，准其戴罪随王荣镇到潼关御敌，立功自赎。大恶霸韩映坤，以后由张钫到渭南就地枪毙。

渭南事变是清朝反动官吏勾结地方封建势力，对革命力量的最后顽抗。这一事变说明，我国2000多年来的封建统治，面对革命，总要千方百计地挣扎，绝不会甘心退出政治舞台的。同时，由于反动派的欺骗宣传，像严纪鹏那样一个出自民间的“刀客”，也受其迷惑挑唆，竟一时陷入圈套，走上了反革命、反人民的途径。所幸经过形势启发，他终于认识自己的严重罪行，又投入了革命的营垒。在当时历史的条件下，人们的政治觉悟，只有通过实践步步提高，因此对严的行动，也是可以理解的。

另外，钱定三却受革命熏陶较久，能够认清革命形势，处处顾全大局，因而虽然实力不足，仍愿自告奋勇东进抗敌，由此可以看出钱的高贵的政治品质，也可以看出军政府当局中落后势力与进步人士间的矛盾。落后势力对钱东进，事事敷衍，不肯真诚地大力支持，而钱又由于政治经验不足，仅凭一片爱国赤忱，表现出个人英挺有为，但却不知发动群众，依靠群众，对敌高度警惕，以致轻身陷敌，遭受惨重的牺牲，这是深觉惋惜而应引为严重教训的事。虽然如此，钱定三对陕西辛亥革命总是作出了重大的贡献，他的功绩是不可磨灭的，值得后人钦佩和纪念。再从这次革命的总形势看，它是以资产阶级为主导的，是近代中国具有伟大历史意义的旧民主主义革命，它为中国人民革命事业开辟了前进的道路。但是由于中国资产阶级本身的软弱，并没有完成资产阶级民主革命的任务，没有消灭封建主义的根基，更没有担当起反对帝国主义的重任；即是说，它虽然推翻了我国2000多年来的封建专制制度，却并没有贯彻它的“驱除鞑虏，恢复中华，建立民国，平均地权”这一全部政治纲领。因此，反对帝国主义势力，谋求中华民族真正的独立和彻底铲除封建主义的根基，完成民主主义革命的历史任务，就非由工人阶级通过它的政党——中国共产党担承不可了。

1961年

（选自陕西省政协文史资料研究委员会编《陕西辛亥革命回忆录》，陕西人民出版社1982年7月第1版）

辛亥凤翔县起义简况

王丕卿*

武昌起义后，西安新军一标三营管带张凤翙、司号长张云山等，即在西安五味什字义聚楼密召各县同盟会员，磋商响应事宜，凤翔应召前往参加秘密会议的，是清秀才杨荟桢（字茂斋，凤翔城内人）。

义聚楼会议，约定于九月初一日，全陕各地同时起义，到了九月一日西安如约起义，但各县响应不能一致。凤翔在七日晚间，由杨荟桢、刘铦（字介甫、清秀才）联合本县太白巷人黄发、縻杆桥人杨凤德、三岔堡人陈德胜、小里村人赵大柱等，号召群众1000余人攻城，城内县差役张三保、王有荣、李振海、鲁福林等应之，内

* 王丕卿：时为陕西省优等师范学校毕业生，凤翔起义组织者之一，后任北洋政府陕西省议会议员，南京国民政府泾阳县、澄阳县县长。
新中国成立后，任凤翔县副县长、政协副主席。本文原题为《辛亥凤翔起义简况》。

外合攻。第二日（初八日）黎明时开城，清参将王志英率所部反抗，因兵败城失，在北城上自戕身死。知县彭毓嵩（字篯孙，四川宜宾人）在县署西边之桑园旁为群众所杀。群众因愤恨官吏，愤恨洋人，愤恨外教，于是焚毁府县公署，杀教民，焚教堂，并焚毁公立的中学、高小两学堂，打破玻璃窗，搜烧洋板书，并声言要杀洋教习（当时群众把学堂叫洋学堂，把教师叫洋教习）。

凤翔起义后，杨荟桢等无法领导，因联合县署快班所属的县城隍庙管账的马秉乾（外号马老六），以帮会组织的关系，设立同志会。马秉乾原系甘肃省河州（今临夏）回族，在县署当差多年，因他是红帮秦凤山山主，在帮会中有若干力量，故被推为同志会的领导人。唯因当时的革命群众，既不知革命的重要意义，又无组织和纪律观念，因而随时抢劫民财，仍是混乱不堪的状态。

西安起义时，高等学堂和优级师范学堂等均一律停课，组织参军工作。九月三日，民军攻克满城，省垣大定。秦陇复汉军都督府以各县秩序纷乱，分派在省各校的青年学生回县倡办民团，组织地方革命力量，为民军攻击清军的作战，打好支援基础。当时省优级师范毕业生凤翔人王肇基（字丕卿，清秀才，王家河人）和汧阳人高丹桂（字季馥，汧阳城内人，亦清秀才）与西府各县同学10余人，奉复汉军张凤翙大统领之命，回县倡办民团。

王、高二人回县后，看见地方秩序凌乱，人心惶恐，即与城南马家庄人李逢春（字振初，清廪生，系王的启蒙先生）和他的同学八旗屯人刘治洲（字定五，清秀才，上海理化专修科毕业，在凤翔八邑中学堂任博物教员，也是李振初的学生）相商，由王丕卿、高季馥二人以奉张都督之命招安及办民团名义，单骑入城，往见同志会首领马老六，马正对地方秩序束手无策，认王、高二人为省上钦差，倾心接待。王、高二人首先说明西安民军起义的详细情况，及张大统领的出身资格，和兴汉灭旗的民族革命的重要意义，并晓以大义，使其迅速向省投诚，及早安定地方秩序，为西安民军作有力的后方支柱。当即出示秦陇复汉军军政府的文告。其文曰：

各省皆变，排除满人，上见天意，下见人心。
宗旨正大：第一保民，第二保商，三保外人。
回汉诸教，一视同仁，特此晓谕，其各放心。

马接受招安后，随即命其秘书田润以同志会名义出示安民，其文曰：

省城来文，保教安民，告我同胞，万勿心惊。

第二日，根据文告执行法令，即派队将虢镇北菜子沟抢人拉骡子的匪徒某逮捕到城，斩首示众，全境肃然。但帮会分子复杂，易结合而少纪律，好叫嚣而乏智谋，仍无法领导群众造成革命力量，作为地方人民的保障。

当是时，清政府起用袁世凯为内阁总理大臣，打击民军；调毅军和甘军夹攻陕西的企图亦时有传闻。李振初见情势危险，谓刘定五、王丕卿曰："武昌首义后，华北响应者只有西安和太原两处。太原力微，逼近京师，恐不足恃。陕省为西北屏障，凤翔又为关西重镇，若清军夹攻，不但腹背受敌，且有后顾之忧。我们若要维护西安革命力量，必须重视凤、乾两路的防守。乾州当西北大路之要冲，西安民军政府自有相当的防御安排，我凤力微势散，非有重兵驻守，并发动民团，合力保卫，实不足以定秩序而谋久远。”因密使刘定五星夜赴省，向军政府请求派兵；同时与王丕卿、周德润（字奋刚，凤翔西关人，陕西高等学堂毕业生）等磋商，制定计划及发展民团诸要务。

刘定五到省后，见张凤翙密陈大计，张即派副统领万炳南（湖北人，入帮会）率新编民军 2500 人来凤驻守；并委赵乃普署理凤翔府事，胡树人（四川人）署理凤翔县事，军政分工负责，地方人心始安。

万炳南到凤后，即有甘肃清军分道攻陕的耗传。李振初、刘定五、王丕卿等与副统领司令部的参谋长陈同（字素子，浙江缙云人，先为陕西陆军小学教官）及府县知事赵、胡等相与谋议，拟定办理城防及组织民团计划。当是时，前被拘押的府知事德祜，被张三保杀死。张并杀死德祜 7 岁及 5 岁的两个孩子，霸占了德祜的小妾。万副统领以张三保性情凶残，违反军纪；而同志会的马老六也因张三保特别跋扈，屡犯会规，破坏会群关系，以致效尤者多，无法领导。因即以副统领司令部的命令，捕拿张三保及助张为虐的王有荣、李振海、鲁福林等分在四城门枭首示众，以肃军纪。

当时地方起义民兵的编制分五大营：中营，以马秉乾（即马老六）为营长；东营，以黄发为营长；西营，以杨开甲为营长；南营，以龚发荣为营长；北营，以杨凤德为营长。各营多不过 300 人，均受中营领导，并受副统领万炳南的节制。

民团总局和城防总局，同时并设城内，以李振初、刘定五为民团总局正副局总兼城防总局正副局总。王丕卿、周德润、谷逢时（字生辰，河北屯人，中学生）等辅之。回乡又委派 4 个分团长：东乡，王振纬（清秀才，北小里村人）；西乡，王纪芳（清秀才，西指挥人）；南乡，谢芝（清秀才，虢王村人）；北乡，郭卫城（清秀才，西关村人），分区组织，训练民团，平时保卫地方秩序，战时协助官军作战，均受民团总局的节制。在城防总局之下，设小分局：东分局局长冯丕绩（清秀才，城内人），西分局局长胡坤元（清秀才，城内人），北分局局长郑书香（清举人，城内人），南分局局长吕庆江（城内人），均受城防总局的节制。在城防总局节制之下，又于四城门设4个总稽查，以魏懋功（城内人）、曹俊（清武秀才，曹家庄人）、徐杰（清秀才，城内人）、惠运鲲（清秀才，西古城人）4人任之，分别负责督查四城的防务。以上皆自九月七日至十月下旬事也。

十一月初，清陕甘总督长庚与前陕甘总督升允，在清政府和袁世凯嗾使之下，同谋大举攻陕。十一月三日，甘肃清军分途东下，分北南两路，北路升允领之，以马安良、马归仁等为前锋，越长邠而攻乾州，民军兵马大都督张云山御之。南路由固原提督张行志（蒲城人）和回军统领崔正午（甘省宫门镇回籍）领之，又分两路夹攻凤翔。张行志带壮凯军由甘省灵台南下，进驻凤翔城东北之水沟太相寺，前锋直至北沙凹堡。崔正午带骁锐军，越陇汧而进驻凤翔城西20里之柳林镇，前锋直至亭子头。两路在城西北两方面互相连结，成掎角之势，直逼凤城。共有马步16营，全数不下12000余人。

万炳南副统领以凤翔兵力单弱，情势危急，电请西安民军政府增派临潼人曹寅侯新编之敢死军1200余人来援。敢死军无枪支，均系以铡刀夹钉长柄上阵，横冲直闯，向敌人奋勇砍杀，人又称为锄刀队。然在凤所有的民军及地方民团力量，总计不足10营人，为数不过8000之众，实有的旧式毛瑟枪和曼利戛枪，也只有300多支，其余尽是长矛马刀之类，和敌人力量对比，不但众寡悬殊，而且武器太差，唯因当时群众革命意志坚强，军民团结，驻军和地方民团上下一心，步调一致，凡一切军糈供应，粮草支给，探敌情，设埋伏，抬担架，打接应，均得到了广大群众的支持，武器虽差，牺牲虽大，而军民战斗意志不稍衰。以故自十一月上旬至翌年正月下旬，为时3月，在城外西北方面，和敌军大小20余次战斗，敌军攻城10余次，卒不能得逞。而尤以民国元年正月十五日黎明时，乘敌不备，大破崔正午军于柳林镇，使其尽弃辎重，仓皇失措，周章狼狈，逃窜于汧阳陇州，予敌军以沉重的打击，粉碎了他们攻占凤城反抗革命的企图。因此，在西安民军起义后，凤翔的革命战争，不仅保住危城，而且振作了北大路张云山军坚守乾州的士气，解除了西安民军政府的西顾之忧，对陕西辛亥革命的最后胜利，实有重大的关系。不久，清政府由隆裕太后宣布宣统帝退位，南北议和，陕甘停战，各守原防，战役告终。

甘军退后，清兰州布政使赵维熙得到了袁世凯的支持，反对秦州起义军黄钺。万炳南副统领为了支援秦州的民军，委派参谋长陈同为援甘经略使。陈经略率五营之众，进驻汧陇，将取道固关，直至陇南，因枪械子弹尚不敷用，万副统领和陈经略使亲赴西安请军政府拨给枪弹，不料万副统领在西安城内西南隅的机械局，为西安军政府所枪杀[①]，援甘之议遂停。

（选自全国政协文史资料研究委员会编《辛亥革命回忆录》第5集，中国文史出版社2012年6月第2版）

① 万炳南以援甘请领子弹，到省时，适逢袁世凯当权，密令张凤翙为都督，收束军事。据闻召开会议时给万炳南一旅的编制，万不愿接受，愿回原籍湖北为民，旅长名义由参谋长陈同接任。是时虽南北议和，兰州清军仍攻秦州，起义军黄钺求援于万炳南。万部下领子弹于机械局，不发给，万炳南亲身去察看，不料被城上张凤翙暗枪打死（因机械局在城根下）。

江西“光复”和“光复”后的政局

彭程万 *

1911 年的辛亥革命，推翻了几千年的封建帝制，是有它伟大历史意义的。我当时参加了江西“光复”之役，并一度掌握全省兵柄。今就个人经历，撮要记述于下。

清朝末年，曾有分期编练新军 36 镇的规划。江西先编练一个混成协，辖步兵五十三、五十四两标，骑兵、炮兵各一营和工兵、辎重兵各一连，分驻南昌、九江、萍乡等地。吴介璋任新军混成协协统，马毓宝任五十三标标统，齐宝善任五十四标标统。李烈钧、欧阳武、胡谦、方先亮等江西武备学堂出身的军官，先后任各营管带。吴介璋曾任江西武备学堂总教习，江西新军各级军官多系吴的学生，官兵中

---

* 彭程万：曾任江西省军政府都督，南京国民政府江西省政府委员兼农工厅厅长。新中国成立后，任江西省政协委员，江西省人大代表，江西省人民政府参事室参事。

有不少富有革命思想的优秀青年。因此，武昌起义后，江西新军先后在九江、南昌、萍乡等地起义，“光复”了江西。其次，夏之麒领导的江西陆军小学、俞应麓领导的测绘学堂（当时我也在该校执教）和我领导的测量司学员，共有四五百人，都受过军事操练。江西兵备处给他们发了枪支子弹，他们也经过实弹射击。这些武装力量，同新军结合在一起，便成了革命的主导力量。当然，其他各学校师生、知识分子和商民等也有许多人是同情革命的。尤其是《江西民报》，对于武汉“光复”情形宣传得很好，把江西各界人民都激动起来了。

武昌“光复”后，李烈钧潜回九江，策动驻九江的五十三标，联合炮兵营官兵，首先宣布独立，“光复”了九江，推标统马毓宝为九江都督，李烈钧任都督府参谋长。李烈钧亲自指挥金鸡坡炮台封锁长江，截留由长江上溯的许多军舰，更震动了全国，壮大了革命军的声威。这在江西来说，是九江军政府立下的头一次大功。

九江“光复”后，全省人心震动，南昌混成协新军，酝酿响应，陆军小学学生、测绘学堂学生和测量司学员也跃跃欲动。清朝江西巡抚冯汝骙、兵备处总办张季煜以及藩、臬台等大员，日夜筹商应变之策，企图镇压和扼杀革命。他们采取了这样一些措施：

（一）特令臬台张检督师赴九江，“剿办”独立的官兵；

（二）调上饶防营统领刘懋政迅率所部兼程限期赶到南昌，监视城外新军和城内学生等；

（三）软禁混成协协统吴介璋于巡抚衙内；

（四）由张季煜调陆军小学学生出城野操，趁机亲率职员卫队赴陆小收缴子弹；

（五）对新军和学生等进行“安抚”，企图收揽人心。

清朝官府的这些反动措施，更加激起人民群众的革命情绪，加速了起义日期。

10 月 30 日夜晚，新军爬城墙入城。陆军小学学生、测绘学堂学生和测量司学员一致武装响应，驱逐守城士兵，打开城门。起义部队拥进城内，占领了巡抚衙门和藩署、臬署等政府机关。巡抚以下大官，都已事先闻风逃跑。城内五十五标新军宪兵和武装警察队，仅在营房内戒备，都未反抗。江西省会南昌就这样兵不血刃地“光复”了。南昌市民未遭兵燹，这是很大幸事。

南昌“光复”后，我和新军各部队负责官长及起义各校负责人，在陆军小学会议，商量善后，并通电省内外报告江西“光复”情况。在会议时接到报告，五十五标标统离开了部队，下落不明，当即推定五十五标教练官冯嗣鸿为五十五标标统。为维持省会治安起见，派陆小学生和测绘学堂学生、测量司学员在洗马池大街一带巡查。当时市面安定，市民欢乐。第二天开会推选江西省都督，到会军民一致推选吴介璋担任。接着，萍乡“光复”，推选五十四标二营管带胡谦为都督。鄱阳“光复”后，推防营黄金台为都督。瑞、临一带“光复”后，推蔡锐霆为都督。吉安抚州防营统领当时未表明态度，但旋亦顺从。上饶刘懋政在南昌“光复”的当日晚间，率队赶到南昌。我和俞应麓同往联系，刘率队向革命军投诚。江西“光复”问题，就此告一段落。

“光复”后的江西政局，很不稳定，在短短的时间内，就四易都督。

吴介璋在江西军界中资望很高，所部实力也很雄厚，唯因“光复”前曾被软禁，与张季煜意见很深。冯嗣鸿任标统后，与张很接近，与吴则疏远。有一次，冯邀我一同带了十几个人同去张季煜家，请张出来到军政府任事，张一再婉辞。冯同去的10余人见张不允，乃群起怒吼，说要抓他出去，张母从后院跑出来哭阻。最后，张不得已，才同我们去军政府。及到军政府，冯和他的10余人已离开了，只有我同着张季煜去见吴介璋。吴看了张一眼，并未起身，只顾自看公文，不加理睬。张坐了一会，即不辞而去。当初我以为冯嗣鸿邀张出来任事是同吴说好了的，同时我对愿意参加革命的人，都表示欢迎，因此才应冯之邀同去请张，没料到结果却是如此。从这以后，吴张之间的关系更加恶化了。冯之拥张出来，其用意是利用张制吴，分割吴的权力，计划不成，于是反吴更积极了。冯此种企图，张是理解的；但冯以后积极反吴，张是否同意或是否在背后策动，我均不知道。

反吴势力日趋扩大，初时只有五十五标反吴，以后，刘懋政的防营部队、洪江会和邹恩灏都参加在里面。其时，武昌革命军正在汉口的北面与冯国璋部北洋军激战，张季煜在那时是不敢担任江西省都督的，但张反吴是积极的。邹恩灏任江西混成协骑兵营排长，武汉“光复”消息传到南昌后，他即离职去武昌参加革命，不久又回到南昌，参加冯嗣鸿等反吴活动，并坚持拥我继任江西省都督。冯等因张季煜不敢担任江西都督，乃属意于我。邹、冯等意见一致后，更加紧行动。有一天，军政府有几个要人集合在一起谈话，都说冯嗣鸿在大捣乱。我说：“把冯的部队派去援助武昌作战不好吗？”吴说：“你真老实，他还肯去武昌吗？”这次谈话，没有谈出什么道理来。之后，我病了，在家休息。一天，忽然来了十几个人，请我到军政府去开会。我一到会场，看到有很多军官在场，而政界和社会方面的人士却不多。宣布开会后，邹恩灏报告，略谓：“吴都督已离职，不知去向，本会急须决定继任人选。我在武昌时曾谒见黄克强先生，谈到江西“光复”后都督人选问题。我提出彭程万为适当人选，黄克强先生同意，并发给了印信，交我带回江西。”到会各人，均无异议。我乃起而发言，略谓：“吴都督既已离职，不知去向，地方秩序不可无人负责，大家如同意我，我便出来维持几天秩序。我一面打听吴都督在什么地方，请他出来复职。至于黄克强先生发给的印信，我暂时不能接受。本会可以去电黄克强先生，说明今天开会情形。”会议到此结束。

我就任后，关于请吴复职一事因格于形势，未能办到，同时我也知道了反吴拥我经过的许多复杂情形。我因此不直邹之所为，未加任用。邹后来到九江，为马毓宝所杀。论罪邹有应得，但反吴拥我，却不是邹一人所能为，中间还夹杂着许多复杂原因。此次易督，我未能事先察觉，弭患未然，及至事变突来，我身当其冲，虽幸未酿成兵乱，然亦甚为危险。我任事后，汉口的战事紧张，黎元洪每天来电报催江西迅速出兵增援。我商之冯嗣鸿，把五十五标补充成旅，开赴汉口增援。冯不愿去，并说：“五十五标如去援鄂，你的地位就不稳固。”我说：“武昌如果失守，江西就会跟着失败；现在是援助武昌要紧，你不要顾虑我个人的地位。”结果，终于把五十五标派出去援鄂了。冯到武昌后，颇受黎元洪欢迎。接着，张勋反攻南京，徐固卿新军一师败退，南京军政府迭电江西速派援兵。我又把刘懋政防营补充后，派去增援南京。

其时，江西有 4 个军政分府，4 个分都督，都是“光复”地方有功的，尤其是马毓宝的功劳最大。江西因有这样多的军政府，全省的政权便不统一了。为此，我建议取消 4 个军政分府，请马毓宝为江西全省都督。我首先通电省内外辞职，同时电请赣州、鄱阳两分都督也自动辞职。至此，江西算是统一了。萍乡分都督胡谦接我去电后，即复电，略云："你如果因兵力不足而辞职，我即刻把五十四标官兵兼程赶来南昌支援你，望你千万不要辞职。"我又去电婉为解释，重申前意，当被接受。

马毓宝继任江西都督后，据说因为身体多病，政务废弛，而许多对"光复"有功之人，骄纵豪奢，马也不加约束，以致民怨沸腾。九江、南昌各界人民推出代表，赴南京政府向孙大总统请愿，要求撤换马毓宝。孙大总统初以马"光复"九江有功，不愿更换，后来鉴于控告文电如雪片飞来，民愤太大，乃免了马的职务，任命李烈钧为江西都督。

李烈钧，江西省武宁县人，是九江"光复"的策动者，曾任九江军政分府参谋长，以支援安徽"光复"，带兵出省，安庆军民推李为安徽省都督。安徽奠定后，他带领一部海陆军转入武汉，任 5 省联军总司令，率部抗击清军。

1912 年夏，李烈钧奉孙大总统任命后，取得黎元洪的同意，率领海陆军一部回江西，接任了江西都督。经过一年多的整理，社会秩序渐趋安定。他还采取开源节流的方法，设立银行，开办公典，稳定了江西的财政金融。李对孙中山先生拥护极力，深为袁世凯所忌。汪瑞闿原是李烈钧在武备学堂时的老师，李在日本士官学校毕业回国，也是汪为他介绍工作的；可是，当袁世凯利用汪到江西攫取政权，任汪为江西民政长时，李能不顾情谊，坚决予以拒绝。袁以对李威胁利诱均无所施其伎，乃于 1913 年 6 月 9 日下令撤李都督职，不久，又撤了安徽柏文蔚的都督职。袁世凯派人刺杀宋教仁后，孙中山先生在上海召集各省都督开会，我同李烈钧一道参加。当时会上一致通过开展反袁斗争，但当孙中山先生征询谁来领导首先发难时，全场鸦雀无声，结果还是已经丢掉了都督职位的李烈钧出来表示担任这一工作，会议才完满结束。散会出来时，与会各省都督跟在李烈钧后面，口里连说：“只有协和先生，只有协和先生！”这件事给了我很深的印象。

李烈钧于7月7日回到湖口，即就江西讨袁军总司令，并兼正面军司令，发出讨袁通电，领导了历史上有名的湖口起义。当时江西和湖南、广东、安徽、福建虽然结成为5省联盟，但在前线作战的只有江西一省的军队。湖南的谭延闿最先通电退出反袁，后来袁世凯称帝，公布以谭任内务部大臣，谭曾未就，但已露出了尾巴。可是，李烈钧湖口失败后，谭却设法用装煤炭的日本货船暗中把他送出，并给李旅费5万元。这就是素以圆滑著称的谭延闿的两面派的手法。至于广东、安徽，均未起到作用；福建则被袁收买后，大杀革命党人，不仅可耻，实在可恨。

（选自全国政协文史资料研究委员会编《辛亥革命回忆录》第4集，中国文史出版社2012年6月第2版）

江西“光复”和二次革命的亲身经历

欧阳武*

一　江西“光复”前后

1911年秋，前清政府军咨府陆军部在永平举办秋操，电召各省派军官赴京看操，我是江西派去看操军官之一。秋操尚未开始，武昌已于农历八月十九日起义了。当时我在北京亲眼看见清朝政府惊慌失措、手忙脚乱的种种现象。陆军部大臣荫昌奉命统率大军南下，迟迟其行，闻用火车装运罐头洋酒食品等物就有一二辆车，可见荫昌的洋派十足，不像一个军人。

* 欧阳武：时任江西都督府顾问，后任南京国民政府江西省参议会参议员。
新中国成立后，任江西省人民政府委员会委员，江西省人民政府参事室主任，第一至三届全国人大代表，江西省副省长。

我与李烈钧同是留日本学陆军的，当时又同北来看秋操，秋操既停止举行，李烈钧坐海船先几天到九江。我坐津浦车南下，因当时津浦路北段只修到济南，南段只修到韩庄，我到济南后，改坐民船沿运河到韩庄搭火车，再由南京下关搭洋船。经过安庆这一天，正是安庆“光复”之日，在船头上看见安庆城楼悬挂白旗，始知“光复”了的城市都挂白旗，光复军上衣左袖都套一块白布。我到九江，知道九江已经“光复”了几天，马毓宝当都督（马原来是九江五十三标标统），李烈钧当参谋长，刘世钧当团长，余鹤松当独立营营长，都是我的老朋友。我当日进城会见马毓宝、李烈钧等，知道江西省城也已在前几天“光复”了，吴统领介璋为都督。吴是一个老实人，才器不大，马、李等都怕他难负此艰巨之责，特派一只小洋船送我回南昌去帮助他。我到了南昌，走进江西都督府（前清藩台衙门），探问吴都督的办公室，就有人向我耳语，吴都督昨晚逃走了，不知下落，现在是彭程万当都督。我即找到彭都督的办公室，看见好多军官包围彭都督写条子，这个要洋钱，那个要官职，闹得不可开交。彭都督看见我来了，借这个机会摆脱了包围，与我谈了几分钟的话。我看他好像很苦恼的样子。

江西“光复”后，除在南昌的称为全省都督外，在九江的称为九江分府都督，在萍乡的称为萍乡分府都督，广信、赣州两地也是这样，各截留所辖县份的钱粮厘卡款项，作为军饷，不足的还要向省城的都督府要。“光复”前南昌只有陆军步兵一标，马炮兵各一营，工辎兵各一队。“光复”后，南昌新增步兵四团，还有一些义勇军或独立营等，名目很多，其中有些只有三五支枪，有些仅是背马刀的队伍。服装也是五花八门，有的帽子上扎英雄结，扮成黄天霸的模样，满街可见。军纪之坏，则更使市民头痛。彭都督在这种混乱局面下，无法维持地方治安。因我从前所带的炮兵营已经由左队长刘稜升任营长，乃由吉安府旅省同乡贺赞元等公推我回吉安招募民团两团，加以训练，准备作为整顿江西军队的基础。我同意这个办法，密与彭都督商量，他亦表同意。我即回吉安招募了一团兵，因筹款困难，又因与当时的吉安府知事易顺豫意见不合，我乃辞职回到南昌。此时彭都督因干不下去，特派贺赞元去九江请马毓宝来省城当都督。岂知马毓宝接任都督后，也是一筹莫展，既管不了军队，也管不了帮会在街上的胡作非为。于是江西临时省议会开秘密会议，请我去湖北前线找李烈钧回省当都督。我乃以江西都督府顾问的名义前往湖北前线慰劳江西派去北伐的队伍。我到湖北黄陂县祁家湾李烈钧驻地后，密与李商量回赣计划。适值当时南北正在停战议和，李烈钧乃予我以该军参谋名义，到他所辖的各军营中去做联系工作。等到南北和议成功，李烈钧即申请撤销北伐第二军总司令的组织，以江西派去北伐这一部分队伍改组为南雷支队，以我为支队司令，其队伍约 3000 人，归北伐第一军总司令指挥。因为南雷支队的兵力，除江西派去的北伐军队外，尚有湖北北伐军（即北伐第一军的炮兵一营在内，当时在前线的北伐军只有三军，第二第三两军总司令组织都已撤销，只保留第一军），故我这个支队就归第一军，总司令为杜式钧。此时江西临时省议会已经电请南京临时政府任命李烈钧为江西都督，我率南雷支队为前驱，于某月某日（日子记不清楚）行抵九江。翌日清晨，刘世钧、余鹤松等就利用我军的声威，把当时的九江警备司令朱汉涛枭首示众。朱汉涛原是马毓宝当五十三标标统时的马弁，以九江“光复”时推举马当都督有功，马任都督后，朱即要求继任马的九江分府都督，嗣因取消分府都督，乃改为九江警备司令，在九江纵兵殃民，九江人民恨入骨髓，经由刘世钧等呈请南京留守府批准法办。所以我的军队一入九江，刘世钧等就把朱汉涛杀头，一以消九江人民之愤，一以寒南昌马毓宝之胆，使马毓宝部下不敢抗不交卸。果然，马毓宝一闻朱的死讯，即日离开南昌，江西临时省议会乃派代表来九江欢迎李烈钧即日回省。我率队伍护送李烈钧回南昌就江西都督职。李都督与我商量，先把那些原来的坏队伍解散几营，经过整编，建成两个师一个旅。

辛亥革命前，江西的军队有混成协的步兵五十三、五十四两标，马队一营，炮队一营，工程辎重各一队。此外有巡防队五路（前、后、左、右、中），分驻全省各府县。第五十三标驻九江，第五十四标原驻南昌，宣统三年移驻萍乡。驻南昌的队伍，除混成协的马炮兵各一营、工辎队兵各一队外，还有中路巡防队，后改编为步兵第五十五标。九江“光复”后，江西巡抚冯汝骙派五十五标去攻打九江。五十五标行至中途，即与五十三标取得联系，举起白旗，响应九江，标统庄守忠闻风而逃。

自五十五标开出省城后，南昌各界人士即积极进行“光复”运动。初本想推举巡抚冯汝骙为都督，冯不肯，但表示对此事也不反对。于是改推江西陆军第二十七混成协统领吴介璋为江西都督。吴是江苏阳湖县人，南京陆师学堂毕业生，当过江西武备学堂和陆军小学的教员，清朝候补道，江西的军官多是他的学生，故大家都叫他吴老师。

10 月 31 日夜南昌“光复”时，是由马队营的排长蔡森带领几个兵从顺化门外爬城墙入城，打开城门，放进部队，在巡抚衙门放了几枪，烧了巡抚衙门口的吹鼓亭和一根旗杆。随即宣告江西“光复”，成立江西都督府。

二 回忆二次革命

癸丑讨袁之役，一名曰“湖口起义”，一名曰“二次革命”。它的远因可以说是由于辛亥革命果实被袁世凯所窃据，而国民党不甘心这种失败，加以袁暗杀宋教仁案发生，更激起党人的愤怒，因而促成了讨袁的决心。至于它的近因则有很多，其中以争夺湖口炮台总台官一事为最突出。

江西的炮台，分布在马当、金鸡坡和湖口 3 个地区，每个地区炮位 3 台。这 3 个地区各有一个总台官，总管这 3 个地区的则称江西要塞司令官。1913 年，袁世凯任命陈廷训为江西要塞司令官，陈即派一个姓成（是否姓成，现在记不清了）的安徽人去接任湖口总台官。当时湖口总台官李明扬，是李烈钧和我的旧部，他平日忠于李烈钧，也听我的话。那时，李明扬是驻湖口江西陆军第十团团长兼任湖口炮台总台官，他认为这个总台官是奉李烈钧命令兼任的，非有李的命令，他不能交卸。陈廷训曾当过湖口炮台的水兵，也当过湖口炮台的总台官，知道湖口炮台 3 个台官中有一个台官很得兵心，有些威望，乃改派这个台官去接任湖口总台官。李明扬仍不肯交卸，因他除深得湖口 3 个炮台全体官兵拥护外，尚有他驻湖口陆军第十团兵力为他壮威。陈廷训这个诡计行不通，乃电求我拍电李明扬劝他交卸。当时我是以江西护军使兼代江西都督，驻节南昌，深虑李明扬不肯交卸湖口炮台总台官，必定会出事故，乃以诚恳的语言，电劝他交卸。果然，李明扬宣布即日交卸。而湖口那个台官正兴高采烈准备接任总台官之时，陈廷训第一次派去湖口接任湖口炮台总台官而并未接受到手的那个姓成的安徽人，又请求陈廷训再派他去湖口接任。因为陈廷训是由这个成某到北京走孙少侯的路子巴结袁世凯而背叛李烈钧的，所以他竟听成某之话通知湖口，取消某台官接任湖口炮台总台官之命令，再派成某去湖口接任。陈廷训原系湖口炮台水兵出身，他当江西要塞司令，就已经为湖口炮台官兵看不起，今又出尔反尔，一再变更湖口总台官的人选，所以当时湖口炮台的官长头目，约集几十人，到九江陈廷训的公馆，辱骂了他一顿，甚至有叫打的。陈廷训迫不得已，乃取消任成某为总台官的命令，仍叫湖口某台官去接任。成某不甘心，乃心生一计，赶赴武昌，说有机密事，要见黎元洪。黎问他有何机密事，成某乃诡说：“九江、湖口两地，有‘乱党’想暴动，湖口炮台官兵已经受了‘乱党’的鼓动，请副总统即派兵去镇压。”当时黎元洪不问明真假，即以副总统兼江西都督的名义，命令驻扎武穴的北军陆军第六师移驻九江。第六师师长李纯即先派兵一旅进驻九江、沙河等地。黎元洪派李纯之兵进入九江时，一面报告北京袁世凯，一面于7月4日打电报通知我说，接九江密报，九江、湖口两地有“乱党”想暴动，所以不及先与我电商。我接电后，即复电黎元洪说明九江、湖口两地安宁，并无“乱党”。当时九江县议会和九江商会也都去电武昌，请黎元洪切莫轻信谣言，并请黎元洪即日把李纯的兵调回武穴去。九江商会且派了代表去武昌见到黎元洪，当面提出此项要求。黎元洪复电给我说，据南昌、九江、湖口等地各公法团体来电，证明各地都安靖，并无“乱党”滋事，他即去电北京报告袁大总统，并电令李纯之兵退回武穴，请我通知江西全省人民释念云云。我接到此电，正庆幸这场风波可以平息下来，忽然又接到黎元洪来电说：顷有张宗杰来见，说他来武昌时，经过湖口，看见炮台旗杆上悬挂“讨袁军总司令”的旗帜，并听说是李烈钧回到湖口起义。来电又说：前电所说调回李纯之兵的话，应待查明湖口无事，然后再来商量。张宗杰是江西武备学堂毕业生，是个吃鸦片烟、没有品德的人，我等自不信他的话，怀疑他是在黎元洪那里造谣。我乃即召集南昌重要人士商讨这件事情，结果主张先派人去湖口调查，如果真是李烈钧回到湖口，也要请李不必在湖口轻启战端，撤退李纯之兵的事，还是应当用文电向黎元洪协商解决。我派去湖口见李烈钧的3个人中，俞应麓、何文斌两人是李的同学，温学峤是李的副官，他们都与李烈钧有感情，可以商谈一切。

当俞应麓等3人去湖口尚未回到南昌的时候，江西陆军第一师第一旅旅长林虎由沙河来电说：李纯的兵进驻九江，咄咄逼人；并说已将李纯派在沙河附近测绘地形的人扣留了两个，请示处理。我复电林虎说：正在向黎元洪说明九江、湖口两地都安靖，并无派李纯之兵进驻九江的必要，请黎元洪撤退李纯之兵的事，可望以文电解决，嘱林虎务须忍耐，切不可开第一枪；并嘱林虎说，如李纯有电报请释放那两个测绘员时，可即释放。林虎又来电说：李纯之兵进驻九江，实已忍无可忍，请下令开火。我又复电林虎说：战端不可轻启，第一枪不可轻放，忍无可忍，亦当暂时忍之。及至7月11日天亮的时候，林虎由沙河来电报说：今晨拂晓，前线发生冲突，第一枪是发自李纯方面，我方乃决然加以拂晓攻击，幸获大捷，死伤敌人若干，缴获枪弹若干。我复电林虎，大意说：我军在忍无可忍之下，在让敌人放第一枪之后，勇敢反攻，这就说明了此次战事，是起于袁军，我们可以告无罪于天下，可以得天下人的同情，并电示林虎，奖给士兵银圆 1 万元。

7 月 11 日早晨，得到林虎的电报后，俞应麓等 3 人也由湖口见过了李烈钧之后回到南昌。俞即通知江西省议会正副议长，请他们召集省议会议员开会。俞出席报告了李烈钧在湖口起义的情况和林虎的军队在沙河开战得胜的消息。会议选举我为江西都督（原任江西护军使），贺国昌为江西省省长（原任江西民政长），并决定于 12 日宣布江西独立①。7 月 12 日，我和贺国昌分别就职，誓师并通电讨伐袁逆世凯。讨袁的通电发出后，震动了全国，各大报都登载了。

此外，还有一些事情与这次战事的发生有密切关系的，我也略述于后。

自宋案发生后，国民党员为都督者，如江西李烈钧，广东胡汉民，安徽柏文蔚，湖南谭延闿，福建孙道仁，乃联电攻击袁世凯，要袁解职，听候审判。因为李、胡、柏攻击袁世凯最激烈，故袁先免去此 3 人都督职，以慑服谭延闿和孙道仁。李烈钧在江西都督任内，曾与胡汉民、谭延闿、柏文蔚、孙道仁组织 5 省攻守同盟。这件事虽很秘密，终不免被袁世凯侦知。当时尚有云南都督蔡锷、贵州都督唐继尧、四川都督尹昌衡也曾以电报攻击过袁世凯，但措辞还不算激烈，所以袁暂时对他们也不计较。我常婉劝李烈钧，凡攻击袁世凯的电报不宜过分激烈，应学蔡锷、唐继尧的作风，留有余地。李烈钧对我说："国民党常有人来说，现在许多人都不肯说硬话，只有望我李某来说

① 后来南京国民政府曾颁布此日为"湖口起义纪念日"，其实湖口起义是在 7 月 10 日。

话，所以我不能不说话。”此外，下列几人对二次革命的促成，也或多或少有些影响。

徐秀钧，江西人，西洋留学生，在国会当议员。他曾在江西当过民国银行行长，宣统年间在奉天当过徐世昌总督的幕僚。民国初年，一般年轻人多数是穿绸缎制的小袖口长袍，而徐秀钧则独穿布制的大袖口长袍，很像一个老先生的样子。李烈钧认为徐秀钧既富有新知识，又有政治经验，是一个可敬的人。民国元年，李烈钧在江西被推为同盟会江西支部名誉会长，嗣闻南京来的人说，在南京的同盟会会员常有辱骂黄兴者，李烈钧认为同盟会的会员品质太杂，正想脱离同盟会。适黎元洪派郭同来江西组织共和党，推李烈钧当江西支部部长。郭同每在报纸上说同盟会的坏话，徐秀钧也在报纸上说共和党的坏话。李烈钧始则同情郭同，嗣因郭同的私德比不上徐秀钧，乃疏远郭同，听徐秀钧之言，脱离共和党。徐秀钧在北京当国会议员时，发给李烈钧的电报说，他调查了北洋陆军6个师，军队腐败，不足一击，这些电报虽系密码，但都被袁政府译出来了，因此袁世凯甚恨徐秀钧。而李烈钧也受了徐秀钧的影响，以为北洋6个师真是不足一击。讨袁军失败后，徐秀钧被袁所害。

李国珍，武宁人，与李烈钧同宗同乡，在日本留学时，两人感情甚好。但李国珍是共和党党员，李烈钧不愿他在武宁当选国会议员，乃使都督府的监印官黄懋鑫回武宁去竞选，当选了国会议员。岂知李国珍早就料到了李烈钧不许他在武宁当选，乃秘密在九江竞选，也当选了国会议员。因此，李国珍痛恨李烈钧，竟以国会议员的名义写信给袁世凯，说李烈钧在江西无恶不作，俨然是个江西王，应请下令讨伐。这也成为袁世凯免李烈钧职的一个借口。

戈克安，安徽人，本系九江炮台一士兵，因辛亥“光复”有功，几个月内由士兵升台官、总台官、要塞司令官和九江警备司令官。1912年，安徽都督更换人，李烈钧向中央政府保荐戈克安为安徽都督，但结果为柏文蔚所得，而戈克安竟反怨李烈钧不是真心保荐他，乃是想把他排挤出去，遂对李有恶感。李烈钧想化除戈克安的恶感，乃请中央政府任命戈为九江镇守使，并晋授陆军中将。当时江西的军官，都说李烈钧对戈克安特别优厚。岂知戈克安没有良心，竟与段祺瑞、段芝贵勾结，甘心做袁世凯在江西的内奸。1912年下半年，李烈钧在上海买到了一批枪械，戈克安密报北京陆军部，陆军部总长段祺瑞就电令九江海关扣留，由戈克安派兵看守这批军火。李烈钧派江西第一师师长俞应麓去北京交涉，北京也派总统府顾问王芝祥来江西查办，经过二三个月的交涉，才把这批军火放行，运进南昌。因此，戈克安反李烈钧的阴谋全部暴露。李烈钧乃命令我代理第一师师长，率领第一师全部队伍进驻德安、沙河、星子、姑塘等地，把九江包围起来。我驻德安，深虑九江有租界，一旦开火，难保戈克安不向租界放一把火，招致北京派兵入赣。此时北京陆军第六师李纯之兵驻在汉口刘家庙一带，早已想觅机进入江西。戈克安的兵力，除炮台外，只有江西陆军第九团一团和九江炮台护台兵一营。我知道戈克安兵力不多，又知道戈在士兵中没有好感，乃采取不战而屈人之兵的策略，围而不剿。第一师之兵每夜在沙河莲花洞等处俘到戈克安第九团的兵，都对他们说，我们是讨伐戈克安背叛李都督，第九团同是李都督部下，不是戈克安的兵，可以释放他们回去。当时在九江第九团营地和炮台附近卖花生瓜子香烟的小贩，都是我派去的在第一师当下级军官和头目的九江人扮的，他们日日与戈克安的兵闲谈，说闻欧阳武只打戈克安不打第九团，因为第九团也是李都督的兵。我这个办法施行了二三个星期，果然，有一日，第九团的兵与炮台的兵联合鼓噪起来，说欧阳武与我们并没有仇恨，而戈克安日日夜夜派我们去对付欧阳武的兵，幸而欧阳武不杀我们，否则，我们真死得冤枉，今日我们非把戈克安赶走不可。戈克安见势不妙，乃带几个心腹随从乘洋船逃出九江。我得到消息，即由德安进驻九江，安抚九江军民。讨伐戈克安的任务遂告结束。

王芝祥，北京通县人，前清候补道，在江西当过常备军统领，在广西署过臬台，“光复”时做过广西副都督。他因受陆荣廷排挤，乃请求带兵北伐，广西给他一营兵。他在广西出发后，黎元洪即任命他为北伐第三军总司令。他到武汉时，南北和议已经告成。他就赶往北京，当了总统府顾问。王芝祥在汉口时与李烈钧和我会见过多次。1912 年冬天九江海关扣留江西军火一案发生后，王芝祥向袁世凯说：他与李烈钧感情好，可以说服李烈钧倾向中央政府，袁世凯就派他来江西查办此案。及军火发还江西后，王芝祥向李烈钧辞行，说要回北京复命，并密向李烈钧说：“袁世凯是一个帝制自为的人，全靠你老弟来对付他。”及王芝祥回到北京见了袁世凯、段祺瑞，又说：“李烈钧是一个狼子野心的人，中央对待这种人，只有派兵讨伐。”袁世凯知道王芝祥是个滑头，并没有理睬他。王芝祥没有得到袁世凯的重视，又来江西向李烈钧说：“若你老弟将来向袁世凯用兵，我王芝祥许多地方可以效劳。”北洋五镇的军官，许许多多与王芝祥有同乡同寅的关系。李烈钧是一个年轻好胜而又爱听恭维话的人，所以对王芝祥以优礼相待。当时戈克安在九江不服从李烈钧的命令时，王芝祥对李烈钧说他可以去九江说服戈克安。岂知王芝祥到了九江，又帮助戈克安策划如何反抗李烈钧。迨我把戈克安赶走后移驻九江，与王芝祥会晤，王芝祥又对我说：“九江是第九团驻防地，你的兵与第九团对垒一个多月，你来九江可以，但为避免冲突，请你切莫带兵来。”我回答说：“我只带来马弁6名、副官两员而已。”我明白了王芝祥的用意，是想夺取第九团的兵力而继戈克安为九江镇守使。当时我辞别王芝祥，即带马弁六名前往第九团团部会见该团团长，对他说：“你们如果信得过我，就请你通知连长以上的军官，明日下午1时到南浔铁路局来开个会，大家商量目前九江治安问题和第九团前途问题。如若你们信我不过，你们就在这个时节把我打死，或今夜派兵往我的寓所南浔铁路局杀掉我也可以。”我自第九团出来后，又到一、二、三营营部与各营长见面，把上述的话重说了一遍，然后回到寓所，以电话通知机关枪营，派了十几个便衣兵用铺盖卷了两支机关枪来九江。是夜安静无事，第二日下午1时，第九团团长、3个营长和12个连长都到南浔铁路局开会。我诚恳告诉他们：“你我都是李都督的部下，本来是一家人，只因戈克安想利用你们反叛李都督，今戈克安已走，我保证李都督今后仍把你们看作是自己的子弟兵，并保证第一师的人，仍旧对你们看作是自己的兄弟兵。”这一席话，感动了第九团全体军官，他们齐声说：“第九团从此服从欧阳师长，请欧阳师长放心。”过了两星期，第九团团长因目不识丁，恐怕干不下去，呈请长假，由李都督改派周璧阶为团长。周璧阶是云南讲武堂学生，讨袁战争中英勇作战阵亡。原来的老团长在湖口起义后，潜来湖口，想诱惑第九团士兵，经士兵举发，捕获正法了。第九团后归黄䃅带领。

汪瑞闿，安徽人，前清候补道，在江西当过武备学堂总办、大学堂总办、常备军统领和署江西臬台，此后又当过上海警察局总办和湖南盐道。郭同是江西大学堂学生，李烈钧是江西武备学堂学生，郭、李二人都认汪瑞闿为老师。1912 年，各省军民分治，郭同建议李烈钧请汪瑞闿为江西省省长，李烈钧同意，派郭同去上海征求汪瑞闿的同意后，即电请北京任命汪为江西省省长。汪瑞闿自见到郭同后，喜出望外，电知李烈钧即日来赣做客。李烈钧得九江电报说汪瑞闿已到达九江，很高兴地对我说："汪老师要来江西看看我们，现在已到九江，明后日就可到南昌来，你我都是他的学生，应当热热闹闹欢迎他，一则表示我们尊重老师，二则表示我们当学生的今天也不错。"岂知汪瑞闿在九江耽搁五六天没有动身，直到北京发表了他为江西省省长，才来电动身来省。李烈钧接到汪瑞闿这个电报，气得跳起来说："这种甘心做袁世凯走狗的人，何能使他在江西做省长？"李烈钧又对我说："我们前几天商量欢迎汪瑞闿的一些事情一概取消。我们原想欢迎他来江西作贵客，他却迟迟不来，昨日袁世凯发表他为江西省长，他今日就动身来省，这样的人，尚够得上受我们欢迎吗？"汪瑞闿到南昌没有受到一点欢迎，反而不得不先到都督府拜会都督。李烈钧对我说："请你先到客厅去见他，说我有事，要等一会才能出来。"我劝李烈钧不要过分生气，说："我们没有去欢迎他，就足够使他难看，今他来拜会你，也就算了，何必再生气。"李烈钧说："今日我们不给他一点官架看，将来不容易使他就范。"李烈钧不高兴汪瑞闿的话传出后，就有两个人出面反对汪瑞闿，一个是全省警察局局长陈廷训，一个是水上警察局局长蔡锐霆。陈廷训是一个目不识丁的人，恐怕警察局归省长管辖，必定难以保全地位；蔡锐霆是汪瑞闿在江西当武备学堂总办时开除的学生，也恐怕水上警察局归省长管辖，难以保全地位。于是这两人结合起来，大肆宣传李都督反对汪瑞闿为江西省省长，并扬言如果汪瑞闿不即日离开江西，他的性命就难保全。蔡锐霆的粗暴和杀人不眨眼，是南昌人所共知的。汪瑞闿见事不妙，乃即日离开南昌，直往北京，向袁世凯哭诉李烈钧如何侮辱他。袁世凯说：“你是李烈钧电保的人，何至于此？”乃派王芝祥来赣查办。王芝祥抵赣后，知道汪瑞闿此时不适宜在江西当省长，乃偕俞应麓同伴入京，把这些情况报告袁世凯。袁世凯始允在汪瑞闿未到任以前先派一人代汪为江西省省长。俞应麓在北京与江西同乡商量，保荐赵从蕃（赵是江西南丰县人），如李烈钧同意，即请复电。李烈钧一面复电北京同意，一面把此事告知江西省议会正副议长，并请转告全体议员。这晚正副议长出了都督府之门，即往妓院吃酒打牌，不及召集全体议员谈话。第二天早上报纸上登出了北京任命赵从蕃代理江西省长的新闻，省议会各议员哗然，大骂袁世凯独裁，即日开会，反对赵从蕃代理江西省省长。当时正副议长既不敢说明李都督已于昨夜告诉他们，只因他们吃酒打牌，没有对大家说话。我对李烈钧说：“此事既先得了你的同意，你又请了两位议长转达各位议员，今日之错，是两位议长吃酒打牌，把事情耽误了，你应当向各位议员说明一声，赵从蕃出长江西是先得了你的同意才发表的。”李烈钧对我说：“这件事不好说明，说明了，两位议长要受攻击，只好让他们去闹吧。”李烈钧又说：“‘光复’后，正是民意伸张的时节，我们不应当抑制民意。”因此，袁世凯果然信王芝祥的坏话，说：“李烈钧这个人是不可以理喻的，只有派兵讨伐。”

当李纯的兵进入九江之后，李烈钧尚未到达湖口之前，我深虑李部进入江西后与江西军队发生冲突。先是李烈钧在江西时，曾与广东、湖南、福建和安徽结成五省同盟，这时除安徽孙多森是北京派的新人外，陈炯明、谭延闿、孙道仁均系国民党党员，可与商量。于是我乃将黎元洪擅调李纯之兵入赣，必定要酿成战争的事，电告陈炯明、谭延闿、孙道仁，问他们如一旦发生了战争，李都督在任时所缔结的攻守同盟，仍然有效否？这个电报发出后，首先得到陈炯明的复电，说："广东与李都督所缔结的同盟，仍然有效，如果李纯之兵敢向贵省发动战争，决不使贵省独受其难。"我乃将陈炯明来电转告谭延闿、孙道仁，问他们的意见究竟如何？那个时节，湖南是程潜当军务厅厅长，福建是许崇智当第一师师长，可以分别左右谭、孙的行动，故谭、孙都复电给我说，同意陈炯明的话，如果一旦开火，一定派军队来赣支援。战争开始后，我乃电请广东、湖南、福建即速派兵来赣支援。陈炯明复电说："即日派驻韶关的军队一旅出发援赣。"谭延闿复电说："正准备派唐蟒率兵一团来赣，但湖南没有枪械，请贵省发给枪弹。"翌日谭延闿又来电报说："自贵省战事发生后，袁世凯派奸细把湖南的火药库爆炸了，现在岳州吃紧，请贵省协助湖南步枪子弹120万发，现派某某前来贵省具领。"我为顾全5省同盟之谊，即先给予90万发子弹，交来使领去。而唐蟒的徒手兵一团，等到江西战事完结的时候才到。福建援兵，始终没有出发。广东援兵，行到粤赣边境又折回去了。这次战争，名曰有5省同盟，其实只有江西一省独立作战。

当黎元洪派李纯之兵入赣的支电传出后，国民党重要成员都聚集上海孙中山先生寓邸开会，有主张对袁世凯开战的，有反对的，议论纷纭。其时有人对李烈钧说："今日之事，非协和先生领先不可。”李烈钧毅然回答道：“当仁不让。”于是大家推举李烈钧为讨袁军总司令，即日赴湖口起义。当时江西第一旅旅长林虎、第五旅旅长方声涛也在沪，遂随李回赣。李被推举为讨袁军总司令后，以为这个名义可以指挥全国讨袁军的队伍，岂知嗣后又推举了黄克强先生为南京方面的讨袁军总司令，胡汉民为广东讨袁军总司令，谭延闿为湖南讨袁军总司令。李烈钧对黄克强先生是相当尊重的，不好以命令指挥他；因此也就不好以命令指挥胡汉民、谭延闿了。结果，李烈钧讨袁军总司令的职权，只能指挥江西一省的军队。这个消息传到南昌后，我以为各省都有一个讨袁军总司令，职权相等，没有一个高于这些总司令的人出来领导，岂不闹成群龙无首吗？这种情形是很危险的。我一面电湖口与李烈钧商量，一面电上海请孙中山先生出任全国讨袁军大元帅，以总其成。孙中山先生复电不允。我又通电征求广东、福建、湖南三省都督的意见。大家认为孙中山先生不肯担任讨袁军大元帅，而黄克强只能担任南京一方面，李烈钧只能担任江西一方面，无可奈何，只有电请岑春煊出来担任讨袁军大元帅。岑春煊是前清做过督抚的人，与袁世凯不睦，同情国民党，有意出来担任这个职务，但是此人旧官僚的作风十足，不肯痛痛快快接受，却要故示谦让，及闻战事不利，自然就不肯出来了。

7 月 11 日开战后，因李纯第六师的兵未全部到达江西，且以人地生疏，作战上有些困难，而江西的兵，一因地形熟悉，二因以逸待劳，三因出于不得已而战，人人激愤，所以战争的初期屡战屡胜，使李纯心惊胆寒，夜夜退到停泊九江的军舰上去睡觉。江西的军队，除第一、第二两师 8 个步兵团外，尚有第五旅的两个步兵团，不但老兵个个奋勇，即新兵刚学会托枪，亦个个申请派上火线。但是，由于以下种种原因，战争终于失败。

第一，李纯之兵初入九江时，江西尚有伍毓瑞所率第三团一营兵和李定魁所率第五团两营兵在九江，没有调回南昌。沙河开火后，伍、李两团长所率的兵共有3营，本可以在敌人的后方发动一个攻势，伍毓瑞与李定魁商量，一个攻打陈廷训九江炮台，一个担任进攻李纯的后方，杀出一条路，通往沙河，与林虎的军队取联系。李定魁屡约屡爽。迨伍毓瑞侦知李定魁已经变节投降了李纯，乃找一小渔船，化装逃到湖口。李烈钧即派伍上火线，指挥第三团在前线作战的队伍。当时，第二师师长刘世钧在九江，既不敢与伍毓瑞同伴去湖口，又不愿与李定魁同流合污，几乎为李定魁所拘留，幸而有人带他逃往江北，才脱离虎口。伍毓瑞第三团驻在九江的一营兵，营长郑鸣澍不肯投降李纯，宁愿缴枪。有些士兵激于义愤，把所缴去的枪的枪机投诸长江水中，然后三三五五，经过汉口、长沙、萍乡回到南昌，往都督府见我。凡持有第三团某营布条证章者，均经我另发证章，命往伍毓瑞处收编，重上火线。其遗失证章者，只要经有证章者证明，亦即照样收编。这一营兵归队的人数，在80%以上，可见伍毓瑞平日和士兵是有感情的。李定魁第五团的兵，是前清江西驻九江第五十三标（团）的底子。前清第五十三标标统（团长）刘槐森是安徽人，经段祺瑞派到九江。李定魁当过刘槐森部的队官（连长），所以容易受刘槐森的勾结，这是李定魁背叛刘世钧投向刘槐森的原因。李定魁第五团三营兵，有两营随同团部驻九江，为李带同叛变；另一营在德安随同林虎、伍毓瑞作战，营长郭懋修是郭懋仁的哥哥。这营兵是前清第五十四标的老底子，原系郭懋仁当营长。郭懋仁是江西武备学堂学生出身，曾当过团长，由他保荐郭懋修继任该营营长。

李定魁叛变后，派人秘密送信给郭懋修，叫他叛变。有一日正是我军打胜仗的时候，郭懋修忽然叫他的队伍向后转放枪。我军发觉后，即把这一营包围起来，问他们何以向后放枪？士兵回答不出，郭懋修即乘隙逃走。于是这营兵始知被郭懋修所愚弄，不再跟郭懋修叛变，仍愿归郭懋仁指挥，继续作战。因郭懋仁这时也在前线工作，所以仍叫郭懋仁兼任这营的营长。假使这一营兵不是第五十四标的老底子，而是第五十三标的底子，则为害更大。我军经过这一变故，军心已遭到很大的震动。相反，李纯那方面的军心，则因此兴奋起来了。我方从此节节转胜为败，敌方则从此节节转败为胜。

第二，姑塘方面，我军第九团团长周璧阶，青年勇敢，穿有肩章领章的黄色哔叽军服，戴有金边的新军帽，站在火线上，测看对方敌情，以致暴露了目标，为敌人的炮弹击中而阵亡。因此，军心也遭到了很大的挫折。加之北京派了第九团的老团长前来勾结，虽经一部分士兵举发，把那个老团长在湖口捕获正法，然而总有一部分军心不安。方声涛旅长乃不得不将第九团全团队伍调回南昌整编，以致使全战线动摇，与德安方面一样，开始转胜为败了。

第三，湖口方面，得上海孙中山先生电报，告以在上海收买了海军某某军舰 9 艘，前来湖口助战，并以此事通知马当炮台，说明这几艘军舰经过马当时，切勿拦阻。这几艘舰只，经过马当和驶近湖口时，都没有受到拦阻。当湖口炮台鸣号欢迎他们的时候，他们竟向炮台开炮射击，并向总司令部开炮。这时李烈钧已经离开湖口，迁往吴城去了，留在湖口的何子奇、方声涛终于不得不放弃这个阵地。

我军节节失败的时候，甚盼各省援军早来。但天下人都想锦上添花，哪肯雪中送炭。因为我们的军事一经现出败象，广东、湖南、福建都不敢履行同盟义务。所以直到战局快要终结，也没有见到一个援兵。

到了最后，我看见这种兵败如山倒的形势，又得不到邻省的援助，乃电告李烈钧不以南昌为阵地，以免南昌毁于兵火。于是我先退到吉安，后入青原山为僧，改名止戈和尚。李烈钧退到长沙，由谭延闿发些川资，将李带入湖南的队伍全部缴枪遣散。李烈钧与林虎则由长沙逃往上海。

以上所述，就是癸丑讨袁之役中我的亲身经历。

（选自全国政协文史资料研究委员会编《辛亥革命回忆录》第4集，中国文史出版社2012年6月第2版）

辛亥革命前后的回忆

龚师曾*

1911年，江西随着武昌起义之后而宣告克复，龚师曾亦曾参与其事，谨以个人回忆，反映一鳞半爪。

1894年，甲午中日战争失败后，康有为、梁启超等人想效法日本的明治维新，倡导君主立宪运动。这一运动在江西颇为活跃，为首的有陈三立、文廷式等人。戊戌维新失败，给了我们一个很好的教训，就是要想挽救国家危亡，只有推翻清朝。

1904年，由张惟圣、邓文翚等发动，组织了易知社。这个社表面上是研究学术、交换知识，实际则是反对帝国主义和反对清朝的

---

* 龚师曾：时任粤军援赣第四军少将参谋长，后任北伐军赣军别动军副指挥兼第二路司令，南昌市市长。
新中国成立后，任江西省人民政府参事室参事。

革命组织。社址设在皇殿侧，社员发展到60余人，每人每月缴会费官钱400文，购备各种书报杂志，供社员阅读。社长张惟圣，副社长虞惟煦。社员有张惟和、曾堪宇、刘天择、孙作肃、蔡锐霆、龚师曾等。它与同盟会的黄兴取得联系。当时黄兴主张要推翻清廷，须从军队着手，因而该社社员多数学习陆军。1906年，该社抓住法国神甫王安之杀死江召棠的案件，进行宣传活动，掀起了一场反帝斗争（即所谓南昌教案），影响颇巨。后来大多数社员都参加了同盟会。

孙中山先生曾派黄格鸥、魏会英等回江西建立同盟会支部，黄格鸥被任为同盟会江西支部长。他是清江县人，回到南昌便在赐福巷成立了江西支部，展开了工作，积极办理会员登记和入会申请等手续。当时江西人民革命意志昂扬，参加同盟会的人很多，因此组织发展很快。1906年，江西组织新军，同盟会派了不少会员投入新军，因而辛亥革命时，江西的新军几乎全操在革命党人的手里。同盟会会员李烈钧，在新军里也有过一定的贡献。

魏会英是赣州人，他回赣州后，即同张周垣、魏荇丹等成立了同盟会赣州的组织，创办了印刷工厂、报纸、学校等，进行革命活动。魏荇丹精练拳术，辛亥革命前夕，官厅屠杀剪发者的时候，他拿着一把大剪刀，冲进官衙，把道台、府台的辫子都剪掉，使官厅不敢再乱杀人了。

同盟会会员张世膺、彭素民、邓文翚、蔡锐霆、丁笏堂等，对于辛亥革命也都各有不同的贡献。张世膺在江西高等学堂时，就在同学中鼓吹革命，被清廷命令捉拿，逃往日本，改名张华飞，入日本陆军士官学校，毕业后返国，被聘为北洋第六镇参谋长。辛亥革命时，清廷下令第六镇开赴武汉，镇压革命。他联络镇统吴禄贞，在石家庄按兵不动，因而与吴禄贞一道，被袁世凯所杀，墓在石家庄铁路旁。

彭俭，清江人，为革命参加新军，在新军中做士兵工作，被清廷侦悉，下令缉拿正法。他得李烈钧帮助，离开新军，改名彭素民，同黄介民等考入闽江师范去了。当时江西巡抚遍查新军花名册，没有彭俭之名，只有一个叫彭克俭的（李烈钧营的队长），于是，就糊里糊涂地把那个彭克俭拿去杀了销案，而且，向清廷申报时，还说彭克俭就是彭俭哩！

邓文翚是日本东斌学校学生，1906 年东渡日本，与黄兴派革命党人时相过从。同盟会准备是年冬在浏阳起义，他即回国，与蔡锐霆组织了萍乡革命军，参加了浏阳起义。失败后，再度亡命日本。

此外，在江西各地也都有同盟会党人的活动，惜已时日过久，已经记不起来了。

1911 年 10 月 10 日，在武昌爆发辛亥革命后，代表云南去参观河南秋操的李烈钧，乘机潜回九江。因当时驻九江的马毓宝统率的新军五十三标中的官兵，多属李烈钧的同事同学，李利用这种关系进行策反，九江即于 10 月 23 日正式宣布独立。马毓宝被推为九江都督，李烈钧为参谋长，蒋群为参谋处长。

南昌方面，在武昌起义后，张难先、孙武等派了丁笏堂携带文件回南昌，策动党人鼓动新军起义，声援武汉。丁回南昌后，即与党人秘密联系，进行策划，并邀周兆麟草拟文电，准备起义。九江独立后，同盟会即于农历九月初七日在工兵队召开秘密会议，商讨起义计划，到会 20 余人，当即决定准备于 10 月 30 日晚起义。推定骑兵营排长蔡森（工兵队长蔡杰的胞兄）为爬城队队长，要他挑选勇敢精壮士兵，组织爬城队，进占南昌城，举行起义；一面与巡抚卫队中的党人联系，要他们把抚台衙门守卫的联珠炮炮闩及军装库各库的钥匙缴来；又推周兆麟向警察方面接洽；要李柏年率骑兵一部进城占领军装库。这时，官方所掌握的武力，只有炮兵营及绿营各营队而已。

当然，封建王朝的反动统治阶级，它是不会甘心退出政治舞台的。江西巡抚冯汝骙于武昌起义后，即调河口驻防的绿营来省，防制新军，还将过去用来镇压太平天国运动的联珠炮摆在抚衙大堂两旁，恐吓人民，并招募外地籍新兵100名，扩充卫队。九江独立后，更令吴介璋召集驻省新军全部集合于大校场（即今八一礼堂地方）讲话，采用欺骗收买的怀柔政策，说什么藩库现存纹银200余万两，粮盐仓储丰富，可以支持三年两载没有问题；并宣称从农历九月起，对在省的官兵一律发双饷，企图借此收买人心。可是，他扩充的卫队，同盟会即暗派童玉山、王有才、薛洪保等混了进去，举事前即先夺取了联珠炮炮闩及军装库的钥匙。他的欺骗、收买的怀柔政策，完全破产。在同盟会党人积极策动下，新军遂于10月30日夜间起义。蔡森率领爬城队于夜晚11时30分爬进南昌城，打响了第一枪。警察和抚台卫队先有联络，即行内应，把城门全部打开。12时，方先亮率领新军骑兵营，蔡杰率领新军工兵队，宋炳焱率领新军辎重队，李柏年率领骑兵营士兵一部分，蜂拥进城。警察用石油纵火焚烧了皇殿和抚台衙门两侧的鼓楼、旗杆。这时，反动王朝的走狗冯汝骙，听到满城枪声，卫队也已起义，吓得心惊胆落，赶快从后门逃走。南昌遂全部为起义军所占领。

次日，同盟会党人召集各界负责人在合同巷万寿宫商会开会，决定通电宣告江西独立，并推举吴介璋为江西都督，刘凤起为民政部部长，雷恒为财政部部长，李瑞清为文事部部长。后因李瑞清由上海复电，不允就职，即以副部长熊育锡代理。

11月1日，吴介璋正式宣布就都督职，派吴宗慈为都督府秘书长，夏之麒为参谋厅厅长，朱寿同为军务厅厅长，王禄之为总务厅厅长等。于是，清朝在江西的统治，遂完全被推翻。并以铁血十八星旗代替国旗，改纪元为四千六百零九年。规定以青蓝布衣为礼服。废除了作揖、跪拜的封建礼节，剪掉了男子拖在身背的长辫子。

11月2日，吴介璋召集军界各负责人到都督府开军事会议，决定成立义勇队，赴鄂增援革命军，当委蔡森为标统，筹备率队北伐，同时按照新军组织，着手整顿和改编军队。根据党人计划，下令查抄部分最反动的贪官污吏石守谦等的财物。但对于社会经济制度，却没有什么变革，而且扩军购械，还加重了人民的负担。

吴介璋就都督职后，专注意扩充军队，对于人民生活的改善，社会制度的改革等漠不关心，不久即改由彭程万继任。

这时，武昌起义已有月余，清廷犹作垂死挣扎，派袁世凯统军反攻武汉、南京，企图扑灭革命火焰。彭程万接任都督后，有鉴于此，乃派巡防统领冯嗣鸿部开赴武汉援鄂，派巡防统领刘懋政部开赴南京援宁，因该两巡防统领所属部队，原是绿营改编的，纪律废弛，彭程万恐酿成兵变，糜烂地方，乃设法乘机调开。出发前，彭召集两部官兵训话，晓以大义，嘱努力作战，灭清复汉，并发给薪饷、弹药和装备及开拔费等。不料因此引起起义新军的不满，因为他们原已决定了组织义勇队，由蔡森率领援鄂。于是，他们秘密开会，酝酿倒彭迎马，还推定方先亮、蔡杰、蔡定波 3 人去浔，迎马毓宝来省做都督，蔡森则留省管理部队。

当时江西全省虽已独立，但 5 个都督分立，各不统属。彭程万都督在南昌，马毓宝都督在九江，胡谦都督在袁州，蔡锐霆都督在瑞临，黄金台都督在鄱阳，各占一方，形成割据。当彭程万闻悉方、蔡去浔迎马的消息后，他即自动取消都督，并电劝胡、蔡、黄 3 都督一同取消，让马毓宝做江西都督，以谋江西省政的统一。因彭程万以身作则，三氏一致复电，表示赞同。于是，马毓宝即在彭程万的通电和各方的迎接下，同方先亮、刘麒等来省，就了江西省都督的职位。

马毓宝就职后，即行改组都督府，调夏之麒为高等军事顾问，派刘麒为参谋厅厅长，免军务厅厅长朱寿同职，派方先亮接充，只总务厅厅长王禄之不动，各厅的科、司长亦多更动。马毓宝更召集同盟会员、起义人员及各机关团体负责人开会，商讨改组各机构。当推定贺赞之为民政部部长，邹树声为财政部部长，杨纶为文事部部长，罗家衡为外交部部长，蔡公时为交通部部长，邱冠芬为内政部部长，胡绎为司法部部长，并委吴照轩为警察厅厅长。又将全省学生军改编成一标，派蒋群为标统。蔡森则由于其兄在九江被刘麒玩枪走火打死，方先亮、李柏年两人原统率的部队都归他统率，掌握了兵权。刘麒做了参谋长后，多拨了些款项和枪支、子弹给他，充实了他的兵力。

都督府改组就绪后，马毓宝即电袁州胡谦，嘱抽调军队编成一支队援鄂，由周维纲率领开赴武汉；蒋群则率领学生军（志愿军）一标，开赴南京援宁。这时，全国宣告独立的已有 10 余省，上海都督陈其美来电请派代表赴沪，商组中央政府。马乃派林森、赵士壮、王有兰、俞应麓、汤漪 5 人为代表赴沪。

孙中山在南京就任大总统后，接到江西人民对都督马毓宝的控诉，于是下令罢免了马毓宝，任命武汉第二军军长李烈钧继任江西省都督。马毓宝原掌握有相当实力，做都督后，又与洪门会联成一气，实力更厚。他自得到易督的消息后，即密谋抗命拒李。同盟会党人发觉了马毓宝的阴谋，便提出了“杀猪宰马”的口号，积极在其军队中进行倒马活动，并于 3 月某日，由刘世钧带领队伍，把九江卫戍司令部包围缴械,将马毓宝的心腹九江卫戍司令朱汉涛打死，解决了马毓宝的基本武力。李烈钧在武汉奉到命令，乃与黎元洪、孙武等协商，抽调欧阳武、龚少甫、李明扬、吴懋松、郭寿山、卓仁机等的部队和楚同、楚豫等兵舰，统率海陆军回江西接任。这时，马毓宝因受同盟会党人的倒马活动的影响，已无抗拒力量，于是他遂潜逃了。

李烈钧在武昌起义后、出任江西都督前的一些作为是值得记述的。1911 年 10 月 23 日李策动九江独立后，接收了九江金鸡坡炮台和马当炮台。清朝调派海军闽江舰队开往汉口协助扑灭起义军而进至九江时，他指挥炮台发出信号，禁止闽江舰队上驶，使闽江舰队在金鸡坡和马当炮台的夹击威胁下，进退维谷，而不得不接受李烈钧所派林森的劝说，全部起义，壮大了革命力量。李烈钧在九江部署就绪后，即与马毓宝协商，请马分拨兵力给他统率援皖，把参谋长职务交由蒋群代理。马当即同意，抽调两队人马交李烈钧带去，一队为黄焕章部,另一队即将闽江舰队的陆战队和机关枪部队编成，派龚少甫为队长。李烈钧亲自指挥，开赴安庆。在他出发之前，事先秘密派了党人与安徽同盟会党人联系，他率领部队一到达安庆，即召开秘密会议，布置一切，于10月27日起义。安徽巡抚朱家宝见全城已悬挂起义白旗，他亦不得不表示赞同。因此，同盟会革命党人召开各界代表会议，宣布独立，并公推朱家宝为安徽都督。朱家宝出示安民，竟公然以安徽巡抚兼安徽都督落款。群情大哗，迫使他把安徽巡抚头衔取消。不数日，黄焕章部兵变，即乘机逃走。

安徽省于黄焕章部兵变时，即调胡万泰部开抵安庆，维持秩序。李烈钧与胡万泰是同学，亲自出城迎接，并表示对不起皖人。胡万泰被推为安徽省都督后，李烈钧商请胡拨部队归他指挥，开赴汉口援鄂。胡当允拨出吴懋松、李明扬、郭寿山等部。于是，李烈钧即率领赣皖联军援鄂。

李烈钧一到武汉，黎元洪即委他为第二军军长，率部助战。李为壮声势，又派湖北人蓝军恒招募民兵，开赴前线助战。段祺瑞以与李有师生关系，欲谋诱降，为李严词拒绝。

1912年夏，李烈钧奉命任江西都督，率领海陆军队，浩浩荡荡，回到南昌就职。遂改组都督府，进行废部设司的大改革。以陈泽沛为参谋长，刘世均为军务厅厅长，龚少甫为稽勋局局长，龚延渤为铨叙局局长，涂士初为印铸局局长，欧阳武为都督府警卫军司令，魏斯炅为财政司司长，钟震川为内政司司长（钟死后由罗家衡继任），王侃为司法司司长，宋育德为教育司司长，胡泽为交通司司长，李国梁为工商司司长，胡蕙为外交特派员（不再设司）。江西政权，从此遂完全为同盟会人所掌握。

江西在一个短时期内五易都督，变动频繁，而其中最使李烈钧感到棘手的，就是省库空虚，财政支绌万状，一筹莫展。“光复”

后江西省查抄没收封建官僚的贪污赃物，早被朱寿同等饱了私囊；藩库库银，盐局盐封，牙厘局厘封，又被马毓宝搞罄；官银钱号早已被劫一空，加之匪祸不宁，各县情况复杂，解款不至。李烈钧曾向省内著名的资本家危子垣、陈德懋等商借不得结果，遂采用硬逼手段，危子垣竟被逼自杀。后来李烈钧改变办法，邀徐秀钧帮助整理财政，开办了民国银行，发行了地方纸币，活跃了金融；开设公典，并派黄缉熙为西岸榷运局局长，大抓盐运盐税，克服了财政上的困难。于是，李烈钧有了扩充军备同袁世凯作斗争的经济基础。

洪门会原是反清复明的一种秘密组织，但品类不齐，李烈钧为了统一政权，开展了同洪门会的斗争。清朝末年，洪门会首脑彭木香、洪宝琳、陈细鬼、梅福祥等，都因案关押在监狱里。“光复”后他们被释放了出来，秘密进行组织活动，遍及全省。吴介璋的民政部部长刘凤起，原是保皇党人，他的个人野心很大，企图掌握兵力，作为政治资本，因在全省各地组织民团。洪门会通过民团的组织，大肆发展。因此，洪门会与民团，几乎成为一而二、二而一的组织。民团薪饷，不从省库开支，概由各地自筹，自然不免要骚扰地方，也因而引起了人民的怨言。满脑袋封建思想的马毓宝当然不可能合理解决这一问题，乃用所谓“调虎离山”之计，派彭木香统领民团，驻扎铅山河口镇。黄吉人、杨祖时前后被派整顿民团，均无结果。李烈钧借词召彭木香来省会议，当场将彭木香拘押审讯，判处死刑，又接受人民控诉，将南昌洪门会首脑洪宝琳交军法捕审，执行枪决；同时，下令将民团解散，当然也株连了不少无辜的人民。当时舆论认为这是李烈钧的一大功绩，特别是博得上层人士的称许。

李烈钧为了扩充军队，提高军队素质，接收陆军速成学校，开办了讲武堂，聘请夏之麒为讲武堂堂长，训练军事干部，积极扩充军队。1912 年 4 月 1 日孙中山先生辞临时大总统职后，李烈钧便将原大总统府警卫军的林虎部队，请准调来江西，改编为江西第一旅，林虎为旅长。袁世凯就任临时大总统后，通令各省缩编军队，李烈钧不接受，坚持江西省要保存军力，结果，江西仍编成两师一混成旅，任欧阳武为第一师师长，龚师曾为参谋长，林虎为第一旅旅长，余维濂为第二旅旅长；任刘世钧为第二师师长，徐定青为参谋长，赵复祥为第三旅旅长，蔡森为第四旅旅长。

这年 8 月，同盟会改组为国民党。是年 10 月，孙中山先生以大总统特授筹划全国铁路全权的名义，来江西视察。记得孙先生当时在群众欢迎大会上演说指出，他现不担任政治之事，专求在社会上做成一种事业，并说计划于 10 年内建筑 20 万里铁路，愿国人努力赞襄，俾底于成。当时没有国歌，群众欢迎时唱的是“二十万里路走龙蛇”的歌子。孙中山先生路经九江，看到帝国主义者利用九江城墙，大悬广告，便问九江警察厅厅长周兆麟：“城墙上各国遍竖广告牌，是否已向我国租用？”孙先生听周兆麟回答说各国并未投租，当即指示：“按照外国法律，在某处竖立广告，既要得主人同意，还须缴纳一定的租金。”周会意，回厅即向各国领事发出通告，限 3 日内把各种广告牌撤销。各国领事和洋行皆置之不理，周到期即派警察将全部广告牌拆掉，同时收回了租界口铁门的启闭权。各国领事提出交涉。可是，周兆麟赴省去见李烈钧都督报告经过时，李都督不仅没有责备他，反而嘉奖他说：“外国人控告你，你的处理是很好的。”

李烈钧向孙中山先生表示，坚决反对袁世凯的阴谋。同时，他暗中派了徐秀钧到各省联系，并赴北京、天津、南京、上海、武汉等各处活动。徐秀钧经常有密电向李烈钧汇报，因而，李得知袁世凯的种种阴谋，由此，更加增强了李烈钧反袁的决心。

袁世凯企图镇压国民党的反抗，继任命戈克安为九江镇守使之后，又派了汪瑞闿为江西民政长，并暗使余鹤松携款来江西运动军队，造成内部矛盾。袁世凯的这些阴谋，是很毒辣的。余鹤松原是马毓宝的混成旅旅长，被李烈钧编遣后，没有给予适当位置，遂愤而去北京，由陈宧、蒋作宾介绍谒见了袁世凯。余鹤松自诩与李烈钧资格相等，江西新军的官兵都是他的同学或部属，并列举了李烈钧反抗袁世凯的事实。袁即欲利用他来倒李。有一天，袁世凯约余鹤松到总统府谈话，在客厅谈话未了时，袁如厕，走至窗外遇一幕僚，袁大声对幕僚说："我现在才知道余鹤松是江西的一个特别人才。"故意使余鹤松亲耳听到。后又邀余到府，商谈如何倒李，并赠送金钱若干，作为活动费用。临别时，又拍他的肩头说道："老弟，江西的事，我就交托你了。"余鹤松携款潜回南昌，在孙中山先生离开江西不数日，他就策动了南昌兵变。李烈钧派欧阳武部镇平叛乱，余鹤松逃往北京，袁世凯派为陆军部参议。

汪瑞闿原是李烈钧在武备学堂时的老师，清时曾署过江西臬台，李烈钧在日本士官毕业回国后，因汪函荐之力，得充新军营长，后李因贪污撤职，汪又为李说项解脱。汪凭借这一段历史关系，向袁氏谋求江西民政长，并曾先函李示意，李亦复函同意，并请速来，拟先聘为政治顾问，然后再就民政长。汪却到了九江仍不来省，迨袁世凯发表任命后，次日即到南昌。因此种种，李烈钧在汪去拜会时，故示冷淡，派欧阳武代见。而汪此时交往全是清朝遗老，引起国民党人不满。江西当时各报，对汪大肆谩骂。

汪瑞闿到赣的第三天，江西省警察厅厅长周希颐和江西省水上警察厅厅长蔡锐霆同到汪的寓所，对汪说："请你在24小时内离开赣境，否则我们不能负保护你的生命安全之责。"汪睹此情形，当夜即潜回北京。袁世凯得到汪的报告，更加痛恨李烈钧了。在京的江西同乡蔡金台、李盛铎等，为了调和李、袁的关系，曾出面转圜，先后提出赵惟熙、赵从蕃，电李征求意见，均遭拒绝。李烈钧派彭程万为民政长，袁世凯亦不任命。李、袁的矛盾，更趋尖锐。

1912年冬，袁世凯为了"讨伐"江西，调北洋第六师李纯部开入湖北。李烈钧接徐秀钧密电报告后，立即调兵遣将，以资对付。当调原驻赣南的第四旅蔡森部、驻萍乡的第六团李定魁部、驻九江的第九团周璧阶部、驻湖口的第十团李明扬部及第一旅林虎部，开驻瑞昌，第三团伍毓瑞部开驻德安，炮兵第一团刘稜部开驻永修，准备作战。仅第四团和第五团留驻省会南昌。

李烈钧于是年12月侦知袁世凯以善后为名，向英、法、德、日本、帝俄5国银行借款2500万镑，作为发动内战之用的情况后，通电各省，揭穿袁世凯的黑幕，极力反对"善后"借款。

1913年1月，李烈钧为了准备对袁作战，决心肃清内部，乃派第一师师长欧阳武、混成旅旅长方声涛准备解决九江镇守使戈克安部。戈克安在九江亦宣布戒严，准备抵抗。正当剑拔弩张之时，袁世凯派了王芝祥来赣调解，商谈结果，戈克安自动离职，以王芝祥继任九江镇守使，耿毅为参谋长。王芝祥接任不久，即回北京，由参谋长耿毅代行镇守使职务。一场风波，就这样结束。

但是，袁世凯所派的李纯部，这时已全部开到了湖北。李烈钧乃令第一师师长欧阳武和混成旅旅长方声涛，均设司令部于九江，积极准备对袁世凯作战。1913 年 2 月，欧阳武派参谋长龚师曾会同第二旅旅长余维濂由长江沿江直上，到达瑞昌，踏看地形，绘画略图，部署作战。3 月，又派参谋长龚师曾化装潜入湖北、安徽，侦察敌情。

1913 年 3 月 20 日，宋案发生，群情愤慨，全国倒袁的声浪，也随着日益高涨起来。这时，李烈钧即向广东都督胡汉民、湖南都督谭延闿、安徽都督柏文蔚、福建都督孙道仁、云南都督蔡锷、贵州都督唐继尧、四川都督尹昌衡等发出通电，呼吁共谋倒袁。各省都督一致表示同情，积极进行倒袁的准备。1913 年 6 月 9 日，袁世凯免去李江西省都督的职务，派黎元洪兼任江西都督，欧阳武为江西护军使。于是，李烈钧乘小轮到湖口，转乘日清公司凤阳丸离职去沪。

李离职后，欧阳武即将第一师司令部迁回南昌，就了护军使职务；后更奉黎兼都督电令，代行江西都督职权，第一师师长则由参谋长龚师曾代行。因夏之麒随李去沪，陆军讲武堂遂停办了。

李烈钧到达上海后，即与孙中山先生积极商议讨袁计划，动员各省兴师倒袁，发动第二次革命。当时，国民党内部意见分歧，黄兴、陈其美等对武装斗争无信心，主张听法律解决。国会议员舍不得离开北京的议席，只想根据法律来进行倒袁；拥护孙中山先生主张的，只有李烈钧最为坚决。李烈钧为了策划倒袁，不断派人四出联络。但这时的国民党，已不像清末从事革命的同盟会了，党员大多数都留在北京迷恋“合法斗争”。袁世凯在 6 月 9 日免去李烈钧江西都督后，30 日又免去安徽柏文蔚都督职。孙中山先生因而更为愤怒，即于 7 月上旬在上海召开国民党人会议，决定兴师讨袁。当即派黄兴赴南京，陈其美在沪，李烈钧返江西，谭人凤回湖南，朱执信去广东，龚振鹏回安徽，一起发动第二次革命。李烈钧当即回江西，于7月7日到达湖口，即着手编配部队，拟定作战计划，召集各部队首长开军事会议，面授机宜。李烈钧就任江西讨袁军总司令，并兼正面军司令。派江西混成旅旅长方声涛为左翼军司令，江西第一旅旅长林虎为右翼军司令，原江西讲武堂堂长夏之麒为参谋长。

李烈钧回到湖口的消息传到南昌后，欧阳武即派军务厅厅长俞应麓赴湖口向李请示。俞回南昌后，欧阳武即召集全省机关首长，省议会全体议员以及各党派各团体的负责人，在天后宫省商会举行讨袁大会，当场决定一致签名通电讨伐袁世凯，推定李烈钧为江西讨袁军总司令，欧阳武为江西都督，俞应麓为军务厅厅长兼兵站总监，宣布江西独立。通电于7月12日发出。共和党人未出席会议，亦未公开反对。

江西通电发到各省后，黄兴便在南京强迫江苏程德全于7月15日宣布讨袁，响应李烈钧的讨袁军。谭人凤在湖南策动谭延闿于7月17日通电宣布独立。接着，广东、福建、四川等省相继独立。7月22日，袁世凯即下“讨伐”令，以冯国璋、张勋两部进攻南京，派段芝贵为江西宣抚使，率李纯、马继增等部进攻江西。并令郑汝成、汤芗铭率领海军向江苏、江西两省协助作战。讨袁之战，于是即在湖口、九江、芜湖、南京以及长江下游一带发动起来。

欧阳武这时也调了驻省会的第四团吴安伯部驰赴前线增援。原驻宜春、萍乡一带的第六团李定魁部，早在李烈钧督赣时调去九江。蔡森的第四旅，向驻赣南各县，奉令集中开拔，迟迟不动，稽延时日；第七团夏尚声部，则表示要8月初旬才能开抵南昌，再赴前方；而邻省援军，如湖南、广东两省援军，亦复如此，迟迟没有开到，致使李烈钧鏖战湖口多日，死亡枕藉，得不到援军换防接战。因而前线不支，颇有动摇之势，遂下令撤退。黄兴亦于8月初旬，在危急中自南京出走了。

九江、湖口失守后，前方作战部队退抵德安、永修、星子、都昌、鄱阳等地。这时，安徽、湖南相继取消独立，形势变化，士气不振。李烈钧乃于8月下旬下令作战部队，退抵永修山下渡南岸及新建吴城镇、都昌姑塘、南昌王家渡等处。此时，南昌当局即召开秘密会议，欧阳武认为此次战争，国民党没有统一的指挥，独立各省仅以空电声援，按兵不动，单靠我一省的兵力，绝难抵抗拥有强大兵力的袁世凯；固守南昌，凭城作战，徒使地方糜烂，人民遭殃，遂决定将第一师司令部撤退到吉安。军次樟树镇，欧阳武又宣布："我是吉安人，既不愿在南昌作战，破坏地方，使人民痛苦；我更不愿以桑梓作战场，使我留千古骂名。"遂决定从此不再参加作战，并赠送参谋长龚师曾500元，给资解散幕僚，伴同幕友中的乡亲回吉安去了。

李定魁的第六团，清末时原是刘槐森的旧部，民元属余鹤松混成第一旅，李烈钧缩编为第六团，交李定魁统带，驻扎萍乡安源煤矿，名为护矿队。1913年春，李烈钧准备与袁世凯对抗，调该部赴九江；湖口反袁起义，李定魁在九江被袁世凯利诱，投降于段芝贵。李烈钧作战失败，率步兵第三团到达南昌，这时欧阳武已去吉安，南昌秩序仅由宪兵司令廖伯琅维持。于是，李烈钧即委第三团团长伍毓瑞为南昌卫戍司令，数日后又派伍毓瑞代理江西都督；而李本人则由湖南乘日本轮船，亡命到日本去了。

林虎当时有"飞将军"之称号，他在前线作战失利后，带领部队经由德安、永修、奉新、修水方面撤退，开入湖南，将军械、弹药及一切装备，概行缴交湖南省政府。湖南都督谭延闿给他银圆 10 万元，用作解散部队之用。他即乘日本军舰直到日本去了。

伍毓瑞高举着反袁的义旗，一直坚持到袁世凯任命李纯做江西护军使行将到达南昌前夕，他才离开南昌，由浙江逃往日本。第四旅旅长蔡森，则在李纯占领南昌就了江西护军使后，即无耻地率领全旅向李纯投降了。支队司令黄恺、宪兵司令廖伯琅、步兵第四团团长吴安伯等，均不幸被俘。吴安伯被押在陆军监狱，到袁世凯死后，黎元洪继任总统时，下令特赦，才得到释放。支队司令黄恺、宪兵司令廖伯琅，则于 1913 年 11 月在南昌光荣殉难了。

李纯占领南昌、就了护军使后，即大肆搜捕革命党人，苛征暴敛，压榨人民，猖獗已极。赣州魏会英逃沪，躲在普育学堂任教的李国平处，后被捕遇害。已在吉安青原山削发为僧的欧阳武，亦被下令缉拿。欧阳武见刘世钧的父亲已被捕，因恐累及父兄，乃投案自首，解赴北京，囚禁于陆军监狱，被判徒刑 8 年，不久又被释放。徐秀钧则早在湖口起义后，即被袁世凯指为“乱党”而逮捕于天津，押解九江，杀害于九江南门口火帝庙侧空场。徐秀钧烈士生前，曾为北京众议院议员，众议院宪法起草委员会委员，对袁世凯违法渎职、擅借外债，反对最力，且经常将搜得袁世凯祸国殃民的种种罪行材料，密电李烈钧，策动讨袁。他被押回九江，禁锢在九江锁江楼上。李纯派军法处处长将他严刑拷打，审问他：“你们乱党还有哪些人？”徐秀钧回答道：“除国贼袁世凯及其狗腿子外，都是我们的党人。”伪军法处命令他跪下，徐秀钧态度强硬地回答说：“我是国事犯，可杀而不可辱。”袁世凯死后，黎元洪就大总统，指令九江县拨款银圆 1000 元，将徐秀钧烈士迁葬于九江大南门外之山川岭，碑题“烈士徐子鸿墓”。

湖口起义讨袁军总参谋长夏之麒，苦战月余，军事失利，逃至浙江，由浙至沪，东渡日本，与李烈钧共谋再举。李烈钧以袁世凯势焰方张，须暂忍耐，以待时机。夏之麒颇不以为然，返回上海，变卖衣物，并历年贮蓄共数千金，于1914年4月，赴杭州谋发动革命，不幸事泄失败，同志四人被捕就义。因此，夏之麒革命决心益坚，再赴日本，趋谒孙中山先生，商谋继续革命。孙先生极力赞同，并允资助，促仍返沪，派为浙江军事主任，进行活动。他到杭州策动军队，已经就绪，定于1914年10月22日起义。讵知机关被破，同志数人被杀，20余人被囚禁。不得已复走日本亡命。次年，孙中山先生命夏为江西军事主任，夏回到上海，派其同志刘平等数十人回赣，设立机关，发展中华革命党组织，策动军队倒袁。4月间，赣省机关相继被破，刘平牺牲，胡硂等同志被捕，被囚监于江西军事执法处。胡硂因受酷刑而成残废。北洋军阀使用的酷刑，除军棍、皮鞭、铅鞭、铁杠、夹棍等外，还有烧红铁链，令人跪于其上；或铺烧红炭于地，令人裸体辗转于其上，或用长铁针刺入人的下身，或用钢针刺入人的指甲，或用大铁钉钉人指，悬于木柱，惨无人道。7月，夏之麒再派欧阳豪潜回江西，进行革命。他对同志说道：“司马昭之心，路人皆知之矣。吾辈以身许国。忍令灿烂中华，任袁贼帝制自为乎？”不幸于1915年11月7日，被刺死于上海，时年仅38岁。烈士骸骨，葬于杭州西湖玉皇山麓。

（选自全国政协文史资料研究委员会编《辛亥革命回忆录》第4集，中国文史出版社2012年6月第2版）

江西省会“光复”经过

龚士材*

辛亥革命时，我与吴宗慈先生交好，崇拜其学识。迨武昌起义，江西毗连，风声所播，莫不惴惴，天下兴亡，匹夫有责。其时身为全省商界领袖，岂甘暴弃，虽然数千年之礼教所拘，唯权衡利害，实有冒险尽力之必要。武昌“光复”后，九江随之。南昌为省会，酝酿已亟。九月初四、五、六等日，即由扎顺化门外之马队营发动，全城风从，欢呼“光复”矣。

是役，我日夜冒险奔走，力劝冯抚台反正，或交卸出走，可谓胆大妄为。其敢如此坚定冒险者，因受吴宗慈先生平日之议论指导，极形感动，认为大势所趋，无可避免，在此演变过程中，非如此万

* 龚士材：时在江西军政府负责财政工作，后任南昌振商银行协理，南昌市总商会会长。

不能保全地方治安也。先是吴先生位于仓圣庙，既闻大局情形，必常常往听消息。原来吴先生已任江西省视学，须往赣北视察，正拟动身，忽尔中止，告以革命“光复”，间不容发，岂能外出。其实吴先生驻省许久，正为暗中计划，主谋江西如何“光复”之革命大事业也。其时吴先生苦心孤诣，秘密部署进行，其较著者，如主办《自治日报》，为吾省舆论唯一重心，立论纯正，无形鼓吹，使社会一般人心，莫不趋向信仰，其功力之宏大，殊无以出其右者。

“光复”前一日，即斗胆印行红报，有《大清政府从此长辞矣》之标题，人心为之惊骇，而全省文武大吏，尚完整执权，军警林立森严，刻刻可以断头，而吴先生镇定布置，毫无难色，其胆识敏练，莫不崇拜，观感风起云从，实为江西文士中指导策划之主脑。其红报立论讽劝冯抚台，以人道主义为重，隐隐讽其反正。冯虽汉人，籍隶河南，但已受清廷厚恩，不能恝置，唯对于革命行为似亦不甚阻挠，是以“光复”之夜，皇殿及抚院起火时（按：皇殿抚院放火事，系由余命张鲁璠、郭穆堂二人于《自治日报》取洋油二箱，率人所为），只带亲信卫队，打通洋务局墙垣，由对门（近佳山庙）维新鞋店躲入隔壁旺子巷章姓铺垫栈内。其夜，是由标统方先亮所辖之马队营发动，因五十四标大部已开萍乡，只留马队营扎顺化门外，督队官蔡森，从顺化门外扒城墙而入。队官胡嘉猷、胡廷柱随之，直赴抚台衙门，举火焚吹鼓亭及驻卫队房屋多间，旋即扑熄。所有全城文武官吏，躲的躲，逃的逃，无力抵抗，兵不血刃，即将二三百年清廷专制政权推倒，龙旗变为五族共和之五色旗，脱离奴化束缚，而为共和民族矣。当日秩序逐渐恢复，而人心欢愉，街市尚少抢劫混乱行为，就只官银号被越墙之兵以队官胡嘉猷、胡廷柱一时管束不严，劫去库存及尚未发行之纹银钞票三大皮箱，约在数百万两。手续虽已办好，但登发行号码者甚少，只好作兑，其大多数并未发行者，查明号码，公布取消作废矣。越墙进城举火之夜，冯抚台携亲信卫队一排，皆带新式手枪，身捆扎子弹甚多，躲在旺子巷章姓铺垫栈内，知者甚鲜。

夜半，由李国珍先生家之佣妇知情告知，即由李先生至总商会召集谘议局副议长叶先圻、陈永懋两位（是日下午正议长谢远涵已出走）和总商会总协理邹安孟、龚士材 4 人研究办法，乃联袂同往旺子巷谒见冯抚台。进门时卫队严拒，视若叛人，再三恳其转达，声明实为善意求见，始得接见。斯时因叶先生抱病，陈先生、邹先生均讷于词，比较士材尚能侃侃而言，幸阅吴先生本日所出红报之立言，有所谓人道主义，乃本着此理，说我等求见，请求中丞以人道主义保全人民为重，因深知中丞平日无不重视人民，故敢冒昧陈请，始终以保全人民为前提，请中丞即回院，主持危局，保持本省治安，保持人民安全。冯抚台乃曰：要我出去维持危局，我当心而为，但是形式上要我彰明较著如何如何，则不能。你们要晓得，我昨夜得南京电，今午得安庆电，现在安庆并没有什么，南京更没有什么，我们江西兵不足恃，饷不足恃，万不能遽尔现形。我今年 53 岁，宁愿牺牲性命，不能牺牲名誉，到那时因兵与饷均不足恃，既已牺牲名誉，又要牺牲性命，我绝不能。你们公团如有人撑持，我可交出云云。其时是深夜，旺子巷北口即站有多位运动光复军学界人物，听候我们谈话之消息，我即往该巷口与之接洽，说明所谈情形，军界有宪兵营长吴乃楫（皖人），标部参谋长夏元麒（浙人），并本省东洋留学高级毕业抱革命思潮分子多位（不能记忆姓名）合口一词说，既然这种说法，请他先回院，明日午间至谘议局，将印信交出，仍要我与之说明。我即转达。冯抚台谓印信已不在身边，经管印人带出境，我又将此话回复，而所站在巷口之军学界诸位，大不以为然，非现在交出不可，要我破除情面迫其交出，使我居间传话人真是疲于奔命。试思如此状态，至今犹觉惴然。虽经两面费词，自属委婉，而站在巷口者竟有骂我妇人之仁，罔识利害，若其离省，势必调兵遣将，将我们在事一般人物拿办杀头，后悔何及，仍须逼我追问硬要。我无法，则请他们推几位同往面说。但是他们军界多系部属，而学界大部剪发，又知有卫队一排，各握手枪，饱缠子弹，哪敢随我往见，只是逼我一人往返奔走，印信既未随带，自然毫无结果。那一段危急情形，思之犹为心悸。相持在 4 个钟头之久，东边曙光已经出现，而巷口一班“光复”志士忽尔星散矣，冯抚台谓皇殿亦起火，允即回院，再赴谘议局开会公决，叶、陈、邹三位陪坐已久，我一人徒事通宵奔走，只好暂散，再至谘议局开会。是日人心惶惶，军、学、绅、商各界数千人，齐集谘议局，等候开会。时罗家衡、李国珍诸先生发言最多，全场赞成，有一商人涂廷弼，发言多颇乱，届时冯抚台已到，宣布曰：皇殿被焚，抚院被焚，秩序纷乱，岌岌可危。对于地方治安，关系极巨，我既无法维持，应由你们公团士绅人民全体好好公推贤能负责撑持，我可完全避让，即日出省赴浔北上，仍愿大众以人民为重，使我心无愧怍云云。简单声明，即匆匆返院，收拾行装，出漳江门登某小轮开行赴浔矣。一般人民亦能尊重，虽未知如何欢送，但亦毫无冒昧行为。小轮行快，比夜到浔。军政分府马毓宝等许多军官原为部属，亦以礼迎之，唯须留其在浔暂驻，当时实不肯上岸，乃勉强挟持登岸，时犹是红顶花翎，穿行装，安住于道员孙词臣洋房高楼。陈设甚丽，盛宴款待，故戚戚然不愿就席，再三请而后可。且备烟具并顶好烟膏，庶好乐为休息。宴罢经许多部属军官苦劝反正，均不置可否。至夜深休息时，乃谓太劳倦，你们请散，且严挥侍从离开，伊好安眠。不意于人静后自行将所备烟膏完全吞服，左右知情时，已不能言，固欲救治，犹知严拒，约逾数时，遂慷慨就义，一息已冥矣。此公既顺潮流，毫不犹豫，甘心尽忠，真不愧大节凛然。士材与之私交颇厚，当时闻知，不禁三日泣下矣。谘议局既开大会，冯抚台宣告卸责后，乃由各界公举军界现握权最重要人（协统）吴介璋（复初）先生为江西军政府都督，其文武官吏，无不避匿，不能见面，即须大家分头寻访。我亦日夜奔走，多方寻觅，匆匆假葡萄架王鹿之先生家聚议，王君本省籍，为军界要人，非同学即同事，无不相契接近，所以在其家者较便利。

先后到者固多人，但不能记忆其姓名，有叶品三、巫愿宪两位先生，向充讲武堂教授，学问优，军界门生多，感情好。有一位刘姓（不忆名）矮胖营长，发言多。尚有数位，均是革命同志。并有现握军权来到者方先亮（皖人）、冯嗣洪（楚人）两位，关系本城治安最要，乃先就在座诸位讨论议决，请吴介璋先生担任临时都督，是时吴公极端谦让，经再三敦劝，而后可。但是对于军界，尤须各方同意始能撑持，现分握军权之方、冯两队君，必须疏通一致，尤有本省最重要革命要人彭程万、俞应麓两公，必得同情，非可贸然从事。讨论许久，始解决各接近人即往各处接洽，有道员张季煜先生，与方、冯二队长契洽，必请其任总参议，以期互相融洽。在王鹿之先生家筹议最久，大体就绪，所谓在葡萄架王宅组织江西军政府，即指此一段历史也。总商会只是我一人与议，因我平日均与之相善耳。当时既得吴介璋先生之同意，乃议设立军政府之地点，咸以从前贡院改设高等学堂规模宏大，讲堂颇多，现应急需，可与之分别部署办公联系，且易布置，次日即由王鹿之诸同志前往，积极设备，而江西军政府旋即成立，欢迎吴都督莅临办公矣。政体改革，百度维新，气象万千，至为庆幸。维持临时军事保卫地方治安者，有方先亮、冯嗣洪。及在事诸位之负责政治方面亦属草创，好像是罗家衡先生任外交，邱冠芬先生任民政，胡绎先生任司法，李国梁先生任实业，我则任财政（按罗家衡系任民政，蔡公时任交通，余人记忆不清，吴宗慈注）。

刚刚布置的办公厅是一很大之讲堂，原来监造委员是一候补道马献廷，工程太潦草，正摆设办公桌椅时，忽然地板沉陷，灰尘纷朦，遂停止进行，且待修整。于本夜次早，乡间家严专人连送两信，严嘱既效奔走也好，唯切不准做官，不仅才力不够，而且人才济济，万勿冒昧行事云云，是以即遵严命决辞，乃改任雷恒（字见吾）先生为正，陈永懋先生副之，我则仍退处总商会协理而已。忆自武昌“光复”后，九江继之，臬台张检、劝业道傅春官奉命赶浔镇慑。傅道先回南昌，张臬则于九江“光复”日由姑塘狼狈逃回南昌，自是本城逐日风声鹤唳，人心惶恐，绅学界许多人士每日皆来总商会聚议，筹商应付方法，我与邹君终日终夜接待筹商，刻无暇晷。对外奔走，应付环境，应如何才妥，主意大抵八九由我主张。邹君常曰，你见解、眼光、思想、胆识均比我强，切勿稍存客气，经你所做一切，尤宜当机立决，以免迟钝贻误，我极端放心，万一惹祸，必有正理，我与君约，虽无福同享，甘愿有祸同当，誓不畏缩，勉我万勿顾忌，尽此天职。此公之诚而明，血忱相与，至今思之，犹为惜然。更幸有前任本会总理曾平斋公及本会贤达罗文青公随时指导，又有吴季卿诸位及商团体育会会长罗朗山、曾祥麟，商团团长李晋生，亦时来商榷。绅界刘凤起先生诸公，尤不吝教益，李国珍先生最为接近，常以革命思想灌输，即如我商界巨子，平日皆以《自治日报》主笔吴宗慈先生之言论宗旨为转移。商人重保守，而信仰之深，关系之巨，间非等闲。其时总商会既为全省各界聚议之枢纽，遇此空前所无之变局，无论商号及住户，咸信赖总商会能设法维持相当之安全。唯以商团力量有限，乃亟集议，由各住户联合另办一人民自卫之保安团计划，必须向官厅请领快枪600支，为人民自卫之武器。许多绅耆公请我竭力要求，冯抚台准许即发。原来主张此举者，为军界革命巨子俞应麓先生。所计划经我再三请求，冯抚台只发九响毛瑟枪600支，徒有其名，无甚力量，因官厅有意防患也。

以上所记录者，仅就辛亥九月初间南昌“光复”前后10日中之经过而言，以身历其境，事事躬行，印入脑海，其时年方40岁，觉精神魄力乃能贯彻，所以印象深刻，现年75矣，虽隔35年，记忆所及，犹觉历历如绘，据事直书，诚为字字真确，除有姓名不能全忆或略有遗漏外，毫无夸张假借，及阿附虚伪之妄言，今恐年老遗忘而致湮灭，故记录而存之。

民国5年，至友胡发珠（明蕴）先生从河南回来，久别重逢，更为亲善，备述一段经过颇有记载之价值。此君吾省兴国人，前清由优贡保经济特科，分发河南知县，已任扶沟等县实缺，“光复”时在河南布政公署任总务科长。南昌“光复”后，河南布政使是由王祖同代理，王祖同于江西“光复”时，正任饶州府，国学甚优，收藏古书甚多，视之若命，“光复”时由燕善达君驰赴饶州接任。王祖同即匆促逃走，所有古书全被散失，其对于江西革命人物，深为痛恨，于南昌“光复”未几，清廷急召袁项城晋京，固须先至开封。王祖同与之有戚谊，且为项城器重。其时局面混乱，凡是北上公文，皆在开封截留，与项城阅看，内中有一件江西巡抚冯汝骙于尚未出走时即已拜发遗折。项城与王祖同均在办公厅，凡属公文，先由王祖同报阅，有关系者再呈项城阅看。批阅冯抚台遗折，内有“江西之革命，一非军界，二非学界，由总商会招600人始”之句。王祖同因恨江西人，与项城阅时，且说很不利之话，项城乃莞然而笑曰，“奇怪，商会也能革命吗？”连说两句，尔时胡发珠先生亦侍立旁观，确有此几句，乃为我汗流浃背。因邹君亦与相善，意想邹君胆小，必不敢为，龚某平日喜欢做事，未免胆大，其所代我汗流浃背者，即此意也。事过境迁，何容记及。但以冯抚台出走之前，即抱必死之怀，真是大节凛然。所谓南昌“光复”，是由总商会招600人始，可见我当日再三面求发给600支快枪，只发600支旧毛瑟，官方就是有意防患，隐隐印证，似相吻合，抚今追昔，不禁慨叹。

（选自江西省政协文史资料研究委员会编《江西文史资料选辑第39辑·辛亥革命在江西》，江西人民出版社1991年10月第1版）

从江西起义到支援湖北

周维纲 *

辛亥革命是孙中山先生领导的资产阶级民主革命。它推翻了清王朝，结束了我国两千多年以来的封建统治。兹根据本人亲身经历，提供一些史料，供文史研究者参考。

1911 年农历三月二十九日广州黄花岗起义虽然失败，七十二烈士壮烈牺牲，然而风声所播，已使清朝统治者寝食不安，风声鹤唳，草木皆兵。对于革命党人防范极严，而对于各省新军尤深怀疑惧，或者暗加查察，或者是分散驻地，以防不测。

我系江西人，由保定陆军速成学校毕业后，即回省被派为江西

---

* 周维纲：时任江西新军第二十七混成协第五十四标第一营前队队官（连长），后任南京国民政府军事委员会训练部总务厅厅长。
新中国成立后，任南京市人大代表。本文原标题为《从江西起义到参加武昌首义之战》。

第二十七混成协第五十四标第一营前队当队官，驻南昌顺化门外新建营房。当时任协统者为江苏苏州人吴介璋，第五十四标标统为天津人齐宝善，该标第一营管带为湖北人梁作栋。

由于长江一带风声日紧，清朝政府亦日形恐慌。清朝统治者看到江西萍乡县属之安源煤矿工人不断在矿内举行秘密会议，深恐为革命党所利用，发生爆动；而且该矿原有日本巨额投资，如果发生爆动，还会引起外交纠纷，遂于辛亥这一年夏间，电令江西巡抚冯汝骙，将新军第五十四标全部调赴袁州、萍乡、万载、安源等处，分别驻扎。一方面护矿，一方面将新军分散驻地，以免集驻省会，突起事变（该标士兵皆系由各县征集而来，青年知识分子较多，所有军官亦多认识大势，并且民族观念较强，故为清廷所注意）。在清廷看来，吴介璋、齐宝善等遇事尚奉命维谨，不致于存有异心，然而担心其不能控制所部，为清廷效命，所以采取分散驻地的办法，以防止发生革命事变。

约在辛亥年农历六月上旬（具体日期已记忆不清），我接到开拔命令后，即行率部由南昌出发，水陆并进，不数日即到达指定驻地——萍乡县城，与标本部同驻一城。该城尚有新设之兵备道署，当时道台为苏人傅春观，系一奸滑官僚，与统带齐宝善气味相投。清末原有重文轻武风气，遇事多应由道署裁夺。齐统带亦每顺从傅道意旨，不与争持。所以当日我对于这双重上司领导的体制，心极怀恨，对傅道尤为切齿。后来我率部起义，固然是为国家、民族着想，然而亦是由于厌恶齐、傅等人之所作所为，从而加速了我起义的进程。

萍乡地当赣省西面要冲，安源煤矿距离县城 10 华里，实一极大的财源，产量甚高，于国计民生，均有所裨益。该地建有萍株铁路，交通便利，且为军事要地，于当时关系极为重要，故为清廷所重视，特设文武要员常驻该地。

我到萍城后，曾赴安源矿区参观访问，本营营部亦设置在该地，因此接触机会更多。获悉这时矿工已近两万，工人待遇极低，几难维持一身最低限度之生活，更说不上仰事俯蓄。所以工人常欲举行罢工，请求增加工资，只因压力甚大，很难实行。我每一看到他们的苦况，辄为之慨叹不已。

驻萍未及三月，武昌起义即已爆发。未几，湖南亦于九月初一日即阳历10月22日宣告独立。湘、赣比邻，形势自然紧张。齐统带、傅道台要我戒备，以防意外，并令我到标本部去谈话。到标本部时，见傅也在坐，齐、傅二人见我到来，面带笑容，十分客气，与往日之倨傲态度判若两人，并且一再称许我为少年英俊。我听后不禁失笑。回队后正思索彼等何前倨后恭一至于此，不意晚上接到了率领全队开赴昭关驻防的命令。昭关系湘、赣交界处一军事要地，距萍城90里，距湖南醴陵县城只20里，原有防守工事和营房，略具要塞建筑，接近萍株铁路车站，旧时可以凭借工事进行防御。当我到达昭关后，即就根据当地地形略绘布防形势图，呈报标本部，以示我之认真职守，以安其心，但对湘方驻军则密派心腹士兵与其联络。当时驻醴陵县城之统领为赵春霆，亦深愿与我协商，互不侵犯。可是赵统领恐我权力有限，未能践约，因即来电，请由齐统带另派专员到昭关车站与湘方专员会谈，共同商讨防守协定。齐统带乃派一营管带梁作栋来我队参加会谈。不知何故，梁管带称病不来，要我代替他前往协商。此事原系湘方睦邻善意，别无其他动机，我方自当坦然应允，梁竟不愿参与协商，不知何故。后来湘方亦未派专员前来，仅打来一个电话说：“因有重要会议，无法派专员前来会谈，特表歉意，望加原谅。”我当时判定，湘方对于赣军终存戒心，惧赣军于订约之后不能践约，纵有约定，等于具文，反使自己的行动受到拘束。我遂将湘方未派专员前来会谈之情形，报告梁管带，梁听了，即往标部复命。

由于湘方没有践约参加会谈，齐、傅两人闻之均感焦虑，深恐湘方向我省进攻，遂令一营左队开来昭关增防。又因该队队官韩祖润病假离队，即令暂归我指挥。此时我从各方面得到情报，知道武汉方面待援甚急。湘省这时虽已独立，似可作为声援，然而总觉得赣军可虑，深怀后顾之忧。于是我即决心早行起义，率部援鄂，以减湘省后顾之忧，亦遂我平生向往革命之素志。经我与两队同寅密议商妥，即于九月初十日（公历10月31日），集合两队士兵，晓以革命大义，宣布起义。两队士兵一致同意，即整队向醴陵出发。行前另派专人前往醴陵，通知赵统领，说明率部队借道湘省，驰援武汉，别无他意。赵极表欢迎，当部队到达醴陵县城时，受到当地各界的热烈欢迎。未几，感叹便由省方派来专车一列，到醴陵迎接。此次率队起义，进行顺利，全体官兵无一人脱离，实为始料所不及，由此足见人心思汉，由来已久。私心快慰，自无待言。

我到长沙后，即由都督府派来人员带我晋见谭延闿都督，所有部队亦安置就绪。在见谭时虽承奖勉倍至，益加振奋，然而却听说内部争执颇烈，对于革命前途十分不利。我即具一函呈谭。函中大意谓：“现在武汉待援正殷，我已率部起义，意在驰鄂增援。现湘省已无后顾之忧，亦正宜及时大力援鄂，以维大局。”次日，谭派来内务部长（姓名已忘）对我说：“你昨日所写的信，都督阅后极为赞许，是否是你的亲笔？”我点头说是。他接着又说：“这就愈觉令人钦佩。”说着给我令文一封，拆视内容，乃任我为湘军第四协第七标统带，另拨一营归我指挥，饬速编成候遣赴鄂。我当即表示年轻阅浅，殊难胜任。辞不获准，只好遵命。此时，同营之右、后两队闻我起义后，亦相继举义，并追踪而来，愿听我指挥。这样，我已有训练多年之一营，官兵共约600余人，信心更足。故我于受命之后，即和右队队官傅人俊、后队队官刘文田以及其他官佐集议编组办法：以傅人俊为教练官，刘文田为第一营管带，以徐安棠为正军需，其余各职亦均已分派定妥。原有湘省拨来一营编作本标第二营，管带为黄某（名字已忘），一切人事照旧不动。一切饷项械弹请领分发完毕后，即于九月二十日（11月10日）在本协协统甘兴典率领下，乘轮船开赴武昌。

我在起义之前，虽曾一再与湘方密切联系，克日发动，但是为防泄漏机密，一切都在密秘进行。因而当我部进入长沙时，居民尚不明真相，颇受振动。旋由都督府张贴布告，说明情况，民心始定。继见我部纪律严明，态度和平，遂表示热烈欢迎。

长沙方面对于我部之照顾安排十分周到，给养饷械也都按时发足，这使我受到很大鼓舞。特别是都督谭延闿对我信任甚专，拨队编练不加干预，一切都由我决定。其他待遇也都与湘省部队相同。

正当我行将出发，登舟驰援武汉时，忽有日本新闻记者（姓名已忘），登舟投刺请见。我即允与晤谈。该记者颇善华语，无须翻译，见面时对于我之率队起义极表赞颂之词，并祝我参战胜利，表示希望我国此次革命胜利成功。接着他告诉我说：据闻北京有人献计，建议用氯气炮向我革命军射击，期将武昌早日攻陷。问我部队有无防毒面具等语。我听了之后，虽知日人到处使用其两面手法，但察其来意尚善，而且对于其言确否亦初难遽信，故即婉言答谢其盛情。辛亥革命以后，我到北京，确闻有鄂人卢星垣者，当时在军咨府供职，曾向军咨府大臣载涛建议，对革命军使用氯气炮。人皆深鄙卢某的奴性和残忍，每一谈及，无不切齿。不过清政府始终不敢冒天下之大不韪，未曾采纳卢星垣之建议。

当我到达武昌时，汉口已被清军攻陷，敌我两军隔汉水对崎。战局沉寂，偶尔闻双方炮声。大约在午后 8 时左右，将船只泊岸，本协部队始陆续登岸，故未受到敌军炮火的威胁。抵埠不久，即由都督府派来招待人员，引往都督府晋谒都督黎元洪，所受奖励温慰之辞，远逾长沙谭督，听后倍受感动。次日，把部队安顿后，又随甘协统渡江至汉阳之归元寺（战时总司令部所在地），晋谒黄兴总司令。黄兴除力加奖勉之外，并详询本协所有之装备、给养和其他各种情况，关怀深情溢于言表。此时，总司令部正计划向敌军再度发动进攻，大家都感到部队虽多，但是经过多次战役，伤亡极重，新行补充者，又未经训练，缺乏作战经验和能力。因此对于这次进攻，能否取得胜利，尚无一定的把握。忽闻我部有一久经训练之整营，均极喜悦。黄总司令在会上一再奖勉，当即决定在作战时将我部安置在重要地区，前进时亦由我部担任前卫。我们在晋谒黄总司令以后，随将部队从武昌开到汉阳暂驻休息。我因亟欲明了敌方情况，以便预作战斗准备，便与傅教练官和刘、黄两管带上龟山，向汉口敌军阵地了望。另据谍报所得，知当时敌军约有 3 个整师和 2 个混成旅，共约 4 万余人，均系北洋精锐部队，装备优良。其阵地则在刘家庙、大智门一带。统帅为冯国璋，并正拟向我军进攻。我军为先发制人计，乘敌人尚未发动攻击之前，决计集结兵力向敌人发动进攻。在进攻部署中，由于本标系生力军，奉命担任前卫，并指定以刘家庙敌军右翼阵地为本标攻击目标。我在接到作战命令后，即对部队下达命令，并规定了部队行军和作战的各种行动。九月二十五日（11月15日）午后6时，部队自汉阳集合地点出发，迂围到距汉阳30里的蔡甸，渡汉水从后方向敌军截击。渡汉水时，是从临时所架设之行军桥上通过的，由于桥面很狭，部队在通过时历时甚久。幸距敌军较远，未被敌军发现，否则十分危险。这种渡河方法本为兵家所忌，但在当时的条件下又不得不如此。由此可见当日革命军的勇敢精神，一往直前，无复他顾。这时部队的补给十分充足，每人每日俱按老秤1.4斤发给军米。不但粮食充足，并且每人每日还发给猪肉2两，标、营部军官另发酒两瓶，其他油盐柴火等物亦都由粮台（即后勤机关）按期发给（每10天一发）。因此，所有官兵之物质享受较之平时要好得多，因而不但精神饱满，屡经战役而绝少疲惫之感，也没有发生抢掠骚扰事件，从不妄取民间物品。革命军纪十分严明，因而赢得了人民群众的信誉和赞扬。

此次进攻本无必胜的把握，只是迫于当时的形势需要，不得不尔。这样，一则以示我方之实力犹强，二则借此以鼓舞各省继续响应革命。但是由于广大士兵的勇敢精神，英勇杀敌，当我军发动进攻之初，即给敌人以很大杀伤。使敌军陷于被动局面。我军进展既速且大，极大地鼓舞了广大战士的斗志。各省闻知，亦极为欣慰。但是由于我军的武器装备都比较差，缺乏炮兵，不能摧毁敌军阵地工事，又无协同步兵进攻火力，以致全线陷于敌人猛烈的炮火下，经过一度激战之后，终因敌军炮火猛烈而被迫后退，继而又撤回到汉水南岸，暂取守势。经此一役，各部队官兵颇多伤亡，械弹亦亟待补充。

在此次进攻中，总司令部也派出了许多督战专员，随队出发，以便随时指导作战。各督战专员也都亲临前线，有时手持驳壳枪（手枪）带领士兵冲锋陷阵，身先士卒。帮助部队指挥官之指挥，其勇敢杀敌的革命精神，令人钦佩。特别是当部队从蔡甸南撤，退守仙女、美娘两山时，为了阻击敌人的追击，以使部队从容南撤不致慌乱，督战员们冒着敌人的弹雨枪林，英勇阻敌，使全线官兵无不感动，从而沉着应战，予敌以大量杀伤。他们与广大士兵一起在山上露营，同甘共苦，也极大地鼓舞了广大指战员的战斗情绪。所以，冯国璋虽然率领着北洋极精锐的部队亟欲南下，竟难遽逞。据说这些督战专员俱系同盟会员，年事甚轻，也非全是军人出身。其所以如此勇敢者，乃由于热心革命使然，因而也有不少人献出了自己宝贵的生命。

由于我军进攻受挫，冯国璋即趁我军休息整顿之际，从汉水上游渡河南进，向我军迭施进攻。汉阳遂告失守。武昌已成为一座孤城，虽经广大革命军奋力抵抗，形势仍十分危急。在冯国璋本人也未尝不欲一举攻破武昌这个革命发源地，以邀清王朝之上赏。所以在龟山上架起大炮，向着武昌之都督府猛烈轰击。幸而这时江浙联军攻克南京，大江南北尽宣告独立，清朝政权危在旦夕。是时，掌握清廷大权的袁世凯也别具阴谋，令其亲信段祺瑞南下督师，指使冯国璋缓攻武昌，以南方的革命势力压迫清朝，以图向清朝夺取更大的权力；同时向革命党人示意，建议停战谈判，以达到他一箭双雕之目的，作为他将来夺取政权之政治资本。因而在武昌、汉阳间形成了暂时停战局面。所有革命军部队即趁此机会分别整理，静待后命。不久，和议正式开始，战事随之结束。我亦因参战多日，餐风露宿，受湿甚重，身患恶疮，亟需医治，即行辞职回赣就医。

我在武汉方面参战40余天，所经战地总共30余里，接触的当地居民，都十分热情支持革命。每逢下雨，道路泥泞难行，就有许多民众自动起来为我们搬运械弹，运送饭食，且不时的给我们送水送茶，给予银钱又绝不接受，真是情深意厚。特别是有许多居民不避战地的猛烈炮火，自动纷赴前线帮助运送伤员，其勇敢精神犹如军人，使得负伤人员能及时运回医治，无一遗弃战场。还有那汉阳兵工厂的职工，在武昌起义以后日夜工作，迄未稍停。因此革命军的各种枪械弹药都能源源不断地得到供应。他们的革命热忱，亦实令人钦佩。

我在江西起义以后，江西局势也很快发生变化。据我所知：驻在省会南昌的原吴介璋第二十七混成协所辖之骑、炮兵各一营和工程、辎重各一队，看到当时全国革命形势的发展，不能无动于衷而袖手旁观，亦即发难举义，宣告独立，推协统吴介璋为都督（原任江西巡抚冯汝骙携眷出走，但当他逃到九江时，驻守九江的原二十七混成协的第五十三标标统马毓宝亦在九江宣告独立。由于他奴性素深，即行自杀，以示他对清廷的忠心）。江西素有“洪门会”的地下会党组织，其宗旨以反清复明为第一要义，此时遂公开活动，到处植党营私。倡言吴介璋是江苏人，不宜为江西都督，乃竟主张以测绘学校校长彭程万继吴介璋为都督。彭性甚懦，既受制于人，亦乏建树，致使江西社会秩序大乱。有些正直人士深感前途可畏，认为这样既妨碍革命，又苦了人民，乃集议请马统带率部晋省主持大局。彭亦知难而退，甘让其位与马毓宝。从此江西局势开始趋于宁静。可是马之为人嗜好（吸毒）甚深，大权多行旁落，用人行政亦均极庸劣，结果被李烈钧将其迫去，接充都督。李督对于地方各种建设，以及政治、军事、经济等各方面都能精心规划。尔后，因李烈钧系中山先生忠实信徒，又是致力革命极坚定之同盟会员，在宋教仁被袁世凯派人暗杀之后，李即联合广东胡汉民、湖南谭延闿、安徽柏文蔚等四省都督共筹讨袁，便于癸丑（1913 年）夏间通电全国，起而讨伐袁世凯。事虽未成，志却甚壮。所不幸者，讨袁失败，致使北洋军阀踞赣多年，搜刮民财，草菅人命，使江西一个时期处于被征服的惨愁状态中，几有令人不忍复述者。

湖南与湖北比邻，地理、军事关系极为密切，其能继武昌起义而宣告独立，并立即派出部队驰鄂增援，自然是对革命事业的巨大贡献。但独立之后，却因地方门户之见分歧殊深，争权夺利，时起纠纷。例如：当我刚从江西来到长沙前往谒见谭都督时，见有陈尸一具，暴露督署门前，久不收殓。据说系第一任都督焦达峰之尸。焦督因何被杀，虽未尽知，然其为党派互争，谅可概见。由此更可明了地方秩序造成紊乱之原因。谭都督在当时的威望自然为他人所望尘莫及，然究系一个文人，当此戎马倥偬之际，既不习惯，又易受到军人挟制，所以对于武汉方面的支援，显然未能全力以赴。后来讨袁之时，其亦未能集中全力，以抗敌军，致使张敬尧长驱直入，迅速占领长沙。由此可见团结之重要。

以上所述，均系我当时的亲身经历，绝非摭拾人言，但是囿于我个人所见所闻，且出于当时观点，未必全面和正确，错误之处，尚待同志们补充指正。

（选自江西省政协文史资料研究委员会编《江西文史资料选辑》第 6 辑，1981 年 9 月）

辛亥革命的几个片断回忆

卓仁机*

一

1911年10月10日，辛亥革命在武昌爆发的消息传到上海精武体育会时，立即有许多会员集会讨论，有人倡议到武汉去参加革命，许多人当场签了名，我也是其中的一个。3月后，我便和好几十个青年动身前往。船过南京时，有十几位第四陆军中学的学生上船。沿途经过安庆、湖口、芜湖时，也有很多学生上船。那时，九江金鸡坡炮台已经独立，炮台司令王金标带着随从人员到武昌去献印报喜。船到九江，靠近码头，看见岸上的人大多数已剪掉辫子，身穿

* 卓仁机：时任赣军敢死队副队长，后任国民革命军总司令部高级参议，第四战区广东驿运处处长。新中国成立后，任广东省政协委员，广东省文史研究馆馆员。

短衫，头上戴有像京戏中短打武生戴的扎巾，额上插有一个三尖牌，耳边挂有一个绒线球，这些人也是当时响应革命的青红帮人物。

当时武昌设有一间集贤馆，是专为接待各方来参加革命的人住的，我们这一组10多人到了武昌，就住在这个馆里。在报到后的第二天，听到消息说，有大批北兵到了孝感。许多来参加革命的人都自动地到汉阳兵工厂领取枪支子弹，编好队伍，到汉口刘家庙前线去。我们这一拨人也编成一个班，推出一个姓周的当班长，因为他曾学过兵式操。我们到了汉阳兵工厂，看见仓库大门已经打开，满地都是枪支。各人选了枪，打开了一箱七九子弹，把子弹配足，就往刘家庙前线。到达后，那里的防御工事还没做好，敌人已向我们开火了。前几天武汉的革命军队和当地反动军队在汉口北部打了好几天，无甚进展。这次新到的北兵是段祺瑞和冯国璋的两镇，是袁世凯督练出来的精锐部队。革命军和他们打了一个下午和一夜，第二天拂晓敌人又来攻击，我方抵抗不住，陆续退却。我们这一班位置在江边，和敌人骑兵的尖兵仅距离七八百米，那时我们左边友军的枪声已寂然无闻，但看见右边大江边上有我们一艘小火轮，载着卫生队和接济前线的干粮，正在靠岸。如果我们也退走了，船上的人和物资就有被俘获的危险。我们班里有一个同志就冒险跑到江边，将这种情况告诉船上的人，让他们立即开回武昌，跟着我们也退却了。北兵进了汉口，就把后花楼一带房子烧掉。

在汉口革命军撤退后几天，黄兴领兵守汉阳，一个月后又为冯国璋所破，此时汉口、汉阳相继转入北兵手里，江面一带交通已经断绝。我到了后花楼渡口，已无船过江，只好进入汉口租界，乘轮船回到九江，去找金鸡坡炮台司令王金标。到了九江，等了好几天没有见到王司令，却见到南昌都督马毓宝派来的都督府参谋长李烈钧。他带着一批南京第四陆军中学学生和随行人员在司令部办公。我去见李烈钧报告我的情况，他对我说：“王司令坐镇金鸡坡炮台，任务很紧，不回这里来了。”并叫我安心在他部下参加工作，组织敢死队，派我当副队长，队长是南京陆军中学学生江苏徐州人李明扬。

有一天，我同参谋彭学遒在江边码头上闲游，看见码头上靠着一艘有楼的大型小火轮船，船上有几十名挂着驳壳枪的士兵上上下下。我问码头上戴英雄帽的人，才知道是江西巡抚冯汝骙乘这小火轮由南昌来到这里，挂驳壳的士兵是他的卫队，他们是要到安庆去的。我觉得奇怪，就向彭学遒说，南昌“光复”不到几天，却把巡抚放走，并带去了许多佩驳壳枪的卫队，这件事不妙。彭学遒也以为放走了巡抚，任他到安庆于我们不利。当下我们就决定不让他走，上船去劝他留在九江。我们上了船，在餐厅里见了冯汝骙，他是一个大胖子，年约50多岁，我们请他留在这里同我们一起革命。他说倘若不让他走，他只有死而已，态度很坚决。我们向他劝说一个多钟头，他还是表示“有死而已”，不愿留下来。他的卫队也没有什么动静。我们回岸站在一个高地上，用大嗓子向群众报告：“冯汝骙抚台在这个船上，他要逃到安庆去，再带兵回来打我们，我们两个人上船劝了他半天，请他留在我们这里，他始终不答应。我们现在向大家报告，请赞成革命的人都上船一同劝他不要走，要他和我们一起革命，如果他仍然不肯，我们就把他抬下船来。”话说完后，立刻就有100多人同声响应，一窝蜂似地拥上船去，把大胖子冯汝骙抬下来，用黄包车送到司令部，由司令部找了一座九江最好的花园招待他住下来。住了一个星期，他要求吸鸦片烟，招待他的人给他找到了，还以为这是官僚习惯，不算什么，不料那天晚上他竟吞下鸦片烟膏，第二天就死了。

江西都督府参谋长李烈钧到了九江后，革命精神为之一振，他对一切事情都有了新的组织、计划和布置。许多回国留学生都来访问参观，其中最多的是在日本学军事的留学生。当时李烈钧和金鸡坡炮台联系得很紧密，因为这座炮台是控制长江交通的枢纽。有一天停在武汉江面的海防和江防船舰突然都往长江下游开驶，原来这些舰只是清廷派来武汉镇压革命的,他们因为知道九江爆发了革命，金鸡坡炮台已被革命军占领，就连忙开往上海，避免在武汉被困。他们开到九江时，金鸡坡炮台打出信号，要他们停止前进。李烈钧接到炮台的报告，就派参谋龚小甫和我去发动清廷舰只起义。龚小甫是福建人，在青岛念书，德文甚好，当时海军人员多数是他的同乡，谈起话来，比较便利。我们二人赶到江边，看见“海筹”“海容”“海琛”3艘大舰停在那里，此外还停有“四江”“六楚”等四五艘小型江防舰。当时在中国巡洋舰中除了比较大的“海圻”开往英国观礼未回外，全部大舰都集结在这里。当我们二人乘坐小艇划到旗舰“海筹”号旁边时，船上的人立刻接待我们上船，他们都说福州话，龚参谋用家乡话与他们谈得较亲切。会谈结果，全部海军在九江起义。我们要求他们每艘大舰拨出马克沁机关枪两挺，小舰则拨出机关枪一挺，没有机关枪的拨出6支至10支步枪，他们都答应了，就带同士兵配备武器登陆，以充实陆上军力。这样，中国全部海军便在九江起义参加革命，并通电全国要清朝皇帝退位。

先是安庆还未“光复”，李烈钧派黄焕章领一支队往攻，兵到而安庆已独立，黄焕章领队入城，因纪律不好，引起地方人士的不满。李烈钧下令调他回九江，可是黄焕章迟迟不动。

李烈钧编了一个7人参谋团乘海筹号兵舰到安庆，目的是整顿地方秩序，并把黄焕章率领的支队调回九江。他们到了安庆，在抚台衙门办公，因为商店还没有开市，只好自己找木头刻了一颗大印，文曰“安徽都督之印”，同时张贴报告，安定人心，并找到商会人员协助工作，搞了3天，才把市面恢复，街上的散兵，也已收容整编起来。此时南京城仍然被张勋盘踞着，没有“光复”。李烈钧就指挥海陆军开往南京协助攻城，并派我到镇江见攻城司令林述庆和镇统徐绍桢，他们都表示欢迎我们去帮他们进攻南京城，我便赶回安庆报告情况。不料这时武昌黎元洪派了代表来说，武昌被冯国璋的北兵攻得很急，请李烈钧赶快派海陆军前往增援，因而原定计划就改变了。

这时安庆有3000多巡防营士兵散在各处，他们都是拖着一条辫子，乐意则来，不乐意则走，不易管理。李烈钧指定了一个地方，把他们集中起来，将他们的辫子剪掉，加以整编；另外在九江也集结了几千人，配合海军，开往湖北。另调驻防合肥的一个团开到安庆维持地方秩序，团长是胡万泰，留日士官学生。我们到了湖北，海陆军集中在黄州、黄陂一带，别动队则在孝感以北游击，威胁北兵的后方。部队到了黄州，李烈钧派我会同黎元洪派来请援的代表（姓陈，是日本士官生）去见黎元洪。我们二人在下午坐小艇划过长江，在武昌县上岸。陈代表对我说：“冯国璋的北兵在汉阳龟山上面架有野战炮，已经多次炮轰武昌城里。现在城外已戒严，江边都布置了防御工事，黎元洪搬到武昌城后面洪山寺办公。我们要从武昌县城后面翻过洪山，山峰南面才是洪山寺。现在天将入黑，夜间要看着洪山的尖峰做目标，爬过了 20 多华里的深草山才能到达。”我们爬到半夜，才到达洪山寺后院，走进黎元洪卧室，叫醒了他，和他商定作战计划后，我便单人走回黄州向李烈钧回报。李派海军日夜在江面上巡弋，给北兵以很大的威胁，使他们不敢渡江，武昌得保安全。另外，李又派陆军在孝感威胁北兵的后方，避免同他们正面接触，侧面袭击他们的给养火车，而当时北兵最怕的正是被人截断了后路。未到一个月，溥仪退位，南北议和成功，北兵也退走了。

中华民国成立后，孙大总统命令李烈钧任江西省都督，李烈钧就率领部队到江西去，大约是民国元年 1 月。李烈钧以江防兵舰“楚同”号做他的座驾舰，把在湖北的部队编成护卫军，派日本士官学生欧阳武当司令官。因欧阳武别号“南雷”，这个支队就叫南雷支队，从黄州回到九江。由李明扬当机关炮大队长，我当队副，归南雷支队指挥。同时龚少甫也集结了许多南京老兵，编成一个支队，从黄州回到九江。当时江西的军队多数入了红帮，他们不愿意服从命令。九江要塞司令朱焕涛曾向外国买了一批军械，准备反抗，但这批军械已被截获，计有步枪 2000 支，法国式旱机关枪 8 挺，全部用来拨给护卫军。不久广西新练的陆军，有一旅由王芝祥率领，从广西出发到南京，经过九江（这一部分就是后来二次革命时林虎所带的一部分）。于是又向王芝祥借来四挺奥国式水简机关枪。这样，护卫军的实力就加强了。

李烈钧在九江停留了 10 多天，把部队整理充实后，就向南昌行进。恰好这时起大北风，把许多运兵的帆船吹送得比火轮船还要快（后来第二次革命失败退守吴城时，也是这样的一场北风把北兵送来了），李烈钧坐着楚同号兵舰直到滕王阁前（这个地方在水浅时，连中等的木艇也不能驶入）。李烈钧进入抚台衙门接任都督后，重新整编军队，把护卫军编为一个师，称为赣军第一师，欧阳武当师长；把江西原有部队编成一个师，称为赣军第二师，刘世钧当师长。但不到两三个月，南京孙总统让位给北京袁世凯，南京成立留守府，黄兴当留守，有卫队一团，林虎当团长，因为经费无法筹措，就调到江西来，改为混成旅，归江西供给，因此，孙中山先生的武装力量几乎都集中江西了。

当时江西都督府军务司司长为俞应麓，他是日本测绘学生，曾追随过孙中山先生，江西都督府成立，他当了军务司司长，独揽军事补充给养大权。他在上海向帝国主义洋行订购了不少军械，其中有一批德国马克沁水筒式机关枪，钢质很劣，下发到机关炮大队使用的有 36 挺，头一次试射就坏了好几架，有的枪管打不到几十发，子弹就不灵，驮架和驮鞍也不合适。本来机关炮大队是李烈钧力量的中坚，作战能力很强，由于买到的机关炮不好，而从北方购来的骡马又训练未驯，因此不能发生好的作用，反而变成累赘，减弱了战斗力量。

那时红帮会在江西力量很大，有个叫余鸣皋的，是日本士官学生，他在表面上是李烈钧对外交际的一个好帮手，暗中却操纵红帮会的人来倒李烈钧。第二师师长刘世钧与余鸣皋勾结，图谋推翻李烈钧。在那年冬天一个晚上，他们发出一个通知，叫大家都到大东门外大校场开会，连未入红帮会的也要带着枪去，又不说出开会的目的。各营士兵便骚动起来，弄得满城风雨，有些人放冷枪，有一部分人则向都督府进攻，因为那里有加入红帮会的士兵响应，所以没有经过战斗就被他们攻进了都督府。第一师官兵（旧日从湖北回来的护卫军）当时驻在城东南角百花洲，没有参加倒李，曾由机关炮大队派了一排人出去查街，却被乱兵包围住赶到大校场去开会，走动不得。有些士兵逃回来报告情况，大队长李明扬就派我率领一连人到都督府镇压叛乱，由我任连长。我在路上遇见许多人围上来老哥老弟地拉交情和通知口号。我们向天开一排机关枪冲散他们，赶到都督府，立刻把卫兵集队点名，许多混进来的人都溜跑了。此时李烈钧已躲到宪兵司令部去，我和他通了电话之后，他就回到都督府。但外面还有很多乱兵，意图冲进来。第二师师长刘世钧看见捣乱不成，就想来见李烈钧说说好话，做做假面子，有人提议乘着这个混乱时间，把他乱枪打死，结果未有实行。到了第二年，九江第二次革命，刘又引北兵进来，使我们失去了九江的根据地。

二

袁世凯任临时总统后，立刻暴露他的独裁野心。他觉得江西国民党力量比较团结，李烈钧难以收服，乃选派汪瑞闿到江西去进行阴谋分化工作，因为汪和李烈钧有过一段交情。当李烈钧从日本士官学校毕业回国时，清政府派他到南昌当练新军的营长，他因在军营宣传革命，被清政府探悉，要来抓他。汪瑞闿当时正在南昌当大官，知道这个消息，即通知李烈钧逃走。李烈钧没有路费，他还送给李900元。李到了上海不几天把钱花光了，再电汪请款，汪又送了几百元给他，他才有路费到云南去。袁世凯利用这一点，以为派汪瑞闿来当江西民政长，可以联络李烈钧。那时候反袁世凯的声浪已经很高，有人打电话给汪瑞闿，叫他3日内离开南昌，这样，他不得不走。袁世凯就说李烈钧不接受军民分治，反抗临时政府，下令免职。黎元洪为虎作伥，想以利害来诱李，但李不为他所动。

袁、黎勾引李烈钧不动，乃想法勾引李烈钧的亲信部下来做拆台工作。他们找到了第一师师长欧阳武的哥哥参议员欧阳询，派他回到江西住在欧阳武家里，操纵欧阳武做反动工作。第一师的部队大部分是在湖北经过作战的部队，对李烈钧很有信仰，虽然有欧阳询在旁做分化工作，但一直到袁世凯下令免李烈钧职，改委欧阳武为护军使以前，欧阳武还不敢有什么异动。在讨袁失败后，如果他和我们一起逃亡出国，他是仍然可以保存令誉的。但是他被他的哥哥软化了，丝毫没有一点反袁的表现。他逃回吉安去，自称为止戈和尚，因为两面不讨好，袁世凯也不去理他了。

民国元年，九江镇守使是戈克安，因为屡次与都督李烈钧对抗，直接为袁世凯做了镇压革命的反动工作，彼此不能相容，江西部队把他赶跑了。那时袁世凯的爪牙和兵力尚未深入江西，就由黎元洪推荐王芝祥暂代九江镇守使。王答应兼代，并派他的参谋长耿毅办理其事。耿毅的思想是进步的，他在浔阳旅馆开了两个房办公，这个地方就变了进步人士叙会的地方，江西新编旅旅长方声涛就住在里面。从此耿毅成了李烈钧的好帮手。

江西第九团驻九江，原隶属于九江镇守使，官兵北方人多。戈克安被赶走之后，王芝祥派他的副官长周璧阶当团长。周是云南讲武堂第一期学生，和李烈钧、方声涛都有师生的感情。周接任团长后，团内官兵一概未动，他们很能服从命令。

炮台司令陈廷训是一个最有力量的敌人，当驱逐戈克安的时候没有一起把他赶掉，是一个极端的错着。他当了袁世凯、黎元洪的得力间谍，把江西的军事布置和动态随时电报黎元洪。陈廷训又于夜间常常进入第九团团内做勾引的活动。有人建议周璧阶派人晚间在街上把他杀掉，以除大害。但周迟疑不决。后来周璧阶阵亡，陈廷训勾走了两营。足见与毒蛇猛虎在一起，是不能够讲仁慈的。

早在湖口起义前两三个月间，袁、黎互相勾结，就把湖北的讨袁起义镇压下去了。当江西九江正在酝酿讨伐袁世凯的时候，袁、黎就把李纯所带的兵调到武穴和九江来镇压江西的革命。李纯一到武穴，就想使用阴谋收买手段来拆散江西革命力量。他写了一封信给周璧阶、李明扬和卓仁机 3 个人说，只要能够服从袁世凯的调度，不去反抗他们，就给 3 人 60 万大洋，愿意出国留学也可，留在原职做事也可。这封信是由陈廷训托人转交的。他们 3 人接到信后，对着方声涛和耿毅公开宣布李纯的丑态，更加积极地进行反袁运动。

但是江西方面的革命活动，这时已经被大部北兵镇压下去，兼之内部奸细太多，到处散布“人心厌乱，谁要武装反抗，谁就是罪魁祸首”的假舆论。南昌第一师师长欧阳武被他哥哥整天在身旁烧冷灶，已软化下去了。第二师师长刘世钧，在九江已和陈廷训勾结在一起，受黎元洪的指挥。确实能受李烈钧领导的只有林虎的一个旅、李明扬的第十团（新编成的）、周璧阶的第九团（新由敌方接收过来）、卓仁机的机关枪大队（分散在南昌、九江两地），方声涛的新编旅（只成立了两个连，营长陈铭枢，连长蒋光鼐）、第一师在南昌的两个团已被欧阳武紧紧抓在手里，维持当地秩序。我们的兵力既如此分散，不能主动地进攻敌人，处处成为被动。

袁世凯对江西方面的各种渗入的工作都做够了，就在 1913 年 6 月 9 日下令撤免李烈钧的江西都督职务。此时南昌的空气消沉，所有积极的革命分子都在九江、湖口、沙河等地。南昌的绅士以商会的名义送给李烈钧几万元大洋作为生活费，迫使李烈钧下台，离开南昌到上海去了。

李烈钧下台以后，袁世凯派特使余大鸿送护军使印信到南昌交欧阳武接管江西军事。余大鸿在九江逗留了十几天，把所有在九江调来的部队都调回南昌去。卓仁机的两个机关枪连也调走了。于是方声涛、耿毅等也不得不离开九江。就是这样，九江的根据地便完全放弃了，所有革命积极分子只得都到湖口去集中。

李烈钧于7月9日回到湖口，7月12日即在湖口竖起讨袁旗帜。那天适逢余大鸿把袁世凯委任欧阳武为江西护军使的印信带到南昌去，乘船经过湖口。大家因为他是袁世凯派来镇压江西革命的代表，一时情绪激昂，就把他的脑壳砍下来作为祭旗礼物。湖口起义后，立即向九江反攻。湖口要塞守备司令是何子奇，担任从湖口到下游的马当炮台一带防御的是李明扬第十团。反攻九江城的部队是周璧阶第九团，附带卓仁机的机关枪两连，方声涛的新编旅（两个连）。这一路的战斗指挥官是方声涛。第一线的攻击指挥官是周璧阶，后备队指挥官是卓仁机，这是从沽塘进攻九江城东面的兵力。进攻九江城西面的是林虎的一个混成旅，由德安进攻驻在沙河的北兵。两路的进攻计划是在12日拂晓同时开火。从沽塘方面进攻的部队，因为水路木船运输困难，行动阻滞，赶不上12日拂晓攻击，13日夜间才进入了阵地。当攻击前进时，士气激昂，一个个摩拳擦掌，打算入九江城吃早饭。当时我们晓得敌人是两个连，侧面都已包围了他们，如开火猛扑，是可以攻进城的。但指挥官方声涛听听沙河方面枪炮声已经停止，以为是攻不上去的象征，他突然下命令退回原地。

大家接到退回原位命令后，士气沮丧，官兵躺在路上都睡着了，连我本人也是这样。隔了一天（14日），又来一个拂晓攻击，指定早5点开始。担任第一线的营长耽误了，7点钟才开始进攻，天大亮了，被敌人看得清清楚楚。敌人已增加了兵力，延长了战线。周团长璧阶因为他带的兵新编成不久，不大认识他。他戴着金边军帽、金领章，挂着参谋带，手拿着雪亮反光的战刀，带着人在阵地上猛冲。他这样打扮，是为了带动自己官兵跟着他上前的，不料被敌人所注意，集中火力向着他打。当他站立起来，手拿军刀指向敌人叫前进的时候，飞来一弹，打掉了他的军刀，穿过了他的心脏。士兵把他抬下来，便停止了呼吸。因周团长阵亡，军心已有些动摇，随后队伍内部就有被陈廷训收买的奸细带领了一大部分人绕侧路走到金鸡坡炮台投降敌人去了，这一场战斗就此完结。我在第二线布置收容，等了两天也退回湖口去了。

在德安、沙河方面，林虎带领部队于12日晨向敌人阵地猛扑。向北洋有训练的部队阵地正面进攻，本是不容易的，攻了一天，伤亡太大，子弹亦不能接济，就退下来了。林虎部队钦廉人多，冲起锋来把衣服脱光，只挂子弹带，十分勇猛。当时有两名日本士官学校教官在那里参观，回来在报纸发表，深赞他们勇敢善战，给林虎以一个“飞将军”的称号。这个混成旅里面有好几百名钦廉官兵，他们有很丰富的游击经验，在江西二次革命失败后，他们就带着武器徒步回钦廉去了。

湖口方面，守备司令官何子奇指挥炮台作战。西炮台由于沽塘的攻击失败，被敌人水陆夹攻，已先失守。湖口这一面的东炮台是何子奇自己在那里指挥开炮和敌人的兵舰作战，连续打了好几天。

那第一门炮因年久锈坏，开了几炮，炮身歪侧，不能装填，再打不得，其他两门炮也不过打六七千米远。这几门炮是德国19世纪的克鲁伯厂所造的后膛炮，口径12生的，火药量六角式，有蜂窝眼，像大号祺子那么大，年龄总有六七十年，虽然爆炸力减弱，但未受潮，还能发射。敌舰的炮火射程是1万多米，打了3天，他们摸准了我们的射程，有两艘敌舰就抛锚在我们的射程之外整天对战。但是敌方炮弹破坏力也不很大，打了几天，城里和炮台损失伤亡也不很大。李明扬也在那里帮同炮台的炮手们装弹开炮。炮战了五六天，敌人的步兵就在下游10多里的地方"扎基"登陆。我们虽有两连机关枪在那里防御，但机关枪大半是新买来的，上了帝国主义奸商的当，大多数是坏货，打不响，而且江面很长，可以登陆的地方太多，守了一天就被敌人登了陆。马当炮台同时也起了内变，士兵把营长赶走了。这样，湖口不能守了，士兵们各找船艇往鄱阳县退却，秩序混乱，有些人沿着水边退到了饶州。方声涛、何子奇等都在吴城收容散兵，共收容了一两千人。那时德安方面林虎都已退到新建县，与吴城相隔不远，接成一线防御。防守吴城的时候，我们官兵都拿着步枪在水边堤岸上露宿。住了四五天，某天半夜忽然刮起大北风，有一艘帆船乘着猛风直冲过来，哨兵开枪制止，但转瞬间船已冲到岸边，船上敌人拿着枪冲上岸来，我们官兵猝不及防，这样便打了一场乱仗，匆匆向南昌方面退却。李烈钧在离南昌7里的七里铺收容了溃兵，整顿了队伍，指示他们坚守这一线。安排好了，李烈钧自己就带了一排卫兵和几个参谋副官走回南昌去。我因为发高热，也跟着回去。我们到了南昌北门，城门紧闭，说是城防司令廖伯琅命令不让开城。经过半日的交涉，他们才开了城。我们进入都督府后，廖伯琅来见，被卫兵剥下衣服押着进来。李烈钧见了他，便叫人把军刀军服交回他，叫他穿好，并说不要怪别人，只怪自己无用，打了败仗。后来北兵入城，李纯把廖伯琅杀了。李烈钧在南昌住了几天，湖南谭延闿派人来叫李赶快去长沙转往上海。李随即赴长沙，与几个高级军官上了日本船到上海去了。我离开部队的时候，身上的钱已全部交给士兵们做路费，幸而路上遇着李明扬，晚上一同到了小客店，他在油灯光线下，把裤腰带解下来，倒出黄金 4 块，每块 2 两，江西钞票 800 元。他说他本来同我一样，遣散士兵后，一文钱没有了，幸而他的军需郭某是吉安人，在南昌日久，熟悉情况，想办法为他准备了盘费，在大路上等着把钱交给他。李明扬把这些钱分做两半，顺手拨了一份给我说，这是你的。我得了这一笔钱，从上海到东京的旅费和在东京短期的学费都有了。李明扬待我真有临危分金之义。我和李明扬到了长沙，也乘外国商船到上海去了。那时上海镇守使是郑汝成，他和帝国主义租界当局勾结起来，到处搜捕革命党人。袁世凯根据黎元洪报告，认为在湖口作乱的罪魁有 7 个人，即林虎、方声涛、何子奇、李明扬、蔡起蛰、卓仁机、周壁阶，着北京大理院起诉缉办。此时，蔡起蛰已经被郑汝成抓去枪毙了。李烈钧把南昌商会送给他的 8 万元大洋拿出来作为旅费，带领了江西积极参加革命的一班人到日本东京去了。

三

黄兴、李烈钧与好些日本士官学校教官组成了一个会，叫“攘白堂”，宗旨是驱逐白人出亚洲。他们合办了一个学校叫“浩然庐”

来收容这一次革命失败逃亡来日本的青年军官，课程是下级军官的学术科。我和李明扬入了学，约有七八十个学生，校址在东京大森区。入了学3个月，中山先生以当时国民党的分子复杂，必须加以整顿，挑选其中的纯洁积极分子改组为“中华革命党”。但有许多资格较老的党员，如吴稚晖、黄兴、李烈钧、马素、张继、钮永建等都提出反对，因而离开东京走到欧洲去了。黄兴到纽约，吴稚晖到伦敦，李烈钧带着李明扬、吴锡九和我乘法国邮船到新加坡，在新加坡约住了一个月，又搭第二水原船到马赛转往巴黎。同去的还有张继和马素。到了巴黎，李烈钧派我到伦敦去学无线电和飞机，派李明扬到柏林，他自己和吴锡九留在巴黎。他所带去的几万块钱都存放在张静江所办的通运公司里。不到几个月，欧洲帝国主义第一次大战打起来了，德国兵接近巴黎，情况混乱到极点，张静江的通运公司也倒闭了。李烈钧想逃离巴黎，但拿不出盘费来，好容易才筹到一笔钱回到日本。

我和马素到了伦敦不久，遇见了从广东来的陈炯明部下黄强和陆孟飞二人。我同他们到伦敦东区中国街，去访问华侨。该地华侨大都是航行大海洋的水手。有钱的水手开“钵馆”，专收留失业的海员暂住宿，暂不收钱，由“钵馆”替他们找事做，有了工作再还钱。水手们都很有信义，有了钱是一定还的。“钵馆”老板放高利贷与水手，带鸦片烟运往各处私卖，又就地开私赌。“钵馆”老板里面有一位“姜寿”者，为人很慷慨，他很热心帮助我们。他召集了许多人听我们讲中国革命情形，表示赞成孙中山的三民主义。他帮助办成了国民党支部，很快就替我们捐了1.7万多块大洋，办起飞行学校，买了一架单翼飞机，另外买了一台发动机，共价1700多元，又在伯明罕地方租了一个牧场来做飞机场。我们请了一位飞机师名叫“心马非尔”，还有一位机械师，领着我们10余个学生把马达装配好，并进行试飞。试飞结果尚好，但因马力太小，装备过于简单，飞行场草地不够平整，没有合用的跑道，缺点甚多，危险性大。飞行师要求改善的地方太多，一时未能做到。我们学飞行的人，只好另购一架25匹马力的飞机，作平地直飞的练习，飞得好的也可以飞离地面百余尺。这样拖延了几个多月，经费不能继续，又发现了心马非尔贪污浮报，大家对他都失了信仰。学员里有陈庆云者，是中山先生派他来学习的。他把情形写信报告了先生，先生汇给他1万块钱，到美国去学成了飞行员。这个时候正是欧洲第一次大战最紧张的时候，德国潜艇几乎完全封锁了地中海，德国42公分的大口径远射程炮从欧洲大陆打到英国泰晤士河口来了。跟着我们中国又兴起了“护国运动”，蔡锷和李烈钧从云南起兵，讨伐袁世凯，来电召集我们回国。我们得到英国利物浦的华侨捐款资助，才经美国太平洋回到香港，再从香港转入广西北江，回到李烈钧滇军部队，向广州进发攻打龙济光。

（选自全国政协文史资料研究委员会编《辛亥革命回忆录》第4集，中国文史出版社2012年6月第2版）

我所知道的李烈钧

王辅宜*

一

李烈钧（字协和），江西武宁人。前清末年，在江西省城，“武宁轿夫”是有名的。协和的父亲便是一个抬轿的工人，所以协和也算得是劳动人民出身。幼年，他寄读在亲友家中，稍长，入江西陆军小学，后又考取保定军校的留日陆军学生。与协和同时赴日的，尚有欧阳武、胡谦、俞应麓、余鹤松等江西同乡。他们到日本时，我在振武学校已将毕业，以同乡关系相识，但开始并无深交。

我们真正的订交，是通过一次学生运动开始的。1905 年，日本

* 王辅宜：时任江西省军政府司法司司长，后任南京国民政府交通部参事兼法规委员会委员长。新中国成立后，任江苏省文史研究馆馆员。

政府颁布了一个《取缔清韩留日学生规则》，限制留学生政治活动，条件甚苛。传闻这一规则的公布，系清廷参与预谋的，主要的目的是防止留学生中的革命活动。规则既公布，遂激起中国留学生中的大风潮，各省留学生纷纷集议罢学归国。当时，只有江西籍的同学，因干事熊垓（使馆官费生）已经闻风逃避，无人负责，所以没有公开的表示态度，江西显然是落了后。

这时，协和等几个学陆军的同学挺身而出，他们发出通知，召集江西同学开会。我们大家都去了。大会情况，何香凝先生在《我的回忆》一文中也述及此事，可参考。大会主席台上，都是陆军学生，演讲的就是李协和。他在演讲中号召大家响应归国运动，态度十分激昂。最后，他就叫大家凡赞成归国的坐到左边去，不同意的留在右边。

大家纷纷的都坐到左边去了，留在右边坐着的，只有我一个人，还有一个汤漪，已经要走过去，看见我没走，他就站着犹豫不决。协和知道我是赞成归国的而竟留在右边，就问我道："王同学为什么反对？"我说："我不反对，我要说话。"

他说："好，那你上来说。"

我就上了主席台。我说："我个人完全赞成归国，但各省同学归国行动未必完全一致，说不定口头响应，并不动身的人也有，搞得不好，归国运动就成了虎头蛇尾。因此，我主张有组织的实行全体同走，一个不留，不同意无组织的决议。"

当时大家赞成了我的意见，于是重行归坐，讨论组织。因为熊垓已经溜走，遂另推我为总干事，汤漪任文牍，曾贞、陈新城（二人皆国民教育会会员）为执行干事。李协和等当时在军队里，不能时时出来，因此都未担任职务。于是由我和汤漪起草通告，由曾、陈二人到留学生会馆去贴通告。这次会议和决议的执行，大家都认为很圆满。此时，各省留学生风潮越闹越大，陈天华蹈海自杀亦在这时。日本政府怕事态扩大，遂将《规则》又修改了几条，运动取得了胜利，也就告一段落。

也就是通过这一次学生运动,协和与我才彼此有了进一步认识。此后，他散了学常来我处闲谈。当我从陆军联队退出，弃武就文，改学法律之时，他还向江西陆军小学保荐我为监学，力劝我去而我未就。到我毕业回国之际，他还约了江西陆军同学为我送别，分袂时合摄一张相片。

我们的交情是从这时候开始的。

二

协和回国后，先到江西任陆军管带（即今营长）。据闻有人密告他私通革命党，他闻风逃走，到了云南，遂在讲武堂任教，与蔡松坡在一起。

直到辛亥那年，北京举行秋操，协和由云南派赴北京参加秋操，他路过武昌，正赶上武昌起义。因此，他一到北京，下车就来看我，一见面，他就把武昌起义的情况告诉了我，约我马上同去参加。我问他：“那你秋操怎么办？”他说：“当然不管它了！”坚决要我同走。其时，我颇为犹豫不决，因为我已与北京的两个朋友徐秀钧、张世膺先有成约。张是参与滦州起义密谋的人，又和吴禄贞有联系，因此我们当时正在策划起义军北上之日，如何在北京起事响应的问题。协和如此恳约，我倒为难起来了，便先问他说：“我们到了武昌，是否能够插手？”他说：“去了再说，而且黄克强先生也在那里，你是熟识的。”我只好把和徐、张二人的商议告诉了他，说明我的行止须要先和朋友们商量。谈到这里，我就和他分手。等到第二天我再去看他，邀他和徐张见面，那知道人去楼空，他已经动身赴武昌参加起义去了。因此，辛亥这一年，我们也只见此一面。

这以后，徐秀钧被人告密，遭逮捕，幸亏通过了警厅的人事关系，关了一个小时便释放出来。我们在北京住不成了，便搬到天津去，往来京、津之间，进行活动。不久，滦州、石家庄起事均告失败，张世膺与吴禄贞同时被害，我们的计划又一次受到打击。于是，到 1912 年，孙中山先生已在南京就任临时大总统之后，我才只身南下。徐秀钧仍住京、津。我由沪抵宁，谒见黄克强先生，才知道协和就任了江西都督后，有电报找我去帮忙。

协和怎么会由湖北跑回去做江西都督的呢？原来，他的前任是马毓宝。马部下官兵，多是帮会分子，在地方趁机大事淫掠，街市上多有穿着黄天霸、赵子龙的戏装的人，声称恢复汉族衣冠，跑来跑去，胡作非为。他们有军队为后盾，无人敢惹，地方秩序大乱。江西各界遂会同公电中山先生，请以协和为江西都督，所以在中山先生卸大总统任之前，才由公府明令发表了这一任命，他也就从湖北走马上任了。

当时，南京留守府不久即将撤销，留守不是长久之计，不如到江西去帮忙，作用更大些。我因此搭船前往江西，一到南昌，知道江西同盟会已经推我为评议部部长。接着协和便发表我为司法司长，并经过了省议会的同意。我推辞不获，遂接受了职务。

由这时起，在江西大局初定之际，我开始和协和共事了。

三

自1912年春到1913年春的一年时间里，我都在江西工作。当时，我一部分时间在都督府备顾问，司法司日常行政由次长徐元诰代行。其间我还兼过一段时间的内务司长。当时各司司长，多是同盟会会员，江西的政权确实掌握在同盟会手上。协和左右，如欧阳武任第一师师长，其余差不多都是旧日同学和熟人。比较起来，协和任都督的这一阶段，江西的政治算是经历了一个比较清明的时期，协和为人的长处是宽宏大度，不记人小过，不嗜杀人。初到江西，他以快刀斩乱麻之法平定马毓宝部下乱兵，所杀的兵痞和帮会分子，大约有数十百人，秩序遂告安定。革命秩序的巩固，当时在外国人中也有反映。我记得南昌农业学堂有个日本教员，辛亥前每月支薪300元，授课有定时。革命后，他与学堂当局协议：把薪水降至200元左右，上课时间也有所增加，他说他自愿如此。当时我问过他为什么这样自愿。他说："我一不是受到日本政府的指示，二不出于学堂方面的要求。因为我看见学堂经费困难，中国教职员在低薪待遇下尚能勤苦服务，我在精神上受到你们革命精神感动。"可见，那时的革命确给江西带来了一股清新的空气。

在内政用人方面，协和应该说是公允的。当我任司法司长期间，他对全省法官的任免迁调，从未干涉。他没有荐过一个私人，也没有擅免过一个人。在我兼任内务司长期间，他也未交过一个县长给我用。前任惯例：保荐县长时，由内务司提名四人，他圈定一人。

我兼任后，就对他提出意见，认为这是军人干政，不甚妥当。因此，每次我都只提名一人，他也从未驳回过。这些地方，可见其作风的一斑。

但更主要的是在“军民分治”问题上的斗争。在那一段时期，国民党和袁世凯在地方政权问题上的斗争，始终集中于此。“军民分治”的口号是袁世凯一方提出来的一个政治圈套。当时南方各省的军队，大多掌握在民党手上，当然政权也随之掌握在民党手上。袁世凯鉴于这种局势对他极为不利，便提出军民分治，各省另设民政长，由中央任命，实际上是企图在各省另树力量，牵制革命力量。这个问题一经提出，民党当然是反对的。江西各界从其本身利益也极为反对，因为江西历来由外省人握军政大权，而局面又还搞得不错。人们当然也就不愿意袁世凯再派一个江西民政长来多事。于是全省上下纷纷大哄，一致反对袁世凯的军民分治。而在这一斗争中，协和则是始终与我们站在一起的。

我之所以说协和始终与我们站在一起，这里就不得不叙述一段插曲。因为在这一斗争开始之际，协和既不是同盟会员，也不是国民党员，这就涉及到关于协和党籍问题的一段往事。记得抗战时期，协和住在重庆歌乐山。有一天，他给我看一本已经印好了的《自传》，是抗战时期那种草纸本印成的，文字也排得不整齐，我带回一看，其中一段协和自述，说他是由张继和我（王侃原名）介绍入同盟会的。但我自己记得根本就没有这回事。隔了几天，我看到张溥泉（张继字溥泉），就问他此事。他摇了摇头说：“可能协和记错了。”因此这件事成了一个疑案。

实际上在我任同盟会江西评议部长时期，我记得同盟会名册上始终没有协和的名字，传闻他在辛亥起义之前参加过共进会，至于我介绍他入国民党一事，则印象甚深。那是1912年夏天，国民党江西支部成立的那一天，我和徐秀钧（他当时也由我介绍回到南昌任顾问）到都督府去，把协和接过来开国民党江西支部成立大会，开会时也并没有请他入党，只在会上请都督发表演讲。协和就讲了一番话，态度很激昂。讲话大意是说革命之后，三民主义仅在形式上成立，而官僚政治仍然非常猖獗，必须反对云云。这一番言论，当然既符合国民党的利益，又符合江西人的利益，全场报以热烈鼓掌。大会结束后，我和徐秀钧就把国民党党证送到协和手上，因此他的正式入党，应该说是在此时。至于张继，则是在1912年冬，张和马君武二人侍从中山先生视察江西的时候，协和与我们（我那时是欢迎中山先生的政界总代表）去欢迎，他才与溥泉作平生第一次会面。因此协和可能把这两件事扯到一起，《自传》上才产生这样的讹误，在这里是可以辨正一下的。

话还是回到和袁世凯的斗争上来。协和讲话过了不久之后，江西地方与袁政权之间的斗争仍然发展下去。这时袁政府已硬性规定各省委以民政长主持民政，斗争焦点便进一步发展到省长人选问题。江西针对袁政府由中央任命民政长的办法，便提出民政长必须由省议会选举通过，由本省人士充任。而袁世凯一方面因为这个办法不利于己，同时又狃于前清行政官必须回避本省的旧例，坚持中央任命，双方争执不下。

正在这个时候，出来一个钻空子想过官瘾的人物，此人名叫汪瑞闿，原是清朝一个官僚，光绪二十七八年间曾经做过江西武备学堂总办，和协和有一点师生名分。革命以后，他跑到江西去了一趟，协和以礼相接，招待他住在都督府。以此关系，他便趁这个时候到袁世凯那里去招摇一番，毛遂自荐，说自己与江西关系如何之深，又如何有办法。袁一听之后，便发表汪做江西民政长。

任命一出，江西全省大哗。有的人甚至指摘协和曾经参加此事，密谋或曾暗示同意。这一来弄得协和大失所措，无以自明，他在舆论上的威信也大受损失。另方面对付汪瑞闿则全省一致，都督府参军蔡锐霆等人甚至宣称：如果汪某敢进江西，必当以手枪炸弹相见。汪瑞闿吃不消这一吓，只得自认晦气，向袁世凯偷偷地辞了职。

但是，袁世凯并没有甘心。他吃了一亏，长了一智，第二次便开始从江西籍的旧官僚中去搜寻人物。这回找到了一个赵从蕃（字仲宣），江西建昌人，曾任前清某部郎中、主事这类职务。赵本人是个好好先生，不像汪瑞闿那样诡谲多谋，又因为他到底是个江西人，因此江西在原则上接受了他。就在 1913 年当我到北京参加议会的时候，赵从蕃的任命书发表了，他便来找我。他是我父执之辈，和我也有些交情，见面之后，便给我看了一封协和给他的电报，欢迎他到江西去。措词很谦恭，并且汇给他川资 2000 元，请他早日到任。赵因为有了汪瑞闿这个前车之鉴，胆子很小，便天天来看我，很希望保着他进江西。

其时，我自己离不开北京，便只有和他谈谈话。他在谈话中表示：保证到任之后，现任各司司长一律不动。我对此表示赞同，但附加一个意见：我以为现在各司司长是由省议会票选出来的。现在省议会既已改组，可以依法投票产生民政长和各司司长。如此则中央任命的民政长同时是由省议会选举产生的，两方面的原则都可照顾到。赵听到这话，一面拍案叫绝，一面也有所踌躇。大约因为这和袁世凯的意图还有距离，我当然只有坦率地告诉他民意不可犯的道理，第二天，便把谈话内容电告了协和。

但是即使如此，赵从蕃也没有能走马上任，因为不久湖口之役爆发，他去也去不成了。直到袁世凯死了之后，赵才总算做了一任江西省长。这是后话，姑且不谈。

所以，直到湖口之役以前，江西虽然经过一些斗争，然而军政大权，始终都在协和手上。总的说来，协和这一时期的作为，大体上是颇得人心的。对于地方也还做了一些有利的事情。由于他有了一定的基础，反袁运动之所以首先发难于江西，不是没有原因的。

四

1913 年春天，我当选为当时国会众议院议员，并离开江西，北上就职。临行之际，协和当面托付了我两件事情。

第一件是：到北京以后，要设法办出一个报纸来。因为中山先生去冬视察江西时，嘱咐我们必须办报。协和对此相当重视，所以把这项任务交给我。经费他准备了 20 多万元，后来交给徐秀钧（徐秀钧也由江西选出为众议院议员）带去的。

第二件事，也是最重要的一件事：他当面嘱咐我，遇事和他随时通讯，特别是路过安徽、江苏时，务必分别访问，将情况及时电告。这项任务，我当然也承担了下来，于是分手告别。

船过安庆，我首先访问了安徽都督柏烈武（文蔚），谈话的时候，我首先提出来："袁世凯在皖北招兵之说，盛极一时，究竟详情如何？岂有中央招兵而不通知地方主管部门，令其协助之理？既不通知，你何不去电问明，或者干脆按照擅自招兵买马之罪，予以断然处置？”柏当时答复大致是：“各地方报告颇不一致，有的说招5000，有的说招10000。情形尚未弄清，所以也没有决定办法。”当日，我就把谈话情况密报协和，并向协和建议说：“烈武忠厚太过，似可由赣省为他保荐能员，常川驻皖，协助他处理机密。”发电之后，我就到了南京。

驻南京的江苏都督程雪楼（德全），在我毕业时，曾奏调我往江苏办理新政，清政府未允。我因这段渊源，所以访问他，是很方便的。但那时程身体不好，我见到他时只觉得他意气消沉，便请教他对当时政局的看法。他只频频摇首，说自己老而多病，政治上全仗你们青年人努力了。言谈之下，似乎快要掉泪的样子，我看谈不出什么所以然，只好告辞退出。情况当然也电告了协和。

我到了北京之后，在政治活动方面，当然从属于国民党，也当然为江西及协和奔走。这时，由于袁世凯和国民党在江西地方的矛盾日益尖锐化，也更由于袁的个人野心和全国人民的意志的矛盾日益尖锐化，终于产生了湖口之役。

湖口起义之前数日的某一天，我到大同公寓去看徐子鸣（秀钧），遇见了我们的日本振武学校同学蒋雨岩（作宾），其时他已做了参谋次长。蒋匆匆而来，有意识地透露给我们两件事情。一件是：袁世凯的对外借款。由英驻华公使朱尔典奔走说合，已经贷成，总数为2500万镑。第二个消息是：协和的免职令就要发表，应该赶快电告他，好作准备。蒋说完，便又匆匆辞去。

事情很明显，袁世凯有了大借款，腰杆子硬了起来，而协和的免职，便意味着袁向国民党和南方各省的革命力量开刀。我们当然研究了这一情况，又鉴于江西军备虽有相当布置，然而和邻省联系不足。因此，我和子鸣便联名向协和发了一个密电，除向他报告情况外，我们建议他接到免职令后，在长江上下游还没有联系好之前，切勿孤军作战，可将都督交欧阳武护理，立即赴沪，一面可以向公众表明绝对服从中央命令，以免舆论指摘，一面可以请示孙、黄两先生，下一步怎么办，如不动干戈的话，便可以在沪主持党务，再由两院作支援，与袁世凯分庭抗礼。电报大意就是如此。

次日，我们得到协和回电，说一俟免职令下，即动身去沪，职务照来电所议。这说明，到这时协和并没有个人下定起义决心，而是决定请示孙、黄二公的。

再次日，果然免职令下来了。接着，协和去职的通电也见诸号外。当时，袁系和所有反对国民党的党派报纸都同声欢呼，称赞李协和是好汉，是真诚服从中央命令的军人，以前骂他割据的都是冤枉了他云云。于是，这几天之内，协和的声誉大起。

协和到了上海，见到了中山、克强两先生。中山先生的决定是打，说只有打才能狠狠地挫折袁世凯反动派的气焰。于是，黄克强到南京去策动军队反袁，而协和在不过 3 天之后，就回到湖口，在那里举起了第一面反对袁世凯的义旗。

湖口之役，我没有亲历，这里不打算详谈了，但据我所知，江西邻近各省未能一致行动，实在是失败的一个主要原因。特别是湖南的谭延闿，没有举动，以致造成江西在长江以南的孤立局面，关系很大。然而，湖口之役，终究为反袁运动开辟了道路，为护国军起义提供了历史教训，其意义仍然是显著的。这些方面，史著早有定论，就不多赘述了。但这里值得写上一笔的，是在湖口战败之后，协和亲率残兵败将由南昌转赴长沙，沿途资遣兵士回乡。到长沙后，他把残余武器交给了谭延闿，然后从容出走，未散失一枪一弹，尤其没有骚扰过一家百姓。这真是历来战争中所罕见的。所以他虽然败走，到底在地方上还留下一个好名。一直到他死，人们还是思念他的。

湖口之役失败后，据后来亡命到日本的同乡们告诉我：协和带着败兵由水路回南昌。南昌宪兵司令廖伯琅原来也是士官同学，在协和举义之时，他是不赞成的；协和既败归，他又闭门不纳。后来由商会出面开城迎接，廖才出城来见协和。当时士兵大愤，把廖拉到协和面前逼其下跪。协和对他说："你的看法并不对，但因你当时也出于为国家着想，未必和袁世凯有什么私情。我不计较这些，但是劝你眼光要放远一点。北洋军阀，将来干些什么，届时你会知道的。我们再会吧！"……说毕，阻止士兵的动武，并释放了廖，便扬长而去。但不久之后，廖竟被北洋军阀杀害。这也是湖口之役尾声中的一个插曲。

此外，当时湖口举事诸人中，还有一个叫蔡锐霆的，其结局是颇有传奇性的。蔡是江西人，清末在南昌一个军事学堂毕业。革命后任都督府参军。他自命长于射击，意气颇骄慢，不守纪律。湖口既败，蔡避居上海，与另一个曾任湖口县知事的杨枚时相往还，两人均住法租界。时上海镇守使郑汝成奉袁世凯密令戕害民党，遂据九江法院公文来密捕蔡锐霆。郑用重金买通了杨枚，把蔡诱引到租界外围，将其捕获，解往九江，按普通刑法杀人犯的刑律，将其判处死刑，而不依国事犯处理。

蔡既死，杨枚在沪举止阔绰，又将家属接来沪上同住。但不久之后，杨枚亦告失踪。后来，他的家人接到一封匿名信，要他们把杨枚所得不义之财，全部捐入善堂，俟善堂登报鸣谢，再谈杨枚的安全。杨家知道不妙，只好一起捐出，而杨枚永无下文。事后据闻：杨于此时结识了一个摩登女子，拟与之同居。一天，那女子说在法租界某处有一幢小楼，独门独户，约杨前去看定。杨如约前往，入门便被两条大汉捉住，活活扼死，埋在该处菜地坑中。大汉女郎同时不见。

五

1913 年 9 月，袁世凯既打败了湖口义师，击溃了南方各省的联合战线，遂基本上控制了全国，第二步就着手解散国会，驱除异己。

是时，国会两院之中，参议院以国民党（反对党）占绝对优势；众议院则国民党与政府党（进步党、统一党和一些小党派）平分秋色。因此袁要对付两院，还并非易事。于是除设法收买以外，便在镇压湖口起义取得胜利的基础上趁热打铁，密令逮捕与“二次革命”有关的国会议员。特务恐怖由此更形猖獗。

当时的密捕，记得先后有 3 批。第一要捕的有 2 人，是四川选出来的参议员谢持及众议员李肇甫。谢闻风先走，到了日本，未就捕。李则因其父为北通州县知事，与陆建章有旧；陆是军警执法营务处的副处长（处长由国务总理赵秉钧兼），外号“陆屠户”，捕人便由他一手执行。陆建章将李肇甫交其父看管于知事衙门，帮其父亲办理文案，后来他的父亲遂以能员著称，北通州成了模范县。

第二批要捕的，加了一倍，计 4 人，全部是江西众议员。即我和徐秀钧、王有兰、文群。第三批又加了一倍，计 8 人，记得有江西参议员朱念祖、陕西参议员赵世钰、安徽参议员常恒芳、辽宁参议员刘恩铭等。记得加给我们第二批四人的罪名是“乱党”，是参与湖口起义的“逆谋”。徐和我的罪名是“驻京刺探政情”，王和文的罪名是“四方往来奔走”。这些罪名都是 1914 年春解散国会时，才作为国会罪状明令发表的。

这时，我正在安排组织报纸的事，章程和招股办法都已初步拟定，得到逮捕的消息，只好放下报纸，把所有经费由徐秀钧全部交给了王正廷（王没有出亡，但以后这钱不知他怎样处理的），自己先躲到了天津。我和徐都认识国务总理赵秉钧，而且同与赵相熟的著名新闻记者黄远庸（黄后来陷入泥坑，作了袁克定的门下客）私交也不坏。这时我的母亲为了营救，便到北京来找黄。黄一见了她，便顿脚道：“糟了，还不快走！赵智庵（赵秉钧号智庵）已经说过，军警执法处他没有权，大权在陆建章手上。他无能为力！”说完，就匆匆送我母亲上车回津。得到这个消息后，徐已单身入京，当即被捕。我就决定出亡，临时遇到文群，遂同由天津搭上日本轮船，出亡日本。我的亡命生活，也就从此开始了。

我到东京的时候，协和还没有来日本。我在东京住定之后，立刻去谒见中山先生。一见面，中山先生开口就对我说：“李协和还没有到吧？他到时，你要切实问他：今后是不是还服从我？”

我听了这话，当然一楞，如入五里雾中。定了定神之后，我只好说：“是，是。我一定和他说。不过这回起义，他是奉先生的命令行事的。他一到，自然会来见先生，据我想，他不会不服从。”这时中山先生也连声说：“是的，是的。”我听他只说“是”却没有下文，便只好大胆问上去：“是不是协和做错了什么事，没听先生的话吗？”中山先生摇摇头，没有说话。我便接下去说道：“过耳之言，先生不可轻信。”中山先生又点了点头。彼此又说了几句话，我就告辞走了。这回谒见，在我心里留下了一个很深的印象。

过了些日子，协和到了东京。我连忙去看他，见面之后，当然把这次谒见中山先生的情况向他转达。奇怪的是，他听了我的话，恍若已有所闻，辞色不异。这倒使我莫名其妙起来。我就问他：“是不是有什么人与你不和，在中山面前有意中伤？足见小人能坏大事。”协和连连摇手道：“我们谈别的吧！”于是，这个问题，在我心里仍然是个谜。

这个时候，秋已渐深，我是穿着几件夏天的衣服从天津流亡到日本来的，钱也不多，不免有窘迫之感。而有些亡命到日本的江西同乡，则以为协和交我办报的钱还在我手上，便想向我要钱用。幸亏协和到后，他拿钱替我添了两件秋装，又为我向那些同乡说明道：“办报之钱不在王某手上，他是没有钱的。”这才暂时解脱了我的窘境。由此，我也就暂时在东京附近的小田原定居下来，度着亡命的生涯。

至于上面所说的那个谜呢？到现在我还是没有得到一个明白的解答。

六

综协和一生，他个人的政治活动以及他在近代史上所起的作用，都以湖口之役为其顶点。从此以后，直到他去世为止，虽然他在那一个历史时期和环境中也获得了一些勋名、爵位，晚年成了国民党的“元老”，但既没有什么政治力量，也没有什么重大的政治作用了。但是我和他的交情，都一直保持到他盖棺为止。因此，在本文篇末，也择其在湖口之役之后的时期中一些可记之事，附之于此。

1916年的云南起义，协和从法国赶回来，取道越南入滇，据闻他到昆明比蔡松坡（蔡锷，字松坡）还早几天。及护国军起事，军分二路，第一军由松坡率领出四川，第二军由协和率领出两广。据后来所闻，当时全滇所有军械和精锐的士卒，都尽先调拨第一军，而协和则以挑剩下来的军力，打进广东，直到肇庆军务院和段祺瑞政府和解，宣布停战之后，协和还仍然不顾各方责备，埋头打下去，一直把龙济光打跑为止。此后，他保朱子桥（庆澜）做广东督军，段祺瑞不得已同意。而协和自己则放下军队，飘然远引，到了上海之后，两袖清风，生活都成问题。当时继任大总统黎元洪，交给我1000元和一张聘书，请他做高等顾问，1000元算是每月车马费，我到上海，他再三不肯收，是我劝他收下来的。以后这个待遇到什么时候停止的，我就不知道了。

1925年，段祺瑞迎中山先生北上开善后会议。协和与中山先生同船北上，我到天津码头去迎接他们。协和在天津住在张勋的侄子家中，未与中山同住。次日，我和他同车赴京，他住在西城江西同乡赵士瑄家。中山先生后到，则住东城。协和每日到中山先生处议事。及中山逝世，协和参与主持丧事。记得公祭的那一天，段祺瑞本来声言参加追悼大会，临时派了个人来说，因有急事不能来，气得协和当场痛骂老段，这也是中山葬礼中的一个小故事。

1927年，蒋介石被桂系和冯玉祥赶跑，下野一个时期，便把国民政府主席的位子交给了协和，这算是他一生中做到的最大的官，然而实际上是可怜的。我记得当时我从上海到南京去看他，他正写好了一封信劝蒋回来，一见我便要我替他送这封信给蒋。我辞以与蒋素不相识，请他另找别人。过了两天，我已离宁他往，不久回京，而蒋介石也又上了台。事后不久，济南“五三”惨案爆发，协和原保荐我为交涉使的，因我未在南京，改派了蔡公时，蔡不幸在济南交涉中被害。因此第二年我回到南边来，朋友们见面，都说蔡公时做了我的替死鬼。

西安事变前，协和在南京，住在陵园区冯玉祥的一所房子里。其时我在交通部任职，他遂约我和徐元诰及老友数人，每星期日中午到他的陵园寓所聚餐。他又把我们介绍给冯玉祥。据说冯想结交江西朋友，因此冯也请了我们一次。到西安事变之后，蒋介石带着张学良回南京，以军法审判张学良，而派协和为审判长。因此临时给他加上了一个特级上将衔。开庭的那天下午，我们就到协和寓所等他回来，他回来时，一下汽车，他就说：“好角色！”我们问他蒋是否会杀张，协和摇摇头，只是连连赞叹不已，说张学良是个好汉。

抗日战争开始之后，他由浙赣铁路局长侯家源招待到湘潭，住在铁路局。我那时也在湘潭，有几天常常见面。不久，我们先后赴渝。在重庆，他住在歌乐山冯玉祥的一所房子里。这时他已是晚年多病，没有什么政治活动了。而他最后病逝，则是由歌乐山迁居到另一个地方了（似乎是小龙坎？）。在这期间，我们仍旧在每个礼拜天去看他一次。

协和于抗战胜利后去世，替他治丧的是李明扬。蒋介石只给了很少的一笔钱，完全不够用。因为他一生对江西关系不错，因此，我和李明扬联名致电当时的江西主席曹浩森与省议会议长彭程万，求他们支援了一笔钱，才得以成礼。出殡之日，送丧的人并不多，以后灵柩回乡，也还是江西出的钱，蒋介石是一直不管的。

关于我所知道的李烈钧（协和）一生，拉杂记来，大致就是如此。

（曾宪洛　记录整理）

1963 年 3 月

（选自江苏省政协文史资料研究委员会编《江苏文史资料选辑》第 6 辑，江苏人民出版社 1981 年 5 月第 1 版）

辛亥赣南“光复”始末纪略

陈　锐　欧阳勋*

辛亥革命前，赣州有赣学社之组织，为赣人刘景熙、刘运襄、陈任中、陈培元、刘树堂、孔尧绍、萧勖予、张周垣、陈翊忠、萧敷勇、卢达、汤祚贤诸先进和青年学生陈锐、欧阳勋、陈荣广、卢尚同、陈仲击、刘仲咸等所发起，内分设5部：

（一）教育会（附报馆）；

（二）体育会；

（三）农业试验场；

（四）工业实习厂；

（五）商业联合会。

* 陈锐：赣学社发起人之一，时任中华民国临时大总统府参赞，后任南京国民政府行政院参事。欧阳勋：赣学社发起人之一，后任南京国民政府军事委员会军事训练部校阅委员会办公室主任。

赣学社以教育事业为主导，从事各项新政的改革，并暗中鼓吹革命，密谋推翻清朝，赣南各属知识分子参加者日众，所有学堂监督（校长）和教员多半加入该社为社员。无形之中，赣学社成为革命运动的基地。同时，赣报社也由赣学社创办成立，宣传运动得以展开。

武昌首义爆发后，在赣服务之赣学社社员法政学堂监督张周垣、教员汤祚贤、卢尚同、陈荣广、欧阳莘、卢达，中小学教员黄邦直、尹考龄，赣报社经理魏会荀、商会经理萧文循诸人，乃与在外社员刘景熙、陈任中、刘树堂、陈翊忠、孔尧绍及青年学生陈锐、欧阳勋、刘景烈等密切联系，暗通消息，积极筹划响应；并以体育会为基础，借保卫地方治安为名，向警察局借得步枪 80 支，筹办民警商团，日夜训练，充实武力。

当时，赣南兵备道吴庆焘，除兼领巡防军三营外，又直辖巡防军卫队一营，实力尚厚，且性极顽固。他与地方先进人士，表面上虽互相往来，而暗中实处于敌对地位。

未久，南昌、九江先后起义，赣学社同志认为赣南应从速响应，因为赣南毗连湘、粤、闽三省，如响应过迟，万一发生变故，不但对援鄂北伐有损，还会增长江西内顾之忧，对于“光复”前途将造成困难。在汉、沪工作的社员及青年学生陈锐、欧阳勋、刘景烈同志等，想方设法，将各项革命文告秘密输入赣州，由赣学社暗中散发，以鼓舞同志士气，加强人民信心，增强革命斗志。

农历九月十四日（即 11 月 4 日），赣学社同志发动召开赣州各界代表会议，为民请命，要求赣南兵备道吴庆焘反正。吴固执不悟，并声言如有革命暴动者，当格杀勿论。同志们虽在淫威之下，仍然不顾一切，与之抗争甚烈。

十五日，法政学堂监督张周垣集合赣学社社员汤祚贤、卢尚同、陈荣广、黄邦直、欧阳莘、刘濬源、魏会荀、萧文循等，密议决定改变目标，径往运动直接统兵的巡防军统领刘槐森，劝告他从速起义，并代表赣南各界推举刘统领为赣南分都督。刘初迟疑不决，继经详陈利害，刘也知清运将终，大势所趋，不能抵抗，慨允所请。随后又往徒拥带兵虚名的赣南宁镇总兵署赵午凯处，进行运动，劝他反正，并许以宪兵司令要职。赵表示保证严守中立，唯自顾毫无实力，情愿回籍。最后又往运动银钱票券管理所总办林祖炘，林允将税收银钱款项全数交还赣州地方，而自愿退休。同时，萧文循、刘佐尧、刘士彬、吴金铭等又分赴各工商团体进行运动，亦皆愿通力合作。

当时，吴庆焘尚握有巡防军卫队一营，驻扎城内，侦悉革命运动将近成熟，密令卫队营派兵搜捕赣学社革命同志，就地枪决。卫队营营长施仁彪稍明大势，不敢妄动。吴庆焘始觉势孤，乃将眷属潜避署外，自己投奔光孝寺削发为僧，随即离赣。

农历九月十六日（11 月 6 日），各界人士齐集体育会，举行大会，刘槐森也亲自出席。全场一致公推刘槐森为赣南分都督，张周垣为军国民分会会长，萧文循、高昌灿为副会长，汤祚贤为赣南行政长官，卢尚同为法院院长。宣告独立，张贴“光复”文告，并通电省、浔、汉、沪和赣南各属，以资联络。旋得各属复电响应，拥护“光复”。

十八日，通令军政人员一律断发剪辫，各界人士，特别是知识分子，皆闻信景从，一时风靡全城，面目焕然一新。

二十一日晨，在南门外大校场举行授旗与各机关首长就职典礼。首先由军国民分会会长张周垣代表各界人士致勖词，并亲授旗帜与赣南分都督刘槐森，刘分都督即当众誓师北伐。

二十二日，在赣南行政公署召开特别会议，军国民分会会长张周垣、分都督刘槐森、赣南行政长宫汤祚贤等共同提议，出兵支援武汉，决议添募新兵三营驻守赣南，而以久经训练之巡防军队增援武汉，合力北伐。后因饷械不易筹措，而巡防军队又受到少数反动分子的挑拨鼓动，忽然发生闹饷哗变风潮，虽经处理得宜，并未酿成大祸，然为安定地方秩序起见，出兵支援北伐一事只得暂缓举行。

“光复”后，赣学社诸先进和青年学生等，均纷纷离赣，分赴南昌、武汉、宁、沪、湘、粤等地参加革命军队，或担任“光复”政府工作，或回到东西洋及京沪继续升学。留赣同志，所余无几。又经1913年宁赣二次革命失败，袁世凯派兵南下，李纯窃踞江西，任意屠杀革命同志，封禁革命组织的学社团体，镇压革命的言论，赣州的革命力量被摧毁殆尽，仍旧回复了军阀官僚和土劣的统治，变成了封建的黑暗地狱。

（选自全国政协文史资料研究委员会编《辛亥革命回忆录》第4集，中国文史出版社2012年6月第2版）

我是怎样参加辛亥革命的

蔡　蕙*

以孙中山为首领导的辛亥革命运动，在中华民族的历史上，是一次具有伟大历史意义的革命运动，推翻了统治中国 260 多年的腐朽的清王朝，结束了延续 2000 多年的君主专制制度，产生了具有资产阶级性质的《中华民国临时约法》，提高了人民的政治觉悟，推动了中国社会的向前发展。这个运动，震撼了世界，鼓舞了国人；帝国主义列强胆战心惊，中国人民兴高采烈。我当时正年轻，尽管是个女性，但出于对祖国的热爱，对民族尊严的维护，毅然投入了这个革命洪流，做了一个中国女子应该做的事情。今天回忆出来，供后人借鉴。

---

* 蔡蕙：时任江西九江红十字会会长。
新中国成立后，任南昌市政协委员，江西省文史研究馆馆员。

一　为革命，东渡日本求学

我出生在半殖民地、半封建社会的旧中国。在我开始懂事以后，就目睹帝国主义列强对中国的侵略，对我们人民的蹂躏，也就身感到清王朝丧权辱国、腐败无能所带来的痛苦。当时的社会舆论，普遍认为：要反对帝国主义列强，首先必须反对清王朝卖国求荣的卑鄙行径；要赶走帝国主义列强，必须推翻清王朝的封建专制统治。而且在全国各省都有了行动。江西也有些青年学生投笔从戎，参加到革命队伍中去。当时，江西这种革命热潮，每每以义务女子学校为集合点；稍后，又有“易知社”的成立。易知社外表以诗文结社为幌子，内部完全是一个进行革命运动的团体，主要通过文字和讲演宣传女子放脚，男子剪发，女子学看护，男子投军；此外，还利用资产阶级出资兴学，鼓励男女青年留学，学习新文化和科学，为革命创造条件。我是易知社的社员，在众多的女社员中，当时只有我一个人担任义务女子学校的军事式体操和卫生课的教学。我之所以能胜任这项工作，主要因为我父母思想比较开朗，对子女十分重视。不信鬼神。对腐败的清政府也深怀不满，支持革命。家里除聘请有学问的教师教经史外,还聘请武艺精湛的武师教我们兄妹练习武艺。我从小好动，对武术很感兴趣，加之我二哥蔡锐霆曾在武昌武备学校攻练体操和刀枪，后来他就利用业余时间传教给我。所以，我才能在义务女子学校当体育教师，目的就是要以武力参加革命。在担任义务教师期间，我总是鼓励女生注重锻炼身体，并随时响应革命号召，还提倡男女平权。

要革命就要有更多革命和科学知识，就要扩大眼界。当时出洋求学的不少，同时我爱人邓文又已经在日本，于是决定和两个哥哥一同东渡日本求学。为了解决旅费，我便将自己的金银手饰全部卖掉，于 1907 年秋到了日本。在日本求学期间，生活非常困苦，学费、伙食费全是自给。我家姐妹九人，因大嫂服毒自尽，她娘家无赖，敲诈勒索，打了一场人命官司，家计中落。父亲又因病半身不遂，不能生产，靠祖上田产，日不敷出，无法帮助我读书。所以次年（1908 年）我考了师范，生活才算安定。记得初出国的一年中，有半年缺衣少吃，整整吃了半年的山薯充饥，而且每天只能用 3 个铜钱买 3 只山薯，每只大约 6 两。在日本的学校里，不允许穿中国服装，因为经济实在困难，只做了一件学校制服，一年四季都穿着它。冬天，里面穿夹衣，外面罩制服，如果再穿棉衣就罩不上了，好在那时年轻，还可以熬得过去；到了夏天，那就热得难受，可又不能把制服脱掉去违犯校规。贫困的经济条件，艰苦的求学生活，更激发了我参加革命的热情。就在这一年，我要求湖南的刘揆一和萍乡的汤增壁介绍我加入同盟会。自此以后，课余经常与同志们在一起开会，有时躲到青山僻静处学造炸药，反正一个目标，为革命多学本领。

二　听召唤，毅然辍学报国

辛亥八月十八日（1911 年 10 月 9 日），武汉同盟会同志打急电到日本，邀同盟会诸同志回国协助革命。次日，在日本的同盟会员立即召开会议商讨。当时，我们这些人中决定回国参加革命的有 19 人，我也是其中的一个。八月二十三日，我们向学校请假，有另外两个中国同学问我为什么请假，由于他们平素便与我关系较好，也同情革命，我便对她们说了实话，于是她们也要求回国参加革命。这两个人一个是广东汕头人，名叫林演存；另一个是广州人，叫苏淑贞，学医的；后来还有个叫刘亚兰的湖南人，也登记回国参加革命。这时，我身边有一个10个月的孩子无法安置。爱人邓文翚又早已回国在北京考科举。说实在的，我那时的心情是非常紧张和矛盾的，既舍不得丢下儿子不管，又急于投身久盼的革命运动。有些同志也劝我先跟爱人商量好了再说，我反复想，到日本求学是为了救国；现在参加革命正是救国的好机会。于是毅然决定：不等邓文翚回日本商议，也不等他从北京来信，先回中国再说，走到哪做到哪，万一没有办法，就是牺牲自己的小孩也值得。我向同志们表明了这一态度，并同大家一起，安全地回到了中国。

三　赴征程，单人独马到九江

船到了上海，黄兴、宋教仁等都到船上来欢迎我们。由于我手中抱着小孩，显得与众不同，他二位便问我是不是先将小孩送回家，再出来革命。我说，孩子事小，革命事大，将小孩交托个什么地方抚养就可以，等武汉革命胜利以后再接回来。这样，大家都帮着想办法，我也到处奔走求人。大概是时局动荡的关系，皆无人可托。最后还是马伯瑗先生出主意，要我把小孩带到九江再说。同时，湖南的刘揆一同志拿了100张章太炎写的革命宣言，要我设法以小孩为掩护，乘机在九江散发出去，并约定投宿九江江边的高升旅馆，以便取得联系。当时政治空气紧张，社会谣言纷纷，有的说南京已经起义，又说九江港不许船停泊……因为从上海到九江这一段路程的各个码头我都熟悉，因此，我除了要求我们团体多给我一点路费外，就没有提别的要求，并且表示到九江后一定完成任务，并与同志们取得联系。这样，我告别了上海诸同志，单人独马带着 10 个月的小孩前往九江。

1911 年农历九月初一（10 月 22 日），我安全到达九江，并找到了江边的高升客栈住下。当天晚上，在客栈内听到一客人操樟树口音，我就和他攀谈，并打听樟树致和堂药店的情况，进而探听彭素民（邓文翚的至交）。情况问清以后，便面托这位樟树客人刘先生将小孩带回樟树。在那里，我请客栈老板找了一个奶妈，又写好了两封信：一封给彭素民，托他将小孩和奶娘专人送往峡江交邓文翚父母抚养；一封给邓文翚父母，说明我有急事去湖北，不能带孩子。还当面交给刘先生 60 元，作为抚育小孩的费用。事情办妥后，待孩子睡熟了，我就悄悄地到外面散发革命宣言，有的放在码头的趸船上，有的放在人家的窗户外，也有的散发在肉铺外面的案板上，还有的散在十字路口。总之，让人们一早起来就可以看到。

农历九月初二，武昌起义后的 13 天，九江军民响应武昌革命，举行了军民起义，占领了九江府，举马毓宝为九江都督。于是九江“光复”。当晚 11 时许，忽然听外面人声鼎沸，夹杂着急促的脚步声、枪声，夜空不时冲起阵阵火光。我在楼上从窗口往下看，见有一队队袖缠白布，手执白旗，腰挂刺刀，有的还背着军号的人们，穿梭般来往，便知是光复军的队伍，随即速将宣言卷好，往人群中掷去，而且当时见有人在拾起……约莫一刻钟样子，突然旅馆大门的敲门声大作，这突如其来的急促响声，把店主和旅客个个吓得发抖，惊慌失措，有的忙将桌椅板凳堵住大门。我从楼上下来，心里暗自高兴，见大家那副窘迫相，便劝店主开门，并对他们说桌椅是挡不住刀枪的。门刚打开，一伙人蜂拥而入，其中有的背着短枪，有的拿着马刀，威风凛凛。他们一进来就质问为何叫门不开？店中主客都吓得瞠目无言，直打哆嗦。有一位腰挎手枪和刺刀的人，手中拿着刚拾到的革命宣言对店主说："你们店里歇了些什么人？这卷东西是从你们楼上窗口抛下来的，我们要上楼去查问。"见此情景，我判断来者一定是革命党人，便从容地从人堆里站出来答话。我说，请大家不必上楼了，这卷东西是本人从楼上散发的，街上到处都有，并向他们说明我到九江的来意。他们听完我的话后，很客气地从口袋里掏出名片送给我，我也和他们交换了名片。在他们给的名片中，有徐世发（当时驻九江新军炮台守将，后为驻浔炮台统领，系李烈钧同事）、戈克安（后为金鸡坡炮台司令）等人。临走时还嘱咐店主要好好招待我。

农历九月初三日，大概早晨8时钟的样子，徐世发、戈克安两人带来一顶大轿把我接到都督府，马毓宝很热情接待我。我便向马都督陈述了我们是怎样接到武昌准备起义的急电，怎样开会研究由日本回国，又怎样来到九江的经过，并请马都督拍电报至上海宝宁路34号谭人凤家转黄兴等人，告知他们，沿江无阻，要他们接电报即动身沿江而上，还告诉他们我在九江住高升旅馆。

四　上前线，硝烟弥漫鏖战急

农历九月初七那天，怡和公司的隆和轮到了九江。黄兴与宋教仁等站在船头上，手执白旗在摇动，不时高呼"中华民国万岁"！

马伯瑗和刘揆一随即奔上岸来，直到高升旅馆接我上船，一同前往汉口，并在怡和公司借电话告诉马毓宝，告知他，我到武昌去协助革命。

1911 年农历九月初八（10 月 29 日）上午，船已到了汉口港，便见西北方向浓烟滚滚，炮声隆隆。那时，大家心情非常紧张。黄兴首先乘小船奔上岸，刘揆一、马伯瑗忙着安排 18 人的临时驻地，大家各自背着行李搬进被没收了的张彪住宅，未及午膳，即分赴前线，参加指挥作战、担架救护、医疗看护、运输等。因为这时正值袁世凯反攻，革命义师失利。我们这批刚到武汉的同志，面对这紧急关头，谁也顾不上休息。尽管已有两天没吃东西，饿得头昏眼花，大汗直流，为了革命，大家还是一鼓作气地拼命干。

九月初十日傍晚，战事稍平息，黎元洪由武昌过江来慰劳我们归国同志，还带了几担茶和熟面。我记得我们只知道喝茶，热气腾腾的面想吃却吞不下去。不久，运来了两桶稀粥，才能吃两碗。当天傍晚，黎元洪将我们几个女同志接过江去，安排在一家旅馆住下，并请我们吃晚饭，还逐个询问姓名、籍贯、留日几年、学什么学科以及这次回国的志愿，等等。当他问到我时，除将上述情况作答，还谈了在九江的一段经历。黎元洪听完非常高兴，当即派人请他的二夫人来见我们。因为二夫人是江西玉山人，与我同乡，便叫二夫人拜我为师。

次日（农历九月十一日），我们又过江去工作，并运去一批作战物资和医药用品。由于当时负责军需的张振武同志负了伤，第一师师长刘揆一打电话请示黎元洪，要我代管军需。

农历九月十二日，黎元洪电告刘揆一，说已决定派我回九江请援兵。黎元洪交给我任务之后，又派人送来 3 锭银子，每锭 50 两。为此，我在当天下午 5 点多种，又乘大古公司的长安号轮船顺江而下，于九月十三日下午到达九江。船一靠岸，我立即直奔都督府，向马毓宝都督转告了黎元洪的意思，请他速调兵增援。此外，还报告了一个情况，说敌兵多半是从长江往上驶的，九江几个炮台应加强防御。马毓宝都督听了我的话，即刻召集金鸡坡、马当和湖口等要塞司令开会研究，当即下了戒严令，严查来往航船。

农历九月十五日（11 日 25 日），果然有敌江轮 6 艘，沿江而上，船经马当要塞，守军发出信号，令其停泊受检。敌船无视信号，开足马力。守军奉命开炮轰击，有四艘被迫停泊，两艘逃驶。经检查，确实查出船上装的全是由南京开往汉口作战的军队、火药、枪弹等。为此，马都督命令全部扣留，听候处理。

农历九月十六日（11 月 26 日），马毓宝都督派兰君恒参谋带来一台大轿，接我到都督府为我庆功。说明昨晚 2 时截获的敌船，应归功于我所提供的情况，否则，让敌兵源源而上将会使革命遭到严重损失。

五　斗洋奴，振中华儿女威风

在这以前，为了加强九江方面的工作，武昌同盟会派丁立中同志由武汉回九江都督府工作。又为了在九江创办一个红十字会医院，在我完成请援兵的任务之后，马毓宝一定要留浔创办红十字会，由我担任会长。拨了 3000 两纹银作开办费。地址设在九江都天巷。由于同样都是革命工作，九江又是军事要地，我服从分配，开始筹办红十字会。一面派人会同九江商会会长往上海购买医疗器材、药品：一面写信到安庆同文大学聘请内外科医生，并与九江“妇幼医院”院长石美玉商量，请她介绍几个护士和男救护员。不料，红十字会医院成立不久，在红十字会内部竟有一个名叫白坚的女助理员，媚外求荣，提出将公家买来的医药器材分一半给“美以美”会办的妇幼医院，然后去说服石美玉我与合作，为我们红十字会介绍几个护士和救护员。对于这无理要求，我坚决拒绝了。后来，白坚公然唆使石美玉这个美帝国主义的走狗伙同几个美国传教士到红十字会来向我交涉，胡说什么红十字会不是我个人的。如果我不将医疗器材分给她们，就要把几个护士、救护员调回去；并威胁说，她们要去找当局，要求将红十字医院归并到妇幼医院，撤销我的会长职务，另选白坚为红十字会会长。面对这场不容回避的斗争，我是无所畏惧的；何况还有都瞥府撑腰。于是，我一方面向当时都督府控制下的九江县政府诉“美以美”会倚仗美国势力压迫我们，干预我们的革命事业，另一方面准备以强硬手段对付她们的无耻讹诈。

农历九月十九日（11 月 19 日），白坚竟然秘密地在基督教的礼拜堂召开红十字会全体会员大会，向我进攻。有两个会员因不明真相不肯去参加，并将她们准备在这天上午 10 时钟开会的消息悄悄地告诉我。为了不让她们的阴谋得逞，也为了表明一个革命的中国人的气慨，我随身带了一支勃朗宁手枪，以不速之客的身份去参加她们的秘密会。当我威风凛凛走进去的时候，她们个个面面相觑，不知所措，有的竟偷偷地溜走。我站在她们的讲台上问：“今天开的是什么会？哪一个召集的？”其他人都不敢做声。唯独白坚站出来说：“会是我召开的。”我反问她：“你在我们的红十字会里，不经会长我的同意，有什么资格召开会员大会？”她说我不该将公款买的医疗器材，单独放到红十字医院用，应分给妇幼医院。我据理对她说：“红十字会是政府拨专款为广大公民办好事，并没有说要和‘美以美’的妇幼医院合办，这点你是知道的。”这个死心塌地的洋奴还说不行。我知道她甘心媚外，一心想依仗外国人帮助她做会长，跟她讲道理已毫无用了。便从口袋里掏出手枪，往桌上一拍，厉声地说：“我今天要打死你这个卖国贼！”这一拍，在场人都跑空了，连那个嚣张一时的白坚也夹在人群中溜跑了。

当天下午2时，有两个牧师陪着两个美国女人到十字会来向我要回护士和救护员。我理直气壮地对他们说：“护士也好，救护员也好，都是我们中国人，他们要爱自己的国家，并没有卖给你们作奴才，你们无权来索取，他们不是你们的，是我们自己的中国人，而且有一切权力爱中国。”一席话说得牧师和美国佬哑口无言，灰溜溜地走了。大约过了几天，那些外国人散布谣言进行威胁，说什么他们在中国传教，有权封闭我的红十字会。为了红十字会顺利开展工作，以防万一，我向卫戍司令部借来了一个排的武装守卫红十字会。并郑重宣告：如果再有外国人来滋扰，来一个替我绑一个，来两个绑一双。这样一来，白坚及其所依仗的“美以美”会再也不敢来破坏了。

六　争女权，急中求见大总统

1912年元月1日，孙中山先生在南京宣誓就任中华民国临时大总统。尔后成立临时参议院，召开国会，推行新政，订立新的约法。

那时正值我们在南京。革命胜利了，我们很高兴，订立新的约法，更是我们梦寐以求的目的。在国会召开的时候，我们几个女同志向国会要求女子有参政权，并提出要更改《中华民国临时约法》第二条，即“中华民国人民，不论阶级、种族、宗教一律平等”。我们当时的提议是，如果要表示阶级、宗教、种族，就必须添“男女”二字，或则就只用中华民国人民一律平等。由于中国几千年封建社会的影响，女子一向被处于被压迫的最底层，所以，当我们把这个问题一提出，在国会中发生了激烈的争执，甚至在会场出现抛掷茶碗的现象，致有女子为争男女平等及选举、被选举权和参政权而“犯”闹国会罪。我们在楼上旁听席上，被宪兵围困着，说要将我们十几个人拘捕。正在急不可待的时候，我一个人找个空子从后楼绕了出去，匆匆奔到孙中山先生处告急，说宪兵要拘捕我们，大概是我们的意见提得不对。孙中山先生听后，马上下手谕，并叫宋蔼龄和他的女儿陪我一同坐他的汽车到国会。汽车一进国会头门，一些站岗的宪兵都散开了。林森与平江等人以为是中山先生来了，忙出来迎接。我首先走下车来，向他们说明来意，并要求议会更改草案。因为他二人是起草委员，所以，经过这一斗争，最后还是把《中华民国临时约法》的第二条改为“中华民国人民一律平等”，把种族、阶级等名词删去了。

七　反封建，砸烂枷锁争自由

南北议和后，孙中山先生辞去了临时大总统。袁世凯在帝国主义支持下篡夺了革命果实，整个形势发生了变化，我也于民国元年

（1912 年）6 月回到南昌。当时，第一女子师范的校长正缺员，省教育司委任我为女师校长。在这期间，我听说南昌“清节堂”的一班节妇，受尽了旧社会种种封建旧礼教的束缚，有如犯人一般的悲惨。经过了解清楚以后，作为一个有知识的中国女子，我对这种压迫妇女、惨无人道的愚民礼节，展开了无情的批判；另一方面，又请民政司主持正义，将清节堂的全部财产、房屋收归公有，为节妇们办些有益的事。经过商量，觉得办个小型手工业厂子为好。于是未能接受女师校长职而全力以赴地筹办好职业讲习所。开初，以 36 名节妇为基本学员，先行训练技术。后来又办了一所小学，解决节妇子女受教育问题。这件事，恼怒了当时清节堂的一班董事，也即是旧社会的绅士们。他们大为不满，起而反对，并辱骂我没有妇道，败坏节义。胡说一些什么柳絮随风、桃花逐水的之类的陈词滥调。而我呢，当时除在报纸上用文墨与他们斗争外，还接连以节义为题，在社会上讲演，极力批判腐朽的封建礼教，号召女子站起来，和各种封建法规进行斗争。由于这涉及到女子切身利益，参加听讲的女同胞越来越多，无形中把那些董事的反动气焰压了下去。这时，政府也给我们妇女以支持，除将清节堂的财产全部收归公有，改办贫女工厂（后改为女子职业传习所，地点就在中山路万子祠一家典当铺内）外，还做了一些方便妇女的事。由于这个女子职业传习所既学技术又事生产，在江西还是独一无二，第一次出现，因此南昌和省内其他地方的女子，纷纷要求来学习，这个传习所，结果由 36 名节妇，逐步增加到 600 多妇女，所内附设小学是专为收容节妇的子女而办的。在南昌这段时间内，我基本上述是为妇女作了一些该做的事。

民国 2 年（1913 年），因袁世凯专横，我和爱人及两个哥哥重赴日本，以图东山再起。1915年，袁世凯宣布恢复帝制。同盟会（如宋教仁等）同志，都闻讯回上海。我和爱人及两个哥哥也一道回到上海。而当时袁世凯企图消灭革命力量，悬重赏捉拿革命主要人员。在此情况下，革命力量受到很大损失，我二哥蔡锐霆也是袁贼悬重赏捉拿解到九江被枪决的。从此，革命力量衰微，革命形势转入低潮，代之而起的是军阀混战的局面。

本文承蔡蕙同志的女儿、江西省侨联副主席蔡奠华同志补充校正。

（选自江西省政协文史资料研究委员会编《江西文史资料选辑》第6辑，1981年9月）